CORRESPONDANCE
LITTÉRAIRE.

TOME X.

IMPRIMERIE DE H. FOURNIER,
RUE DE SEINE, N° 14.

CORRESPONDANCE
LITTÉRAIRE,
PHILOSOPHIQUE ET CRITIQUE
DE GRIMM
ET
DE DIDEROT,
DEPUIS 1753 JUSQU'EN 1790.

NOUVELLE ÉDITION,
REVUE ET MISE DANS UN MEILLEUR ORDRE,
AVEC DES NOTES ET DES ÉCLAIRCISSEMENS,
ET OU SE TROUVENT RÉTABLIES POUR LA PREMIÈRE FOIS
LES PHRASES SUPPRIMÉES PAR LA CENSURE IMPÉRIALE.

TOME DIXIÈME.
1778 — 1781.

A PARIS,
CHEZ FURNE, LIBRAIRE,
QUAI DES AUGUSTINS, N° 39;
ET LADRANGE, MÊME QUAI, N° 19.

M DCCC XXX.

CORRESPONDANCE LITTÉRAIRE.

1778.

MARS.

Paris, mars 1778.

Il est rare que les fêtes du carnaval ne fournissent quelque anecdote remarquable. Celle qui a fait le plus de bruit cette année mérite de fixer l'attention, non-seulement par le rang des personnes qui en font naître le sujet, par l'importance de ses suites, mais aussi par l'influence singulière que l'empire de l'opinion a paru avoir dans cette circonstance sur nos usages et sur nos mœurs. On ne nous pardonnerait pas sans doute de la passer sous silence, des mémoires littéraires n'ayant point d'objets plus intéressans à nous offrir que ceux qui tiennent à l'histoire de l'opinion. Voici le fait en peu de mots :

M. le comte d'Artois, à la faveur de la liberté qu'inspire le masque, et peut-être aussi grace aux avis secrets de madame de Canillac (1) qui lui donnait le bras, se permit, dans un de nos derniers bals (2), de dire à madame la duchesse de Bourbon des choses assez vives pour exciter au moins son impatience autant que sa curiosité.

---

(1) Madame de Canillac, ci-devant dame d'honneur de madame la duchesse de Bourbon, puis attachée à madame Élisabeth. (*Note de Grimm.*)

(2) C'était à celui du mardi-gras.

La princesse ayant voulu tenter de lever la barbe du masque qui la tourmentait avec si peu de ménagement, le comte d'Artois s'en défendit par un mouvement fort brusque; et l'effort qu'il fit pour lui arracher à elle-même le petit masque qui ne couvrait que la moitié de son visage, y laissa quelques légères meurtrissures. Cette scène malheureusement fut bientôt si répandue et à la ville et à la cour, que madame de Bourbon ne crut pouvoir se dispenser d'en faire porter ses plaintes au roi par M. le prince de Condé et par son père M. le duc d'Orléans. Le duc de Bourbon se hâta peut-être un peu trop de dire tout haut que si l'on ne faisait point à sa femme les excuses qu'on lui devait, le parti qu'il avait à prendre n'était pas difficile à deviner. La reine tâcha vainement d'arranger cette affaire; les négociations les plus adroites furent sans succès, et l'autorité du roi ne put obtenir qu'une réconciliation forcée. La situation de M. le comte d'Artois était fort embarrassante, vu d'un côté les ordres précis de Sa Majesté, de l'autre, l'espèce de menace faite par M. de Bourbon. Les femmes dont ce prince jusqu'alors avait été l'idole, les femmes prirent toutes parti contre lui, et la cause de madame de Bourbon parut celle de tout le sexe, c'est-à-dire à peu près de toute la nation. Leurs cris, leurs suffrages, la voix impérieuse de l'honneur français l'emportèrent enfin sur les considérations les plus graves, sur l'autorité même des lois, sur celle du monarque. M. le comte d'Artois donna rendez-vous à M. le duc de Bourbon, dans le bois de Boulogne, le lundi 16. Le combat dura cinq ou six minutes; on se battit dans toutes les règles de l'ancienne chevalerie, mais, heureusement, sans aucun accident fâcheux. Le comte d'Artois ne reçut qu'une petite égratignure au bras (1), et tout fut terminé à la satisfaction de toutes les parties intéressées. Les deux combattans dînèrent gaiement ensemble. Le comte d'Artois écrivit sur-le-champ au roi qu'il lui demandait pardon de lui avoir désobéi, et le suppliait de ne point lui faire d'autre grace que celle de traiter le duc de Bourbon comme il jugerait à propos de le traiter lui-même; mais que, quelque coupable que sa conduite pût paraître aux yeux du monarque, il osait espérer d'en trouver l'excuse dans les sentimens et dans l'amitié d'un frère. Ce devoir rempli, il vola au Palais-Bourbon, et fit à la princesse la réparation la plus noble et la plus entière. « Je profite, Madame, lui dit-il en entrant chez elle, du premier instant de liberté que me laissent les circonstances pour vous faire des excuses que j'ai été bien fâché de ne pas oser vous faire plus tôt..... (2) »

C'est le jour même de cette scène intéressante que fut donnée à Paris la première représentation de la tragédie de M. de Voltaire. Jamais assemblée ne fut plus brillante (3). La reine, suivie de toute la cour, honora de

(1) Ceci est inexact, aucun des combattans ne fut blessé. Besenval (*Mémoires*, édit. Baudouin, t. II, p. 74) dit que le seul sang répandu en cette occasion fut celui de M. de Vibraye, capitaine des gardes du duc de Bourbon et son témoin, qui, en se relevant, après avoir détaché les éperons de ce prince, se piqua au-dessous de l'œil à la pointe de l'épée que le duc tenait sous son bras.

(2) Cette affaire est rapportée beaucoup plus au long par Besenval dans ses *Mémoires*. D'après son récit la duchesse de Bourbon se donna beaucoup de torts par les propos qu'elle tint à la suite du bal; et le comte d'Artois n'avait pas tous ceux qu'on lui donne ici. Du reste, Besenval dit bien que le public en jugeait autrement que lui, parce que « le public en général, dit-il, « on ne sait pourquoi, n'aime pas la famille royale, la reine, et M. le comte » d'Artois, surtout (p. 53). »

(3) *Irène* fut représentée pour la première fois le 16 mars 1778.

sa présence le nouveau triomphe du Sophocle de nos jours. Ce triomphe si touchant, après soixante ans de gloire, fut précédé de celui de madame de Bourbon, qui ne parut pas plus tôt dans sa loge, que toute la salle retentit d'applaudissemens et de battemens de mains. Les transports du public redoublèrent lorsqu'on aperçut son époux et son chevalier; ils se renouvelèrent encore à l'arrivée de M. le comte d'Artois; et, s'ils furent un peu moins vifs alors, c'est que tous les spectateurs n'étaient pas également instruits de ce qui s'était passé dans la matinée. Ainsi la voix publique osa consacrer par le suffrage le plus éclatant une action défendue par les lois, contraire aux maximes du trône, et que les ordres positifs du monarque venaient d'interdire expressément : tant il est vrai que le pouvoir des mœurs ou celui du préjugé national est au-dessus de toute autorité, de toute puissance humaine !

———

Ce lundi 30.

Non, je ne crois pas qu'en aucun temps le génie et les lettres aient pu s'honorer d'un triomphe plus flatteur et plus touchant que celui dont M. de Voltaire vient de jouir après soixante ans de travaux, de gloire et de persécution.

Cet illustre vieillard a paru aujourd'hui pour la première fois à l'Académie et au spectacle. Un accident très-grave (1), et qui avait fait craindre pendant plusieurs

(1) Une violente hémorrhagie, occasionée vraisemblablement par toutes les fatigues qu'il a essuyées depuis son arrivée à Paris, et surtout par les efforts qu'il a faits dans une répétition que les Comédiens firent chez lui de sa tragédie d'*Irène*, répétition qui lui a donné beaucoup d'impatience et beaucoup d'humeur. (*Note de Grimm.*)

jours pour sa vie, ne lui avait pas permis de s'y rendre plus tôt. Son carrosse a été suivi dans les cours du Louvre par une foule de peuple empressé à le voir. Il a trouvé toutes les portes, toutes les avenues de l'Académie assiégées d'une multitude qui ne s'ouvrait que lentement à son passage, et se précipitait aussitôt sur ses pas avec des applaudissemens et des acclamations multipliées. L'Académie est venue au-devant de lui jusque dans la première salle, honneur qu'elle n'avait jamais fait à aucun de ses membres, pas même aux princes étrangers qui ont daigné assister à ses assemblées. On l'a fait asseoir à la place du directeur, et, par un choix unanime, on l'a pressé de vouloir bien en accepter la charge qui allait être vacante à la fin du trimestre de janvier. Quoique l'Académie soit dans l'usage de faire tirer cette charge au sort, elle a jugé, sans doute avec raison, que déroger ainsi à ses coutumes en faveur d'un grand homme, c'était suivre en effet l'esprit et les intentions de leur fondateur. M. de Voltaire a reçu cette distinction avec beaucoup de reconnaissance, et la lecture que lui a faite ensuite M. d'Alembert de l'*Éloge de Boileau* a paru l'intéresser infiniment. Il y a dans cet Éloge une discussion très-fine sur les progrès que le législateur du goût, dans le dernier siècle, a fait faire à notre langue. On y compare le style de Racine et celui de Boileau, la manière de ces deux poètes, et celle de M. de Voltaire, à qui l'auteur donne des éloges trop vrais et trop délicats pour avoir pu craindre, en les lisant devant lui, de blesser ou son amour-propre ou sa modestie. L'assemblée était aussi nombreuse qu'elle pouvait l'être sans la présence de messieurs les évêques qui s'étaient tous dispensés de s'y trouver, soit que le hasard, soit que cet esprit saint qui n'abandonne jamais ces mesieurs, l'eût décidé ainsi pour sauver l'honneur de l'Église ou l'orgueil de la mitre; ce qui, comme chacun sait, ne fut presque toujours qu'une seule et même chose.

Les hommages que M. de Voltaire a reçus à l'Académie n'ont été que le prélude de ceux qui l'attendaient au théâtre de la nation. Sa marche depuis le vieux Louvre jusqu'aux Tuileries a été une espèce de triomphe public. Toute la cour des Princes, qui est immense, jusqu'à l'entrée du Carrousel, était remplie de monde; il n'y en avait guère moins sur la grande terrasse du jardin, et cette multitude était composée de tout sexe, de tout âge et de toute condition. Du plus loin qu'on a pu apercevoir sa voiture, il s'est élevé un cri de joie universel; les acclamations, les battemens de mains, les transports ont redoublé à mesure qu'il approchait; et quand on l'a vu, ce vieillard respectable chargé de tant d'années et de tant de gloire, quand on l'a vu descendre appuyé sur deux bras, l'attendrissement et l'admiration ont été au comble. La foule se pressait pour pénétrer jusqu'à lui; elle se pressait davantage pour le défendre contre elle-même (1).

(1) Les moindres détails de cette journée pouvant avoir quelque intérêt, nous ne voulons point manquer de rappeler ici le costume dans lequel M. de Voltaire a paru. Il avait sa grande perruque à nœuds grisâtres, qu'il peigne tous les jours lui-même, et qui est toute semblable à celle qu'il portait il y a quarante ans; de longues manchettes de dentelles et la superbe fourrure de martre zibeline, qui lui fut envoyée il y a quelques années par l'impératrice de Russie, couverte d'un beau velours cramoisi, mais sans aucune dorure. Il est impossible de penser à cette fameuse perruque sans se souvenir qu'il n'y avait autrefois que le pauvre Bachaumont qui en eût une pareille, et qui en était extrêmement fier. On l'appelait *la tête à perruque de M. de Voltaire*. (*Note de Grimm.*) Comme il est juste de rendre à chacun ce qui lui appartient, nous rappellerons ici que Grimm a dit t. VII, p. 266, que cette sorte de perruque avait été inventée par le duc de Nevers.

Toutes les bornes, toutes les barrières, toutes les croisées étaient remplies de spectateurs, et, le carrosse à peine arrêté, on était déjà monté sur l'impériale et même jusque sur les roues pour contempler la divinité de plus près. Dans la salle même, l'enthousiasme du public, que l'on ne croyait pas pouvoir aller plus loin, a paru redoubler encore lorsque M. de Voltaire placé aux secondes, dans la loge des gentilshommes de la chambre, entre madame Denis et madame de Villette, le sieur Brizard est venu apporter une couronne de laurier que madame de Villette a posée sur la tête du grand homme, mais qu'il a retirée aussitôt, quoique le public le pressât de la garder par des battemens de mains et par des cris qui retentissaient de tous les coins de la salle avec un fracas inouï. Toutes les femmes étaient debout. Il y avait plus de monde encore dans les corridors que dans les loges. Toute la Comédie, avant la toile levée, s'était avancée sur les bords du théâtre. On s'étouffait jusques à l'entrée du parterre, où plusieurs femmes étaient descendues, n'ayant pas pu trouver ailleurs des places pour voir quelques instans l'objet de tant d'adorations. J'ai vu le moment où la partie du parterre qui se trouve sous les loges allait se mettre à genoux, désespérant de le voir d'une autre manière. Toute la salle était obscurcie par la poussière qu'excitait le flux et le reflux de la multitude agitée. Ce transport, cet espèce de délire universel a duré plus de vingt minutes, et ce n'est pas sans peine que les Comédiens ont pu parvenir enfin à commencer la pièce. C'était *Irène* qu'on donnait pour la sixième fois. Jamais cette tragédie n'a été mieux jouée (1), jamais elle n'a été moins écoutée, jamais elle n'a été plus ap-

---

(1) Elle l'a toujours été fort mal. (*Note de Grimm.*)

plaudie. La toile baissée, les cris, les applaudissemens se sont renouvelés avec plus de vivacité que jamais. L'illustre vieillard s'est levé pour remercier le public, et l'instant d'après on a vu sur un piédestal, au milieu du théâtre, le buste de ce grand homme, tous les acteurs et toutes les actrices rangés en cintre autour du buste, des guirlandes et des couronnes à la main, tout le public qui se trouvait dans les coulisses derrière eux, et dans l'enfoncement de la scène les gardes qui avaient servi dans la tragédie ; de sorte que le théâtre dans ce moment représentait parfaitement une place publique où l'on venait d'ériger un monument à la gloire du génie (1). A ce spectacle sublime et touchant, qui ne se serait cru au milieu de Rome ou d'Athènes? Le nom de Voltaire a retenti de toutes parts avec des acclamations, des tressaillemens, des cris de joie, de reconnaissance et d'admiration. L'envie et la haine, le fanatisme et l'intolérance, n'ont osé rugir qu'en secret; et, pour la première fois peut-être, on a vu l'opinion publique, en France, jouir avec éclat de tout son empire. C'est Brizard, en habit de Léonce, c'est-à-dire en moine de Saint-Basile, qui a posé la première couronne sur le buste ; les autres acteurs ont suivi son exemple; et, après l'avoir ainsi couvert de lauriers, madame Vestris s'est avancée sur le bord de la scène pour adresser au dieu même de la fête ces vers que M. de Saint-Marc venait de faire sur-le-champ :

(1) Cette petite fête n'avait point été préparée d'avance; et puisqu'il faut tout dire, c'est mademoiselle La Chassaigne, qui débuta il y a quelques années dans le rôle de Zaïre (qui eut l'honneur alors de faire débuter feu M. le prince de Lamballe, et qui se contente aujourd'hui de doubler madame Drouin dans les rôles de caractères;) c'est mademoiselle La Chassaigne enfin qui a donné l'idée de couronner le buste, et c'est mademoiselle Fannier qui a fait faire les vers à M. de Saint-Marc. Ne faut-il pas rendre à chacun ce qui lui est dû?
(*Note de Grimm.*)

Aux yeux de Paris enchanté
Reçois en ce jour un hommage
Que confirmera d'âge en âge
La sévère postérité.
Non, tu n'as pas besoin d'atteindre au noir rivage
Pour jouir de l'honneur de l'immortalité.
Voltaire, reçois la couronne
Que l'on vient de te présenter ;
Il est beau de la mériter,
Quand c'est la France qui la donne.

Ces vers avaient du moins le mérite du moment ; le public y a trouvé une partie des sentimens dont il était animé, et cela suffisait pour les faire recevoir avec transport. On les a fait répéter à madame Vestris, et il s'en est répandu mille copies dans un instant. Le buste est resté sur le théâtre, chargé de lauriers, pendant toute la petite pièce. On donnait *Nanine*, qui n'a pas moins été applaudie qu'*Irène*, quoiqu'elle ne fût guère mieux jouée ; mais la présence du dieu faisait tout pardonner, rendait tout intéressant.

Le moment où M. de Voltaire est sorti du spectacle a paru plus touchant encore que celui de son entrée ; il semblait succomber sous le faix de l'âge et des lauriers dont on venait de charger sa tête. Il paraissait vivement attendri ; ses yeux étincelaient encore à travers la pâleur de son visage ; mais on croyait voir qu'il ne respirait plus que par le sentiment de sa gloire. Toutes les femmes s'étaient rangées et dans les corridors et dans l'escalier sur son passage ; elles le portaient pour ainsi dire dans leurs bras : c'est ainsi qu'il est arrivé jusqu'à la portière de son carrosse. On l'a retenu le plus long-temps qu'il a été possible à la porte de la Comédie. Le peuple criait :

Des flambeaux, des flambeaux! que tout le monde puisse le voir! Quand il a été dans sa voiture, la foule s'est pressée autour de lui; on est monté sur le marchepied, on s'est accroché aux portières du carrosse pour lui baiser les mains. Des gens du peuple criaient: *C'est lui qui a fait OEdipe, Mérope, Zaïre; c'est lui qui a chanté notre bon roi*, etc. On a supplié le cocher d'aller au pas, afin de pouvoir le suivre, et une partie du peuple l'a accompagné ainsi, en criant des *Vive Voltaire!* jusqu'au Pont-Royal. Nous ne devons pas oublier ici que M. le comte d'Artois, qui était à l'Opéra avec la reine, l'a quittée un moment pour venir à la Comédie Française, et qu'avant la fin du spectacle il a envoyé son capitaine des gardes, M. le prince d'Henin, dans la loge de M. de Voltaire, pour lui dire de sa part tout l'intérêt qu'il prenait à son triomphe, et tout le plaisir qu'il avait eu de joindre ses hommages à ceux de la nation...

L'enthousiasme avec lequel on vient de faire l'apothéose de M. de Voltaire, de son vivant, est la juste récompense, non-seulement des merveilles qu'a produites son génie, mais aussi de l'heureuse révolution qu'il a su faire et dans les mœurs et dans l'esprit de son siècle, en combattant les préjugés de tous les ordres et de tous les rangs; en donnant aux lettres plus de considération et plus de dignité, à l'opinion même un empire plus libre et plus indépendant de toute autre puissance que celle du génie et de la raison.

Vers de M. de Voltaire à M. le marquis de Saint-Mare.

Vous daignez couronner aux jeux de Melpomène
D'un vieillard affaibli les efforts impuissans.

Ces lauriers dont vos mains couvraient mes cheveux blancs
    Étaient nés dans votre domaine.
On sait que de son bien tout mortel est jaloux ;
Chacun garde pour soi ce que le ciel lui donne.
    Le Parnasse n'a vu que vous
    Qui sût partager sa couronne.

Vers du même à madame Hébert,

Qui lui avait envoyé deux remèdes, l'un contre l'hémorragie, l'autre contre une fluxion sur les yeux.

Je perdais tout mon sang, vous l'avez conservé.
Mes yeux étaient éteints, et je vous dois la vue.
    Si vous m'avez deux fois sauvé,
    Grace ne vous soit point rendue.
Vous en faites autant pour la foule inconnue
    De cent mortels infortunés.
    Vos soins sont votre récompense.
    Doit-on de la reconnaissance
    Pour les plaisirs que vous prenez ?

AVRIL.

Paris, avril 1778.

ON peut compter l'*Essai sur le commerce de Russie* au nombre des bons ouvrages qu'a produits et que doit produire encore l'*Histoire philosophique et politique du commerce des deux Indes*. Le malheur de tout ouvrage qui jette un grand éclat est de faire éclore une foule d'imitations médiocres. Un de ses plus beaux privilèges sans doute est de tracer des routes nouvelles, et d'exciter quelques bons esprits à les suivre. Le livre de M. l'abbé Raynal a surtout le grand mérite de nous avoir fait envisager le commerce sous le point de vue le plus étendu, le plus intéressant, c'est-à-dire dans tous ses rapports avec la philosophie et les mœurs, avec la puissance et la prospérité des nations. On sent que l'auteur de l'ouvrage que nous avons l'honneur de vous annoncer, a travaillé dans le même esprit, dans les mêmes vues; et s'il s'est trompé quelquefois, l'importance et l'intérêt de son travail méritent bien qu'on le mette en état de rectifier ses erreurs.

L'*Essai sur le commerce de Russie avec l'Histoire de ses découvertes* est attribué à M. de Marbois, attaché depuis plusieurs années aux affaires étrangères, secrétaire d'ambassade à la diète de l'Empire, employé depuis dans différentes cours, et qui l'est encore actuellement à Munich. On sait aujourd'hui que nous lui devons les *Lettres* prétendues *de madame de Pompadour*, la traduction française du *Diogène* de M. Wieland, et plusieurs articles du *Journal encyclopédique* et du *Journal des Savans*; entre autres un morceau assez curieux sur l'*Histoire des Flagellans* (1). Mais toutes ces productions de sa jeunesse n'ont aucun rapport aux connaissances et aux lumières qu'il a développées dans son dernier ouvrage : nous tâcherons du moins d'indiquer sa méthode et les principaux résultats de ses recherches.

(1) Grimm se trompe lorsqu'il attribue à M. de Marbois l'*Essai sur le commerce de Russie* publié, en 1777, sous le voile de l'anonyme. Cet ouvrage est de M. de Marbault qui était alors secrétaire de M. Durand, notre ministre en Russie. M. Le Clerc affirme dans son *Atlas du Commerce*, que cet *Essai sur le commerce de Russie* a été copié en très-grande partie sur un Mémoire qu'il avait envoyé à M. Durand. D'autres personnes prétendent qu'il a été rédigé sur les Mémoires de M. Raimbert, négociant français établi à Saint-Pétersbourg. Du reste Grimm donne ici de curieux renseignemens sur les travaux littéraires de M. Barbé de Marbois, et je suis porté à croire qu'on peut y avoir confiance. (B).

Il paraît d'abord que le premier objet de notre auteur est de développer les relations de commerce qui pourraient s'établir entre la Russie et la France, avec tous les avantages qui en résulteraient pour les deux nations, si la nature de ce commerce, très-différent de celui des autres États, était mieux connue et mieux dirigée.

Pour donner une idée du commerce intérieur de la Russie, il commence par faire l'énumération succincte de ses provinces, de leurs différentes productions, de leur population et de leur industrie. Ce précis prouve qu'il n'y a point de pays au monde où les climats soient plus nombreux, les productions plus variées et d'une utilité plus universelle, la terre plus féconde et la nature plus libérale... La Finlande fournit des planches, des bois de construction, quelques mâtures, du goudron. La Livonie, l'Estonie, la province de Smolensko, des gruaux, du blé, du chanvre et du lin. L'Ukraine, qui produit abondamment les mêmes richesses, fournit encore beaucoup de cire, de miel et de tabac. Elle vend annuellement environ dix mille bœufs; ils passent dans la Silésie et dans la Saxe : on prétend même qu'on en mène jusqu'à Paris. Quoique cette province ne produise point de vin, son sol est également propre à la culture de la vigne, des mûriers et des oliviers. Il sort une quantité immense de blés des provinces de Biélogorod, Sinbirski, Penza, Alatyr. Le gouvernement d'Astracan abonde en moutons fameux par leur grosseur et par la beauté de leurs fourrures. Cette province produit de plus des melons délicieux et d'excellens raisins. La plus grande partie de ces fruits se consomme à Pétersbourg. Si le vin qu'on fait dans le terroir d'Astracan ne peut se garder, l'auteur pense que ce défaut ne provient que de la façon de cultiver la vigne et de faire le vin, deux choses essentielles peu connues de ces contrées. La province de Casan porte ces forêts immenses d'où l'on tire les plus beaux mâts et les meilleurs bois de construction. Elle fournit encore à l'empire et à l'étranger une grande quantité de caviar, qui n'est qu'une préparation des œufs de bellouga, de citharus et d'esturgeon. On envoie le caviar sec à Archangel, où les Anglais et les Hambourgeois en font des chargemens considérables qu'ils portent en Allemagne, en Italie, en Espagne, en Turquie, et même dans les colonies des deux Indes. Le caviar liquide s'aigrit facilement; la Pologne est le seul pays où l'on puisse le transporter. Les suifs, branche importante du commerce de Russie, se tirent de Casan, de Kalugha, de Thula; mais la plus grande partie vient d'Orembourg. Le gouvernement d'Archangel produit des goudrons, de la colle de poisson, des bois, des bestiaux, et surtout des veaux et des moutons très-estimés pour la délicatesse de leur chair. La Sibérie est, sans contredit, une des parties les plus utiles de l'empire par ses bois, ses sels, ses pelleteries et ses mines. Le cuivre de Sibérie est de très-bonne qualité, et son fer n'est pas inférieur à celui de Suède. Ce dernier métal est si abondant, qu'indépendamment de la grande quantité qui s'en consomme dans l'empire, il s'en exporte annuellement trois ou quatre millions de pouds. Le produit des mines de la couronne en or et en argent est incertain. On dit qu'en 1772 elles ont rendu cinquante-neuf pouds d'or fin et dix-huit cent quatre-vingt-huit d'argent pur. Il y a du fer végétal en Sibérie, malgré le système de M. de Buffon : il est souple, maniable. La Russie renferme des salpétrières considérables dans le gouvernement d'Astracan; mais il est rare qu'on en permette l'exportation. Indépendamment de la fertilité de son sol, elle possède une quantité prodigieuse de gibiers et de poissons de toute espèce. Les poissons les plus estimés sont le sterlet et le soudac. Les chevaux de Mésen, province d'Archangel, sont petits, jolis, lestes et méchans. Ceux de Nischninovogorod sont forts, assez hauts pour le service des dragons ; cependant on emploie plus communément ceux des Kirghis et du Holstein. Ceux des Cosaques Donniens sont beaux et agiles à la course ; ils ressemblent pour la figure aux chevaux anglais...

Pour faciliter aux différentes parties de son empire l'échange de leurs richesses selon leurs besoins réciproques, la Russie se trouve arrosée dans toute son étendue par plusieurs grands fleuves, et par une quantité prodigieuse de rivières destinées à faire circuler l'abondance dans ses provinces, et à les rapprocher par la communication. Le Niester, le Don, le Volga, l'Obi, la Léna, le Jaïck, le Tobol, l'Irtich, le Jeniscea, traversent l'empire par un cours très-étendu, et sont presque tous navigables. Le canal de Ladoga joint la mer Caspienne à la Baltique ; un autre, facile à exécuter, pourrait unir encore la mer Noire au golfe de Finlande. Pendant six à sept mois que dure l'hiver dans ces climats, le traînage supplée à la navigation par un transport aussi commode, plus rapide et moins dispendieux. A ces avantages naturels s'en joint un autre dont on doit faire honneur au Gouvernement, c'est la modification des droits imposés sur la communication des provinces de l'empire. Le péage de Ladoga est le seul considérable.

D'où vient donc que, malgré toutes ces richesses, malgré tous ces avantages, le commerce intérieur languit resserré dans les bornes les plus étroites ? Parmi les causes qui s'opposent à ses progrès, notre auteur pense qu'on peut en assigner trois principales, savoir : la négligence de l'agriculture, le défaut d'industrie, les privilèges ou monopoles de la couronne.

Quoique depuis Pierre Ier l'agriculture ait fait quelques pas en Russie, elle est encore fort loin de l'état florissant où l'ont portée quelques nations de l'Europe.

Le paysan russe ne connaît presque point l'usage des engrais; il ne sillonne pas assez profondément les terres grasses; la forme de la charrue qu'il emploie est vicieuse et insuffisante; il manque souvent des avances indispensables à la culture; il est privé surtout des encouragemens que donnent l'émulation et la liberté. De là il résulte qu'il n'y a que les terres excellentes de cultivées; les autres sont absolument désertes; leurs malheureux habitans les quittent pour se livrer au trafic, dans l'espérance de payer plus facilement le tribut qu'ils doivent à leur seigneur. Le Gouvernement a tâché de prévenir cette désertion par une ordonnance publiée en 1775, où l'on borne au terme de six années le pouvoir des seigneurs d'accorder à leurs sujets la liberté de s'absenter et de se fixer dans les villes pour y faire le commerce. Le même ukase met un frein à la manie qu'ont les seigneurs russes d'entretenir dans leurs maisons une foule de domestiques inutiles, et règle avec beaucoup de sagesse le nombre de chevaux d'attelage, la nature et la quantité des livrées de la capitale, selon le rang militaire de chacun.

S'il faut en croire notre auteur, la plupart des causes qui entretiennent l'agriculture russe dans un état de faiblesse et de langueur sont de nature à céder aux efforts d'une bonne administration; mais il en est une plus générale, plus difficile, plus lente à corriger; c'est l'affaiblissement, le défaut de population.

« Il n'est point de pays, dit-il, où les femmes soient plus fécondes qu'en Russie; elles portent communément dix enfans, mais rarement en conservent-elles plus de trois ou quatre. Quels sont donc les principes destructeurs d'une fécondité si prodigieuse? La mauvaise nourriture des mères et des enfans; les épreuves du froid excessif auquel on expose sans précaution et sans ménagement ces organes tendres et délicats; la dureté de l'éducation; les bains de sueur; le scorbut; les maladies vénériennes; la petite vérole qui fait des ravages affreux dans cet empire: voilà pour le physique. Les privations de l'indigence; les travaux forcés de la servitude; la crainte continuelle et trop bien fondée des femmes de se voir arracher des êtres précaires qui appartiennent à leurs seigneurs avant même d'appartenir à la nature: voilà pour le moral. »

Quelque funeste que puisse être à l'espèce humaine la réunion de tant de fléaux, notre auteur pense que son dépérissement provient plus particulièrement en Russie du scorbut et des maladies vénériennes dont les enfans reçoivent le venin avec la vie ou bien avec le lait des nourrices. Mais la preuve sur laquelle il fonde cette opinion ne paraît pas suffisante; il la tire de la maison des Enfans-Trouvés de Moscou, où, depuis son établissement jusqu'à l'époque dont il parle, de quatre mille soixante-onze enfans qui y ont été nourris, il n'en est resté que neuf cent trente-cinq, ce qui fait presque le quart. Dans la maison des Enfans-Trouvés de Paris, on ne sauve guère que le dixième, et c'est moins à la négligence de l'administration, plus exacte et mieux réglée dans ces hôpitaux que dans tous les autres, qu'aux accidens auxquels les enfans se trouvent exposés avant d'y être transportés, soit par l'insouciance des parens, soit par la mauvaise nourriture des mères pendant leur grossesse, qu'on attribue un dépérissement si considérable.

Les calculs de M. de Marbois fixent à quatorze millions toute la population actuelle de l'empire. « De tous les souverains de Russie, Catherine II paraît être la seule qui se soit profondément occupée d'un si grand objet. Dans son instruction sur un nouveau code des lois, elle a exhorté les membres de la commission à rechercher avec soin les causes de la dépopulation générale de l'empire, pour y porter les remèdes les plus efficaces. Elle ne s'en est pas tenue là. Prévoyant sans doute que ce projet de législation pourrait bien avoir le même sort que tous les rêves brillans de nos philosophes sur le bonheur du genre humain, elle a appelé les étrangers de toutes les classes, qui, persécutés ou opprimés sur le sol de leur naissance, voudraient apporter en Russie leurs talens, leurs bras ou leur industrie... Un nouveau projet de Catherine II, bien plus favorable à la population de ses États, en ce qu'il est plus analogue au physique et au moral de la Russie, c'est celui de changer la constitution de tous les peuples sauvages qui en bordent les frontières, de les assujettir à la police générale de l'empire, et de les attacher à la vie sédentaire, qui entraîne nécessairement à l'application à l'agriculture. Une partie de ce projet vient d'être heureusement exécutée sur les Cosaques Zaporaviens... Leur association a été rompue, et leur caisse publique saisie. On permet à ceux qui voudront se marier de rester dans le pays; les autres seront transportés et distribués dans l'intérieur de l'empire. »

Notre auteur avoue que la Russie est trente ou quarante fois moins peuplée qu'elle ne devrait l'être relativement à son étendue; mais il pense que la faiblesse de son industrie provient moins encore de la faiblesse de sa population que des vices de sa constitution civile et politique. Il prononce un peu légèrement que si Pierre Ier avait eu le génie d'un législateur, il aurait commencé par tempérer le despotisme de sa puissance, mais qu'il a moins consulté le bonheur de son peuple que l'intérêt de sa gloire personnelle. Messieurs les philosophes ont bientôt décidé ainsi des projets d'un grand homme, de la destinée du plus vaste empire de la terre; mais lorsqu'il s'agit de faire l'application de leurs principes, même à la société la plus bornée, au plus petit ménage, leur haute sagesse se trouve fort embarrassée.

On peut convenir avec M. de Marbois que Pierre Ier, trop pressé de jouir, a trop précipité l'exécution de ses plans; qu'il n'a pas fait pour le progrès des lumières et des mœurs ce qui seul pouvait assurer le succès et la durée d'une législation nouvelle; qu'il ne s'est point assez occupé des moyens de perfectionner le caractère de sa nation, sans chercher à le dénaturer par l'imitation forcée des habitudes et des coutumes étrangères; mais il paraît fort douteux qu'il eût réussi dans aucun de ses projets sans le secours de ce pouvoir absolu dont on voudrait qu'il eût resserré les limites. M. Thomas lui fait dire à ce sujet de fort belles choses dans son poëme, entre autres ces vers remarquables :

A mes nouveaux desseins, le jugeant nécessaire, etc.

En effet, comment tirer une nation de la barbarie? comment lui faire adopter des connaissances, des lois, des mœurs, des manières nouvelles, sans être armé de la puissance la plus étendue, sans tenir du ciel le don des miracles, le crédit d'un Dieu ou la force d'un despote? On ne détruit l'opinion que par le pouvoir de l'opinion même, l'erreur par l'erreur, la force par la force.

Quoi qu'en dise maître Linguet, la liberté sera toujours le plus cher, le plus précieux de tous les biens; mais il n'en est pas moins vrai que ce bien si cher, si précieux, ne paraît pas être à la portée de tous les hommes. Il en est un grand nombre pour qui elle n'est qu'un fardeau pénible, insupportable; il en est un grand nombre aussi pour qui elle risque de devenir une arme dangereuse. Un gouvernement éclairé, qui tient la liberté de ses sujets entre ses mains, ne doit donc la rendre qu'à ceux qui auront appris à en connaître le prix, et par conséquent à en faire un bon usage. C'est dans cette vue, sans doute, que Catherine II a formé et forme encore tous les jours tant de fondations, tant d'établissemens relatifs à l'éducation publique. Ce n'est qu'en les multipliant et en les mettant à la portée de toutes sortes d'états et de conditions qu'on peut en attendre des effets sensibles. Pour donner aux hommes le désir d'être libres, il faut commencer par les éclairer sur leur véritable intérêt, il ne faut leur apprendre le secret de leurs propres forces qu'après leur avoir assuré les moyens de s'en servir utilement.

Vers de M. de Voltaire à M. le prince de Ligne, au sujet du faux bruit de sa mort, annoncée dans la Gazette de Bruxelles.

Prince dont le charmant esprit
Avec tant de grace m'attire,
Si j'étais mort comme on l'a dit,
N'auriez-vous pas eu le crédit
De m'arracher du sombre empire?
Car je sais très-bien qu'il suffit
De quelques sons de votre lyre.
C'est ainsi qu'Orphée en usait
Dans l'antiquité révérée,
Que plus d'un mort ressuscitait.
Croyez que dans votre Gazette,
Lorsqu'on parlait de mon trépas,
Ce n'était pas chose indiscrète,
Ces messieurs ne se trompaient pas.
En effet, qu'est-ce que la vie?
C'est un jour, tel est son destin.
Qu'importe qu'elle soit finie
Vers le soir ou vers le matin?

Les adieux du Vieillard, par le même (1).

Adieu, mon cher Tibulle, autrefois si volage,
   Mais toujours chéri d'Apollon,
Au Parnasse fêté comme au bord du Lignon,
   Et dont l'amour a fait un sage.
Des champs Élysiens, adieu pompeux rivage,
De palais, de jardins, de prodiges bordé,
Qu'ont encore embelli, pour l'honneur de notre âge,
Les enfans d'Henri quatre et ceux du grand Condé.
Combien vous m'enchantiez, muses, graces nouvelles,

(1) Cette pièce est adressée au marquis de Villette.

Dont les talens et les écrits
Seraient de tous nos beaux esprits
Ou la censure ou les modèles !
Que Paris est changé ! les Welches n'y sont plus ;
Je n'entends plus siffler ces ténébreux reptiles,
Ces Tartuffes affreux, ces insolens Zoïles :
J'ai passé ; de la terre ils étaient disparus.
Mes yeux, après trente ans n'ont vu qu'un peuple aimable,
Instruit, mais indulgent, doux, vif et sociable.
Il est né pour aimer. L'élite des Français
Est l'exemple du monde et vaut tous les Anglais.
De la société les douceurs désirées
Dans vingt États puissans sont encore ignorées :
On les goûte à Paris ; c'est le premier des arts.
Peuple heureux, il naquit, il règne en vos remparts,
Je m'arrache en pleurant à son charmant empire ;
Je retourne à ces monts qui menacent les cieux,
A ces antres glacés où la nature expire.
Je vous regretterais à la table des dieux.

On a fait pour le portrait de M. le docteur Franklin un très-beau vers latin :

Eripuit cœlo fulmen sceptrumque tyrannis.

C'est une heureuse imitation d'un vers de l'*Anti-Lucrèce* :

Eripuitque Jovi fulmen Phœboque sagittas.

M. de Voltaire, après s'être purifié par sa confession au père Gauthier, a jugé que pour achever son instruction il ne lui restait plus qu'à se faire initier dans les mystères de la franc-maçonnerie. Il a été reçu en particulier par M. le comte de Strogonow ; il l'a été dans la loge des *Neuf-Sœurs*, par M. de La Lande ; l'on a fait en sa faveur une réception dans les formes; l'on a lu beaucoup de mauvais vers; on lui a fait faire ensuite un plus mauvais dîner. M. de La Dixmerie a couronné cette grande journée par l'impromptu que voici :

> Qu'au seul nom de l'illustre frère
> Tout maçon triomphe aujourd'hui ;
> S'il reçoit de nous la lumière,
> L'univers la reçoit de lui.

Le *Roland* du sieur Piccini occupe toujours le théâtre de l'Académie royale de Musique avec le plus grand succès. Il n'y a point d'opéra nouveau dont les douze premières représentations aient produit une recette aussi considérable. Si mademoiselle La Guerre, qui a remplacé mademoiselle Le Vasseur dans le rôle d'Angélique, a moins de grâces dans son jeu, elle a la voix infiniment plus douce et plus flexible, elle saisit avec plus de justesse et l'expression et le goût de ce chant dont nos oreilles françaises ont dédaigné si long-temps la divine mélodie, mais qui semble enfin les trouver plus sensibles. La plupart des airs d'Angélique et de Médor, le duo qui termine le premier acte, le monologue de Roland au troisième, sa scène avec les bergers, sont admirables et ont même offert au musicien des situations et des motifs vraiment dramatiques. Convenons encore que le premier plaisir qu'on doit chercher au théâtre de l'Opéra est celui de l'oreille et des yeux, et non pas cet attendrissement, cette émotion soutenue que la tragédie seule peut nous donner, comme susceptible de plus grands intérêts, de développemens plus étendus et mieux gradués, en un mot une imitation plus touchante, plus naturelle et plus vraie.

Aux deux actes du *Devin du Village* et de *Myrtil et Lycoris* que l'on continue de donner le dimanche et le jeudi, on vient de joindre un petit ballet pantomime de la composition du sieur Gardel. Le sujet de ce nouveau ballet est tiré de *la Chercheuse d'esprit* du sieur Favart, ancien opéra comique en vaudevilles, dont on a suivi la marche scène par scène, et dont on a même conservé la musique le plus qu'il a été possible. Ce sujet si favorable au vaudeville ne paraissait pas infiniment propre à la pantomime, en ce qu'il ne fournit pas des situations assez marquées, des tableaux assez riches, assez variés; mais le talent de mademoiselle Guimard a su faire oublier tous ces défauts. Elle a mis dans le rôle de Nicette une gradation de nuances si fine, si juste, si piquante, que la poésie la plus ingénieuse ne saurait rendre les mêmes caractères avec plus d'esprit, de délicatesse et de vérité.

Les Comédiens Italiens n'ont pas été fort heureux cet hiver en nouveautés. *Matroco*, drame burlesque en quatre actes et en vers, mêlé d'ariettes et de vaudevilles, n'a pas eu plus de succès sur le théâtre de Paris qu'il n'en avait eu l'année dernière à Fontainebleau (1). Les paroles sont de M. Laujon, la musique de M. Grétry. Il est impossible de donner aucune idée du poëme : c'est une extravagance sans esprit, sans gaieté; c'est un amphigouri d'un bout à l'autre, où l'on ne découvre pas même l'apparence d'un but quelconque; car, si l'auteur ne nous avait pas dit lui-même dans sa préface que son intention était de travestir les héros et les héroïnes des romans de chevalerie, nous ne l'aurions jamais deviné.

(1) *Matroco* fut représenté à Paris le 4 février 1778.

Il y a dans la musique des choses charmantes, entre autres un duo sur la Gazette, très-neuf et très-original ; mais ce sont des beautés perdues, et l'on a du regret au temps que M. Grétry a daigné employer pour un ouvrage aussi peu digne de son talent.

On vient de représenter sur le même théâtre une parodie de *Roland* en trois actes et en vaudevilles (1), qui n'a pas eu et qui ne méritait pas un meilleur sort que *Matroco*. C'est M. d'Orvigny, l'auteur de la comédie d'*Orphée*, à qui nous devons ce nouveau chef-d'œuvre de platitude, de mauvais goût et de mauvais ton. Roland s'y trouve déguisé en grenadier recruteur, Angélique en opérateur, Médor en coiffeur de femmes. On leur fait dire, dans des situations analogues à celles de l'opéra, les bêtises les plus dégoûtantes, les folies les plus triviales, et l'on appelle cela une parodie du poëme de Quinault. Dans tout ce fatras d'inepties il n'y a qu'un trait qu'on puisse citer : c'est le moment des fureurs de Roland. Après avoir dit, comme dans l'opéra, qu'il voit un abîme ouvert à ses pieds ; après l'avoir regardé en frémissant de crainte et d'horreur, il rentre assez plaisamment en lui-même, et dit : « Mais non, je m'étais trompé ; c'est le trou du souffleur. » Le jeu ridicule de quelques-uns de nos acteurs n'a justifié que trop souvent cette mauvaise plaisanterie.

Copie de la profession de foi de M. de Voltaire, exigée par M. l'abbé Gauthier, son confesseur.

« Je soussigné, déclare qu'étant attaqué depuis quatre jours d'un vomissement de sang, à l'âge de quatre-vingt-

(1) *La Rage d'Amour*, représentée pour la première fois le 19 mars 1778.

quatre ans, et n'ayant pu me traîner à l'église, et M. le curé de Saint-Sulpice ayant bien voulu ajouter à ses bonnes œuvres celle de m'envoyer M. l'abbé Gauthier, prêtre, je me suis confessé à lui, et que si Dieu dispose de moi, je meurs dans la sainte religion catholique où je suis né, espérant de la miséricorde divine qu'elle daignera pardonner toutes mes fautes; et que si j'avais jamais scandalisé l'Église, j'en demande pardon à Dieu et à elle.

« A signé, Voltaire, le 2 mars 1778, dans la maison de M. le marquis de Villette.

« En présence de M. l'abbé Mignot, mon neveu, et de M. le marquis de Villevieille, mon ami. — L'Abbé Mignot, Villevieille.

« Nous déclarons la présente copie conforme à l'original qui est demeuré entre les mains du sieur abbé Gauthier, et que nous avons signé l'un et l'autre comme nous signons le présent certificat. Fait à Paris, ce 27 mai 1778. — L'Abbé Mignot, Villevieille. »

« L'original ci-dessus mentionné a été présenté à M. le curé de Saint-Sulpice, qui en a tiré copie. — L'Abbé Mignot, Villevieille. »

Copie de la Lettre de M. de Voltaire à M. le curé de Saint-Sulpice.

4 mars 1778.

« M. le marquis de Villette m'a assuré que si j'avais pris la liberté de m'adresser à vous-même, Monsieur, pour la démarche nécessaire que j'ai faite, vous auriez eu la bonté de quitter vos importantes occupations pour venir et daigner remplir auprès de moi des fonctions que je n'ai cru convenables qu'à des subalternes auprès des passagers qui se trouvent dans votre département.

« M. l'abbé Gauthier avait commencé par m'écrire sur le bruit seul de ma maladie; il était venu ensuite s'offrir de lui-même, et j'étais fondé à croire que, demeurant sur votre paroisse, il venait de votre part. Je vous regarde, Monsieur, comme un homme du premier ordre de l'État. Je sais que vous soulagez les pauvres en apôtre et que vous faites travailler en ministre. Plus je respecte votre personne et votre état, plus je crains d'abuser de vos extrêmes bontés. Je n'ai considéré que ce que je dois à votre naissance, à votre ministère et à votre mérite. Vous êtes un général à qui j'ai demandé un soldat. Je vous supplie de me pardonner de n'avoir pas prévu la condescendance avec laquelle vous seriez descendu jusqu'à moi; pardonnez aussi l'importunité de cette lettre, elle n'exige pas l'embarras d'une réponse, votre temps est trop précieux.

« J'ai l'honneur d'être, etc. »

Réponse de M. le curé de Saint-Sulpice à M. de Voltaire.

« Tous mes paroissiens, Monsieur, ont droit à mes soins, que la nécessité seule me fait partager avec mes coopérateurs. Mais quelqu'un comme M. de Voltaire est fait pour attirer toute mon attention; sa célébrité, qui fixe sur lui les yeux de la capitale de la France et même de l'Europe, est bien digne de la sollicitude pastorale d'un curé.

« La démarche que vous avez faite n'était nécessaire qu'autant qu'elle pouvait vous être utile dans le danger de votre maladie. Mon ministère ayant pour objet le vrai bonheur de l'homme, en dissipant par la foi les ténèbres qui offusquent sa raison et le bornent dans le cercle étroit de cette vie, jugez avec quel empressement je dois l'offrir à l'homme le plus distingué par ses talens, dont l'exemple seul ferait des milliers d'heureux et peut-être l'époque la plus intéressante aux mœurs, à la religion, et à tous les vrais principes, sans lesquels la société ne sera jamais qu'un assemblage de malheureux insensés divisés par leurs passions et tourmentés par leurs remords. Je sais que vous êtes bienfaisant; si vous me permettiez de vous entretenir quelquefois, j'espère que vous conviendriez qu'en adoptant parfaitement la sublime philosophie de l'évangile vous pourriez faire le plus grand bien, et ajouter à la gloire d'avoir porté l'esprit humain au plus haut degré de ses connaissances le mérite de la vertu la plus sincère, dont la sagesse divine, revêtue de notre nature, nous a donné la juste idée et fourni le parfait modèle que nous ne pouvons trouver ailleurs.

« Vous me comblez de choses obligeantes que vous voulez bien me dire et que je ne mérite pas. Il serait au-dessus de mes forces d'y répondre en me mettant au nombre des savans et des gens d'esprit qui vous portent avec tant d'empressement leur tribut et leurs hommages. Pour moi, je n'ai à vous offrir que les vœux de votre solide bonheur, et la sincérité des sentimens avec lesquels j'ai l'honneur d'être, etc. »

Entre autres prétentions, M. le marquis de Villette a celle d'être le fils de M. de Voltaire, et de toutes ses prétentions, ce n'est pas la moins courageuse sans doute. Nous ignorons jusqu'à l'ombre de vraisemblance qu'elle pourrait avoir..... — « Qu'est venu faire ici M. de Villette? disait quelqu'un à M. de Voltaire à Ferney. » — « Il dit qu'il est venu se purifier chez moi; mais je crains bien qu'il n'ait fait comme Gribouille, qui se mettait dans l'eau de peur de la pluie. »

M. de Saint-Ange, le traducteur des *Métamorphoses* d'Ovide, a dans son maintien cet air langoureux et niais qu'on a remarqué quelquefois dans la tournure de ses vers. Ayant été, comme les autres gens de lettres, présenter ses hommages à M. de Voltaire, il voulut finir sa visite par un coup de génie, et lui dit en tournant doucement son chapeau entre ses doigts : « Aujourd'hui, Monsieur, je ne suis venu voir qu'Homère; je viendrai voir un autre jour Euripide et Sophocle, et puis Tacite, et puis Lucien, etc. » — « Monsieur, je suis bien vieux : si vous pouviez faire toutes ces visites en une fois ! »

— « Vous avez, lui disait M. Mercier, vous avez si fort surpassé tous vos confrères en tout genre, vous surpasserez encore Fontenelle dans l'art de vivre long-temps. » — « Ah ! Monsieur, Fontenelle était un Normand : il a trompé la nature. »

Le petit théâtre de madame de Montesson n'a pas été moins brillant cet hiver que les années précédentes. On a distingué surtout parmi les nouveautés qui y ont été représentées deux comédies de madame de Montesson, *la Femme sincère*, *l'Amant romanesque*, et un opéra comique que l'on va donner incessamment au théâtre de la Comédie Italienne, intitulé : *le Jugement de Midas* (1). Les paroles de l'opéra sont d'un Anglais, M. d'Hèle, la musique du sieur Grétry. *La Femme sincère* est un tableau plein de graces et de sensibilité. Il y a dans *l'Amant romanesque* le même intérêt, avec un caractère plus original et des scènes plus gaies. Le principal héros

(1) Voir ci-après au mois de juin suivant.

de la pièce est un homme de quarante ans fort respectable par ses vertus, mais qui n'a jamais pu se résoudre à se marier, parce qu'il n'a point trouvé de femme qui sût l'aimer à son gré avec assez de délicatesse. Il est transporté d'admiration pour une jeune personne que sa famille lui destine, mais qui aime ailleurs, et qui le supplie, en conséquence, de vouloir bien différer lui-même le temps fixé pour leur union. Ce qu'elle lui propose dans l'espérance de pouvoir l'éloigner un jour entièrement, il le regarde comme une preuve décisive du sentiment le plus pur, le plus délicat. Il craint que sa passion ne l'égare en lui demandant la permission d'espérer l'accomplissement de son bonheur, dans..... il n'ose achever, dans trois.....; la jeune personne frémit déjà, mais elle est bientôt rassurée, ce n'est que dans trois ans qu'il songe à renouveler ses instances. Il y a dans cette comédie un rôle d'intendant, de vieux domestique d'une sensibilité brusque, mais en même temps douce et comme accoutumée à plier sous le joug de ses maîtres, qui nous a paru d'une invention très-heureuse et très-piquante. M. le comte d'Ornésan l'a rendu avec un naturel, avec une vérité dont nos meilleurs acteurs ont rarement approché. La figure et la voix de madame de Montesson ont toute la grâce, toute la fraîcheur de son esprit. Elle a rempli les premiers rôles, non-seulement dans ses propres pièces, mais aussi dans les opéra de *Zémire et Azor*, de *la Belle Arsène*, d'*Aline*, et de *la Servante Maîtresse*. Ce spectacle a toujours attiré l'assemblée la plus brillante. M. de Voltaire, qui l'a vu deux fois, y a reçu presque autant d'hommages et d'applaudissemens qu'à la Comédie Française. Madame de Montesson a été le recevoir dans sa loge avec M. le duc d'Orléans.

L'illustre vieillard s'est mis à genoux ; elle l'a relevé en l'embrassant, l'a comblé de caresses, et lui a dit avec beaucoup d'attendrissement : « Voilà le plus beau jour de mon heureuse vie. »

Lettre de M. de Voltaire à mademoiselle Dionis, qui lui avait envoyé son ouvrage intitulé : L'Origine des Graces.

« Mademoiselle, vous avez eu la bonté de m'envoyer un livre qui contient, à ce que je présume, l'origine de votre maison ; mais en ajoutant à ce bienfait la bonté de m'écrire, vous ne m'avez point instruit de votre demeure. Je n'ai pu, même après avoir lu votre *Origine* avec tant de plaisir, trouver le nom du libraire qui la débite ; ainsi il m'a été impossible d'avoir un moyen de vous écrire et de vous remercier. M. de La Harpe, qui se connaît en graces et en style, vient de me dire qu'il était assez heureux pour vous connaître, et qu'il se chargerait de mettre à vos pieds la reconnaissance de votre très-humble et très-obéissant serviteur   VOLTAIRE. »

MAI.

Paris, mai 1778.

Le Cheval et son Maître, chanson allégorique.

Sur l'air : *Il était une fille*, etc.

Bien loin de cette ville
Un seigneur déloyal,
Eut autrefois un bon cheval,

Soumis autant qu'utile ;
Sur ce point capital
Il n'avait point d'égal.

Au lieu de reconnaître
Le service constant
Qu'il en tirait à chaque instant,
Voilà qu'un jour le maître,
Parfois un peu brutal,
Maltraita son cheval.

Piqué de l'injustice,
Le cheval se cabra,
Comme aisément on le croira.
Un matin il se glisse,
Dans les champs s'en alla,
Laissant son maître là.

Celui-ci, plein de rage,
Avec ses gens courait
Pour voir s'il le rattraperait ;
Mais l'autre en son langage
Lui dit : Il n'est plus temps ;
J'ai pris le mors aux dents.

Le maître dans la suite
Eut beau le menacer,
Et puis après le caresser ;
Pour toute réussite
Il n'eut qu'un coup de pied
Dont il fut estropié.

Cela nous apprend comme
C'est en le traitant mal
Qu'on perd souvent un bon cheval.
Ce trait du gentilhomme,
Qu'on a mis en français,
Est tiré de l'anglais.

MAI 1778.

Ancienne Épigramme sur la chute de la tragédie de Tibère, *donnée sous le nom du président Dupuy, et qui l'avait payée, dit-on, cent écus* (1).

>Pourquoi du malheur de *Tibère*
>Blâmer le président Dupuy?
>Si sous son nom il n'a pu plaire,
>Aurait-il plus plu sous celui
>De celui qui pour la lui faire
>A reçu cent écus de lui?

On a donné le samedi 9, sur le théâtre de la Comédie Italienne, la première représentation de *Zulima*. Ce poëme est tiré d'une ancienne comédie de La Noue, intitulée *l'Art et la Nature, ou Zuliska*; pour mieux dire, c'est la comédie même de La Noue, dont on a seulement resserré le dialogue, et à laquelle on a ajouté plusieurs morceaux de chant pour lui donner la forme accoutumée de l'opéra comique. Ce travail a été fait, dit-on, dans la société de madame Bellecourt, qui joue avec tant de naturel les rôles de soubrette à la Comédie Française, et l'on croit qu'elle-même a eu la plus grande part à cet ouvrage. La musique est de son ami M. Dezède, l'auteur des *Trois Fermiers*, de *Julie*, etc.

Cette pièce a eu peu de succès. C'est un sujet de féerie qui prête au plus grand spectacle, dont l'idée principale est assez ingénieuse, dont les détails ne manquent ni de finesse ni d'esprit, mais dont l'ensemble est froid et sans effet. Zulima est aimée de deux princes protégés chacun par une fée : l'un a dans son pouvoir tous les enchantemens du monde; l'autre, aux simples charmes de la nature et d'un cœur sensible, réunit encore l'heureux se-

---
(1) Représentée le 13 décembre 1726.
Tom. X.

cret de faire disparaître à sa volonté tous les prestiges de son rival. On ne demande point lequel des deux doit l'emporter sur l'autre ; on le sait d'avance, et cette certitude ôte à la marche du drame tout le mouvement, tout l'intérêt dont il aurait pu être susceptible.

Quant à la musique, elle est en général d'un genre auquel le talent de M. Dezède ne paraît nullement propre. Il a fait des romances charmantes, des chansons pleines de grace et de naïveté ; il a peint avec beaucoup de naturel et de fraîcheur la douce gaieté des mœurs villageoises ; mais dans cet opéra-ci il a eu la prétention d'un style plus élevé, et cette prétention ne lui a point réussi. L'ariette qui a été le plus applaudie est celle qui commence le troisième acte ; c'est la seule où il se soit laissé aller à la pente naturelle de son génie.

Ce n'est point pour la forme que M. de Voltaire s'est chargé de remplir les fonctions de directeur à l'Académie Française. Il ne néglige rien pour ranimer le zèle et l'activité de ses confrères, et c'est encore au génie de cet illustre vieillard que paraît réservé le pouvoir de réchauffer et de rajeunir ce corps si faible et si languissant, malgré ses quarante têtes. Il arrive toujours le premier à l'assemblée ; il y discute les questions de grammaire les plus intéressantes ; il propose, sur la nécessité de faire revivre d'anciennes expressions et d'en créer même de nouvelles, les observations les plus fines et les plus ingénieuses. « Notre langue, disait-il l'autre jour, est une gueuse fière ; plus elle est dans l'indigence, plus elle semble dédaigner les secours dont elle a besoin... » La mémoire et la présence d'esprit de notre patriarche sont au-dessus de tout ce qu'on peut imaginer à son âge.

L'abbé Delille lui ayant lu sa satire sur *le Luxe*, imitée de l'épître de Pope au docteur Arbuthnot (1), il se rappela presque tous les vers du poète anglais, et fit sentir avec une délicatesse extrême et les endroits où le traducteur s'était écarté de son modèle, et ceux où il l'avait surpassé.

Dans la dernière séance de l'Académie, il parla fort long-temps et avec la plus grande chaleur sur l'utilité d'un nouveau Dictionnaire conçu à peu près sur le même plan que celui *della Crusca* ou celui de Johnson. Il pressa si vivement ces messieurs, que, malgré la résistance du plus grand nombre, on arrêta enfin d'entreprendre ce grand ouvrage. Ce fut lui-même qui consigna sur-le-champ, de sa propre main, dans les registres de l'Académie, et la résolution qu'on venait de prendre, et les motifs qui l'avaient déterminée. Il fit plus, il ne permit point que l'assemblée se séparât sans s'être partagé toutes les lettres de l'alphabet. Il prit pour lui-même la lettre A, comme la plus considérable. M. de Foncemagne, qui voulut se dispenser de cette tâche à cause de sa vieillesse, fut querellé tout de bon; il fallut céder. En terminant la séance, il leur dit, enchanté d'avoir réussi : « Messieurs, je vous remercie au nom de l'alphabet. — Et nous, lui répondit le chevalier de Chastellux, nous vous remercions au nom des lettres. »

On parlait devant M. de Voltaire de l'Angleterre. « Il est certain, disait-il, que dans cette île les moutons sont plus gras, les chevaux courent plus vite, les chiens chassent mieux ; cela pourrait bien faire présumer que les hommes y ont aussi quelque supériorité (2). — Oui,

---

(1) Le baron se trompe évidemment, et de deux pièces n'en fait qu'une. L'abbé Delille a composé une satire sur *le Luxe* et traduit l'épître de Pope au docteur Arbuthnot. (B.)

(2) On s'aperçoit aisément qu'ici le patriarche parle ironiquement.
(*Note de Grimm.*)

lui répondit quelqu'un, j'ai remarqué que l'esprit de la constitution influait sur tout dans ce pays, et même sur la nature physique. On y voit les troupeaux errer librement dans leurs pâturages, sans chien, sans berger. — Sans doute, Monsieur ; c'est qu'il n'y a point de loups. »

Romance (1) *de Desdémona, tirée de la tragédie d'*Othello *de Shakspeare, par J.-J. Rousseau.*

> Au pied d'un saule assise tous les jours,
> Main sur son cœur que navrait sa blessure,
> Tête baissée, en dolente posture,
> On l'entendait qui pleurait ses amours.
> Chantez le saule et sa douce verdure.
>
> Et cependant les limpides ruisseaux
> A ses sanglots mêlaient leur doux murmure.
> Pleurs de ses yeux s'échappaient sans mesure
> Qui les rochers affligeaient sur ses maux.
> Chantez le saule et sa douce verdure.
>
> O saule vert, saule que je chéris,
> Saule d'amour, tu seras ma parure !
> Ne l'accusez des ennuis que j'endure,
> Je lui pardonne, hélas ! tous ses mépris.
> Chantez le saule et sa douce verdure.
>
> A cet ingrat, qui trahit ses sermens,
> Je reprochais tendrement mon injure.

(1) C'est une vieille chanson qu'une jeune Mauresse, attachée à la mère de Desdémona, et devenue folle d'amour, chantait toujours, et qu'elle chanta même en mourant. Desdémona, tourmentée des pressentimens du malheur qui doit lui arriver, se rappelle cette chanson. Elle s'efforce d'abord d'en écarter le triste souvenir ; mais entraînée par sa mélancolie, elle y revient malgré elle, et finit par la chanter en entier. (*Note de Grimm.*)

Imite-moi, répondit le parjure ;
Ouvre tes bras à de nouveaux amans.
Chantez le saule et sa douce verdure.

Le gouvernement de l'Académie royale de Musique vient d'éprouver une nouvelle révolution ; ce n'est plus la ville de Paris, ce ne sont plus messieurs les intendans des Menus, c'est un particulier, M. de Vismes, qui se trouve chargé de la conduite de cette grande machine. L'entreprise lui en a été accordée pendant douze ans, grace à la protection de M. Campan, valet de chambre de la reine, et aux sollicitations de M. de La Borde, son beau-frère, ancien valet de chambre du roi. Il a déposé, pour la jouissance de ce privilège, cinq cent mille livres, dont on lui paie annuellement les intérêts à raison de cinq pour cent sans retenue. Le nouvel administrateur s'est annoncé par des réformes et par des établissemens considérables. Il a commencé par se faire bâtir un fort bel hôtel, rue de la Feuillade. Il a fait graver sur la porte de son bureau ces trois mots en lettres d'or : *Ordre, Justice, et Sévérité* (1). Il a raccourci le théâtre, il a diminué l'orchestre, il a augmenté le nombre des loges à l'année, il a fait une économie de lumières dans la salle, pour donner plus d'effet à celles du théâtre ; il a agrandi les lucarnes des loges, et les a fait garnir de glaces en faveur des corridors, etc. ; enfin il a fait venir à grands frais une troupe de bouffons d'Italie. Mais il n'a pu réformer un grand nombre d'abus sans déplaire aux plus grandes puissances, sans révolter contre lui tous les ordres de l'État confié à sa tutelle, les premiers acteurs et les premières actrices, les ballets, l'orchestre,

---

(1) Ces demoiselles ont fait rayer ce dernier mot. (*Note de Grimm.*)

les chœurs, et même messieurs les compositeurs et messieurs les poètes, dont il a prétendu réduire aussi les honoraires, etc. Le peu d'égard qu'il a eu jusqu'à présent aux circonstances, aux principes reçus, aux anciens usages, a fait dire qu'il était *le Turgot de l'Opéra*, et l'on a présagé que son ministère ne serait pas de longue durée. Nous laissons au temps le soin de décider une question si intéressante.

Ce qu'il y a de très-décidé, c'est que la première nouveauté par laquelle M. de Vismes a fait l'ouverture de son spectacle a peu réussi. C'est une espèce de prologue, intitulé *les Trois Ages de l'Opéra*, dont M. de Saint-Alphonse, le frère du nouveau directeur, a fait les paroles, et M. Grétry la musique. On a voulu représenter dans ces *Trois Ages* les trois époques où l'on a vu changer les formes de la composition musicale, le temps de Lulli, celui de Rameau, et enfin celui de M. le chevalier Gluck.

La musique de ce prologue n'est guère qu'un centon des airs les plus connus de Lulli, de Rameau et du chevalier Gluck. Tout le mérite dont on puisse tenir compte à M. Grétry est celui d'avoir lié avec assez d'adresse ces différens morceaux, et d'en avoir su mêler les nuances sans déplaire à l'oreille.

Les Trois Ages n'ont pas tardé à être remplacés par *la Fête du Village*. C'est un petit intermède dont M. Desfontaines, l'auteur de *l'Aveugle de Palmyre*, a fait les paroles, et M. Gossec la musique. On ne peut rien ajouter à ce que l'auteur du poëme en a dit lui-même dans un petit avertissement. Il avoue qu'on n'y trouve point d'action, point d'intrigue, ni mouvement, ni scène, ni dialogue ; ce sont des villageois qui s'assemblent pour recevoir leur seigneur, et qui chantent et qui dansent pour lui témoigner la joie qu'ils ont de le voir. Quelle heureuse simplicité! Aussi l'auteur désire-t-il fort que ce nouveau genre sans intrigue, sans action, sans scène, sans dialogue, puisse plaire; ce serait, dit-il, un moyen sûr de multiplier nos plaisirs. Rien n'est plus lumineux, et l'on ne saurait trop regretter que le public ait paru si peu disposé à profiter d'une découverte si essentielle. Il y a pourtant dans la musique de *la Fête du Village* quelques airs où l'on a trouvé des idées assez fraîches, une grace touchante et naïve.

Depuis que les prêtres ne font plus de miracles, ce sont les philosophes qui s'en mêlent. L'un prétend ressusciter les morts avec un peu d'alkali, et faire de l'or avec quelques pelletées de terre de potager (1). L'autre entreprend de guérir les fous et les furieux par des breuvages soporifiques (2). Un troisième promet plus encore, en dirigeant sur vous le bout de son doigt, ou, si vous le préférez, en jouant devant vous de son *harmonica*; il n'est guère de maladie qu'il ne vous donne ou qu'il ne vous ôte à votre choix. Ce dernier, M. le docteur Mesmer, qui a déjà fait beaucoup de bruit en Allemagne, avait commencé à faire ici une assez grande sensation, mais son succès ne s'est pas soutenu. Beaucoup de personnes, curieuses de connaître par elles-mêmes la vertu de ses secrets, en ont voulu faire l'expérience, et n'ont

(1) M. Sage, auteur de plusieurs ouvrages de chimie et de minéralogie. (*Note de Grimm.*)

(2) M. Dufour, chirurgien aide-major de l'École royale militaire, qui a déjà fait plusieurs expériences dignes de la plus grande attention sur quelques malades de Bicêtre, dont la cure a été constatée par le procès-verbal de quatre commmissaires députés de la Faculté de Médecine. (*Note de Grimm.*)

rien ressenti de tout ce qu'on leur avait annoncé. Ce qui a nui encore à la vogue du nouveau thaumaturge, c'est que dans le monde on lui a trouvé peu d'esprit, peu d'imagination : or, ce siècle est tellement corrompu, tellement dégoûté, que, sans un secours si peu nécessaire autrefois, les faiseurs de miracles même ne doivent plus espérer aujourd'hui de faire fortune. Voici, en peu de mots, les principes sur lesquels se fonde la théorie du docteur Mesmer. Il croit qu'il y a dans la nature un principe matériel inconnu jusqu'ici, qui agit sur les nerfs; que, moyennant ce principe, et d'après des lois mécaniques particulières, il y a une influence mutuelle entre les corps animés, la terre et les corps célestes; qu'en conséquence il se manifeste dans les animaux, surtout dans l'homme, des propriétés analogues à celles de l'aimant. C'est ce magnétisme animal qu'il a trouvé le secret de déployer sur les maladies, et c'est par cette méthode qu'il prétend les guérir presque toutes. La vertu magnétique peut être communiquée et propagée par d'autres corps. Cette matière subtile pénètre les murailles, portes, verres, métaux, sans perdre notablement de sa force; elle peut être accumulée, concentrée et transportée dans l'eau et dans les verres, et réfléchie par les miroirs; elle est encore propagée, communiquée et augmentée par le son. Tout ceci n'est peut-être pas de la première clarté; mais ce qui prévient très-clairement toutes les expériences qu'on pourrait opposer au système de notre docteur, et ce qu'il ne manque jamais d'ajouter à l'exposition de ses principes, c'est qu'il y a des corps qui ne sont non-seulement pas susceptibles du magnétisme animal, mais qui ont même une propriété tout-à-fait opposée, par laquelle ils en détruisent toute l'efficacité dans les autres corps, cette vertu pouvant se communiquer aussi bien que sa rivale. M. le docteur s'est plaint d'avoir trouvé beaucoup de corps de cette espèce à Paris, et cela paraît assez probable. Des corps d'une nature si peu susceptibles ne sont-ils pas faits pour s'unir à ces ames froides, personnelles, égoïstes, qui abondent sans doute dans cette immense capitale plus qu'en aucun autre lieu du monde?

JUIN.

Paris, juin 1778.

Il est tombé dans l'abîme funeste; les derniers rayons de cette clarté divine viennent de s'éteindre, et la nuit qui va succéder à ce beau jour durera peut-être une longue suite de siècles (1).

Le plus grand, le plus illustre, peut-être, hélas! l'unique monument de cette époque glorieuse où tous les talens, tous les arts de l'esprit humain semblaient s'être élevés au plus haut degré de perfection, ce superbe mo-

―――――

(1) M. de Voltaire est mort le 30 du mois dernier, entre dix et onze heures du soir, âgé de quatre-vingt-quatre ans et quelques mois (*). Il paraît que la principale cause de sa mort est la strangurie dont il souffrait depuis plusieurs années, et dont les fatigues du séjour de Paris avaient sans doute hâté le progrès. A l'ouverture de son corps, on a trouvé les parties nobles assez bien conservées, mais la vessie toute tapissée intérieurement de pus, ce qui peut faire juger des douleurs excessives qu'il a dû éprouver avant que le mal fût arrivé à ce dernier période. Des ménagemens extrêmes auraient pu en retarder peut-être le terme; mais il en était incapable. Ayant appris qu'à une séance de l'Académie à laquelle il ne put assister, le projet qu'il avait fait adopter à ces messieurs pour une nouvelle édition de leur Dictionnaire, avait essuyé des contradictions sans nombre, il craignit de le voir abandonné, et

(*) Il était né le 20 février 1694.

nument a disparu ! Un coin de terre ignoré en dérobe à nos yeux les tristes débris.

Il n'est plus, celui qui fut à la fois l'Arioste et le Virgile de la France, qui ressuscita pour nous les chefs-d'œuvre des Sophocle et des Euripide, dont le génie atteignit tour à tour la hauteur des pensées de Corneille, le pathétique sublime de Racine; et, maître de l'empire qu'occupaient ces deux rivaux de la scène, en sut découvrir un nouveau plus digne encore de sa conquête dans les grands mouvemens de la nature, dans les excès terribles du fanatisme, dans le contraste imposant des mœurs et des opinions.

Il n'est plus, celui qui, dans son immense carrière, embrassa toute l'étendue de nos connaissances, et laissa presque dans tous les genres des chefs-d'œuvre et des modèles; le premier qui fit connaître à la France la philosophie de Newton, les vertus du meilleur de nos rois, et le véritable prix de la liberté, du commerce et des lettres.

Il n'est plus, celui qui le premier peut-être écrivit l'histoire en philosophe, en homme d'État, en citoyen, combattit sans relâche tous les préjugés funestes au bonheur des hommes, et, couvrant l'erreur et la superstition

---

voulut composer un discours pour les faire revenir à son premier plan. Pour remonter ses nerfs affaiblis, il prit une quantité prodigieuse de café; cet excès dans son état et un travail suivi de dix ou douze heures renouvelèrent toutes ses souffrances, et le jetèrent dans un accablement affreux. M. le maréchal de Richelieu l'étant venu voir dans la soirée, lui dit que son médecin lui avait ordonné dans des circonstances assez semblables quelques prises de laudanum qui l'avaient toujours soulagé très-promptement. M. de Voltaire en fit venir sur-le-champ; et dans la nuit, au lieu de trois ou quatre gouttes, il en prit presque une fiole entière. Il tomba depuis ce moment dans une espèce de léthargie qui ne fut interrompue que par l'excès de la douleur, et ne reprit que par intervalle l'usage de ses sens. (*Note de Grimm.*)

d'opprobre et de ridicule, sut se faire entendre également de l'ignorant et du sage, des peuples et des rois.

Appuyé sur le génie du siècle qui l'a vu naître, seul il soutenait encore dans son déclin l'âge qui l'a vu mourir, seul il en retardait encore la chute. Il n'est plus, et déjà l'ignorance et l'envie osent insulter sa cendre révérée. On refuse à celui qui méritait un temple et des autels ce repos de la tombe, ces simples honneurs qu'on ne refuse pas même au dernier des humains (1).

Le fanatisme, dont le génie étonné tremblait devant celui d'un grand homme, le voit à peine expirant, qu'il se flatte déjà de reprendre son empire, et le premier effort de sa rage impuissante est un excès de démence et de lâcheté.

(1) Ce n'est ni aux préventions de la cour, ni à celles des ministres, ni peut-être même au zèle intolérant des chefs du clergé, qu'il faut attribuer les difficultés que l'on a faites pour inhumer M. de Voltaire en terre sainte; c'est dans la conduite ridicule et pusillanime de sa famille, c'est dans les intrigues de quelques dévotes et de leurs directeurs qu'il faut chercher l'origine d'une persécution si lâche et si honteuse. En ne supposant pas même qu'on pût refuser à M. de Voltaire ce qu'on ne refuse à aucun citoyen, en suivant simplement la marche indiquée par les lois et par l'usage, il n'y a pas une voix qui eût osé s'élever publiquement pour être l'organe du fanatisme le plus odieux ou de la haine la plus barbare. Mais je ne sais quelles alarmes, quelles inquiétudes semées secrètement sous le nom spécieux du zèle et de la piété, une fois répandues, on a craint l'éclat du scandale. Les dévots ont fait montre alors de leur crédit, de leur puissance; et l'on a cru devoir prendre toutes les mesures imaginables pour éviter une discussion dont il n'est jamais aisé de mesurer au juste les conséquences. Quoique les chroniques secrètes de la cour assurent que M. de Voltaire avait les droits les plus intimes sur les égards et sur l'amitié de M. le duc de Nivernois, on prétend que c'est madame de Gisors et madame de Nivernois qui ont excité plus que personne et l'archevêque et les curés de Paris à refuser un asile aux cendres de ce grand homme. Nous aimons encore mieux accuser de cette injustice le zèle aveugle d'une femme, qui peut-être d'ailleurs n'en est pas moins respectable, que l'esprit d'un corps entier dont les lumières nous permettaient d'attendre plus de tolérance et plus de charité. (*Note de Grimm.*)

Qu'espérez-vous encore de tant de barbarie? Qu'apprendrez-vous à l'univers en exerçant sur cette dépouille mortelle votre furie et votre vengeance, si ce n'est la terreur et l'épouvante qu'il sut vous inspirer jusqu'au dernier moment de sa vie? Voilà donc quelle est aujourd'hui votre puissance! Un seul homme, sans autre appui que l'ascendant de la gloire et des talens, a résisté soixante ans à vos persécutions, a bravé soixante ans vos fureurs, et ce n'est que la mort qui vous livre votre victime, ombre vaine, insensible à vos injures, mais dont le seul nom est encore l'amour de l'humanité et l'effroi de ses tyrans.

Quel était donc votre dessein en refusant un simple tombeau à celui à qui la nation venait de décerner les honneurs d'un triomphe public? Avez-vous craint que ce tombeau ne devînt un autel, et le lieu qui le renfermerait un temple? Avez-vous craint de voir confondu dans la foule des humains l'homme qui s'éleva au-dessus de tous les rangs par l'éclat et par la supériorité de son génie? Avez-vous pensé qu'il fût si fort de votre intérêt d'annoncer à l'Europe entière que le plus grand homme de son siècle était mort comme il avait vécu, sans faiblesse et sans préjugé (1)?

(1) On sait que M. de Voltaire a regretté infiniment la vie (eh! qui pouvait la regretter plus que lui?) mais sans craindre la mort et ses suites. Il a maudit souvent l'impuissance des secours de la médecine; mais ce sont les douleurs dont il était tourmenté, le désir qu'il aurait eu de jouir encore plus long-temps de sa gloire et de ses travaux, non les remords d'une ame effrayée par l'incertitude de l'avenir, qui lui arrachèrent ses plaintes et ses murmures... Il a vu quelques heures avant de mourir M. le curé de Saint-Sulpice et M. l'abbé Gauthier. Il a paru d'abord avoir quelque peine à les reconnaître. M. de Villette les lui ayant annoncés une seconde fois, il répondit sans aucune impatience: *Assurez ces messieurs de mes respects.* A la prière de M. de Villette, M. de Saint-Sulpice s'étant approché du chevet de son lit, le mou-

En voulant couvrir, s'il vous eût été possible, de l'obscurité la plus profonde le lieu où reposaient les cendres de Voltaire, en cherchant à envelopper de ténèbres et de mystère le moment de sa mort, n'avez-vous pas tremblé que les plus ardens de ses disciples ne profitassent d'une circonstance si favorable pour établir les preuves de son immortalité, de sa résurrection ? Ah ! vous saviez trop bien que, l'eussent-ils tenté, les ouvrages qui nous restent de lui ne permettaient plus de croire aux miracles de cette espèce (1).

Faibles et lâches ennemis de l'ombre d'un grand homme ! en tourmentant toutes les puissances du ciel et de la terre pour lui ravir les hommages qui lui sont dus, quel fruit attendez-vous de tant de vains efforts ? Effacerez-vous son souvenir de la mémoire des hommes ?

---

rant étendit son bras autour de sa tête comme pour l'embrasser. Dans cette attitude, M. de Saint-Sulpice lui adressa quelques exhortations, et finit par le conjurer de rendre encore témoignage à la vérité dans ses derniers instans, et de prouver au moins par quelque signe qu'il reconnaissait la divinité de Jésus-Christ... A ce mot les yeux du mourant parurent se ranimer un peu ; il repoussa doucement M. le curé, et dit d'une voix encore intelligible : *Hélas ! laissez-moi mourir tranquille !* M. de Saint-Sulpice se tourna du côté de M. l'abbé Gauthier, et lui dit avec beaucoup de modération et de présence d'esprit : *Vous voyez que la tête n'y est plus.* Ces messieurs s'étant retirés, il serra la main du domestique qui l'avait servi avec le plus de zèle pendant sa maladie, nomma encore quelquefois madame Denis, et rendit peu de momens après les derniers soupirs. (*Note de Grimm.*)

(1) Il est certain qu'on a ignoré quelque temps dans le public et l'heure et le jour de la mort de M. de Voltaire. Tout Paris était encore à sa porte pour demander de ses nouvelles, lorsque son corps avait déjà été enlevé pour être transporté à l'abbaye de Scellières. Les ordres donnés pour sa sépulture ont été enveloppés de tout le mystère que pourrait exiger l'affaire d'État la plus importante, et l'on doit avouer que ces précautions n'étaient peut-être pas absolument inutiles ; on croit qu'il aurait été fort aisé d'échauffer pour un parti quelconque la foule qui assiégeait encore la demeure de cet homme célèbre le lendemain de sa mort. (*Note de Grimm.*)

Anéantirez-vous cette multitude de chefs-d'œuvre, éternels monumens de son génie, consacrés dans toutes les parties du monde à l'instruction et à l'admiration des races futures? Est-ce par quelques défenses puériles, par quelques anathèmes impuissans que vous pensez enchaîner ces torrens de lumières répandus d'un bout de l'univers à l'autre (1)?

Non, sa gloire est au-dessus de toute atteinte; ses ouvrages en sont les garans immortels. Mais votre triomphe est encore assez beau: le vengeur des victimes opprimées par le fanatisme et la superstition n'est plus; ce grand ascendant sur l'esprit de son siècle, cet ascendant prodigieux qui tenait à sa personne, au caractère particulier de son esprit, à soixante ans de gloire et de succès, cet ascendant qui vous fit frémir tant de fois n'est plus à craindre. L'opinion publique, l'hommage de tous les talens, celui des hommes les plus distingués chez toutes les nations; la confiance et l'amitié de plusieurs souverains avaient érigé pour lui une sorte de tribunal supérieur en quelque manière à tous les tribunaux du monde, puisque la raison et l'humanité seules en avaient dicté le code, puisque le génie en prononçait tous les arrêts. C'est à ce tribunal respectable que l'on a vu s'évanouir plus d'une fois les foudres de l'injustice, de la calomnie et de la superstition; c'est là que fut vengée l'innocence des Calas, des Sirven, des La Barre. L'espoir prochain du rétablissement de la mémoire de l'infortuné comte de Lally fut le fruit de ses derniers soins, le der-

(1) Il a été défendu aux comédiens de jouer les pièces de Voltaire jusqu'à nouvel ordre, aux journalistes de parler de sa mort ni en bien ni en mal, aux régens de collège de faire apprendre de ses vers à leurs écoliers!

(*Note de Grimm.*)

nier succès pour lequel sa vie presque éteinte parut se rallumer encore; peu de jours avant sa fin, plongé dans une espèce de léthargie, il en sortit quelques momens lorsqu'on lui apprit la nouvelle du jugement de cette affaire; et les dernières lignes qu'il dicta furent adressées au fils de cet illustre infortuné; les voici : « Le mourant ressuscite en apprenant cette grande nouvelle. Il embrasse bien tendrement M. de Lally. Il voit que le roi est le défenseur de la justice; il mourra content. » Ce sont, pour ainsi dire, les derniers soupirs de cet homme célèbre (1).

Lettre de M. l'évêque de Troyes à M. le prieur de l'abbaye de Scellières (2).

De Paris, le 2 juin 1778.

« Je viens d'apprendre, Monsieur, que la famille de M. de Voltaire, qui est mort depuis quelques jours, s'était décidée à faire transporter son corps à votre abbaye pour y être enterré, et cela parce que M. le curé de Saint-Sulpice leur avait déclaré qu'il ne voulait pas l'enterrer en terre sainte. Je désire fort que vous n'ayez pas encore procédé à cet enterrement, ce qui pourrait avoir des

(1) M. le marquis de Villevieille, l'ami de M. de Voltaire depuis plusieurs années, et qui ne l'a presque point quitté pendant tout son séjour à Paris, nous a promis de nous communiquer un journal détaillé de toutes les circonstances de sa maladie et de sa mort. Nous attendons l'accomplissement de cette promesse pour donner aux mémoires que nous avons recueillis sur cet objet toute l'exactitude et toute la précision que mérite le récit d'un événement si intéressant. (*Note de Grimm.*) — M. de Villevieille est mort en mai 1825.

(2) Cette lettre et la suivante sont imprimées dans les *Mémoires de Bachaumont* et peut-être ailleurs encore. Nous les réimprimons ici pour justifier de nouveau leur authenticité. (*Note de la première édition.*)

suites fâcheuses pour vous; et si l'inhumation n'est pas faite, comme je l'espère, vous n'avez qu'à déclarer que vous ne pouvez y procéder sans avoir des ordres exprès de ma part.

« J'ai l'honneur d'être bien sincèrement, Monsieur, votre, etc. »

Réponse de M. le prieur de l'abbaye de Scellières à M. l'évêque de Troyes.

Du 3 juin 1778.

« Monseigneur,

« Je reçois dans l'instant, à trois heures après midi, avec la plus grande surprise, la lettre que vous m'avez fait l'honneur de m'écrire, en date du jour d'hier 2 juin. Il y a maintenant plus de vingt-quatre heures que l'inhumation du corps de M. de Voltaire est faite dans notre église, en présence d'un peuple très-nombreux. Permettez-moi, Monseigneur, de vous faire le récit de cet événement, avant que j'ose vous présenter mes réflexions.

« Dimanche au soir, 31 mai, M. l'abbé Mignot, conseiller au grand-conseil, notre abbé commandataire, qui tient à loyer un appartement dans l'intérieur de notre monastère, parce que son abbatial n'est pas habitable, arriva en poste pour occuper cet appartement, et me dit, après les premiers complimens, qu'il avait eu le malheur de perdre M. de Voltaire, son oncle; que ce monsieur avait désiré, dans ses derniers momens, d'être porté, après sa mort, à sa terre de Ferney; mais que le corps qui n'avait pas été enseveli, quoique embaumé, ne serait pas en état de faire un voyage aussi long; qu'il désirait, ainsi que sa famille, que nous voulussions bien recevoir le corps en dépôt dans le caveau de notre église; que ce corps était en marche, accompagné de trois parens qui arriveraient bientôt. Aussitôt M. l'abbé Mignot m'exhiba un consentement de M. le curé de Saint-Sulpice, signé de ce pasteur, pour que le corps de M. de Voltaire pût être transporté sans cérémonie; il m'exhiba en outre une copie collationnée par ce même curé de Saint-Sulpice, d'une profession de la foi catholique, apostolique et romaine, que M. de Voltaire a faite entre les mains d'un prêtre approuvé, en présence de deux témoins, dont l'un est M. Mignot, notre abbé, neveu du pénitent, et l'autre M. le marquis de Villevieille. Il me montra en outre une lettre du ministre de Paris, M. Amelot, adressée à lui et à M. de Dompierre d'Hornoy, neveu de M. l'abbé Mignot, et petit-neveu du défunt, par laquelle ces messieurs étaient autorisés à transporter leur oncle à Ferney ou ailleurs. D'après ces pièces, qui m'ont paru et qui me paraissent encore authentiques, j'aurais cru manquer au devoir de pasteur si j'avais refusé les secours spirituels à tout chrétien, et surtout à l'oncle d'un magistrat qui est depuis vingt-trois ans abbé de cette abbaye, et que nous avons beaucoup de raisons de considérer. Il ne m'est pas venu dans la pensée que M. le curé de Saint-Sulpice ait pu refuser la sépulture à un homme dont il avait légalisé la profession de foi, faite tout au plus six semaines avant son décès, et dont il avait permis le transport tout récemment au moment de sa mort. D'ailleurs je ne savais pas qu'il pût refuser la sépulture à un homme quelconque mort dans le corps de l'Église, et j'avoue que selon mes faibles lumières je ne crois pas encore que cela soit possible.

« J'ai préparé en hâte tout ce qui était nécessaire. Le

lendemain matin sont arrivés dans la cour de l'abbaye deux carrosses, dont l'un contenait le corps du défunt, et l'autre était occupé par M. d'Hornoy, conseiller au Parlement de Paris, petit-neveu ; par M. Marchant de Varennes, maître-d'hôtel du roi, et par M. de La Houlière, brigadier des armées, tous deux cousins du défunt. Après midi, M. l'abbé Mignot a fait à l'église la présentation solennelle du corps de son oncle qu'on avait enseveli. Nous avons chanté les vêpres des morts ; le corps a été gardé toute la nuit dans l'église, environné de flambeaux. Le matin, depuis cinq heures, tous les ecclésiastiques des environs, dont plusieurs sont amis de M. l'abbé Mignot, ayant été autrefois avec lui séminaristes à Troyes, ont dit la messe en présence du corps, et j'ai célébré une messe solennelle, à onze heures, avant l'inhumation, qui fut faite devant une nombreuse assemblée. La famille de M. de Voltaire est repartie ce matin, contente des honneurs rendus à sa mémoire, et des prières que nous avons faites à Dieu pour le repos de son ame.

« Voilà les faits, Monseigneur, dans la plus exacte vérité. Permettez-moi, quoique nos maisons ne soient point soumises à la juridiction de l'ordinaire, de justifier ma conduite aux yeux de Votre Grandeur. Quels que soient les privilèges d'un ordre, ses membres doivent toujours faire gloire de respecter l'épiscopat, et se font honneur de soumettre leurs démarches ainsi que leurs mœurs à l'examen de nosseigneurs les évêques. Comment pouvais-je supposer qu'on refusait ou qu'on pouvait refuser à M. de Voltaire la sépulture qui m'était demandée par son neveu, notre abbé commandataire depuis vingt-trois ans, magistrat depuis trente ans ; ecclésiastique qui a beaucoup vécu dans cette abbaye et qui jouit de beaucoup de considération dans notre ordre; par un conseiller au Parlement de Paris, autre neveu du défunt; par des officiers d'un grade supérieur, tous parens et tous gens respectables? Sous quel prétexte aurais-je pu croire que M. le curé de Saint-Sulpice refusait la sépulture à M. de Voltaire, tandis que ce pasteur a légalisé de sa propre main une profession de foi faite par le défunt il n'y a que deux mois, tandis qu'il a écrit et signé de sa propre main un consentement que ce corps fût transporté sans cérémonie? Je ne sais ce qu'on impute à M. de Voltaire; je connais plus ses ouvrages par la réputation qu'autrement; je ne les ai pas tous lus. J'ai ouï dire à M. son neveu, notre abbé, qu'on lui en imputait plusieurs très-répréhensibles qu'il avait toujours désavoués; mais je sais, d'après les canons, qu'on ne refuse la sépulture qu'aux excommuniés, *latâ sententiâ*, et je crois être sûr que M. de Voltaire n'est pas dans le cas. Je crois avoir fait mon devoir en l'inhumant sur la réquisition d'une famille respectable, et je ne puis m'en repentir. J'espère, Monseigneur, que cette action n'aura point pour moi de suites fâcheuses. La plus fâcheuse, sans doute, serait de perdre votre estime; mais après l'explication que j'ai l'honneur de faire à Votre Grandeur, elle est trop juste pour me la refuser.

« Je suis, avec un profond respect, etc. »

Vers de madame la marquise de Boufflers.

Dieu fait bien ce qu'il fait; La Fontaine l'a dit.
Si j'étais cependant l'auteur d'un si grand œuvre,
Voltaire eût conservé ses sens et son esprit;
Je me serais gardé de briser mon chef-d'œuvre.

Celui que dans Athènes eût adoré la Grèce,
Que dans Rome à sa table Auguste eût fait asseoir,
Nos Césars d'aujourd'hui n'ont pas voulu le voir,
Et monsieur de Beaumont lui refuse une messe.

Oui, vous avez raison, monsieur de Saint-Sulpice,
Eh! pourquoi l'enterrer? N'est-il pas immortel?
A ce divin génie on peut sans injustice
Refuser un tombeau, mais non pas un autel.

Impromptu de M. de Rulhière à madame la duchesse de Luynes, qui se plaignait beaucoup du mal que lui avait fait le trot excessivement dur de son cheval.

Consolez-vous, jeune et belle de Luynes,
C'est au talon qu'Achille fut blessé.
Vous avez sa valeur, son air, son origine;
Mais votre endroit faible est placé
D'une façon bien plus divine.

Ce fut un grand jour pour nous que le jeudi 11. La nouvelle administration de l'Opéra fit le premier essai de l'opéra bouffon sur le théâtre de l'Académie royale de Musique, sur le théâtre consacré depuis si long-temps à l'ennui pompeux des chefs-d'œuvre de la psalmodie française. On donna les *Finte Gemelle* du sieur Piccini. Jamais spectacle n'avait attiré un concours plus nombreux, les corridors étaient aussi remplis que le parterre et les loges. Il y eut quelques mouvemens d'impatience au long récitatif de la troisième scène; mais le bon goût de la musique, la voix enchanteresse de Caribaldi, l'aisance et le naturel de son chant, les graces et la légèreté de la signora Baglioni, les beaux yeux de la signora Chiavacci, l'emportèrent enfin sur tous les efforts de la cabale Gluckiste et Ramiste, sur l'insipidité du poëme, où les trois quarts et demi des spectateurs ne comprenaient rien, et sur la singularité du costume des acteurs, dont le jeu, très-étranger à nos convenances accoutumées, dut nous paraître nécessairement ou d'une froideur extrême ou d'une caricature assez ridicule. Il serait fort difficile de décider sur ce premier essai si ce nouveau genre de spectacle aura de grands succès parmi nous ; mais la sensation qu'il a produite prouve du moins que notre goût en musique a fait quelques progrès. Soutenue par l'intérêt du poëme, par l'illusion de la scène, la douce mélodie des Piccini, des Sacchini, des Paësiello, nous trouvera sans doute désormais aussi sensibles à ses charmes qu'aucune autre nation de l'Europe.

La représentation des *Finte Gemelle* a été suivie d'un nouveau ballet pantomime de la composition du sieur Noverre, *les Petits Riens*; ce sont des scènes épisodiques qui n'ont presque aucune liaison entre elles, mais qui présentent une suite de tableaux que la muse d'Anacréon, que le pinceau des Boucher et des Watteau ne désavoueraient pas. L'Amour pris au filet et mis en cage par mademoiselle Guimard, le jeu de Colin-Maillard où le sieur Dauberval joue le principal rôle, l'espièglerie de l'Amour qui présente à deux bergères (Guimard et Allard) une autre bergère (Asselin déguisée en berger), sont trois scènes de la composition la plus spirituelle et la plus agréable. Il faut pourtant observer qu'il y a dans cette dernière scène un moment qui n'a jamais manqué d'exciter un léger murmure au milieu des plus vifs applaudissemens, tant il est vrai que la décence exerce toujours sur nos théâtres l'empire le plus sévère ! c'est celui où le berger supposé, pour détromper les deux bergères qui se disputent sa conquête, finit par leur laisser entrevoir son sein. Avec quelque grace, avec quelque modestie que la demoiselle Asselin désabuse ses compagnes, cette pantomime a toujours partagé les spectateurs, et les voix qui ont crié *bis* n'ont pas étouffé la critique des autres.

Le bruit s'est répandu depuis quelques semaines que les Mémoires ou les *Confessions de J.-J. Rousseau* allaient paraître, que l'ouvrage avait été imprimé en Hollande, qu'il en existait deux exemplaires à Paris. Plusieurs personnes ont prétendu les avoir vus. Tous ces bruits cependant ne se sont point confirmés, il n'a même jamais été possible de remonter à leur véritable source. Ce que nous savons de bonne part, ce que Rousseau lui-même a dit, il y a quelque temps, à des personnes de notre connaissance, c'est qu'il en avait égaré le manuscrit et qu'il en était peu surpris, rien de ce qu'il possédait ne pouvant être en sûreté chez lui. Ce que nous savons plus sûrement encore, c'est ce qu'il a dit depuis à un de nos amis communs, que l'ouvrage n'était pas perdu, soit qu'il eût retrouvé la copie qu'il avait égarée, soit qu'il en eût deux, et qu'il l'avait déposée entre les mains d'un Académicien dont la probité ne pouvait lui laisser aucun doute. On nous a assuré depuis que cet Académicien était M. de Malesherbes.

C'est une charmante petite comédie que *le Jugement de Midas* : il y a bien long-temps que nous n'avons vu au Théâtre Italien une nouveauté aussi agréable et aussi bien accueillie. Le fond du sujet est tiré d'un opéra burlesque du Vadé de l'Angleterre. Il n'y a d'ailleurs aucun rapport entre la conduite de la pièce française, qui est en trois actes, et celle de la pièce anglaise, qui n'en a que deux. Le développement de l'intrigue, le dialogue, l'esprit, le ton et le mouvement de la scène, tout appartient à M. d'Hèle. Nous n'avons pu nous empêcher d'être fort étonnés à Paris qu'un étranger eût si bien saisi et les convenances de notre théâtre et le génie de notre langue, même dans un genre d'ouvrage où les nuances du style échappent plus aisément peut-être que dans aucun autre. La pièce a été donnée pour la première fois sur le théâtre de la Comédie Italienne, le samedi 27, et quelques jours après à Versailles avec le même succès.

La conduite de cette jolie pièce est simple et ingénieuse, le dialogue plein de mouvement, de naturel et de vérité; l'intrigue attache par elle-même indépendamment du sens allégorique qu'elle renferme, et la fable se trouve combinée avec tant d'adresse, que les deux intérêts, celui de l'intrigue et celui de l'allégorie, se suivent et se développent sans se nuire jamais, sans embarrasser un moment le spectateur. Il ne fallait pas moins d'art sans doute pour vaincre les difficultés du sujet, et la hardiesse du dénouement, qui pouvait révolter une bonne partie des loges et du parterre. Si la dernière scène fait un peu moins de plaisir que les autres, c'est qu'après avoir pris tant d'intérêt aux amours de Lise et Chloë, on est presque fâché à la fin de voir que tout ce qu'on vient d'entendre n'est qu'un jeu de l'imagination, une simple allégorie. C'est le seul défaut qu'on soit tenté de reprocher à l'auteur, et ce défaut était inévitable, il tient essentiellement à la nature du genre et du sujet.

La musique du *Jugement de Midas* est remplie de choses agréables. Si le rôle d'Apollon paraît un peu faible, il ne faut pas oublier que, s'il eût été d'une composition plus forte et plus savante, le seul acteur capable de le bien jouer, le sieur Clairval, n'aurait pas eu assez de voix pour le chanter; et comment faire chanter Apollon, et surtout en France! Il y a infiniment d'esprit et de gaieté dans les différens accompagnemens qui parodient les airs de Pan et de Marsias; tous les morceaux d'ensemble sont du plus grand effet. La pièce a été, en général, parfaitement bien jouée; mais madame Dugazon s'est surpassée dans le rôle de Chloë: il est permis de douter si madame Laruette y eût mis autant de grace, autant de finesse, un naturel plus naïf et plus piquant. On a obligé l'auteur de la musique et celui des paroles de paraître sur le théâtre; l'un et l'autre y ont été reçus avec les plus grands applaudissemens, surtout l'auteur du poëme, qui est Anglais, et qui a servi même autrefois dans la marine. Nous avons trouvé qu'il était fort doux d'applaudir ces messieurs à l'Opéra-Comique, et de les siffler, s'il est possible, dans la Manche.

On n'a jamais laissé échapper à Paris l'occasion de faire une pointe. Comme Apollon tombe des nues au commencement de la pièce, on n'a pas manqué de dire à l'auteur, en le félicitant de son ouvrage: « Votre pièce, Monsieur, tombe des nues; il faut bien qu'elle y remonte.... » Il est certain que depuis long-temps on n'avait vu à ce théâtre un succès plus éclatant.

Madame Denis a promis à M. de Villette de conserver le cœur de M. de Voltaire, qu'il a fait embaumer, et pour lequel il se propose de faire élever un petit monument dont M. Houdon a déjà fait l'esquisse; c'est une urne cinéraire de la forme la plus simple et la plus noble, sous laquelle on gravera l'inscription que voici :

> Son esprit est partout, et son cœur n'est qu'ici.

Épitaphe de M. de Voltaire faite il y a plusieurs années par J.-J. Rousseau (1).

> Plus bel esprit que beau génie,
> Sans foi, sans honneur, sans vertu,
> Il mourut comme il a vécu,
> Couvert de gloire et d'infamie.

Il y a dans le jardin de mademoiselle Dionis, l'auteur du poëme sur l'*Origine des Graces*, un petit bosquet élevé sur un monticule qu'elle appelle son Parnasse. L'ayant montré ces jours passés à M. Lemierre, on le pressa d'en faire l'inscription, sans lui laisser une minute pour y rêver. Il fit sur-le-champ les deux vers que voici :

> Les graces, les talens habitent cet enclos,
> Et le Parnasse ici relève de Paphos.

Que la chaîne qui lie les événemens de la vie est singulière et bizarre ! Pourquoi les cendres de Voltaire ont-elles été livrées à la persécution la plus odieuse ? Pourquoi le patriarche de Ferney est-il mort sur la paroisse de Saint-Sulpice ? Pourquoi est-il venu à Paris à quatre-vingt-quatre ans faire jouer une tragédie nouvelle, se

---

(1) Quoique ces vers soient connus, nous avons cru devoir les imprimer.
(*Note de la première édition.*)

confesser au chapelain des Incurables, essuyer les dédains de la cour, et recevoir les honneurs d'un triomphe public, ceux de l'apothéose la plus juste et la plus éclatante?... Parce que M. de Villette a été plus hardi que M. le duc de Choiseul et les plus puissans amis que M. de Voltaire ait jamais eus; parce que M. de Villette s'est avisé tout à coup de devenir un sage et d'épouser la pupille de madame Denis; parce qu'il avait été passer six mois à Ferney pour oublier une petite aventure dont les suites pouvaient être désagréables; parce qu'il avait donné, l'automne passé, un coup de fouet sur la joue droite de mademoiselle Thévenin, qui lui dit en plein Colysée qu'il ne convenait point à une fille comme elle d'aller souper chez un ..... comme lui (1). C'est donc le coup de fouet donné il y a six mois sur la joue droite d'une danseuse d'Opéra qui a produit cette suite d'événemens mémorables, la conversion d'un roué, le mariage d'un hérétique en amour, l'arrivée de Voltaire à Paris, son triomphe et sa mort, le plus beau jour dont puisse se vanter la gloire des lettres, et la persécution la plus humiliante pour les lumières de notre siècle.

JUILLET.

Paris, juillet 1778.

M. DE VOLTAIRE, étant déjà fort malade des suites

(1) Mademoiselle Thévenin, à des talens assez médiocres, à une figure assez fade, ne joignait point d'autre mérite connu que de réunir deux ornemens contradictoires, c'est-à-dire des cheveux blonds de la plus grande beauté sur la tête, et... (*Note de Grimm.*)

de son hémorrhagie, pressa beaucoup M. de La Harpe de lui faire la lecture de ses *Barmécides*. Celui-ci s'en défendit long-temps : « Une lecture de ce genre pourrait vous attrister l'imagination, vous causer des émotions trop vives. — Non, non, le plaisir d'entendre de beaux vers sera le dernier charme de ma vie. » — Il fallut céder. Le visage du patriarche, à mesure que la lecture avançait, devenait bien plus triste, mais il n'y eut point d'émotion trop vive à craindre ; et, la pièce finie, il lui dit avec une franchise à laquelle l'auteur de *Mélanie* ne s'attendait guère : « Mon ami, cela ne vaut rien ; c'est un conte déplorable où l'on trouve par-ci par-là quelques beaux vers, mais qu'il faut ôter parce qu'ils sont déplacés, parce qu'ils détruisent tout le reste. Jamais la tragédie ne passera par ce chemin-là, etc. » Un pareil jugement *manet altâ mente repostum*, et voilà ce que M. de La Harpe n'a pu pardonner aux mânes de son maître et de son bienfaiteur. L'illustre vieillard avait à peine fermé les yeux, que notre jeune Académicien se consolait déjà d'une perte si cruelle. « Hélas ! il y a long-temps qu'il ne vivait plus pour nous. Il était plus tourmenté qu'un jeune homme de l'ambition des succès littéraires, et cependant il n'avait plus qu'à déchoir. Son humeur était devenue intolérable. Les plus belles choses le laissaient absolument insensible. Son goût s'était perdu. Il aurait voulu nous persuader qu'*Irène* était au-dessus de *Zaïre*..... » Ces propos répétés partout sans respect, sans ménagement pour la mémoire d'un grand homme et d'un homme à qui M. de La Harpe doit toute son existence, ont commencé par exciter l'indignation de tous les vrais amis de M. de Voltaire ; ce qui a mis le comble à leur ressentiment, c'est l'indiscrétion, la bassesse avec laquelle il s'est permis de faire dans son *Mercure* une critique fort impertinente du plus faible ouvrage de M. de Voltaire, *Zulime*; de la faire sur le prétexte le plus frivole et dans un moment où M. le Garde-des-Sceaux venait de défendre très-expressément à tous nos journalistes de rendre aucun hommage à la cendre de cet homme célèbre. Le procédé de M. de La Harpe méritait sans doute une correction; M. le marquis de Villevieille s'est chargé de la lui faire dans une lettre fort spirituelle, fort polie et fort piquante, adressée au sieur Panckoucke, propriétaire du privilège du *Mercure de France*.

Cette lettre a produit une longue apologie de M. de La Harpe dans le *Mercure* du 15 juillet : quant au fond, elle se réduit à ceci; à reconnaître assez humblement sa faute, mais à soutenir que, s'il a manqué de respect et de sensibilité pour la mémoire de M. de Voltaire, c'est une imprudence et non pas un crime; ce qui pourrait faire soupçonner assez naturellement que, puisque M. de La Harpe ne manque de sensibilité que par imprudence, ce n'est aussi que par un excès de prudence qu'il en montre quelquefois; et cette confession est sans doute assez naïve. Quant à la forme de la défense de M. de La Harpe, elle est si peu nouvelle, que c'est de son adversaire même qu'il a trouvé bon de l'emprunter. Il s'attache à prouver que la lettre signée *le marquis de Villevieille* ne peut pas être de lui, et laisse entrevoir, sans les nommer, qu'il soupçonne messieurs Suard, Arnaud, Condorcet, d'en être les véritables auteurs (1) : il les

---

(1) Dans l'avertissement qui précède le dithyrambe *Aux Mânes de Voltaire*, La Harpe désigne assez clairement le marquis de Condorcet comme le véritable et seul auteur de la lettre virulente qui avait paru dans le *Journal de Paris*, avec la signature de M. le marquis de Villevieille. (B.)

désigne par les couleurs les plus odieuses, comme des hommes qui, ne pouvant apporter dans la littérature aucun talent, y apportent l'esprit d'intrigue, la haine de tout ce qui a le caractère de la franchise et de la droiture; comme des hommes que l'on ne rencontre point dans le chemin de la gloire, mais qui parviennent aux graces, aux récompenses, par des routes obliques et des sentiers ténébreux, etc. La diatribe finit par une péroraison extrêmement pathétique, où M. de La Harpe en appelle à son innocence et se compare d'une manière fort touchante à Hippolyte. Lui, de l'ingratitude! une ame intéressée!

> Je ne veux point me peindre avec trop d'avantage;
> Mais si quelque vertu m'est tombée en partage,
> Je crois, je crois surtout avoir fait éclater
> La haine des forfaits qu'on ose m'imputer.
> C'est par-là qu'Hippolyte est connu dans la Grèce.
> J'ai poussé la vertu jusques à la rudesse.

Cette citation a paru d'autant moins heureuse, que tout le monde sait ici que le premier essai de la muse de M. de La Harpe au collège fut une satire contre son régent, qui l'avait comblé de biens. Voilà comme l'enthousiasme, en passant le but, nous trahit nous-même; voilà comme on rappelle sans s'en douter ce qu'il faudrait faire oublier. Ce n'est pas un crime, à la bonne heure; mais c'est encore une grande imprudence.

Les Barmécides, représentés pour la première fois sur le théâtre de la Comédie Française, le 11 juillet, n'ont eu qu'un succès fort douteux. On y a applaudi de beaux vers et la plus grande partie du cinquième acte. On y a trouvé quelques efforts heureusement combinés, mais aucun effet vivement senti, et l'on s'est accordé à dire qu'il manquait à cette pièce ce qui pouvait faire réussir des ouvrages infiniment médiocres, de la sensibilité et de l'intérêt. Il y avait, le jour de la première représentation, deux cabales très-marquées; mais celle qui favorisait l'auteur était sûrement la plus nombreuse ou du moins la plus bruyante. Dans ce dernier parti personne ne s'est distingué avec plus d'éclat que M. le comte de Schouwalof, l'auteur de l'*Épître à Ninon* (1). Il occupait avec quelques personnes de sa suite le premier rang du balcon du côté de la reine. Plus l'ouvrage paraissait chanceler, plus il redoublait d'applaudissemens. Quand la fatigue l'obligeait à se donner un peu de repos, il excitait son voisin à le remplacer, s'essuyait bien vite le visage, et reprenait aussitôt lui-même avec plus de force et de chaleur. Un si beau zèle l'a rendu l'objet des regards et de l'admiration de toutes les dames qui l'entouraient. Le feu de M. de Schouwalof a été vivement soutenu par le parti de la musique italienne, dont M. de La Harpe a si innocemment plaidé la cause, et pour laquelle il a déjà essuyé tant de mauvaises plaisanteries, tant de persécutions de toute espèce. Aussi n'y a-t-il point de bon Picciniste qui, dans cette occasion, ne se soit cru obligé en conscience d'applaudir, quelque opinion qu'il eût d'ailleurs de l'ouvrage; ce qui a fait dire assez plaisamment que si *les Barmécides* pouvaient se soutenir, ce serait la première tragédie dont la musique aurait fait le succès à la Comédie Française.

En attendant que nous puissions faire un extrait plus sérieux de cette pièce, nous nous empressons de faire

(1) Voir t. VIII, p. 292.

usage de celui qui se trouve tout fait dans la complainte des *Barmécides*. Quoique M. Boutet de Monvel, comédien du roi, auteur de *l'Amant Bourru*, des *Trois Fermiers*, etc. désavoue aujourd'hui cette facétie, on s'obstine encore à la croire de lui.

Les Barmécides, complainte.

Sur l'air des *Pendus*.

Or écoutez, petits et grands,
Les tragiques événemens
Qu'un philosophe-journaliste
(Qui suit nos défauts à la piste)
Fit jouer hier aux Français,
En s'arrangeant pour le succès.

Son héros est Aron-le-Grand,
Qu'il ne peint ni bon ni méchant;
Mais, quoiqu'il ait de la mémoire,
Il en altère fort l'histoire;
Car dans le fond monsieur Aron
N'était rien moins qu'un bon garçon.

Le vrai fait est que pour sa sœur
Il eut un amour plein d'horreur;
Mais craignant de faire un inceste
Qui deviendrait trop manifeste,
Un jour il conçoit le projet
De la donner à son sujet.

Or ce fut sous condition
Qu'après la célébration
Ils vivraient chastement ensemble
Sans qu'un même lit les rassemble,
Sans pouvoir se prouver leurs feux
Qu'avec la parole et les yeux.

Comme en ce pays il fait chaud,
La nature parla plus haut
Que la rigoureuse promesse
Qu'avait exigé Sa Hautessse;
Et Giafar, malgré Aron,
Fit à sa femme un gros poupon.

De quoi ce prince furieux
Dit : « Mon grand-visir est un gueux.
Malgré sa parole sacrée,
Ma sœur il a donc déflorée!
Sus, dépêchez-lui mes bourreaux,
Et qu'on me le hache en morceaux. »

Le voilà mort, et cependant
Hier nous l'avons vu vivant;
Ressuscité par Melpomène,
Il a reparu sur la scène;
La Harpe en ayant grand besoin,
L'a fait revenir de bien loin.

Voici donc comme il a traité
Cette historique vérité.
Saed, Armides, Barmécides,
Quoiqu'aux gages des Abassides,
Trompent la vengeance du roi,
Sans que l'auteur dise pourquoi.

C'est ainsi que Saed s'y prit:
Un pauvre esclave lui servit;
Lui-même il lui trancha la tête.
Le moyen n'est pas trop honnête;
Mais il faut croire que l'auteur
N'en a pas trouvé de meilleur.

Par sang et mort défiguré,
Le chef au calife est montré;

JUILLET 1778.

Et pour capter notre croyance,
On suppose une ressemblance
Entre l'innocent qui périt
Et le grand-visir qui s'enfuit.

Saed, et par bonne raison,
Escamote aussi le poupon,
Pour qu'un jour, malgré sa jeunesse,
Il soit visir, héros de pièce,
Et venge le tragique sort
De son papa qui n'est pas mort.

Tombe de-çà, tombe de-là,
Trois lampes éclairant cela;
C'est ce qu'aux yeux offre la scène.
Vient un monsieur qui s'y promène,
Et qui dit à son confident:
« J'ai bien du chagrin, mon enfant. »

Il fait une exposition
Qui n'expose point l'action;
Car Saed, qui vient sur la brune,
Croit devoir en faire encore une;
Mais après un fort long récit,
C'est comme s'il n'avait rien dit.

Dans tout ce galimatias
Saed crie en levant les bras:
« Punissez la race Abasside,
Vous êtes fils de Barmécide. »
Amorassan répond à ça:
« Est-il possible? Ah! dieux! ha! ha! »

Saed, toujours fin et subtil,
« Attendez-moi là, lui dit-il;
Je m'en vais chercher la princesse,
Quoiqu'inutile dans la pièce;

Il ne faudra pas la prier,
Car elle attend sur l'escalier. »

Aussitôt fait qu'aussitôt dit,
Elle arrive, et fait un récit
Qu'on n'entend pas plus que le reste;
Ce que l'on comprend par le geste,
C'est qu'ils font tous un grand serment
Sur le tombeau du mort vivant.

Au second acte arrive Aron,
Fier comme un paon, droit comme un jonc.
On lui dit mille choses dures,
De gros mots, de grosses injures,
Qu'il souffre comme un hébété,
Quoiqu'il ait un sabre au côté.

Il nous parle d'un Aménor,
Son fils aîné, son cher trésor,
Qui reste, comme un vrai Jocrisse,
Caché derrière la coulisse,
Et qui, tranquille jusqu'au bout,
Sert à la rime, et puis c'est tout.

Arrive enfin, comme Narbas,
Un bon vieillard criant tout bas :
« Me voilà, je suis Barmécide;
On ne sait pas ce qui me guide....
Mettons le spectateur au fait
Pour mieux détruire l'intérêt. »

Amorassan vient sans retard
Savoir ce que veut le vieillard.
« Contre Aron, dit-il, on conspire;
Je viens exprès pour vous le dire.
Monsieur, ne me refusez pas;
Dépêchons-nous, car je suis las. »

Le grand-visir, un peu trop chaud,
Dégaîne... et rengaîne aussitôt.
La nature, je ne sais comme,
Lui parle en faveur de cet homme.
Saed survient : « Ah ! tout est su,
Dit le visir ; je suis perdu !..... »

« Vous tenez ce vieux roquentin,
Et vous épargnez le coquin !
Faites-le pendre tout de suite,
Car s'il vient à prendre la fuite
Il ira dire nos secrets ;
Au diable alors tous nos projets. «

« Saed, vous raisonnez fort bien ;
Car s'il meurt il ne dira rien ;
Lui mort, je lui prendrai la lettre
Qu'au seul calife il veut remettre.
Mais, pour filer le dénouement,
Avec lui causez un moment. »

Comme il y va de bonne foi,
Barmécide lui dit : « C'est moi,
Cher Saed, je suis Barmécide. —
Quoi ! tu veux sauver l'Abasside !
Il faut, ami, que tu sois fou ;
Tu veux donc nous casser le cou ?

« Tu viens de voir ton pauvre fils,
Celui que j'ai tiré d'un puits,
Il est le chef de l'entreprise.
S'il fait sottise sur sottise,
S'il a l'air d'avoir mauvais cœur,
C'est bien la faute de l'auteur. »

« Mon fils est Cinna.... Mais *motus*.
Je suis le cadet de Brutus ;

Sémire est l'informe copie
De Pulchérie et d'Émilie ;
Il faut bien qu'au calife Aron
Auguste serve de patron.

« Notre style est du meilleur goût,
Nous disons ce qu'on lit partout.
Montaigne a fourni les maximes,
Voltaire a brillanté nos rimes.
Nous aurons pour nous les journaux
Et les philosophes nouveaux. »

Le quatrième act' tout entier
Est l'ouvrage d'un écolier ;
Et malgré trois reconnaissances,
Force portraits, maintes sentences,
Barmécide, en dépit du nom,
Est frère de Timoléon.

Au cinq, on baisse le rideau ;
On le relève de nouveau
Pour nous montrer dans les ténèbres
Des tombeaux, des torches funèbres,
Et le calife hors de sens
Qui pleure et croit aux revenans.

Comme il fallait qu'Amorassan
Tuât quelqu'un selon le plan,
Sur Aménor, prince inutile,
Il vient de décharger sa bile ;
Mais à peine il l'a massacré,
Que le jeune homme est enterré.

Aron crie : « Ah ! tuons quelqu'un ;
Allez, mettez-vous dix contre un ;
Sur le tombeau perçons le traître
Que j'aurais dû *plus tôt connaître*,

Qui vient d'envoyer *ad patres*
Un fils l'objet de mes regrets. »

Resté seul, le calife en pleurs
Dit des vers de toutes couleurs,
Et puis s'écrie, ainsi qu'Auguste :
« Tout ce qu'on me fait est bien juste ;
J'ai tué quarante sujets,
Et l'on me veut tuer après. »

Arrive enfin Amorassan,
Sémire et tout le bataclan ;
Le vieux Saed qui, pour ses peines,
A les deux bras chargés de chaînes,
Et Barmécide qui vient là
Pour voir comment ça finira.

Le calife dit de gros mots ;
Barmécide jure à huis-clos ;
Il se nomme, chacun s'étonne ;
Le calife pleure et pardonne,
Et la pièce finit enfin
Par une antithèse en quatrain.

Apprenez, messieurs les auteurs,
Qu'il ne faut plus ni plan, ni mœurs,
Ni conduite, ni caractères ;
C'était bon du temps de nos pères.
Point de sentiment, peu d'esprit,
Du clinquant, et l'on réussit.

Vers sur la mort de M. de Voltaire, par M. Le Brun.

O Parnasse ! frémis de douleur et d'effroi ;
Muses, abandonnez vos lyres immortelles ;
Toi, dont il fatigua les cent voix et les ailes,
Dis que Voltaire est mort, pleure et repose-toi.

L'opinion généralement établie sur la nature de la mort de J.-J. Rousseau n'a pas été détruite par une lettre que nous aurons l'honneur de vous envoyer sur cet événement (1), et qui est d'un médecin de Paris, M. Le Bègue de Presle, son ami (2). On persiste à croire que notre philosophe s'est empoisonné lui-même (3). Ce que nous savons de très-bonne part, c'est qu'il avait eu pendant son séjour en Angleterre, et depuis, des accès de mélancolie très-fréquens et accompagnés de convulsions extraordinaires; que dans cet état il fut plusieurs fois sur le point de se tuer. L'embarras de sa position, devenue plus fâcheuse qu'elle ne l'avait jamais été, l'inquiétude que lui causait la publication prétendue de ses Mémoires, soit qu'ils lui eussent été dérobés, soit qu'il les eût livrés lui-même, soit qu'il ne fût qu'effrayé des bruits répandus à ce sujet, l'abandon où l'avait réduit son humeur sauvage, tout cela avait altéré sensiblement sa tête. Cette ame naturellement susceptible et défiante, victime d'une persécution peu cruelle, à la vérité,

(1) Voir ci-après dans ce même mois cette lettre datée du 12 juillet. J.-J. Rousseau était mort le 2.

(2) M. Le Bègue de Presle était médecin et censeur royal. Il était véritablement l'ami de J.-J. Rousseau et prenait un grand intérêt à sa santé. Quelque temps avant sa mort, étant allé le voir à Ermenonville, il le trouva remontant péniblement de sa cave, et lui demanda pourquoi à son âge il ne confiait pas ce soin à madame Rousseau? — *Que voulez-vous*, répondit-il, *quand elle y va, elle y reste.* (*Note de la première édition.*)

(3) La question de savoir si la mort de Rousseau fut naturelle ou volontaire a été longuement débattue. Nous ne pouvons mieux faire que de renvoyer ceux qui la voudraient juger par eux-mêmes, aux *OEuvres de Rousseau*, édit. Dupont, donnée par M. de Musset, t. XVI, p. 500, et à la *Lettre de Stanislas Girardin sur la mort de J.-J. Rousseau suivie de la Réponse de M. Musset-Pathay*, Paris, Dupont, 1825, in-8°. M. de Musset conclut des différentes circonstances de la mort qu'elle fut volontaire, et son opinion nous paraît devoir être adoptée.

mais du moins fort étrange, aigrie par des malheurs qui furent peut-être son propre ouvrage, mais qui n'en étaient pas moins réels, tourmentée par une imagination qui exagérait toutes ses affections comme tous ses principes, plus tourmentée peut-être encore par les tracasseries d'une femme qui, pour demeurer seule maîtresse de son esprit, avait éloigné de lui ses meilleurs amis en les lui rendant suspects; cette ame, à la fois trop forte et trop faible pour porter tranquillement le fardeau de la vie, voyait sans cesse autour d'elle des abîmes et des fantômes attachés à lui nuire. Il n'y a pas loin sans doute de cette disposition d'esprit à la folie, et l'on ne peut guère appeler autrement la persuasion où il était depuis long-temps, et dont il était plus frappé encore depuis quelques mois, que toutes les puissances de l'Europe avaient les yeux sur lui et lui faisaient l'honneur de le regarder comme un monstre fort dangereux et qu'il fallait tâcher d'étouffer. Il s'était mis dans la tête qu'il y avait une ligue très-puissante formée contre lui; et les chefs de cette ligue à Paris étaient, selon lui, par un assez bizarre assemblage, M. le duc de Choiseul, M. le docteur Tronchin, M. de Grimm et M. d'Alembert. Il ne pouvait pardonner à M. de Choiseul la conquête de l'île de Corse; c'était pour lui faire une niche, pour l'empêcher de donner des lois à ce peuple, comme il en avait été requis par le général Paoli, que la France s'en était emparée. Ce n'était aussi que pour le chagriner que l'Empire, la Russie et le roi de Prusse avaient formé le projet de démembrer la Pologne au moment où il s'occupait à réformer l'ancienne constitution de ce royaume. S'il croyait avoir à se plaindre de tous les souverains et de tous les ministres de l'Europe, il était encore plus mal avec les philosophes, et les prêtres étaient peut-être en dernier lieu ceux dont il attendait le moins de haine. Il était fermement convaincu qu'on avait cherché à soulever la populace de Paris contre lui. Il ne sortait guère de sa maison sans croire rencontrer des gens apostés pour épier ses démarches et pour saisir le moment de le faire lapider. Il soupçonnait l'univers entier et jusqu'aux Savoyards du coin, prétendant que pour l'humilier ils lui refusaient les services qu'ils offrent à tout le monde. Tous ces traits nous ont été rapportés par un homme tendrement attaché à M. Rousseau, et pénétré de l'état où il le voyait sans aucune espérance de le guérir. Sur tout objet étranger à la manie dont nous venons de parler, son esprit conserva jusqu'à la fin toute sa force et toute son énergie. La romance de Desdémona est un de ses derniers ouvrages. Il était fort occupé depuis quelques années d'un *Dictionnaire de Botanique*, mais on ignore jusqu'à présent en quoi consistent précisément les manuscrits laissés dans son portefeuille. Il l'avait confié autrefois à M. du Peyrou, de Neufchâtel. Ce portefeuille contenait un poëme, dans le goût de *la Mort d'Abel*, sur le massacre des Sichémites (1), un commencement de la continuation d'*Emile*, la traduction de quelques livres de *Tacite*, un *Plan de réforme pour la Pologne*, quelques opéra, entre autres celui des *Muses* (2), et un recueil de romances. On assure qu'il existe trois ou quatre copies manuscrites de ses Mémoires ou *Confessions*, le plus considérable de ses ouvrages ; qu'il y en a une en Angleterre et deux au

---

(1) *Le Lévite d'Éphraïm.*

(2) *Les Muses Galantes*, représentées en 1745 devant le duc de Richelieu, en 1747 sur le théâtre de l'Opéra, en 1761 devant le prince de Conti.

moins à Paris. Il paraît constant que M. de Malesherbes en possède une.

N'est-ce pas une fatalité digne d'être remarquée, que dans l'espace de quelques mois la France ait perdu le seul rival de Garrick, un de ses plus célèbres sculpteurs (1), Voltaire et Rousseau; la Suisse, le baron de Haller, le plus savant homme de l'Europe et le premier poète allemand à qui les étrangers aient rendu justice, M. Heidegguer (2), le plus illustre et le plus vertueux de ses magistrats; la Suède, le premier botaniste de l'univers, le chevalier Linnæus; l'Angleterre, ce citoyen vénérable dont le patriotisme éleva son pays au plus haut degré de splendeur, et qui ne put survivre aux revers que sa sagesse n'avait que trop prévus (3)? Tant de rares talens, tant de vertus, tant de lumières portées à la fois au séjour des ombres, pourront bien donner

(1) Le Moine, ancien directeur et recteur de l'Académie royale de Peinture et de Sculpture, auteur de la statue équestre de Louis XV à Bordeaux, de la statue pédestre de Rennes, du tombeau du cardinal de Fleury, du maître-autel de Saint-Jean en Grève, de la chapelle de Saint-Sauveur, et d'un grand nombre de bustes. Ses figures laissent désirer quelquefois plus de correction; mais on y remarque presque toujours un caractère très-spirituel, beaucoup de feu et d'imagination. On lui reproche d'avoir cherché à reculer les limites de la sculpture sur le terrain de la peinture, sa sœur et son émule, et de n'avoir pas assez senti qu'un de ces arts, en voulant usurper les ressources de l'autre, perd nécessairement de celles qui lui sont propres, et manque d'effet par la nature même des efforts qu'il ose tenter pour en produire davantage. (*Note de Grimm.*)

(2) M. Heidegguer, bourgmestre de Zurich. Il ne lui manquait qu'un plus grand théâtre pour voir consacrer son nom au même rang que celui des Périclès et des Aristide. La Suisse entière fut gouvernée long-temps par l'influence de son génie, et personne n'a eu plus de part que lui au dernier traité fait avec la France, le seul où l'on n'ait eu en vue que les intérêts communs aux deux nations, le seul peut-être dont les négociations aient été conduites avec la décence et la dignité convenable à un État qui, pour être resserré dans des limites étroites, n'en est pas moins une puissance indépendante et souveraine. (*Note de Grimm.*) (3) William Pitt, mort le 11 mai 1778.

quelques alarmes au ministère du ténébreux empire, si ce ministère-là ressemble à beaucoup d'autres.

M. le docteur Franklin parle peu; et au commencement de son séjour à Paris, lorsque la France refusait encore de se déclarer ouvertement en faveur des colonies, il parlait encore moins. A un dîner de beaux esprits, un de ces messieurs, pour engager la conversation, s'avisa de lui dire : « Il faut avouer, Monsieur, que c'est un grand et superbe spectacle que l'Amérique nous offre aujourd'hui. — *Oui*, répondit modestement le docteur de Philadelphie, *mais les spectateurs ne paient point......* »

On a cité plusieurs mots de Louis XIV pleins de noblesse et de grandeur. En voici un qui est moins connu et qui mérite de l'être. M. d'Harcourt, en rendant compte de l'emploi des sommes dont il avait eu à disposer pour gagner les Espagnols, déclara à M. de Torcy qu'il lui restait cent mille écus. Le ministre lui répondit qu'il ne doutait point de l'usage qu'en ferait le roi, et qu'il ne manquerait pas de l'instruire d'un désintéressement si rare. Louis XIV en parut fort touché, et dit à M. de Torcy : « Je veux que ces cent mille écus soient portés au trésor royal pour l'honneur de mon règne. » Il combla ensuite M. d'Harcourt de dignités et de bienfaits. L'esprit qui règne aujourd'hui dans notre ministère est bien propre à faire revivre des traits de ce genre.

Un des plus singuliers monumens de jurisprudence qu'on ait publiés, c'est *le Code des Lois des Gentoux, ou Règlement des Brames, traduit de l'anglais d'après les versions faites de l'original écrit en langue samskrète.* A Paris, 1 vol. in-4.

On y trouve les lois d'un peuple qui semble avoir instruit tous les autres, et qui, depuis sa réunion, n'a jamais changé ni de mœurs ni de préjugés. Il a fallu toute l'adresse et toute la fermeté de M. Warren Hastings, gouverneur général des établissemens anglais, pour obliger les brames à révéler ces grands secrets. Le traducteur anglais est M. Halhed. Ce Code annonce un peuple corrompu dès l'enfance, et les distinctions odieuses des différentes castes en souillent presque toutes les pages.

Sur les successions et le partage des propriétés, les dispositions générales de la loi des brames sont celles des lois romaines, et la conformité dans les détails est encore si extraordinaire, qu'on serait tenté de croire que Rome tira de l'Inde cette partie de sa jurisprudence.

Les peines contre l'adultère sont aussi indécentes que cruelles. Il est ordonné de graver sur le front d'un brame adultère les formes du sexe féminin, de raser les cheveux d'une femme adultère avec de l'urine d'âne, et de lui faire une honteuse et cruelle mutilation avant de la faire mourir. Rien de plus dur, de plus barbare que tout le détail des obligations imposées à la femme, dont les philosophes indiens en général paraissent avoir beaucoup plus mauvaise opinion que M. Thomas. Il est dit dans ce triste Code qu'une femme n'est jamais satisfaite d'un homme, ainsi que le feu n'est jamais satisfait du bois qu'on lui donne à dévorer, ou le grand Océan, des fleuves qu'il reçoit dans son sein, ou l'empire de la mort, des hommes et des animaux qui s'y précipitent à chaque instant; qu'il ne faut donc jamais compter sur la chasteté des femmes, etc.; et ce beau chapitre finit par cette honnête conclusion : « Il est convenable qu'une femme se brûle avec le cadavre de son mari. Toute femme qui se brûle ainsi accompagnera son mari en paradis (la belle consolation !), et elle y restera *trois crores et cinquante lacks d'années* (1). »

Un renversement d'idées plus bizarre, plus inconcevable encore, est la proportion que le législateur des brames établit entre les peines de différens délits. Dans une cause concernant un homme, si quelqu'un rend un faux témoignage, son crime est aussi grand que s'il assassinait mille personnes. Dans une cause où il est question d'or, si quelqu'un rend un faux témoignage, on le traitera comme un coupable qui aurait assassiné tous les hommes nés et à naître dans le monde.... Un homme qui de la main porte atteinte à la pudeur d'une jeune fille, est, sans pouvoir s'en rédimer, condamné à la castration, quelquefois même, selon les circonstances, il encourt la peine de mort. Voilà donc ce superbe Code qu'on nous avait vanté si long-temps comme un des plus respectables monumens de la sagesse humaine ! et j'aurais bien d'autres réflexions à faire, si je ne craignais d'offenser les oreilles délicates.

L'Académie royale de Musique vient de remettre *Ernelinde*, *Orphée* et *les Fragmens* composés des actes de *Vertumne et Pomone* et du *Devin du Village*, suivis du ballet d'*Annette et Lubin*, de la composition du sieur Noverre. Ce nouveau ballet, comme celui de *la Chercheuse d'Esprit*, n'est que le poëme mis en pantomime et suivi pour ainsi dire scène par scène ; mais le choix

(1) Le crore équivaut à 10,000,000 roupies ; le lack à 100,000. Ainsi l'étendue de temps qu'on a voulu exprimer est de 35 millions d'années.
(*Note de la première édition.*)

du sujet nous a paru plus heureux; il prête à une marche plus rapide, à une succession de tableaux plus riche, plus variée, et le motif de chaque situation y est exprimé de la manière la plus simple et la plus pittoresque; c'est l'ouvrage d'un homme qui connaît toutes les ressources de son art, qui n'en néglige aucune, mais qui s'arrête aux limites que le goût ne se permet pas de franchir.

Le petit voyage que M. le duc de Chartres vient de faire à Paris pour rendre compte au roi du combat d'Ouessant a été célébré au Palais-Royal par les plus grandes réjouissances. Le jour même de son arrivée, ayant assisté à une représentation d'*Orphée*, il y fut reçu avec des applaudissemens répétés tant de fois, que l'on eut à peine le temps d'entendre l'opéra. Le soir, pendant le souper de LL. AA. SS., les musiciens de l'orchestre exécutèrent un concert où les sieurs Larrivée, Gelin, Moreau, et toutes les demoiselles des chœurs, chantèrent ce beau morceau de *Pyrame et Thisbé*.

> Honorez un héros digne sang de vos rois,
> Honorez un héros que la gloire couronne;
> Chantez, célébrez ses exploits;
> Ninus le veut, Ninus l'ordonne.

M. Moline, auteur des paroles d'*Orphée*, fit sur-le-champ, sur l'air du chœur de *Vertumne et Pomone*, les vers suivans qui furent chantés par les mêmes acteurs:

> Grand héros que la gloire guide,
> La France te revoit vainqueur;
> Le doux plaisir sur les pas d'un Alcide
> Vole et ramène le bonheur,
> Nos plus beaux jours sont dus à ta valeur.
> Sous les lois de l'hymen l'amour est ton égide.

S. A. S. reçut tous ces hommages avec beaucoup de

sensibilité et voulut bien se laisser embrasser par toutes ces demoiselles. Les cafés du Palais-Royal et les Suisses de la porte avaient envoyé le matin une lettre circulaire dans toutes les maisons qui donnent sur le jardin pour les inviter à illuminer de concert avec eux en l'honneur de M. le duc de Chartres. L'illumination fut des plus brillantes, et la promenade, toujours fort fréquentée dans cette saison, attira ce soir-là plus de monde encore que de coutume. Monseigneur ne dédaigna point d'y paraître. Mademoiselle Arnould fit tirer un petit feu d'artifice devant ses fenêtres, et chanta sur son balcon des couplets du chevalier de Langeac, du capitaine d'Aubonne et d'autres, qu'il serait peut-être trop long de transcrire ici.

Le lendemain de son arrivée et la veille de son départ M. le duc de Chartres ayant été voir *Ernelinde*, le spectacle fut encore interrompu par des applaudissemens qui redoublèrent avec un nouvel enthousiasme lorsque le sieur Larrivée, jouant le rôle de Ricimer, se tourna vers ce prince en lui adressant ces quatre vers.

> Jeune et brave guerrier, c'est à votre valeur
>   Que nous devons cet avantage.
> Recevez le laurier, il est votre partage;
> Ce fut toujours le prix qu'on accorde au vainqueur.

Tant d'hommages, tant de marques de reconnaissance et de sensibilité n'ont pas été à l'abri des insultes de l'envie et de la malignité. On sait qu'en suivant le char de triomphe de leur général, les soldats romains chantaient souvent contre lui des couplets satiriques que la populace était ravie d'entendre, même en criant *vive le triomphateur;* c'est ainsi qu'en louant le courage de M. le duc de Chartres, on n'en a pas été moins empressé à répéter dans tous les soupers de Paris la chanson suivante. Telle fut et telle sera toujours la légèreté de cette opinion populaire dont il est pourtant si doux de mériter et d'obtenir les faveurs.

Sur l'air : *Chansons, Chansons.*

Vous faites rentrer notre armée :
L'Angleterre très-alarmée
    Vous en louera ;
Et vous joindrez à ce suffrage
Les lauriers et le digne hommage
    De l'Opéra.

Quoi ! vous avez vu la fumée !
Quel prodige ! la Renommée
    Le publiera.
Revenez vite ; il est bien juste
D'offrir votre personne auguste
    A l'Opéra.

Tel, cherchant la toison fameuse,
Jason sur la mer orageuse
    Se hasarda.
Il n'en eut qu'une ; et pour vos peines
Je vous en promets deux douzaines
    A l'Opéra.

Chers badauds, courez à la fête,
Pâmez-vous, criez à tue-tête :
    Bravo ! brava !
Cette grande action de guerre
Est telle que l'on n'en voit guère
    Qu'à l'Opéra.

Grand prince, poursuis ta carrière,
Franchis noblement la barrière
De l'Opéra.
Par de si rares entreprises
A jamais tu t'immortalises
A l'Opéra.

Extrait du Journal de Paris, du lundi 6 juillet 1778,
article VARIÉTÉ.

J.-J. Rousseau, citoyen de Genève, dont nous avons annoncé la mort dans la feuille d'hier, avait dessein depuis quelque temps de quitter Paris. Il a cédé aux instances de l'amitié, et s'est établi sur la fin de mai dernier dans une petite maison qui appartient à M. le marquis de Girardin, seigneur d'Ermenonville, et située très-près du château. Il eut jeudi dernier, 2 de ce mois, à neuf heures du matin, en revenant de la promenade, une attaque d'apoplexie qui dura deux heures et demie, et dont il mourut.

Les honneurs funèbres lui furent rendus par M. le marquis de Girardin. Son corps, après avoir été embaumé et renfermé dans un cercueil de plomb, fut inhumé le samedi suivant, 4 du présent mois, dans l'enceinte du parc d'Ermenonville, sur l'île dite des Peupliers, au milieu de la pièce d'eau appelée le Petit-Lac, et située au midi du château, sur une tombe décorée et élevée d'environ six pieds. Il était né le 28 juin 1712.

Lettre sur la mort de J.-J. Rousseau, écrite par un de ses amis aux auteurs du Journal de Paris (1).

À Paris, le 12 juillet 1778.

Vous avez annoncé, Messieurs, dans votre journal du dimanche 5 de ce mois, la mort de J.-J. Rousseau sous le titre de *Variété*. Permettez-moi de vous représenter, Messieurs, que jamais rien ne mérita plus le titre d'*événement* que la mort d'un écrivain le plus pur et le plus exact de son siècle, d'un philosophe dont l'amour pour la sagesse ne se démentit jamais, d'un homme enfin qui consacra tous ses talens à reculer les bornes morales de l'ame, et à rendre les hommes meilleurs et plus heureux.

On a beaucoup parlé de J.-J. Rousseau, sans le connaître; et comme on parle de sa mort sans en savoir les circonstances, je vous en envoie le récit, et vous prie, Messieurs, de le rendre public. Il est d'autant plus intéressant, qu'il peut, je crois, servir de réponse à presque tout ce qui a été et qui sera peut-être encore dit contre ce grand homme.

J.-J. Rousseau avait cédé depuis un mois aux prières instantes de M. le marquis et de madame la marquise de Girardin (2); il s'était retiré à Ermenonville et de-

(1) Elle n'y a point été insérée. (*Note de Grimm.*)

(2) M. et madame de Girardin sont deux époux unis par l'amitié la plus parfaite. Qui les voit ne peut s'empêcher de concevoir pour eux l'estime la plus respectueuse et la plus profonde. Il n'existe peut-être pas ailleurs des jardins plus intéressans et plus ingénieux que ceux qu'ils ont fait arranger à Ermenonville, distant de Paris de dix lieues. Ces jardins ont été faits sur les dessins de M. Morel, auteur du livre intitulé *Théorie des Jardins*. La maison qu'occupait Jean-Jacques dans ce beau lieu s'appelait l'*Ermitage de Rousseau* avant qu'elle fût habitée par lui. Le bosquet qui l'entoure est rempli d'inscriptions tirées de *la Nouvelle Héloïse*, et la petite île des Peupliers où reposent aujourd'hui les cendres de Rousseau, renfermait déjà un monument très-intéressant consacré à la mémoire de Julie. (*Note de Grimm.*)

meurait avec sa femme dans une petite maison voisine, mais séparée du château par des arbres, et tenant à un bosquet dans lequel il allait chaque jour se promener et cueillir des plantes qu'il arrangeait ensuite dans un herbier. Il faisait quelquefois de la musique avec la famille de M. de Girardin, et il s'était déjà attaché de telle sorte à l'un de ses enfans, âgé de dix ans, qu'il paraissait, aux soins continus qu'il lui donnait, vouloir en faire son élève (1). Il se leva le jeudi 2 juillet à cinq heures du matin (c'était l'heure ordinaire de son lever en été), jouissant en apparence de la meilleure santé, et fut promener avec son élève, qu'il pria plusieurs fois de s'asseoir dans le cours de cette promenade, lui disant qu'il se sentait incommodé. Il revint seul à sa maison vers les sept heures, et demanda à sa femme si le déjeuner était préparé. « — Non, mon bon ami, répondit madame Rousseau, il ne l'est pas encore. — Eh bien, je vais dans le bosquet, je ne m'éloignerai pas; appelez-moi quand il faudra déjeuner.... » Madame Rousseau l'appela; il revint, prit une tasse de café au lait et sortit. Il rentra peu de momens après; huit heures sonnaient. Il dit à sa femme: « Pourquoi n'avez-vous pas payé le compte du serrurier? — C'est, répondit-elle, parce que j'ai voulu vous le faire voir, et savoir s'il n'en faut rien rabattre. — Non, dit M. Rousseau, je crois ce serrurier honnête homme, son compte doit être juste; prenez de l'argent et payez-le. » Madame Rousseau prit aussitôt de l'argent et descendit. A peine était-elle au bas de l'escalier qu'elle entendit son mari se plaindre. Elle remonte en hâte et le trouve assis

---

(1) Cet enfant était Stanislas Girardin, qui a figuré avec honneur dans plusieurs de nos assemblées législatives et qui a été enlevé il y a peu d'années à la défense de nos libertés.

sur une chaise de paille, le visage défait et le coude appuyé sur une commode.... — « Qu'avez-vous, mon bon ami, lui dit-elle, vous trouvez-vous incommodé ? — Je sens, répondit-il, une grande anxiété et des douleurs de colique. » Alors madame Rousseau, feignant de chercher quelque chose, fut prier le concierge d'aller dire au château que M. Rousseau se trouvait mal. Madame de Girardin accourut elle-même, et, prenant un prétexte pour ne pas l'effrayer, elle vint lui demander, ainsi qu'à sa femme, s'ils n'avaient pas été éveillés par la musique qu'on avait faite pendant la nuit devant le château. — M. Rousseau lui répondit avec un visage tranquille : « Madame, vous ne venez pas pour la musique ; je suis très-sensible à vos bontés, mais je me trouve incommodé, et je vous supplie de m'accorder la grace de rester seul avec ma femme, à qui j'ai beaucoup de choses à dire.... » Madame de Girardin se retira aussitôt. Alors M. Rousseau dit à sa femme de fermer la porte de la chambre à la clef et de venir s'asseoir à côté de lui sur le même siège. « Vous êtes obéi, mon bon ami, lui dit madame Rousseau, me voilà : comment vous trouvez-vous ? — Je sens un frisson dans tout mon corps.... Donnez-moi vos mains et tâchez de me réchauffer.... Ah ! comme cette chaleur m'est agréable ! — Eh bien, mon bon ami ? — Vous me réchauffez.... Mais je sens augmenter mes douleurs de colique.... elles sont bien vives !.... — Voulez-vous prendre quelque remède ? — Ma chère femme, rendez-moi le service d'ouvrir les fenêtres.... que j'aie le bonheur de voir encore une fois la verdure.... Comme elle est belle ! Que ce jour est pur et serein !.... O que la nature est grande ! — Mais, mon bon ami, lui dit madame Rousseau en pleurant, pourquoi dites-vous tout cela ? — Ma chère femme, répondit-il tranquillement, j'avais toujours demandé à Dieu de me faire mourir avant vous, mes vœux vont être exaucés. Voyez le soleil dont il semble que l'aspect riant m'appelle; voyez vous-même cette lumière immense : voilà Dieu, oui, Dieu lui-même qui m'ouvre son sein, et qui m'invite enfin à aller goûter cette paix éternelle et inaltérable que j'avais tant désirée!.... Ma chère femme, ne pleurez pas, vous avez toujours souhaité de me voir heureux, et je vais l'être... Ne me quittez pas un seul instant, je veux que seule vous restiez avec moi et que seule vous me fermiez les yeux. — Mon ami, mon bon ami, calmez vos craintes et permettez-moi de vous donner quelque chose; j'espère que ceci ne sera qu'une indisposition. — Je sens dans ma poitrine des épingles aiguës qui me causent des douleurs très-violentes. Ma chère femme, si je vous donnai jamais des peines, si en vous attachant à mon sort je vous exposai à des malheurs que vous n'auriez jamais connus pour vous-même, je vous en demande pardon. — C'est moi, mon bon ami, dit madame Rousseau, c'est moi qui dois au contraire vous demander pardon des momens d'inquiétude dont j'ai été la cause pour vous. — Ah! ma femme, qu'il est heureux de mourir quand on n'a rien à se reprocher!.... Être éternel! l'ame que je vais te rendre est aussi pure en ce moment qu'elle l'était quand elle sortit de ton sein; fais-la jouir de toute ta félicité.... Ma femme, j'avais trouvé en monsieur et madame de Girardin un père et une mère des plus tendres : dites-leur que j'honorais leurs vertus et que je les remercie de toutes leurs bontés. Je vous charge de faire, après ma mort, ouvrir mon corps par des gens de l'art et de faire dresser un procès-verbal de l'état dans lequel on en trouvera toutes les parties. Dites à monsieur et à madame de Girardin que je les prie de permettre que l'on m'enterre dans leur jardin et que je n'ai pas de choix pour la place. — Je suis désolée, dit madame Rousseau. Mon bon ami, je vous supplie, au nom de l'attachement que vous avez pour moi, de prendre quelque remède. — Eh bien, répondit-il, je les prendrai, puisque cela peut vous faire plaisir... Ah! je sens dans ma tête un coup affreux... des tenailles qui me déchirent..... Être des êtres! Dieu !..... (Il resta long-temps les yeux fixés vers le ciel.) Ma chère femme, embrassons-nous.... Aidez-moi à marcher... » (il voulut se lever de son siège, mais sa faiblesse était extrême); « menez-moi vers mon lit.... » Sa femme le soutenant avec beaucoup de peine, il se traîna jusqu'au lit où il avait couché; il y resta quelques instants en silence, et puis il voulut en descendre. Sa femme l'aidait, il tomba au milieu de la chambre entraînant sa femme avec lui. Elle veut le relever, elle le trouve sans parole et sans mouvement. Elle jette des cris; on accourt, on enfonce la porte, on relève M. Rousseau; sa femme lui prend la main, il la lui serre, exhale un soupir et meurt. (Onze heures du matin sonnaient.)

Vingt-quatre heures après on ouvrit le corps. Le procès-verbal qui en a été fait atteste que toutes les parties étaient saines et qu'on n'a trouvé d'autre cause de mort qu'un épanchement de sérosité sanguinolente dans le cerveau.

M. le marquis de Girardin a fait embaumer le corps, l'a fait renfermer dans une double caisse de plomb et dans une forte caisse de bois de chêne. En cet état, accompagné de plusieurs amis et de deux Genevois, il a été porté samedi 4 juillet, à minuit, dans l'île que l'on appelait l'île des peupliers, et que l'on appelle à présent l'Élysée. M. de Girardin y est resté jusqu'à trois heures du matin pour faire bâtir lui-même à chaux et à sable autour de ce dépôt un fort massif sur lequel on élève un mausolée qui aura six pieds de haut, et qui sera d'une décoration simple, mais belle.

Cette île qu'on appelle l'Élysée est un lieu enchanté. Sa forme et son étendue sont un ovale ayant environ cinquante pieds sur trente-cinq. L'eau qui l'entoure coule sans bruit, et le vent semble toujours craindre d'en augmenter le mouvement presque insensible. Le petit lac qu'elle forme est environné de coteaux qui le dérobent au reste de la nature, et répandent sur cet asile un mystère qui entraîne à la mélancolie. Ces coteaux sont chargés de bois, et terminés au bord de l'eau par des routes solitaires dans lesquelles on trouve depuis quelques jours, comme l'on trouvera long-temps, des hommes sensibles regardant l'Élysée. Le sol de l'île est un sable fin couvert de gazon. Il n'y a pour arbres que des peupliers, et pour fleurs dans cette saison que quelques roses simples. C'est là que repose J.-J. Rousseau, la face tournée vers le lever du soleil.

Vous pouvez, Messieurs, regarder toutes les circonstances de ce récit comme bien certaines. Je les ai apprises, et m'en suis pénétré dans la chambre, devant le lit, sur la place même où Rousseau est tombé et mort. J'étais seul avec sa veuve; elle est bonne et honnête femme, et ne pourrait pas inventer sur ce sujet. J'ai eu le bonheur d'aborder à l'Élysée; j'ai baisé la tombe de ce philosophe célèbre, dont la vie rare et la mort sublime ont exalté mes sens, et m'ont inspiré la vénération la plus profonde. C'est là que j'ai dit de lui, en répandant

bien des larmes, ce qu'il disait lui-même de sa chère
Julie :

Non lo conobbe il mondo mentre che l' ebbe.

J'ai l'honneur d'être, Messieurs, votre très-humble, etc.

~~~~~~~~~~~~~~~~~~~~~~~~~~~~~~

AOUT.

Paris, août 1778.

Complainte sur la mort de madame la marquise du Châtelet, morte en couches; ou Dialogue entre son mari, M. de Voltaire et M. de Saint-Lambert.

Le Mari : Ah! ce n'est pas ma faute!
M. de Voltaire : Je l'avais prédit!
M. de Saint-Lambert : Elle l'a voulu!

Idée des liaisons de Paris.

Qu'on se représente madame la marquise du Deffand aveugle, assise au fond de son cabinet, dans ce fauteuil qui ressemble au tonneau de Diogène, et son vieux ami Pont-de-Veyle couché dans une bergère près de la cheminée. C'est le lieu de la scène. Voici un de leurs derniers entretiens.

Pont-de-Veyle? — Madame. — Où êtes-vous? — Au coin de votre cheminée. — Couché les pieds sur les chenets, comme on est chez ses amis? — Oui, Madame. — Il faut convenir qu'il est peu de liaisons aussi anciennes que la nôtre. — Cela est vrai. — Il y a cinquante ans. — Oui, cinquante ans passés. — Et dans ce long intervalle aucun nuage, pas même l'apparence d'une brouillerie. — C'est ce que j'ai toujours admiré. — Mais, Pont-de-Veyle, cela ne viendrait-il point de ce qu'au fond nous avons toujours été fort indifférens l'un à l'autre? — Cela se pourrait bien, Madame. —

La morale de notre histoire n'a pas besoin de commentaire.

Une des meilleures réponses à faire aux paradoxes de J.-J. Rousseau sur l'abus des sciences, ce serait peut-être l'exemple touchant de ces hommes de bien qui ont cultivé leur esprit et leur raison avec beaucoup de soins, sans altérer en aucune manière la simplicité de leur vie et de leurs mœurs. Il est malheureux que ces exemples aient toujours été infiniment rares. Nous avons vu peu de phénomènes dans ce genre aussi intéressans que celui qui vient de paraître un moment sur notre horizon littéraire; c'est un vigneron de Montereau, près de Fontainebleau, dont le hasard a procuré la connaissance à M. Senac de Meilhan, intendant de Valenciennes, lequel l'a recommandé à M. le maréchal de Noailles, qui l'a renvoyé avec la lettre suivante à M. de Marmontel.

« M. le maréchal de Noailles a l'honneur de faire bien des complimens à M. de Marmontel, et le prie d'accueillir favorablement celui qui lui remettra cette lettre. C'est un simple vigneron qui est né avec beaucoup d'esprit, et qui l'a cultivé par la lecture des meilleurs auteurs. C'est l'homme de la nature, et il sera intéressant pour M. de Marmontel de voir jusqu'où peut s'élever l'esprit naturel sans aucune éducation, en consultant seulement ses besoins. Le bonhomme, arrivé à Paris par hasard, désire ardemment de voir et d'entretenir l'auteur de *Bélisaire*;

cet ouvrage lui a fait la plus grande impression, et il dit que M. de Marmontel n'a fait que développer ses idées. M. le maréchal de Noailles sera très-aise de savoir le jugement qu'il en aura porté. Il le prévient que Pope est sa lecture favorite, et qu'il est fort instruit de l'Histoire Romaine et de l'Histoire de France. »

Le nouveau Socrate rustique est un vieillard d'une petite taille, mais dont le maintien ferme et modeste annonce encore beaucoup de force et de vigueur. L'âge a blanchi sa tête, mais n'a point éteint le feu de ses yeux. Tous ses traits expriment la candeur, la paix et la sérénité de son ame. Voici le récit simple et fidèle des deux conversations qu'on eut avec lui chez M. Marmontel. Le sieur Linguet les a parodiées dans le dernier numéro de ses *Annales*, avec une fausseté qui ne fait pas moins d'honneur à la sagesse de son goût qu'à la bonté de son cœur, et qui prouve encore mieux combien l'on peut compter sur l'exactitude et sur le choix des correspondances qu'il entretient à Paris.

Dans la première visite du vigneron on lui demanda quelles avaient été ses lectures? — Plutarque, Montaigne, Pope, et quelques livres d'histoire, parmi lesquels il fait un cas particulier de Salluste. Il nomma aussi *Bélisaire*, et dit que ce livre était selon son cœur. — S'il avait lu Voltaire? — Oui, j'en ai lu le bon; mais, Monsieur, dites-moi comment on abuse d'un si grand talent? — S'il avait des livres? — Je n'en ai point, mais on m'en prête quelquefois..... — Il tira de sa poche l'*Essai sur l'Homme*: ce livre était usé à force d'avoir été lu. « Voilà, dit-il, où j'ai pris le peu d'esprit que j'ai. »

Invité à dîner pour le lendemain, il se rendit à l'invitation. A table il fut sobre et gai, très-réservé, mais à son aise, ne parlant jamais qu'à propos. On lui demanda quel âge il avait? — Soixante-dix-neuf ans. — S'il avait des enfans? — J'en ai sept. — S'il les avait instruits? — Qu'il avait essayé de les instruire, mais qu'ils n'avaient pas répondu à ses soins; qu'un seul avait un peu mieux réussi. — S'il était à son aise? — Qu'il vivait du travail de ses mains. (Ses mains en effet portaient l'empreinte d'un travail assidu et pénible.) — Si sa femme avait pris le même goût que lui pour la lecture? — Non, ma femme n'est instruite que des choses du ménage, et j'en suis bien aise. Les femmes ne sont pas faites pour être savantes, à moins qu'elles n'aient un esprit supérieur, ce qui est fort rare. La science les accable, et leur ôte le bon sens. — Comment il avait été connu de M. le maréchal de Noailles? — Qu'il n'avait pas l'honneur d'en être connu personnellement, mais que M. Senac de Meilhan avait eu la bonté de le recommander à lui. — Comment il était connu de M. Senac? — Qu'il était allé à sa maison de campagne parler à un paysan; que le hasard lui avait fait rencontrer le maître de la maison, et qu'ayant eu l'honneur de causer avec lui, M. Senac l'avait engagé à dîner à l'office, et lui avait fait donner après dîner un bon habit et du linge. Quand je me vis dépouillé par ses gens, me voilà, dis-je, au milieu de corsaires d'une nouvelle espèce. — Et vous avez accepté sans peine les habits que M. de Meilhan vous faisait donner? — Oui, Monsieur. L'orgueil est supportable dans les riches, mais dans un pauvre il serait monstrueux. J'ai reçu avec plaisir le bienfait de M. de Meilhan. Il y avait une noce dans le château, et l'on me fit ouvrir le bal avec Madame. — Ce qui l'avait amené à Paris? — J'y suis venu vendre quelques effets de la succession d'un homme qui m'a nommé en mourant son exécuteur testamentaire. — S'il y ferait quelque séjour ? — Qu'il s'en retournerait dès que cela serait fini. — Où il logeait ? — Chez M. de Meilhan. — Si on lui avait fait voir le spectacle ? — Qu'on l'avait envoyé une fois à la Comédie; qu'il avait vu l'*Amphitryon*. — S'il y avait eu du plaisir ? — Qu'un roi fait c... par un dieu n'était pas quelque chose de fort intéressant. — (Comme il s'était un peu assoupi à table, on le mena dans un cabinet où il y avait une chaise longue, et on l'invita à faire la méridienne. Il se coucha, mais un quart d'heure après il vint rejoindre la compagnie.) On lui demanda lequel des grands hommes de l'antiquité il estimait le plus ? — Scipion. — Et Pompée ? — Il ne sut jamais se décider. S'il y avait beaucoup de gens indécis à ce point, ils feraient le malheur du genre humain. — Et d'Auguste, qu'en pensez-vous ? Il répondit sur-le-champ par cette strophe de J.-B. Rousseau :

> En vain le destructeur rapide
> De Marc-Antoine et de Lépide
> Remplissait l'univers d'horreurs ;
> Il n'eût point eu le nom d'Auguste
> Sans cet empire heureux et juste
> Qui fit oublier ses fureurs.

« Et de nos rois lequel préférez-vous ? — Louis XII, car il était bon, et ce n'est pas sans raison qu'on l'a nommé *le Père du peuple*. — Et Henri IV ? — Henri IV fut un grand guerrier; si on ne l'avait pas tué, il aurait peut-être fait un grand homme. — Et Louis XIV ? — Vous connaissez les paroles mémorables qu'il adressa en mou-

rant à son successeur encore enfant. — Et Louis XV?
— Ah! ne parlons plus de cela. — Vous aimez beaucoup *Bélisaire?* — Oui, beaucoup. — Est-ce que vous pensez comme lui? — Il a développé mes idées. — Vous croyez donc que Titus, Trajan, les Antonins sont dans le ciel? — Où voulez-vous qu'ils soient? Ils ont fait tant de bien au monde! — Quoi! Marc-Aurèle n'est pas en enfer? — Le bon Marc-Aurèle en enfer! il convertirait tous les diables. — Mais la religion vous ordonne de croire que tous ces gens-là sont damnés. — Non, Monsieur, la religion ne l'ordonne pas. — Ne savez-vous pas qu'on a condamné les sentimens de *Bélisaire?* — On a eu tort. Qu'a-t-on besoin de damner tant de monde? Si on met en enfer si bonne compagnie, on donnera envie d'y aller. — Vous croyez donc aussi que les Turcs, les Chinois, s'ils font le bien, seront sauvés? — Eh! pourquoi non? J'aime mieux les honnêtes gens de ces pays que les fripons du nôtre. — Et vous, avec ces sentimens, croyez-vous aller en paradis? — Ah! Monsieur (en levant au ciel ses mains et ses yeux mouillés de larmes), vous auriez bien de la peine à me persuader que je n'irai pas en paradis; c'est là mon héritage. — Vous pensez donc que Dieu ne demande qu'à vous sauver? — C'est pour cela qu'il m'a mis au monde. — Vous le croyez bien bon? — S'il n'était pas bon il n'existerait pas; il est la bonté par essence : regardez ses ouvrages! — Vous n'avez donc pas peur de la mort? — Non, Monsieur, je l'attends sans trouble et sans crainte. — Avez-vous de la dévotion à la sainte Vierge, et l'invoquez-vous dans vos prières? — Oui, Monsieur; les femmes sont si puissantes dans le ciel comme sur la terre, surtout lorsqu'elles sont belles! — Vous la croyez donc mère de Dieu? — Je ne me permets jamais d'exa-

miner ces questions. — Il me paraît que vous aimez les femmes? — Elles sont le chef-d'œuvre de la main de Dieu: il aurait fait inutilement tout le reste : s'il n'avait pas créé la femme, son ouvrage serait imparfait. — Que pensez-vous des athées? — Ce sont des fous. — Cependant Plutarque et Montaigne que vous aimez tant.... — Ils n'ont pas été jusque-là. — Vous distingue-t-on dans votre petite ville? — Fort peu, Monsieur. — Et comment vivez-vous avec les autres vignerons? — Assez bien. — Instruit comme vous l'êtes, vous ne devez pas vous plaire à causer avec eux, qui ne vous entendent pas? — Pardonnez-moi; je ne leur parle point de mes lectures; je leur parle bon sens et raison; ils entendent fort bien cela. — Et votre curé, qu'en pensez-vous? — C'est un homme de bien, ce n'est pas un génie. »

Un de nos bons poëtes, M. Roucher (1), était présent, et on l'engagea à lui dire des vers. Ceux qu'il récita faisaient la peinture de la condition des laboureurs. Le vigneron les écouta avec une grande admiration, et deux ruisseaux de larmes coulaient de ses yeux pendant cette lecture.

Quand elle fut finie, on lui dit : « Voilà de beaux vers. » Il répondit : « Monsieur, vous les appelez beaux, moi je les appelle sublimes. »

Comme cette conversation fut répétée par ceux qui l'avaient entendue, on voulait voir le vigneron; on le désirait dans le monde. M. de Meilhan a prévenu les suites de cet empressement : il lui a donné un contrat, sur la Ville, de cent cinquante livres de rente, et l'a renvoyé à

---

(1) L'auteur du poëme des *Douze Mois*, annoncé l'hiver dernier par souscription, et qui doit paraître au commencement de l'année prochaine. (*Note de Grimm.*) — *Les Mois* ne parurent qu'en 1780.

Montereau cultiver sa vigne et finir en paix ses vieux ans.

Supplément aux anecdotes de madame Geoffrin (1).

On montrait à madame Geoffrin la superbe maison du fermier-général Bouret. « — Avez-vous rien vu de plus magnifique, de meilleur goût ? — Je n'y trouverais rien à redire, si Bouret en était le frotteur. »

Soit malice, soit inattention, un homme qui prêtait ses livres au mari de madame Geoffrin, lui redonna plusieurs fois de suite le premier volume des *Voyages du père Labbat*. M. Geoffrin, dans la meilleure foi du monde, le relisait toujours sans s'apercevoir de la méprise. « — Comment trouvez-vous, Monsieur, ces Voyages ? — *Fort intéressans... Mais il me semble que l'auteur se répète un peu.* » Il lisait avec beaucoup d'attention le Dictionnaire de Bayle en suivant la ligne des deux colonnes. « *Quel excellent ouvrage s'il était un peu moins abstrait !* » — « Vous avez été ce soir à la comédie, M. Geoffrin ? que donnait-on ? — *Je ne vous le dirai pas ; je me suis empressé d'entrer, et je n'ai pas eu le temps de regarder l'affiche.* » — Quelque inepte que fût le bonhomme, on lui permettait de se mettre au bout de la table, mais à condition qu'il ne se mêlerait jamais de la conversation. Un étranger fort assidu aux dîners de madame Geoffrin, ne le voyant plus paraître, s'avisa de lui en demander des nouvelles. Et qu'avez-vous fait, Madame, de ce pauvre bonhomme que je voyais toujours ici, et qui ne disait jamais rien ? — *C'était mon mari, il est mort.* —

Madame Geoffrin avait fait à M. de Rulhière des offres assez considérables pour l'engager à jeter au feu son ma-

(1) Voir t. IX, p. 438 et suiv.

nuscrit sur la Russie. Il lui prouva très-éloquemment que ce serait de sa part l'action du monde la plus indigne et la plus lâche. A tout ce grand étalage d'honneur, de vertu, de sensibilité qu'elle avait paru écouter avec beaucoup de patience, elle ne lui répondit que ces deux mots : *En voulez-vous davantage ?* — M. de Rulhière racontait lui-même l'autre jour ce trait devant M. le comte de Schomberg, qui, saisi d'admiration pour le grand sens de madame Geoffrin, et oubliant tout-à-fait la présence du conteur, ne put s'empêcher de s'écrier : *Ah ! c'est sublime.*

———

M. de Montfort, ancien officier des deux corps de l'Académie et de l'artillerie de Sa Majesté Sicilienne, aujourd'hui ingénieur de M. le duc d'Orléans, adjoint et directeur des plans du roi à l'hôtel royal des Invalides où il demeure, vient de renouveler une construction de voiture que la nécessité lui fit entreprendre il y a quelques années en Afrique, où il voyageait pour son amusement et pour son instruction. La difficulté des chemins lui suggéra d'essayer d'exécuter une voiture en carton, que ses domestiques pussent facilement enlever et transporter dans les passages les plus difficiles. L'exécution de ce projet eut un plein succès. M. de Montfort en racontait, il y a quelques mois, les détails à M. le duc de Chartres, qui avait l'air d'en douter; il n'en fallut pas davantage pour déterminer l'auteur à tenter de nouveau la même entreprise, qui lui a tout aussi bien réussi que ci-devant.

Ce carton n'est pas plus flexible que le bois, et il en a toute la solidité; son épaisseur n'est que de deux lignes dans les plus grandes voitures, qui sont huit fois plus légères que les voitures ordinaires de la même grandeur.

C'est à cette même légèreté qu'elles doivent la plus grande partie de leur solidité. Sont-elles dans le cas d'éprouver quelque rude coup de timon ou autre chose semblable, elles reculent, et le vernis dont elles sont recouvertes en est seul endommagé. Il règne la plus forte antipathie entre l'eau et ce vernis. Les voitures de M. de Montfort sont à l'épreuve de l'humidité, et supportent indistinctement le froid et le chaud; elles doivent toute leur force et cette espèce d'insensibilité à la préparation de la colle dont on se sert pour les construire.

Ce carton est susceptible, comme le bois, d'être ferré; il prend toutes les formes qu'on doit lui donner. On en peut faire des cabinets, des salons portatifs, des meubles pour les plus riches appartemens, des vases, des bateaux, des gondoles, des baignoires. Nous avons vu surtout un grand nombre de ces derniers objets chez M. de Montfort.

Nous n'oublierons point de parler des brancards et des trains qu'il fait construire; étant absolument dégagés de fer, ils sont d'une légèreté presque effrayante pour ceux à qui l'on n'en a pas démontré la solidité. M. de Montfort a trouvé le secret d'amalgamer le nerf de bœuf avec le carton, de n'en faire pour ainsi dire qu'un seul et même corps; et il résulte de cette union une élasticité, un liant dans les mouvemens, qui en font l'agrément et la solidité.

La séance publique de l'Académie Française, le jour de la fête de la Saint-Louis, pour être peu variée, n'en a pas été moins intéressante, et c'est M. d'Alembert qui en a fait tous les frais. Le prix de cette année, dont le sujet était la *Traduction du commencement du seizième livre de l'Iliade*, n'a point été donné; mais dans le nombre des pièces qui ont concouru, l'Académie a distingué d'abord celle de M. Lœuillard, jeune Américain de dix-neuf ans; une autre de M. de Murville, qui partagea la couronne académique, il y a deux ans, avec M. Gruet; une troisième de M. le chevalier de Langeac. Outre ces trois pièces on a cru devoir faire une mention honorable de celles de M. l'abbé Gueroult, d'un anonyme, et enfin de M. le marquis de Villette, nom que le public a paru beaucoup remarquer, quoiqu'il fût nommé le dernier. On n'a lu que quelques morceaux de la première pièce. L'Académie a proposé ensuite pour le prix de poésie de l'année 1779, une pièce de vers *à la louange de M. de Voltaire*, et cette annonce a été reçue avec des acclamations multipliées. Le buste du grand homme, fait par M. Houdon, et dont M. d'Alembert venait de faire hommage à l'Académie, était exposé aux yeux de l'assemblée. La médaille du prix de poésie n'est, selon l'usage, que de 500 livres. Un ami de M. de Voltaire (et c'est encore M. d'Alembert), voulant encourager les concurrens et rendre le prix plus digne du sujet, a demandé à l'Académie la permission d'ajouter au prix une somme de 600 livres, ce qui fera une médaille de la valeur de 1100 francs. La forme de l'ouvrage et la mesure des vers seront au choix des auteurs; seulement l'Académie désire que les pièces de concours n'excèdent pas le nombre de deux cents vers. Le prix d'éloquence pour la même année 1779, qu'on avait déjà annoncé l'année dernière, est l'*Éloge de l'abbé Suger*. M. d'Alembert a occupé la séance par la lecture de deux Éloges, celui de Crébillon et celui du président de Rose. Ce dernier ne pouvait offrir que quelques anecdotes de société; mais l'on sait avec quelle grace, avec quelle finesse M. d'Alembert saisit et relève des traits qui échapperaient à tout autre. Le premier, en représentant l'analyse la plus judicieuse et la plus impartiale des tragédies de Crébillon, en donnant la plus grande idée de son art, en rendant à son génie toute la justice qui lui est due, rappelait sans cesse et la pensée de l'orateur, et la pensée de ceux qui l'écoutaient, à l'objet éternel de notre admiration et de nos regrets, au grand homme qu'une cabale assez puissante osa mettre long-temps au-dessous de Crébillon, mais qui ne fut pas obligé d'attendre le jugement de la postérité pour se voir vengé de cette injustice.

Les gens du monde ont trouvé dans la conduite de M. d'Alembert un peu de faste encyclopédique et peut-être même un peu de maladresse; nos dévots l'ont regardée comme un acte public d'idolâtrie et d'impiété. Les curés de Paris se sont même assemblés pour délibérer à ce sujet, et sont convenus de présenter à Sa Majesté une espèce de mandement pastoral pour la supplier de vouloir bien interdire à l'Académie Française le choix d'un sujet aussi profane, aussi scandaleux que l'Éloge de M. de Voltaire. La lettre était faite, signée et prête à être envoyée au roi, lorsque des considérations supérieures l'ont arrêtée. On assure que M. le curé de Saint-Eustache, le confesseur du roi et de la reine, est le seul qui ait refusé constamment de la signer, et c'est probablement la modération de ce vertueux pasteur qui a le plus contribué à nous épargner au moins l'éclat honteux de cette nouvelle persécution.

SEPTEMBRE.

Paris, septembre 1778.

Parmi les pertes irréparables que les lettres et les arts ont faites cette année, on ne doit point oublier le sieur Colalto, qui jouait les rôles de Pantalon à la Comédie Italienne. Il réunissait au mérite d'un excellent acteur celui d'avoir composé plusieurs pièces charmantes (1), entre autres *les Trois Jumeaux*, ouvrage supérieurement intrigué, plein de situations originales et de vrai comique. Sous le masque le plus ridicule et le plus hideux il n'est point de sentiment, point de passion qu'il ne sût exprimer avec beaucoup de chaleur et de vérité; son talent l'emportait sur l'invraisemblance du costume et sur celle du rôle. Dans la comédie qu'on vient de citer, où il jouait à visage découvert, on l'a vu produire l'illusion la plus complète, faire pour ainsi dire à la fois trois rôles absolument différens, paraître tour à tour amoureux passionné, brusque et dur, niais et imbécile, et le paraître avec une magie telle que les yeux les plus accoutumés à sa figure avaient de la peine à le reconnaître. Son caractère personnel était d'une modestie et d'une simplicité peu commune à son état. Il ne connaissait d'autre bonheur que celui de vivre paisiblement au sein de sa famille, et de faire du bien aux malheureux que le hasard offrait à sa générosité. Il est mort d'une maladie fort lente et fort douloureuse. Ses enfans, qui n'ont point

(1) *Pantalon père sévère, le Retour d'Argentine, Pantalon jaloux, les Intrigues d'Arlequin, les Mariages par magie, les Perdrix*, etc. (*Note de Grimm.*) — Colalto mourut le 5 juillet 1778, âgé de soixante-cinq ans.

quitté son chevet, l'ont vu s'éteindre dans leurs bras. Il a senti tous leurs soins, et ses derniers mots ont été l'expression de sa reconnaissance. Ses yeux étaient arrêtés sur l'estampe du *Paralytique servi par ses enfans*. On lit ces vers au bas de la gravure :

>   Si la vérité d'une image
>   Est la vérité de l'objet,
>   Que le sage artiste a bien fait
>   De mettre la scène au village.

« Mes enfans, leur dit le mourant d'une voix faible, l'auteur de ces vers ne vous connaissait pas. »

C'est M. Suard, de l'Académie Française, qui a été chargé par la maison de La Rochefoucauld de présider à la nouvelle édition du livre des *Maximes*. Cette nouvelle édition, de l'Imprimerie royale, est infiniment soignée, sur de très-beau papier, avec des caractères d'une grande netteté, mais sans aucun ornement superflu, et l'on peut la citer comme un modèle, en typographie, de simplicité et de bon goût. Ce n'est pas son seul mérite ; elle a été faite sur le manuscrit original de M. de La Rochefoucauld et sur les exemplaires des premières éditions corrigés de sa propre main. On a restitué un grand nombre de Pensées omises ou ignorées par les éditeurs précédens ; on a rétabli l'ordre que l'auteur avait jugé à propos de leur donner, et l'on a suppléé au défaut de liaison qui s'y trouve par une table courte et commode. Ce qui rendra cette édition sans doute encore plus rare et plus précieuse, c'est qu'on n'en a tiré qu'un certain nombre d'exemplaires qui ont tous été distribués dans la famille ; il ne s'en est vendu aucun.

Les *Maximes* sont précédées d'une Notice sur le caractère et les écrits du duc de La Rochefoucauld, qui nous a paru trop bien faite pour ne pas en citer au moins un passage :

« Le moment où le duc de La Rochefoucauld entra dans le monde était un temps de crise pour les mœurs nationales ; la puissance des grands, abaissée et contenue par l'administration despotique et vigoureuse du cardinal de Richelieu, cherchait encore à lutter contre l'autorité ; mais à l'esprit de faction ils avaient substitué l'esprit d'intrigue.

« L'intrigue n'était pas alors ce qu'elle est aujourd'hui, elle tenait à des mœurs plus fortes, et s'exerçait sur des objets plus importans ; on l'employait à se rendre nécessaire ou redoutable : aujourd'hui, elle se borne à flatter et à plaire. Elle donnait de l'activité à l'esprit, au courage, aux talens, aux vertus même ; elle n'exige aujourd'hui que de la souplesse et de la patience. Son but avait quelque chose de noble et d'imposant, c'était la domination et la puissance ; aujourd'hui petite dans ses vues comme dans ses moyens, la vanité et la fortune en sont le mobile et le terme. Elle tendait à unir les hommes ; aujourd'hui elle les isole. Plus dangereuse alors, elle embrassait l'administration et arrêtait les progrès d'un bon gouvernement ; aujourd'hui favorable à l'autorité, elle ne fait que rapetisser les ames et avilir les mœurs. Alors comme aujourd'hui les femmes en étaient les principaux instrumens ; mais l'amour, ou ce qu'on honorait de ce nom, avait une sorte d'éclat qui en impose encore, et s'ennoblissait un peu en se mêlant aux grands intérêts de l'ambition ; au lieu que la galanterie de nos jours, dégradée elle-même par les petits intérêts auxquels elle s'associe, dégrade l'ambition et les ambitieux.

« Le livre des *Pensées* a préparé la voie aux Helvétius, aux Hume, au profond auteur du *Système Social*. Le livre de La Rochefoucauld n'est pas, comme on l'a dit, un recueil de maximes, mais un recueil d'observations sur le cœur humain. Ce sont des remarques particulières saisies avec une grande pénétration, exprimées quelquefois d'une manière trop générale, trop précise, mais dont le premier aperçu est presque toujours aussi juste qu'il est fin et piquant. C'est une lecture, j'en conviens, assez triste, assez sèche : elle fait évanouir des illusions bien douces, mais elle peut garantir aussi des pièges les plus funestes, et j'en connais peu qui soit aussi propre à former l'esprit observateur et l'esprit de conduite. Cet ouvrage est à la morale ce que serait à la médecine un excellent recueil de dissertations anatomiques. Cela n'est pas fort gai sans doute, mais cela n'en est pas moins utile. »

——

Pendant que M. Necker fait des arrêts qui le couvrent de gloire et qui rendront son administration éternellement chère à la France; pendant que madame Necker renonce à toutes les douceurs de la société pour consacrer ses soins à l'établissement d'un nouvel hospice de charité (1); leur fille, un enfant de douze ans, mais qui annonce déjà des talens au-dessus de son âge (2), s'a-

(1) Dans la paroisse de Saint-Sulpice. M. le curé, qui vient d'en faire la dédicace, n'a pas manqué de donner à la fondatrice de cette maison tous les éloges que méritait son zèle; mais pour expier l'hommage rendu au pied des autels à la vertu d'une hérétique, il a terminé son discours par les vœux les plus ardens pour sa conversion; et cela est bien juste. (*Note de Grimm.*)

(2) Depuis madame de Staël.

muse à composer de petites comédies dans le goût des demi-drames de M. de Saint-Marc. Elle vient d'en faire une en deux actes, intitulée *les Inconvéniens de la vie de Paris*, qui n'est pas seulement fort étonnante pour son âge, mais qui a paru même fort supérieure à tous ses modèles. C'est une mère qui a deux filles, l'une élevée dans la simplicité de la vie champêtre, l'autre dans tous les grands airs de la capitale. Cette dernière est sa favorite, grace à son esprit et à sa gentillesse; mais le malheur où cette mère se voit réduite par la perte d'un procès considérable lui fait voir bientôt laquelle des deux méritait le mieux son estime et sa tendresse. Les scènes de ce petit drame sont bien liées, les caractères soutenus et le développement de l'intrigue plein de naturel et d'intérêt. M. Marmontel qui l'a vu représenter dans le salon de Saint-Ouen (1) par l'auteur et sa petite société, en a été touché jusqu'aux larmes.

Malgré le zèle reconnaissant des Piccinistes, malgré les efforts de l'auteur et la complaisance des Comédiens, la tragédie des *Barmécides* n'a pu se traîner que jusqu'à la onzième représentation, et les recettes ont été si modiques, que tout le bénéfice de l'auteur s'est borné à six cents et quelques livres, sur lesquelles il redevait plus de moitié à la Comédie pour des billets donnés à ses amis. M. de La Harpe a fait en pareille occasion le compte de messieurs Dorat, Chamfort et autres avec une exactitude si scrupuleuse, qu'on s'est empressé à lui rendre le même service dans la circonstance présente; et après lui avoir démontré que sa pièce ne devait point réussir, on n'a pas pris moins de peine à lui prou-

(1) Maison de campagne de M. Necker. (*Note de Grimm*.)

ver d'une manière encore plus évidente qu'en effet elle n'avait point réussi. Et voilà ce que c'est que d'avoir des amis; et voilà le prix du courage avec lequel on se sacrifie pour déclarer la guerre à l'univers en l'honneur du bon goût. Les admirateurs de M. de La Harpe reparaissent à chaque représentation des *Barmécides* au parterre; et s'y trouvant toujours également à leur aise, on les a nommés assez plaisamment *les Pères du Désert*. Quelque incommode que soit la petite persécution à laquelle notre jeune Académicien ne cesse d'être en butte, il faut convenir qu'elle sert merveilleusement à augmenter sa célébrité. Il n'est rien dont la malignité ne se soit avisée pour prolonger la mémoire du succès des *Barmécides*. Il y avait long-temps que cette tragédie était abandonnée au théâtre des Tuileries, qu'on courait encore au théâtre de Nicolet pour en voir la parodie, intitulée *la Complainte des Barmécides*, pantomime-farce. Cette facétie finit comme la tragédie, par le spectacle de la tombe d'Aménor, où après beaucoup d'autres lazzi on jette tout ce qu'il y a sur le théâtre, et enfin une harpe. Ce dernier lazzi, ayant paru trop peu respectueux pour le nom et pour la personne d'un membre de l'Académie des Quarante, a été supprimé à la quatrième représentation par l'ordre exprès de M. le lieutenant de police; mais le public des boulevards, ignorant sans doute le motif de ce changement, en a su fort mauvais gré aux acteurs et s'est mis à crier avec beaucoup de huées: *Et la harpe? Qu'on jette la harpe....* Il a fallu céder au vœu de l'assemblée. L'autre jour M. et madame de La Harpe se promenaient ensemble à la Foire, on leur cria de plusieurs boutiques: « Monsieur, madame, des cannes à la *Barmécide....* — Voyez, dit madame de La Harpe à son mari, malgré les clameurs de vos ennemis l'industrie emprunte le nom de vos ouvrages pour débiter ses nouveautés. Il faut pourtant voir ce que c'est. — Combien ces cannes nouvelles ? — Ah ! très-bon marché, douze sous. — Et qu'ont-elles de particulier ? — Voyez, madame, appuyez légèrement sur la pomme. — Quelle noirceur ! c'est un coup de sifflet. » Pour consoler un peu M. de La Harpe de tant de mauvaises plaisanteries, en attendant que l'Europe et la postérité le vengent, M. le comte de Schouwalof vient de payer la dédicace des *Barmécides* d'un très-beau diamant de trois ou quatre mille livres. Nos seigneurs de France ne donnent guère dans cette espèce de luxe, et j'en sais bien la raison.

Pour ne pas revenir trop souvent à l'histoire de M. de La Harpe, il faut bien dire encore ici qu'il a manqué avoir un procès criminel avec les auteurs du *Journal de Paris*, et particulièrement avec M. d'Ussieux, à qui il a jugé à propos d'écrire une lettre fulminante et pleine de menaces au sujet de l'extrait qu'on s'était permis de faire dans ce Journal, et de la tragédie des *Barmécides* et de ses autres ouvrages. Cette lettre finissait par ces mots : « Il vous sied bien à vous de juger ainsi les productions du génie, à vous qui n'êtes connu qu'au *carcan*. » Ce mot de *carcan* a paru plutôt du ressort du Châtelet que de celui de l'Académie. On a donc porté plainte au lieutenant criminel, et l'affaire aurait pu avoir des suites fort gaies pour les spectateurs, si M. de La Harpe ne s'était pas pressé de déclarer juridiquement que ce mot de *carcan* n'était qu'une méprise de son copiste, qui avait lu *carcan* pour *caveau*. Cette explication, justifiée par le sens de la phrase et accompagnée d'excuses convenables, a terminé paisiblement cette grande querelle, dont M. de La Croix, avocat au Parlement, a bien voulu être le principal médiateur. Ce qui peut rassurer les personnes qui s'intéressent au bonheur de M. de La Harpe, c'est que toutes ces tracasseries, toutes ces petites mortifications n'ont point altéré la juste confiance que lui inspire la fierté de ses talents. « Ils croient m'avoir abattu, disait-il l'autre jour à un de ses amis qui n'en a point gardé le secret, ils croient m'avoir abattu ; je ne leur ai montré que le tiers de ma hauteur... »

On a donné le jeudi 3 la première représentation de *l'Impatient*, comédie en un acte et en vers libres. Cette pièce, qui est le coup d'essai d'un jeune homme (1), a eu si peu de succès qu'on l'a retirée après la seconde représentation. On y avait cependant applaudi quelques détails agréables, mais trop peu saillans pour faire supporter au spectateur l'ennui d'un dialogue pénible, lâche et diffus.

OCTOBRE.

Paris, octobre 1778.

Lettre de l'Impératrice de Russie à madame Denis.

Sur l'enveloppe pour adresse, qui est de la propre main de Sa Majesté impériale, comme le reste de la lettre, il est écrit : *Pour madame Denis, nièce d'un grand homme qui m'aimait beaucoup.*

De Pétersbourg, le 15 octobre 1778.

« JE viens d'apprendre, Madame, que vous consentez

(1) Lantier, depuis auteur du *Voyage d'Anténor* et de plusieurs autres ouvrages, né en 1734, mort le 31 janvier 1826.

à remettre entre mes mains ce dépôt précieux que monsieur votre oncle vous a laissé, cette bibliothèque que les ames sensibles ne verront jamais sans se souvenir que ce grand homme sut inspirer aux humains cette bienveillance universelle que tous ses écrits, même ceux de pur agrément, respirent, parce que son ame en était profondément pénétrée. Personne avant lui n'écrivit comme lui; à la race future il servira d'exemple et d'écueil. Il faudrait unir le génie et la philosophie aux connaissances et à l'agrément, en un mot, être M. de Voltaire, pour l'égaler. Si j'ai partagé avec toute l'Europe vos regrets, Madame, sur la perte de cet homme incomparable, vous vous êtes mise en droit de participer à la reconnaissance que je dois à ses écrits. Je suis sans doute très-sensible à l'estime et à la confiance que vous me marquez; il m'est bien flatteur de voir qu'elles sont héréditaires dans votre famille. La noblesse de vos procédés vous est caution de mes sentimens à votre égard. J'ai chargé M. de Grimm de vous en remettre quelques faibles témoignages, dont je vous prie de faire usage.   CATHERINE.»

On a donné le 12 de ce mois, sur le théâtre de la Comédie Italienne, la première représentation de *la Chasse*, comédie en trois actes, en prose, mêlée d'ariettes, paroles de M. Desfontaines, l'auteur de *l'Aveugle de Palmyre*, de *la Cinquantaine*, etc., musique de M. de Saint-Georges.

Le trait qui a donné l'idée de ce petit ouvrage est une anecdote connue de notre jeune reine, un trait d'humanité qui, pour être infiniment simple, n'en est que plus sensible et plus touchant. Mais ce qui, dans la bouche d'une grande souveraine, est d'un prix inestimable, peut devenir sans doute une chose assez ordinaire dans la bouche d'une dame de château; et ce qui doit faire adorer les grâces sur le trône n'est pas toujours ce qui réussit le mieux au théâtre.

Si le fond de ce petit drame est minutieux, l'exécution l'est encore davantage, et l'effet des scènes les plus plaisantes est toujours affaibli par la longueur et l'ennui des détails. On sent parfaitement, surtout quand on se rappelle les drames de M. Sedaine, combien les détails les plus minces en apparence peuvent ajouter à la vérité d'un tableau dramatique; mais du moins faut-il que ces détails tiennent essentiellement au caractère, à la situation, et qu'il en résulte quelque effet, et un effet qui ne puisse être préparé par un moyen plus sûr et plus vrai. Il est aussi dangereux d'affecter la manière de M. Sedaine que d'affecter le naturel même.... La musique de ce drame est assez analogue au poëme. Le public a trouvé dans la composition du musicien, comme dans celle du poète, de la gaieté, des détails agréables, des traits heureux; mais il y a trouvé aussi des longueurs, des choses communes, et surtout un grand nombre d'imitations et de réminiscences. Un des morceaux qui a paru faire le plus de plaisir est l'air où Rosette raconte à son père les amours de sa sœur; en voici les paroles :

> Si Mathurin dessus l'herbette
> Cueille la rose du matin,
> Il vient l'apporter à Colette,
> Puis il la place sur son sein.
> Moi, qui ne suis que la cadette,
> Je ne sais si c'est de l'amour;
> Mais je voudrais dessus l'herbette
> Recevoir la rose à mon tour.

A l'ombrage de la coudrette
Si Colette va sommeiller,
Par un baiser pris en cachette
Mathurin court la réveiller.
Moi, qui ne suis que la cadette,
Je ne sais si c'est de l'amour ;
Mais je voudrais sur la coudrette
Être réveillée à mon tour.

Quand Mathurin parle à Colette,
Si vous venez pour nous chercher,
Ma sœur, qui sans cesse vous guette,
Vous attrappe, et le fait cacher.
Moi, qui ne suis que la cadette,
Je ne sais si c'est de l'amour ;
Mais je voudrais être Colette,
Et vous attrapper à mon tour.

---

*Anecdote intéressante, oubliée dans l'*Histoire philosophique et politique *de M. l'abbé Raynal.*

En 1761, la richesse de plusieurs nègres et mulâtres à la Jamaïque attira les regards du Gouvernement. Cette richesse provenait des legs que des hommes blancs avaient faits à leurs enfans ou à leurs maîtresses de différente couleur (1). Pour remédier à ce prétendu abus, on proposa dans l'assemblée de *Sant-Iago de la Vega*, capitale de l'île, une loi par laquelle il serait défendu à tout nègre, négresse ou personne de couleur mêlée, de recueillir aucune succession excédant la somme de mille livres sterling. Cette loi fut vivement combattue par plusieurs membres de l'assemblée ; on la trouva dure et cruelle, même envers les blancs, puisqu'elle ne leur permettait

(1) Cette anecdote nous a été communiquée par M. d'Hèle, qui se trouvait alors à la Jamaïque, et qui fut témoin du fait. (*Note de Grimm.*)

pas de laisser leur bien à ceux qui leur étaient attachés par les liens du sang et de l'amour; on allégua enfin toutes les raisons que la nature et l'humanité devaient inspirer. Le sieur Burke, l'orateur le plus éloquent de la chambre, entreprit la défense du bill. Pour prouver combien l'espèce des nègres était inférieure à la nôtre, il cita l'exemple des colons espagnols. « Quel peuple plus brave et plus généreux, dit-il, que les Espagnols de l'ancien monde? Quel peuple plus vil et plus lâche que les Espagnols de l'Amérique? D'où vient cette différence? Faut-il vous le dire, Messieurs? de l'influence du caractère des nègres et des alliances qu'ils forment avec eux..... » M. Burke enfin, après avoir employé toute son adresse à persuader ses auditeurs que la vertu et l'esprit des hommes tenaient essentiellement à la couleur de leur peau, termina ainsi son discours : « Mon opinion, Messieurs, n'est pas nouvelle, elle est celle des plus grands philosophes de tous les pays et de tous les siècles : il en est un surtout que je ne crains point de citer dans cette auguste assemblée; il est connu de vous tous, et je me flatte que son sentiment décidera le vôtre : c'est le fameux président Montesquieu. Voici ce qu'il dit des nègres. » Alors notre orateur ouvrit une traduction de *l'Esprit des Lois*, et lut d'un air très-sérieux le chapitre ironique de l'esclavage. Cette lecture fit un tel effet sur toute l'assemblée, que le bill passa sans opposition, et les nègres furent condamnés sur l'autorité de M. de Montesquieu. On voulut même comprendre dans le nombre des proscrits les Indiens originaires du pays; mais le président de l'assemblée observa qu'il n'en restait plus que cinq ou six familles, et que ce n'était pas la peine d'y faire attention.

On est inondé tous les jours de nouvelles estampes relatives à nos traités avec l'Amérique et à nos brouilleries avec l'Angleterre. Puisqu'on se permet ces libertés avec les puissances de la terre, faut-il s'étonner qu'on les prenne avec les chefs prétendus de la littérature? L'estampe qu'on vient de faire graver en mémoire de la déclaration de guerre envoyée par M. de La Harpe, de l'Académie Française, au *Courrier de l'Europe*, et de la réplique dudit *Courrier* au sieur de La Harpe, n'est qu'un mauvais calembour dont la malignité a fait tout le succès. Le jeune Académicien y est représenté dans une posture fort ridicule, entouré de quatre estafiers qui l'assomment de coups de bâton, et au bas de l'estampe on lit ces mots: *Accompagnement pour la Harpe.*

On a donné sur le théâtre de la Comédie Italienne cinq ou six représentations du *Savetier et le Financier* (1), opéra comique en deux actes et en prose, mêlé d'ariettes, paroles de M. Lourdet de Santerre, conseiller de la chambre des Comptes, musique de M. Rigel, maître de clavecin.

C'est le sujet de la jolie fable de La Fontaine, dont M. Lourdet a fait deux actes d'une longueur mortelle, sans en employer tous les traits heureux et sans y ajouter autre chose qu'une petite intrigue d'amour, qui ressemble à tout, entre la fille du savetier et le neveu de madame Babille, concierge du financier. Le premier acte a paru supportable, le second a été complètement hué. La révolution qui se fait dans le caractère de Grégoire, enrichi tout à coup par les bienfaits de son voisin, n'est point

(1) Représenté pour la première fois à Marly, sur le théâtre de la cour, le 23 octobre, et à Paris le 29.

assez préparée, et les moyens qu'il imagine pour cacher son trésor sont d'une bêtise dégoûtante. En général l'ouvrage manque de vraisemblance et de mouvement. L'espèce de vérité qu'exige une fable ne suffit point au drame, où l'imagination se trouve plus rapprochée des objets qu'on lui présente, et où l'espace donné à l'action est essentiellement plus déterminé.

L'Académie royale de Musique n'a jamais été plus florissante que sous l'administration du sieur de Vismes; ce spectacle aussi n'a jamais été plus varié. On y voit tour à tour, dans la même semaine, des opéra buffa de Sacchini, d'Anfossi, de Paësiello, et de grands opéra français, du Gluck, du Piccini, du Rameau, du Jean-Jacques, du Floquet, etc., le tout entremêlé de ballets pantomimes de la composition de Noverre, Gardel et autres. Il n'y a point de genre qui ne soit bien accueilli du directeur; tenant la balance égale entre tous les partis, c'est à ses yeux

La recette qui fait la seule différence.

Il ne reste donc d'autre ressource à l'esprit de parti que de se rendre cette recette la plus favorable possible; et grace à ce puissant intérêt, il n'y a aucun genre de spectacle qui n'attire beaucoup plus de monde que de coutume. La musique italienne est celle qu'on applaudit sans doute avec le plus d'éclat; mais on ne saurait se dissimuler que notre antique psalmodie ne soit toujours ce qui charme le plus grand nombre. En voyant le succès prodigieux d'*Alceste* et d'*Iphigénie*, les transports qu'excitaient les accens mélodieux de la signora Chiavacci, de la signora Baglioni, du signor Gherardi et du signor Caribaldi, nos Gluckistes, nos buffonistes triomphaient déjà d'avoir enfin réussi à former le goût de la nation. On vient de remettre *Castor*, et *Castor* a tout fait oublier : on n'y applaudit presque pas ; mais on y court en foule, et la seizième représentation est aussi suivie que la première. Intrépides amateurs du plain-chant ! vénérables soutiens du goût de nos aïeux ! voyez après cela s'il y a lieu de craindre que la bonne musique nous gâte jamais !

NOVEMBRE.

Paris, novembre 1778.

L'opinion que M. Bailly nous avait présentée d'abord, dans son *Histoire de l'Astronomie ancienne*, comme une lueur assez faible, assez incertaine, avait acquis déjà une plus grande clarté dans ses *Lettres sur l'origine des Sciences*; la suite de ces *Lettres sur l'Atlantide de Platon* achève d'écarter presque tous les nuages qui couvraient encore cette ingénieuse découverte. Les plus anciens monumens des sciences en Égypte, en Perse, aux Indes, à la Chine, n'offrant que des vestiges d'une tradition devenue presque étrangère à ceux qui en avaient conservé les débris, notre historien philosophe a soupçonné que ces peuples, que nous avions regardés jusqu'à présent comme les premiers instituteurs du genre humain, pourraient bien avoir emprunté eux-mêmes toutes leurs lumières d'un peuple antérieur. De nouvelles recherches l'ont porté à croire que ce premier peuple, auquel nous devions rapporter l'origine de nos connaissances, pouvait avoir existé autrefois dans le nord de l'Asie. Cette conjecture se trouve justifiée aujourd'hui par le témoignage même des anciens, par l'explication la plus naturelle de leur théogonie et de leurs fables, par l'étymologie même des noms consacrés dans les traditions les plus respectables de leur histoire et du culte de leurs ancêtres.

Les *Lettres sur l'Atlantide* sont adressées à M. de Voltaire, elles ont été écrites avant la mort de ce grand homme, elles ne lui avaient point encore été communiquées. « Destinées, dit l'auteur, à développer, à apprécier une opinion qui a une grande vraisemblance, et qui peut-être sous l'apparence du paradoxe renferme un grand fonds de vérité, elles n'avaient point pour objet de convaincre M. de Voltaire, ce n'est pas à quatre-vingt-cinq ans qu'on change ses opinions pour des opinions opposées.... La mort de M. de Voltaire n'a pas dû faire changer la forme de discussion employée dans les premières lettres; l'auteur a encore l'honneur de parler à M. de Voltaire. On n'est suspect de flatterie qu'en louant les vivans. Il s'applaudit de rendre un hommage désintéressé à la cendre de ce grand homme.... » On est fort éloigné de blâmer un sentiment si juste; mais on peut craindre que les lecteurs de M. Bailly ne trouvent ces hommages à la cendre du grand homme trop répétés, parce qu'ils le sont d'une manière trop précieuse, trop recherchée, et avec une profusion qui les rend insipides, quelque fine et quelque spirituelle qu'en soit souvent l'expression.

M. Bailly fait faire à ses lecteurs le tour du globe, il leur fait parcourir, pour me servir d'une de ses expressions, tous les déserts de l'espace et du temps, dans l'espérance d'y découvrir quelques restes, quelque souvenir de la race et du pays des Atlantides; mais il sème cette longue route de tant de recherches intéressantes, de tant d'observations ingénieuses, qu'on se plaît à le suivre, et qu'on arrive au terme, sans se plaindre ni de la fatigue, ni de l'ennui du voyage.

Vers adressés à madame la comtesse de Boufflers, par M. de Voltaire (1),

En réponse à des vers que cette dame lui avait envoyés sur le bruit qui courut à Paris, il y a environ dix ans, que ce grand homme était mort.

    Aimable fille d'une mère
    Qui vous transmit ses agrémens,
    Jeune héritière des talens
    De la sensible Deshoulière,
    Avec deux beaux yeux et vingt ans,
    Quoi! vous daignez, bonne Glycère,
    Vous occuper des vieilles gens,
    Et des fleurs de votre printemps
    Parer ma tête octogénaire?
    Oui, grace aux dieux, je suis, ma chère,
    Encore au nombre des vivans.
    Vous l'ignorez: je vous entends;
    C'est qu'on l'ignore aux lieux charmans
    Où les belles et les amans
    Font leur résidence ordinaire;
    Vous tenez le sceptre à Cythère,
    Et je sais que depuis long-temps
    On n'y dit plus que *feu Voltaire*.

(1) Cette pièce n'est pas de Voltaire, quoique Grimm la lui attribue et que plusieurs éditeurs de Voltaire l'aient, d'après cette autorité, comprise dans la collection de ses *OEuvres*. Elle fut bien imprimée sous son nom dans le *Journal de Paris* du 12 janvier 1779, mais elle fut réclamée par Pons de Verdun dans le numéro du 7 février. Pons de Verdun l'a comprise dans son recueil de *Contes et poésies en vers*, 1783, in-12, pages 48-49; mais non dans la nouvelle édition donnée sous le titre de *les Loisirs ou Contes et poésies diverses*, 1807, in-8°.

Le Panégyrique de Saint Côme et Saint Damien, prononcé en l'église paroissiale de Saint-Côme, le 27 septembre 1778, par le curé de Saint-Étienne-du-Mont, Génovéfin, n'a point été imprimé; mais c'est un modèle d'éloquence trop curieux, et qui a fait trop de bruit, pour ne pas en donner quelque idée. Voici une des tirades les plus brillantes de ce savant discours. Après un éloge pompeux de la médecine et de la chirurgie l'orateur s'écrie :

« Et à qui devons-nous tout cela, Messieurs? A qui! cela se demande-t-il? A la bénédiction, à l'invocation, à la protection de nos saints jumeaux, de nos astres étincelans d'une lumière incorruptible. Mais avançons. Mettrai-je du profane dans un discours si saint? Et pourquoi pas? Dieu, la vérité, la justice, l'équité et nos deux saints me l'ordonnent. Vous connaissez cette opération terrible, abominable, où il faut creuser, tailler dans la chair, la pierre que ce pieux solitaire, de mémoire immémorable, portant le nom d'un de nos saints, a inventée, perfectionnée, exaltée à son comble; cet instrument délicat, ingénieux, dont sa main adroite soulage le genre humain de douleurs incroyables, qu'inventa enfin le frère Côme, Feuillant, à qui le devons-nous? A nos deux jumeaux, Messieurs. Et cette autre, voisine de celle-ci, la fistule, cette opération affreuse qu'a subie plusieurs fois notre saint archevêque, cet homme illustre qui.... qui.... (là est l'éloge de M. l'Archevêque.) Et à propos de ce grand homme, puis-je m'empêcher de vous parler d'un autre du même nom? Vous connaissez un art célèbre, la marine.... (là une description de l'art de la marine.) Eh bien, Messieurs, un Beaumont, parent de M. l'archevêque, c'est à lui que nous sommes redevables, c'est lui qui nous a procuré la relique de nos saints jumeaux. Et à qui croyez-vous que nous devons tous ces miracles? Je le répète, à nos saints jumeaux.

« Et vous parlerai-je encore d'une autre opération aussi sublime, inventée par deux intrépides héritiers du talent et du zèle de nos saints jumeaux, messieurs Sigaud et Le Roi? Je veux dire cette opération qui favorise et facilite aux femmes mal conformées, tortuées, leurs accouchemens. Je sais, Mesdames, que depuis le péché du premier des humains vous devez les rendre avec douleur, et que le passage à la lumière doit être laborieux; mais auparavant que l'art, les efforts et l'opération de messieurs Sigaud et Le Roi vous les eussent facilités, les fruits mouraient ou étaient tués par des mains maladroites, et souvent la mère aussi. A présent, graces à cette opération généreuse qu'on ne peut trop louer, trop exalter, vos enfantemens, Mesdames, seront plus faciles et moins douloureux, moyennant les écartemens que procurent messieurs Sigaud et Le Roi, suppôts de Côme et de Damien, que je ne puis cesser de louer, tant leur charité est grande et secourable, ni la femme forte non plus, qui la première s'est prêtée à leur zèle pour faire sur elle l'essai d'une expérience et d'une opération qu'elle a soutenue, malgré l'envie et la cabale, avec une fermeté héroïque.... »

On imagine sans peine les éclats de rire et le scandale qu'a dû causer un pareil galimatias; mais bien persuadé que le ridicule de cette sainte oraison était de la meilleure foi du monde, on s'est contenté d'interdire à l'avenir au Génovéfin la faculté de prêcher; et le pauvre homme, qui se croyait un don tout particulier pour l'éloquence de la chaire, se trouve suffisamment puni.

On vient de traduire du hollandais un ouvrage de M. le baron de Haren, intitulé : *Recherches historiques sur l'état de la religion chrétienne au Japon relativement à la nation hollandaise.*

Le premier objet de cet ouvrage est de justifier les Hollandais accusés d'avoir été les instigateurs de la persécution et de la proscription du christianisme au Japon. M. le baron de Haren prouve d'une manière qui a paru satisfaisante que la religion n'a été que le prétexte de la révolte d'Arima; qu'elle fut excitée par des paysans vexés par leurs seigneurs et mécontens du gouvernement, auxquels se joignirent des bandits et des vagabonds; que le capitaine du vaisseau hollandais n'avait point le pouvoir de refuser le service qu'on lui demandait, et que ce ne fut pas l'effet de son artillerie qui fit prendre les rebelles dans le fort de Ximera. Il justifie encore plus solidement ses compatriotes sur le reproche qu'on leur fait d'avoir abjuré la religion chrétienne et de s'être soumis à cracher et à marcher sur le crucifix pour conserver leur commerce. Cette discussion assez importante déjà par elle-même est semée de réflexions très-judicieuses sur les rapports des mœurs et des institutions des Japonais avec l'introduction du christianisme, et sur la ressemblance de leur ancien gouvernement avec le système féodal, système que l'on retrouve à peu près sous les mêmes formes partout où les mêmes circonstances se sont réunies, au Mexique, au Japon, dans la Tartarie, dans les Gaules, et chez presque tous les peuples du Nord.

Épigramme par M. Pidou.

Il n'est point cru, l'auteur de ce pamphlet,
Lorsqu'il nous dit qu'en mourant Arouet
S'en est allé chez la gent diabolique.
Devrait pourtant le beau sire être cru ;
A son langage atroce et fanatique,
Il en paraît tout fraîchement venu.

On a donné, ce samedi 21, sur le théâtre de la Comédie Française, la première représentation du *Chevalier français à Turin* et du *Chevalier français à Londres*, deux comédies de M. Dorat, l'une en quatre actes et l'autre en trois. Ces deux pièces ont eu fort peu de succès; on a retranché un acte entier de la première, un rôle entier de la seconde, et le public les a revues avec plus d'indulgence. C'est le comte de Grammont, si connu par les *Mémoires* du comte Hamilton, qui est le héros des deux pièces. Le sujet de la première est son histoire avec madame de Senantes ; le sujet de la seconde, son mariage avec mademoiselle Hamilton ; mais cette dernière pièce a beaucoup plus de rapport avec *la Feinte par amour* (1) qu'avec aucun trait de l'histoire du comte de Grammont. On sait pourtant que le mariage de cet illustre chevalier, tel qu'il se fit en effet, fut assez un mariage de comédie. Après avoir fait très-long-temps et très-sérieusement sa cour à mademoiselle Hamilton, il trouva bon de quitter un jour fort précipitamment l'Angleterre. Les frères de mademoiselle Hamilton le suivirent, et l'ayant rejoint à Calais, lui demandèrent avec beaucoup de sang-froid s'il ne se rappelait point d'avoir oublié

(1) Comédie de Dorat ; voir t. VIII, p. 211.

quelque chose avant son départ. — « Et oui, c'est d'épouser votre sœur….. » Il revint avec eux et répara cet oubli. S'il avait été question de cette anecdote, la famille de Grammont n'aurait point permis que la pièce fût jouée. Pour éviter tout reproche, M. Dorat a fait un portrait qui ressemble à tout le monde ou qui ne ressemble à personne ; c'est un chevalier sémillant, léger comme M. Dorat, qui subjugue toutes les belles et qui se trouve enfin fixé par les charmes de l'esprit et de la vertu, par l'ascendant d'un objet unique, tel que l'imagination peut se représenter ou mademoiselle Fannier ou madame de Beauharnais.

Il serait fort difficile de donner une analyse exacte de ces deux comédies. On y trouve encore moins de suite, moins de liaison que dans les autres ouvrages dramatiques du même auteur ; on y remarque aussi, comme dans tous les autres, des talens heureux, de jolis vers, de la grace et de la facilité ; mais le coloris le plus brillant pourrait-il suppléer, dans une comédie, aux défauts multipliés de conduite, de caractère, de convenances et d'intérêt ?

Les mots les plus plaisans du *Chevalier français à Turin* sont ceux que l'auteur a empruntés des *Mémoires*, mais il en a usé à sa fantaisie : ce que dit Matta il le fait dire au comte de Grammont ; ce qu'a dit le comte de Grammont il le met dans la bouche de Matta.

Le Théâtre Français vient de faire une nouvelle perte qui, sans être comparable à celles qui l'ont précédée, laisse encore beaucoup de regrets, vu le peu de ressources qui restent aujourd'hui à ce spectacle ; c'est Bellecourt, qui avait débuté en même temps que Le Kain (1). Il joua

(1) Bellecourt mourut le 19 novembre 1778 ; il avait débuté le 21 décembre 1750.

pendant dix ans le second emploi dans le tragique; mais depuis la retraite de Grandval il s'était renfermé dans le premier emploi comique. Cet acteur avait une figure assez avantageuse; il ne manquait ni d'intelligence ni de noblesse, mais il avait un organe ingrat, de la sécheresse dans la voix et des inflexions fort monotones. Ces défauts étaient rachetés par une grande connaissance et par une grande habitude du théâtre, qui donnait à son jeu de la mesure, de la facilité, et une sorte d'assurance très-précieuse pour l'effet de certains rôles; c'est surtout ce ton de raillerie et de persiflage qu'un sang-froid bien décidé rend encore plus vif et plus sensible, qui était le triomphe de son talent. Les rôles du Somnambule, de l'Aveugle clairvoyant, du marquis ivre dans *Turcaret*, dans *le Retour imprévu*, celui de Valsain dans *les Fausses Infidélités*, ne seront peut-être jamais si bien joués qu'ils l'ont été par lui. Il s'était essayé comme auteur dans une petite pièce intitulée *les Fausses Apparences*, qui n'a jamais été reprise depuis, mais qui se soutint pourtant dans sa nouveauté pendant quelques représentations. Il est mort la même année et de la même manière à peu près que Le Kain, victime d'une passion trop heureuse pour mademoiselle Vadé, fille du fameux poète de ce nom; avant de lui sacrifier sa vie il lui avait prodigué toute sa fortune, et n'a pas même laissé en mourant de quoi se faire enterrer.

DÉCEMBRE.

Paris, décembre 1778.

Il est donc vrai que les richesses du théâtre grec ne sont pas encore épuisées ! il est donc vrai que ce n'est qu'en suivant les traces de ces grands maîtres que le talent saisit encore aujourd'hui les routes les plus sûres, et que depuis plus de deux mille ans, dans tous les genres, dans tous les arts, ce que nous voyons de plus sublime et de plus touchant est ce qui nous rappelle le mieux l'esprit et le génie de ces antiques chefs-d'œuvre ! C'est à quelques scènes heureusement imitées de l'*Alceste* d'Euripide et de l'*OEdipe à Colonne* qu'il faut attribuer tout le succès de la nouvelle tragédie de M. Ducis (1), pièce dont le plan est d'ailleurs essentiellement vicieux, et dont l'exécution est fort inégale, mais où l'on trouve deux ou trois situations du plus grand pathétique, et des développemens d'une sensibilité rare, où le poète a su trouver toute la force, toute la chaleur et toute la vérité de ses modèles.

On croit pouvoir assurer que M. Ducis n'a point fait ce qu'il voulait faire ; que dans l'origine c'est le sujet d'Alceste dont il s'était occupé ; qu'en cherchant ce que Racine n'a pu trouver, un dénouement plus naturel que celui d'Euripide (2), il a imaginé de substituer le rôle d'OEdipe à celui d'Hercule ; qu'entraîné par la beauté de

(1) *OEdipe chez Admète*, représenté pour la première fois sur le théâtre de la Comédie Française ce vendredi 4. (*Note de Grimm.*)

(2) On sait que la difficulté de trouver ce dénouement fit abandonner à Racine le sujet d'*Alceste*, dont il avait déjà ébauché quelques scènes.
(*Note de Grimm.*)

ce rôle, il a perdu son objet principal de vue, et qu'au lieu d'une tragédie il en a fait deux; qu'en voulant ensuite les amalgamer ensemble, il en est résulté un ouvrage monstrueux, mais étincelant de traits sublimes; des scènes dont l'effet ne tient nullement à la conduite générale de la pièce, et qui n'ajoutent rien à l'impression de l'ensemble, mais qui sont belles de leur propre beauté, tantôt terribles, tantôt touchantes, toujours remplies de mouvement, d'images et de vérité; c'est une éloquence sensible, profonde, abondante, qui en a fait tout le charme et toute l'illusion.

On a de la peine à concevoir que l'auteur des deux belles scènes du troisième et du cinquième acte n'ait pas senti qu'il était impossible de réunir dans une même pièce deux sujets tels que celui d'*Alceste* et celui d'*OEdipe à Colonne*; il est inconcevable que cet auteur qui a si bien lu Sophocle, puisqu'il l'a si bien imité, n'ait pas abandonné son premier plan, et ne se soit pas senti la force d'imiter en tout la belle et noble simplicité du poète grec. Si l'intrigue de l'*OEdipe à Colonne* lui paraissait trop nue, n'aurait-il pas pu y suppléer en tirant parti du rôle de Créon, et en donnant plus d'étendue à celui du grand-prêtre? Et qu'est-ce que l'intérêt d'*Alceste* ajoute à celui d'*OEdipe?* Il ajoute aux scènes qui sont du sujet, des scènes qui lui sont étrangères, et qui, loin de leur donner plus de mouvement, en distrairaient le spectateur si elles étaient moins faibles ou moins languissantes. Toutes ces critiques ont été faites dans un seul mot par madame la comtesse d'Houdetot. *Que pensez-vous de la tragédie nouvelle? — J'en ai vu deux; j'aime beaucoup l'une et fort peu l'autre.*

Énigme de J.-J. Rousseau (1).

Enfant de l'art, enfant de la nature,
Sans prolonger les jours, j'empêche de mourir.
Plus je suis vrai, plus je fais d'imposture,
Et je deviens trop jeune à force de vieillir.

Relation de deux Séances de la Loge des Neuf-Sœurs, en 1778;

EXTRAIT de la Planche à tracer de la respectable Loge des Neuf-Sœurs, à l'Orient de Paris, le septième jour du quatrième mois de l'an de la vraie lumière 5778.

Le frère abbé Cordier de Saint-Firmin a annoncé à la loge qu'il avait la faveur de présenter, pour être un apprenti maçon, M. de Voltaire. Il a dit qu'une assemblée aussi littéraire que maçonnique devait être flattée du désir que témoignait l'homme le plus célèbre de la France, et qu'elle aurait infailliblement égard, dans cette réception, au grand âge et à la faible santé de cet illustre néophyte.

Le vénérable frère de Lalande a recueilli les avis du très-respectable frère Bacon de la Chevalerie, grand orateur du Grand Orient, et celui de tous les frères de la loge, lesquels avis ont été conformes à la demande faite par le frère abbé Cordier. Il a choisi le très-respectable frère comte de Stroganof, les frères Cailhava, le président Meslay, Mercier, le marquis de Lort, Brinon, l'abbé Remy, Fabrony et Dufresne, pour aller recevoir et préparer le candidat. Celui-ci a été introduit par le frère

(1) Le mot de cette énigme est *portrait*. (*Note de Grimm.*)

Chevalier de Villars, maître des cérémonies de la loge ; et l'instant où il venait de prêter l'obligation a été annoncé par les frères des colonnes d'Euterpe, de Terpsichore et d'Érato, qui ont exécuté le premier morceau de la troisième symphonie à grand orchestre de Guenin. Le frère Capperon menait l'orchestre ; le frère Chic, premier violon de l'électeur de Mayence, était à la tête des seconds violons ; les frères Salantin, Caravoglio, Olivet, Balza, Lurschmidt, etc. se sont empressés d'exprimer l'allégresse générale de la loge en déployant leurs talens si connus dans le public, et particulièrement dans la respectable loge des Neuf-Sœurs.

Après avoir reçu les signes, paroles et attouchemens, le frère de Voltaire a été placé à l'Orient à côté du vénérable. Un des frères de la colonne de Melpomène lui a mis sur la tête une couronne de laurier qu'il s'est hâté de déposer. Le vénérable lui a ceint le tablier du frère Helvétius, que la veuve de cet illustre philosophe a fait passer à la loge des Neuf-Sœurs, ainsi que les bijoux maçonniques dont il faisait usage en loge, et le frère de Voltaire a voulu baiser ce tablier avant de le recevoir. En recevant les gants de femme, il a dit au frère marquis de Villette : « Puisqu'ils supposent un attachement honnête, tendre et mérité, je vous prie de les présenter à Belle et Bonne. »

Alors le V∴ F∴ de Lalande a pris la parole, et a dit : « Très-cher Frère, l'époque la plus flatteuse pour cette loge sera désormais marquée par le jour de votre adoption. Il fallait un Apollon à la loge des Neuf-Sœurs, elle le trouve dans un ami de l'humanité, qui réunit tous les titres de gloire qu'elle pouvait désirer pour l'ornement de la maçonnerie.

« Un roi dont vous êtes l'ami depuis long-temps, et qui s'est fait connaître pour le plus illustre protecteur de notre ordre, avait dû vous inspirer le goût d'y entrer; mais c'était à votre patrie que vous réserviez la satisfaction de vous initier à nos mystères. Après avoir entendu les applaudissemens et les alarmes de la nation, après avoir vu son enthousiasme et son ivresse, vous venez recevoir dans le temple de l'amitié, de la vertu et des lettres, une couronne moins brillante, mais également flatteuse et pour le cœur et pour l'esprit.

« L'émulation que votre présence doit y répandre, en donnant un nouvel éclat et une nouvelle activité à notre loge, tournera au profit des pauvres qu'elle soulage, des études qu'elle encourage, et de tout le bien qu'elle ne cesse de faire.

« Quel citoyen a mieux que vous servi la patrie en l'éclairant sur ses devoirs et sur ses véritables intérêts, en rendant le fanatisme odieux et la superstition ridicule, en rappelant le goût à ses véritables règles, l'histoire à son véritable but, les lois à leur première intégrité? Nous promettons de venir au secours de nos frères, et vous avez été le créateur d'une peuplade entière qui vous adore, et qui ne retentit que de vos bienfaits : vous avez élevé un temple à l'Éternel; mais, ce qui valait mieux encore, on a vu près de ce temple un asile pour des hommes proscrits, mais utiles, qu'un zèle aveugle aurait peut-être repoussés. Ainsi, très-cher Frère, vous étiez franc-maçon avant même que d'en recevoir le caractère, et vous en avez rempli les devoirs avant que d'en avoir contracté l'obligation entre nos mains. L'équerre que nous portons comme le symbole de la rectitude de nos actions; le tablier, qui représente la vie laborieuse et l'activité utile ; les gants blancs, qui expriment la candeur, l'innocence et la pureté de nos actions ; la truelle, qui sert à cacher les défauts de nos frères, tout se rapporte à la bienfaisance et à l'amour de l'humanité, et par conséquent n'exprime que les qualités qui vous distinguent ; nous ne pouvions y joindre, en vous recevant parmi nous, que le tribut de notre admiration et de notre reconnaissance. »

Les frères de La Dixmerie, Garnier, Grouvelle, Echard, etc., ont demandé la parole, et ont lu des pièces de vers qu'il serait trop long de rapporter ici.

Le frère nouvellement reçu a témoigné à la R∴ loge qu'il n'avait jamais rien éprouvé qui fût plus capable de lui inspirer les sentimens de l'amour-propre, et qu'il n'avait jamais senti plus vivement celui de la reconnaissance. Le frère Court de Gébelin a présenté à la loge un nouveau volume de son grand ouvrage, intitulé *le Monde primitif*, et l'on y a lu une partie de ce qui concerne les anciens mystères d'Éleusis, objet très-analogue aux mystères de l'art royal.

Pendant le cours de ces lectures, le F∴ Monet, peintre du roi, a dessiné le portrait du frère de Voltaire, qui s'est trouvé plus ressemblant qu'aucun de ceux qui ont été gravés, et que toute la loge a vu avec une extrême satisfaction.

Après que les diverses lectures ont été terminées, les frères se sont transportés dans la salle du banquet, tandis que l'orchestre exécutait la suite de la symphonie dont nous avons parlé. On a porté les premières santés. Le cher frère de Voltaire, à qui son état ne permettait pas d'assister à tout le reste de la cérémonie, a demandé la permission de se retirer. Il a été reconduit par un grand nombre de frères, et ensuite par une multitude de profanes, au bruit des acclamations dont la ville retentit toutes les fois qu'il paraît en public...

Fête du 28 novembre.

L'avantage qu'avait eu la loge des Neuf-Sœurs de recevoir le F∴ de Voltaire ne pouvait manquer de l'intéresser spécialement à sa gloire, et ayant eu le malheur de le perdre, elle résolut de rendre hommage à sa mémoire, en faisant prononcer son éloge. Le F∴ de La Dixmerie, l'un de ses orateurs, se chargea de cet emploi. Le F∴ abbé Cordier de Saint-Firmin, instituteur de la loge, qui avait déjà présenté le frère de Voltaire, dont le zèle dévorant pour l'accroissement et la gloire de cette société se manifeste dans toutes les occasions, se chargea de préparer un local convenable à la cérémonie, et de disposer toute l'ordonnance de la fête; et les frères les plus célèbres dans cette capitale par leur réputation ou leur naissance s'empressèrent à seconder le désir de la loge par le concours le plus flatteur.

Les travaux ayant été ouverts dès le matin, la loge accorda l'affiliation à plusieurs frères distingués; le F∴ prince Emmanuel de Salm-Salm, le F∴ comte de Turpin-Crissé, le F∴ comte de Milly, de l'Académie des Sciences; le F∴ d'Ussieux, le F∴ Roucher, le F∴ de Chaligny, habile astronome de la principauté de Salm.

M. Greuse, peintre du roi, fut reçu maçon suivant toutes les règles. La loge ayant été fermée, on descendit dans la salle où devait être prononcé l'éloge funèbre. Cette salle, qui a trente-deux pieds de long, était tendue en noir et éclairée par des lampes sépulcrales; la tenture relevée par des guirlandes or et argent qui formaient des arcs de distance en distance ; elles étaient séparées par huit transparens suspendus par des nœuds de gaze d'argent, sur lesquels on lisait des devises que le frère abbé Cordier avait tirées des ouvrages du F∴ de Voltaire, et qui étaient relatives à son apothéose dans la loge.

La première à droite en entrant :

De tout temps..... la vérité sacrée
Chez les faibles humains fut d'erreur entourée.

La première à gauche en entrant :

.... Qu'il ne soit qu'un parti parmi nous,
Celui du bien public et du salut de tous.

La seconde à droite :

Il faut aimer et servir l'Être-Suprême, malgré les superstitions et le fanatisme qui déshonorent si souvent son culte.

La seconde à gauche :

Il faut aimer sa patrie quelque injustice qu'on y essuie.

La troisième à droite :

J'ai fait un peu de bien, c'est mon meilleur ouvrage.
Mon séjour est charmant, mais il était sauvage.....
La nature y mourait, je lui portai la vie ;
J'osai ranimer tout : ma paisible industrie
Rassembla des colons par la misère épars ;
J'appelai les métiers qui précèdent les arts.

La troisième à gauche :

Si ton insensible cendre
Chez les morts pouvait entendre

Tous ces cris de notre amour,
Tu dirais dans ta pensée :
Les dieux m'ont recompensée
Quand ils m'ont ôté le jour.

La quatrième à droite :

Nous lisons tes écrits, nous les baignons de larmes.

La quatrième à gauche :

Tout passe, tout périt, hors ta gloire et ton nom :
C'est là le sort heureux des vrais fils d'Apollon.

On entrait dans cette salle par une voûte obscure et tendue de noir, au-dessus de laquelle était une tribune pour l'orchestre, composé des plus célèbres musiciens; le F∴ Piccini dirigeait l'exécution.

Plus loin, et à cinquante-deux pieds de distance, on montait par quatre marches à l'enceinte des grands-officiers, au haut de laquelle était le tombeau surmonté d'une grande pyramide gardée par vingt-sept frères, l'épée nue à la main. Sur le tombeau étaient peintes d'un côté la Poésie; de l'autre, l'Histoire pleurant la mort de Voltaire, et sur le milieu on lisait ce vers tiré de la *Mort de César* :

La voix du monde entier parle assez de sa gloire.

En avant étaient trois tronçons de colonnes sur lesquels étaient des vases où brûlaient des parfums; sur celui du milieu on avait placé les Œuvres de Voltaire et des couronnes de laurier.

Les frères de la loge ayant pris leurs places, les visiteurs ont été introduits au son des instrumens qui exécutaient la marche des prêtres dans l'opéra d'*Alceste*, ensuite un morceau touchant d'*Ernelinde*.

Madame Denis, nièce de M. de Voltaire, accompagnée de madame la marquise de Villette, que ce grand homme avait pour ainsi dire adoptée pour sa fille, ayant fait demander de pouvoir entendre l'éloge funèbre qu'on allait prononcer, elles furent introduites, et le V∴ F∴ de Lalande, adressant la parole à madame Denis, lui a dit :

« Madame, si c'est une chose nouvelle pour vous de paraître dans une assemblée de maçons, nos frères ne sont pas moins étonnés de vous voir orner leur sanctuaire. Il n'était rien arrivé de semblable depuis que cette respectable enceinte est devenue l'asile des mystères et des travaux maçonniques ; mais tout devait être extraordinaire aujourd'hui. Nous venons y déplorer une perte telle que les lettres n'en firent jamais de semblable ; nous venons y rappeler la satisfaction que nous goûtâmes lorsque le plus illustre des Français nous combla de faveurs inattendues, et répandit sur notre loge une gloire qu'aucune autre ne pourra jamais lui disputer. Il était juste de rendre ce qu'il eut de plus cher témoin de nos hommages, de notre reconnaissance, de nos regrets. Nous ne pouvions les rendre dignes de lui qu'en les partageant avec celle qui sut embellir ses jours par les charmes de l'amitié ; qui les prolongea si long-temps par les plus tendres soins ; qui augmentait ses plaisirs, diminuait ses peines, et qui en était si digne par son esprit et par son cœur. La jeune mais fidèle compagne de vos regrets était bien digne de partager les nôtres ; le nom que lui avait donné ce tendre père en l'adoptant nous apprend assez que sa beauté n'est pas le seul droit qu'elle ait à nos hommages. Je dois le dire pour sa gloire : j'ai vu les fleurs de sa jeunesse se flétrir par sa douleur et par ses larmes à la mort du F∴ de Voltaire... L'ami le plus digne de ce grand homme, celui qui pouvait le mieux calmer notre douleur, le fondateur du Nouveau Monde, se joint à nous pour déplorer la perte de son illustre ami. Qui l'eût dit lorsque nous applaudissions avec transport à leurs embrassemens réciproques, au milieu de l'Académie des Sciences, lorsque nous étions dans le ravissement de voir les merveilles des deux hémisphères se confondre ainsi sur le nôtre, qu'à peine un mois s'écoulerait de ce moment flatteur jusqu'à celui de notre deuil ? »

Les députés de la loge de Thalie ayant demandé d'être entendus, le frère de Coron, portant la parole, prononça un discours très-pathétique, relatif aux circonstances.

Le F∴ de La Dixmerie lut un éloge circonstancié et complet de la personne, de la vie et des ouvrages du F∴ de Voltaire. Nous n'entrerons point dans le détail de cet ouvrage, qui est actuellement imprimé, qui méritait à tous égards l'empressement du public, et qui réunissait le mérite du sentiment, de l'esprit et de l'érudition.

Après l'exorde, la musique exécuta un morceau touchant de l'opéra de *Castor*, appliqué à des paroles du F∴ Garnier pour Voltaire. Après la première partie du discours, il y eut un morceau pareil de l'opéra de *Roland*.

A la fin de l'éloge, la pyramide sépulcrale disparut, frappée par le tonnerre ; une grande clarté succéda à l'horreur des ténèbres ; une symphonie agréable remplaça les accens lugubres, et l'on vit, dans un immense tableau du F∴ Goujet, l'apothéose de Voltaire.

On y voit Apollon accompagné de Corneille, Racine, Molière, qui viennent au-devant de Voltaire sortant de son tombeau; il leur est présenté par la Vérité et la Bienfaisance. L'Envie s'efforce de le retenir en tirant son linceul, mais elle est terrassée par Minerve. Plus haut se voit la Renommée qui publie le triomphe de Voltaire, et sur la banderole de sa trompette on lit ces vers de l'opéra de *Samson*:

> Sonnez, trompette, organe de la gloire,
> Sonnez, annoncez sa victoire.

Le V∴ F∴ de Lalande, le F∴ Greuze et madame de Villette ayant couronné l'orateur, le peintre et le F∴ Franklin, tous trois déposèrent leurs couronnes au pied de l'image de Voltaire.

Le F∴ Roucher lut de très-beaux vers à la louange de Voltaire, qui feront partie de son poëme des *Douze mois*.

> Que dis-je? ô de mon siècle éternelle infamie!
> L'hydre du fanatisme à regret endormie,
> Quand Voltaire n'est plus, s'éveille, et lâchement
> A des restes sacrés refuse un monument.
> Eh! qui donc réservait cet opprobre à Voltaire?
> Ceux qui, déshonorant leur pieux ministère,
> En pompe hier peut-être avaient enseveli
> Un Calchas soixante ans par l'intrigue avili;
> Un Séjan sans pudeur, qui dans des jours iniques
> Commandait froidement des rapines publiques.
> Vainement leur grandeur fut leur unique dieu;
> Leurs titres et leurs noms vivans dans le saint lieu
> S'élèvent sur le marbre, et jusqu'au dernier âge
> S'en vont faire au ciel même un magnifique outrage.

> Pouvaient-ils cependant se flatter du succès,
> Les obscurs ennemis du Sophocle français?
> La cendre de Voltaire en tout lieu révérée
> Eût fait de tous les lieux une terre sacrée;
> Où repose un grand homme un dieu doit habiter (1).

On fit la quête ordinaire de la loge pour les pauvres écoliers de l'Université qui se distinguent dans leurs études.

Le F∴ abbé Cordier de Saint-Firmin proposa en outre de déposer cinq cents livres chez un notaire pour faire apprendre un métier au premier enfant pauvre qui naîtrait sur la paroisse de Saint-Sulpice après les couches de la reine, et plusieurs frères offrirent d'y contribuer.

Les frères passèrent ensuite dans la salle du banquet au nombre de deux cents. On fit l'ouverture de la loge de table, et l'on tira les santés ordinaires, en joignant à la première celle des treize États-Unis, représentés à ce banquet par le F∴ Franklin.

Au fond de la salle on voyait un arc de triomphe formé par des guirlandes de fleurs et des nœuds de gaze or et argent, sur lequel parut tout à coup le buste de Voltaire, par M. Houdon, donné à la loge par madame Denis; la satisfaction de tous les frères fut égale à leur surprise, et ils marquèrent par de nouveaux applaudissemens leur admiration et leur reconnaissance.

Le F∴ prince Camille de Rohan ayant demandé d'être affilié à la loge, on s'empressa de nommer des commissaires suivant l'usage.

---

(1) Ces vers ne se trouvent pas dans l'édition en 4 vol. petit in-12 du poëme des *Mois* où ils sont remplacés par des points. (*Note de M. Beuchot.*)

Le F∴ Roucher lut encore plusieurs morceaux de son poëme des *Douze mois*, et d'autres frères s'empressèrent également de terminer les plaisirs de cette fête par d'autres lectures intéressantes.

L'Académie Française vient de donner la place vacante par la mort de M. de Voltaire, à M. Ducis, auteur des tragédies d'*Amélise*, d'*Hamlet*, de *Roméo et Juliette*, et d'*OEdipe chez Admète*. Comme cette élection s'est faite à la suite des *gratis* donnés par les différens spectacles à l'occasion de l'heureux accouchement de la reine, on a dit :

A Ducis le fauteuil ! — Eh ! oui, l'Académie
Veut donner son *gratis* comme la comédie.

On vient de donner à la Comédie Italienne deux nouveautés qui ont eu encore moins de succès que les deux fantaisies de M. Dorat, *le Départ des Matelots* (1), paroles de M. le chevalier de Rutlidge, musique de M. Rigel, et *le Porteur de Chaise* (2), paroles de M. Monvel, musique de M. Dezède. Dans la première, un bailli, après avoir refusé de donner sa fille au fils d'un matelot, consent à ce mariage en voyant une lettre adressée au père du jeune homme, semblable à celle que M. Necker écrivit au nom du roi au pilote Boussard. Dans la seconde, un porteur de chaise se laisse persuader, parce qu'il est ivre, qu'il gagnera le quine à la loterie ; il le persuade à sa femme, à sa fille. Il sort pour chercher son argent ; s'il revient dans sa chaise, ce sera une preuve

(1) Représenté le 23 novembre précédent.
(2) Représenté le 10 décembre.

qu'il n'a pas été trompé dans son attente, et dans ce cas il ordonne qu'on jette tous ses meubles par la fenêtre. On est assez fou pour l'en croire; mais au lieu de rapporter les millions sur lesquels on comptait, il arrive en fort piteux état, ayant manqué d'être étouffé par la foule. Tout cela n'empêche pas qu'il ne marie sa fille à son fiancé, le fils d'un maître d'école, qui vient d'obtenir un bon emploi, grace aux bontés de son parrain. *Le Départ des Matelots* est un chef-d'œuvre de platitude et de mauvais goût; *le Porteur de chaise*, l'invraisemblance la plus absurde qu'il soit possible d'imaginer, avec quelques traits de critique assez plaisans, mais perdus dans un fatras de remplissage et de trivialités. La musique de M. Rigel, avec beaucoup de prétention, n'a rien de neuf, rien de piquant. Il y a dans celle du *Porteur de chaise* des détails plus heureux, plus fins, mais qui n'ont pu faire supporter l'insipidité du poëme. On prépare au même spectacle une nouvelle pièce de messieurs d'Hèle et Grétry, *les Fausses Apparences ou l'Amant Jaloux*, qui nous dédommagera sans doute de la langueur où s'est trouvé ce théâtre depuis le succès du *Jugement de Midas*, pièce des mêmes auteurs.

1779.

JANVIER.

Paris, janvier 1779.

On a donné sur le théâtre de la Comédie Italienne, le mercredi 23 décembre, la première représentation des *Fausses Apparences, ou l'Amant Jaloux*, en trois actes, en prose, mêlés d'ariettes, paroles de M. d'Hèle, musique de M. Grétry. Cette pièce, représentée à Versailles sur le théâtre de la cour, y avait infiniment réussi; elle n'a pas eu moins de succès à Paris, et l'on convient généralement que c'est au poëme que ce succès est dû. Il ne manque en effet à ce joli ouvrage que d'être plus fortement écrit pour être une véritable comédie. Le fond du sujet paraît emprunté d'une pièce du théâtre anglais, intitulée *The Wonder, le Miracle, ou la Femme qui garde un secret;* mais pour l'adapter aux convenances de la scène française, pour le rendre propre aux effets de la musique, il a fallu le refondre entièrement, et le travail de M. d'Hèle n'en a pas moins un mérite très-précieux et très-original.

Un des rôles les plus importans de la pièce, celui de Jacinthe, avait d'abord été joué par madame Dugazon, qui l'avait rendu avec une finesse et une grace infinie; une maladie fort dangereuse l'ayant obligée de l'abandonner après la seconde représentation, elle a été remplacée par madame Biglioni. Le rôle de l'Amant jaloux a été exécuté assez médiocrement par le sieur Clairval, celui de l'Officier français aussi mal qu'il devait l'être par le sieur Julien; mais la voix de madame Trial dans le rôle de Léonore, et le chant de mademoiselle Colombe dans celui d'Isabelle, ont fait un extrême plaisir. Toute la musique du premier acte est charmante : on ne peut pas en dire autant des deux derniers, dont la composition a paru souvent faible et languissante, sans caractère et sans fraîcheur.

Bouts rimés donnés à remplir à M. de Voltaire, par feu madame la princesse Isabelle de Parme.

Un simple soliveau me tient lieu — *d'architrave*
Dans ce réduit obscur où, content d'une — *rave*,
Je verrai du même œil le grand et le — *ragot*,
Le Nègre, le Lapon, l'Iroquois et le — *Goth*.
A l'abri du fracas qu'annonce la — *trompette*,
Autour d'un espalier j'exerce ma — *serpette*:
Du faste des grandeurs loin de me voir — *épris*,
A leurs appas trompeurs je crains peu d'être — *pris*.
Si quelqu'un là-dessus me fronde et me — *censure*,
Je m'offense aussi peu d'une aussi faible — *injure*,
Que lorsque par hasard mon serviteur — *Michaud*
M'a servi mon potage ou trop froid ou trop — *chaud*.
Pour sauver mon honneur de juste — *éclaboussure*,
J'observe à tous égards une conduite — *sûre*.
En garde sur ce point, j'aurai jusqu'au — *cercueil*
Sur les devoirs du sage et sur moi toujours — *l'œil*;
Et si de ses faveurs quelque jour la — *fortune*
Me donnait à choisir, je n'en choisirais — *qu'une*,
Princesse, c'est de voir le sceptre des — *Romains*,
Pour prix de vos vertus, passer entre vos — *mains*.

FÉVRIER.

Paris, février 1779.

M. D'ALEMBERT vient de se déterminer enfin à publier les *Éloges* dont il a occupé depuis quelques années d'une manière si intéressante les séances publiques de l'Académie Française. Le recueil de ces Éloges forme un volume in-12 de plus de cinq cents pages, et ne contient pas la sixième partie de ceux que l'auteur a déjà faits. On peut donc espérer une suite complète de l'ouvrage entrepris par MM. Pélisson et d'Olivet; leur travail se termine au commencement de ce siècle. Feu M. Duclos avait essayé de le continuer, mais il ne nous reste de lui que l'Éloge de Fontenelle et les fragmens d'un mémoire concernant les principaux faits qui appartiennent à l'histoire de l'Académie, depuis 1700 jusqu'à nos jours. La préface du recueil que nous avons l'honneur de vous annoncer, lue ainsi que les Éloges à une séance publique de l'Académie, le 25 août 1772, contient quelques réflexions générales sur l'établissement de cette illustre compagnie, avec une longue apologie de ses statuts, et particulièrement de l'esprit qui préside à ses élections. On a trouvé qu'une pareille apologie ne pouvait paraître plus à propos, que l'honneur des lettres en avait besoin, et que c'était en conscience à M. d'Alembert à s'en charger. Mais on n'a pas été peu surpris d'entendre de la bouche même de ce philosophe, l'ami de tous les philosophes, le chef reconnu de la secte, ces paroles remarquables que le doyen de la Sorbonne ne désavouerait pas. « S'il y avait eu une

Académie à Rome, et qu'elle y eût été florissante et honorée, Horace eût été flatté d'être assis à côté du sage Virgile son ami. Que lui en eût-il coûté pour y parvenir? D'effacer de ses vers quelques obscénités qui les déparent; le poète n'aurait rien perdu, et le citoyen aurait fait son devoir. Par la même raison, Lucrèce, jaloux de l'honneur d'appeler Cicéron son confrère, n'eût conservé de son poëme que les morceaux sublimes où il est si grand peintre, et n'aurait supprimé que ceux où il donne en vers prosaïques des leçons d'athéisme, c'est-à-dire, où il fait des efforts aussi coupables que faibles pour ôter un frein à la méchanceté puissante et une consolation à la vertu malheureuse, etc. »

Quis tulerit Gracchos de seditione querentes?

Ces traits, et beaucoup d'autres du même genre, répandus dans les différens Éloges qui composent ce recueil, ont fait dire que l'auteur avait l'air d'avoir fait tous ses discours entre un prêtre et un courtisan, également tourmenté de la crainte de leur déplaire et du désir d'égayer son auditoire à leurs dépens.

Quoique les Éloges de M. d'Alembert n'aient pas eu à l'impression tout le succès qu'ils ont eu aux lectures publiques que l'auteur en a faites lui-même sur le théâtre qu'il paraît avoir eu particulièrement en vue lorsqu'il les écrivit, nous connaissons peu d'ouvrages d'une instruction plus aimable et plus variée. C'est un cours de littérature d'une forme neuve et piquante. L'éloge de chaque Académicien fournit à leur panégyriste l'occasion d'approfondir la théorie de quelque genre particulier, de distinguer les talens que ce genre suppose et le caractère qui lui est propre; d'en marquer la décadence ou les progrès, quelquefois même d'y découvrir de nouvelles ressources, et de répandre enfin les plus grandes clartés sur la métaphysique des arts et du goût, science si intéressante par ses rapports intimes avec la connaissance de nous-mêmes.

Mais comme les séances publiques de l'Académie Française sont devenues une espèce de spectacle fort à la mode, et par conséquent rempli de caillettes et de jeunes gens, pour s'assurer les battemens de mains d'un aréopage si redoutable, il a bien fallu prodiguer les petits mots, les petites ironies, les petits contes, les petites allusions aux circonstances du moment, et tout cela n'a pu manquer de donner quelquefois une fort petite manière à un ouvrage dont le fonds méritait peut-être une exécution plus pure et plus grande. Mais si l'on eût retranché de ces discours tout ce qui a pu blesser des censeurs trop difficiles, beaucoup de lecteurs, sans vouloir en convenir, n'en seraient-ils pas aussi fâchés que l'eût été à coup sûr le Suisse de la porte, qui, à une des dernières séances, disait si naïvement à son camarade : *Sti monsiu t'Alempert lire auchourd'hui, pon! pon! car ly être tourchours pourlesque.* Si l'épigramme très-innocente du pauvre Suisse pouvait affliger M. d'Alembert, il s'en consolerait sans doute en se rappelant que les poètes de la calotte osèrent bien appeler dans le temps les Éloges de Fontenelle *des panégyriques grotesques, mi-funèbres et mi-burlesques.*

De tous les nouveaux Éloges, celui qui nous a paru réunir le plus de beautés, et où le goût le plus sévère pourrait trouver le moins à reprendre, c'est l'Éloge de Bossuet ; il y règne un ton d'élévation simple et soutenu, sans recherche, sans emphase, et tel que la dignité du sujet devait l'inspirer. L'Éloge de l'abbé de Dangeau, celui de l'abbé de Choisy, du président de Rose offrent une foule d'anecdotes curieuses. Il y a de l'intérêt et de la douceur dans ceux de Massillon, de l'archevêque de Cambrai et de Fléchier; mais il n'y en a aucun où l'on remarque une sensibilité plus vraie et plus aimable que dans celui de M. de Sacy. L'auteur y peint l'amitié comme un homme qui en a senti tout le charme et toute la puissance. Quand M. d'Alembert fit cet Éloge, il venait de perdre mademoiselle de L'Espinasse; on peut croire que ce tableau touchant fut tracé sur la tombe de son amie. C'est dans les Éloges de Despréaux, de La Mothe, de Destouches, de Crébillon, qu'il a répandu le plus de philosophie, de littérature et de goût. On y distinguera surtout avec plaisir le parallèle de La Mothe et de Fontenelle, de Destouches et de Dufresny. La comparaison qu'il a osé faire de nos trois plus grands maîtres en poésie, Despréaux, Racine et Voltaire, est un des morceaux de l'ouvrage qu'on a le plus cité, et qui, par la même raison, a essuyé le plus de critiques.

L'Académie royale de Musique vient de faire une acquisition précieuse dans mademoiselle Théodore. Cette jeune élève du sieur Lany annonce dans son début le talent le plus distingué pour un genre de danse presque oublié aujourd'hui; elle paraît réunir dans un degré très-éminent la précision, la noblesse et la légèreté.

Lettre de la chevalière d'Éon à M. le comte de Maurepas.

De Versailles, le 8 février 1779.

« Monseigneur, je désirerais ne pas interrompre un

instant les momens précieux que vous consacrez au bonheur et à la gloire de la France; mais animée du désir d'y contribuer moi-même dans ma faible position, je suis forcée de vous représenter très-humblement et très-fortement que l'année de mon noviciat femelle étant entièrement révolue, il m'est impossible de passer à la profession. La dépense est trop forte pour moi, et mon revenu est trop mince. Dans cet état je ne puis être utile ni au service du roi, ni à moi, ni à ma famille, et la vie trop sédentaire ruine l'élasticité de mon corps et de mon esprit. Depuis ma jeunesse j'ai toujours mené une vie fort agitée, soit dans le militaire, soit dans la politique; le repos me tue totalement.

« Je vous renouvelle cette année mes instances, Monseigneur, pour que vous me fassiez accorder par le roi la permission de continuer mon service militaire; et comme il n'y a point de guerre de terre, d'aller comme volontaire servir sur la flotte de M. le comte d'Orvilliers. J'ai bien pu par obéissance aux ordres du roi et de ses ministres rester en jupes en temps de paix, mais en temps de guerre cela m'est impossible. Je suis malade de chagrin et honteuse de me trouver en telle posture dans un temps où je puis servir mon roi et ma patrie avec le zèle, le courage et l'expérience que Dieu et mon travail m'ont donnés. Je suis aussi confuse que désolée de manger paisiblement à Paris, pendant la guerre, la pension que le feu roi a daigné m'accorder. Je suis toujours prête à sacrifier pour son auguste petit-fils et ma pension et ma vie.

« Aidez-moi, Monseigneur, à sortir de l'état léthargique où l'on m'a plongée, qui a été l'unique cause de mon mal, et qui afflige tous mes amis et protecteurs guerriers et politiques. Je dois encore vous faire observer ici qu'il importe infiniment à la gloire de toute la maison de M. le comte de Guerchy de me laisser continuer mon service militaire ; du moins c'est la façon de penser de toute l'armée, de toute la France, et, j'ose dire, de toute l'Europe instruite. Une conduite contraire fait le sujet des interprétations les plus fâcheuses et donne matière à la malice des conversations du public. J'ai toujours pensé et agi comme Achille : « Je ne fais point la guerre aux « morts, et je ne tue les vivans que lorsqu'ils m'attaquent « les premiers. » Vous pouvez à cet égard prendre par écrit ma parole d'honneur sur ma conduite présente et future. Vos grandes occupations vous ont fait oublier, Monseigneur, qu'il y a plus de quinze mois que vous m'avez donné votre parole que je serais heureuse et contente quand j'aurais obéi au roi en reprenant mes habits de fille. J'ai obéi complètement, je dois espérer d'un ministre aussi grand et aussi bon que M. le comte de Maurepas, qu'il daignera tenir sa parole et me remettre *in statu quo.* Il ignore que c'est moi qui soutiens ma mère et ma sœur, et de plus mon beau-frère et trois neveux au service du roi ; que j'ai encore à Londres une partie de mes dettes, ma bibliothèque entière, mes papiers, et mon appartement qui me coûte vingt-quatre livres de loyer par semaine, tandis que je ne suis pas encore payée ici de ce qui me reste légitimement dû par la cour ; qu'après avoir servi le feu roi à son gré en guerre et en politique, depuis ma jeunesse jusqu'à sa mort, je ne suis pas encore en état de meubler ma maison paternelle en Bourgogne pour l'aller habiter. M. le comte de Maurepas doit sentir que mon obéissance silencieuse doit avoir un grand mérite à ses yeux ; que dans ma position femelle je suis dans la misère avec les bienfaits du feu roi, qui suffiraient pour un capitaine de dragons, mais qui sont insuffisans pour l'état qu'on m'a forcée de prendre. Il doit surtout comprendre que le plus sot des rôles à jouer est celui de pucelle à la cour, tandis que je puis jouer encore celui de lion à l'armée. Je suis revenue en France sous vos auspices, Monseigneur, ainsi je recommande avec confiance mon sort présent et à venir à votre généreuse protection, et je serai toute ma vie avec la plus scrupuleuse reconnaissance, Monseigneur, votre, etc.

LA CHEVALIÈRE D'ÉON. »

Lettre d'envoi de la chevalière d'Éon à plusieurs grandes dames de la cour.

« Madame la duchesse,

« Je vous supplie instamment de protéger auprès des ministres du roi le succès de mes demandes énoncées dans la copie de la lettre ci-jointe à M. le comte de Maurepas, pour aller servir comme volontaire sur la flotte de M. le comte d'Orvilliers, prévoyant qu'il y aura encore moins de guerre sur terre cette année que la dernière. Vous portez, Madame, un nom familiarisé avec la gloire militaire; comme femme, vous aimez celle de notre sexe. J'ai tâché de la soutenir pendant la dernière guerre en Allemagne, et en négociations dans les différentes cours de l'Europe pendant vingt-cinq ans. Il ne me reste plus qu'à combattre sur mer avec la flotte royale. J'espère m'en acquitter d'une façon que vous n'aurez nul regret de protéger la bonne volonté de celle qui a l'honneur d'être, avec un profond respect, etc.

LA CHEVALIÈRE D'ÉON. »

Mademoiselle d'Éon ayant donné à ces deux lettres une publicité fort indiscrète, et ayant fait paraître en même temps une généalogie de sa maison, où elle n'a pas craint de compromettre plusieurs familles illustres qui sont peu curieuses de son alliance, a été exilée dans son château près de Tonnerre.

Les Muses rivales, en un acte et en vers libres, par M. de La Harpe, ont été représentées pour la première fois sur le théâtre de la Comédie Française le 1er février. Ce petit drame, dont l'auteur a gardé prudemment l'anonyme jusqu'à la quatrième représentation, a été accueilli avec la plus extrême faveur. Le sujet en est fort simple. Ce sont les Muses qui attendent Voltaire au sacré vallon, et se disputent la gloire de le présenter au dieu qui veut le couronner et partager avec lui l'empire du Parnasse. Toutes l'ont inspiré, toutes osent prétendre à cet honneur. Uranie, Érato, Thalie, Calliope, Clio, Melpomène exposent tour à tour leurs titres; cette dernière enfin l'emporte sur ses sœurs. Momus et les Graces viennent assister à la fête. On n'attend plus que Voltaire, lorsque Mercure, qui est allé le chercher, vient dire à Apollon qu'en arrivant dans l'Élisée le poète y a trouvé son héros Henri IV, et qu'il ne veut point s'en séparer. Ce dernier trait est infiniment heureux, parce qu'en sauvant la difficulté de faire paraître l'ombre de Voltaire sur la scène, il prépare encore une louange fort délicate.

> Je retrouve l'objet de mon culte fidèle ;
> Tout ce que vous m'offrez serait d'un moindre prix.
> Si j'ai vécu trop peu sous le jeune Louis,
> Je demeure à jamais auprès de son modèle.

Apollon ne saurait désapprouver un tel choix; mais, en perdant l'avantage de posséder Voltaire, il veut qu'on rende au moins à son image les honneurs qui lui étaient destinés. Le fond du théâtre s'ouvre; on voit la statue du poète. Les Graces l'entourent de chaînes de fleurs au son des instrumens; chacune des Muses porte à ses pieds l'attribut qui la distingue, et Apollon le couronne de ses lauriers au bruit des fanfares.

Si le plan de cet ouvrage ne suppose pas un effort d'imagination prodigieux, il y a du moins beaucoup de talent dans l'exécution, et l'on ne pouvait guère donner à l'apothéose de M. de Voltaire une forme plus piquante et plus agréable. L'auteur a évité avec beaucoup d'adresse les grands écueils de l'éloge, l'exagération, la fadeur. Rien de ce qui pouvait intéresser la gloire du grand homme n'est oublié, mais on trouve jusque dans les moindres détails de la justesse et de la mesure. Les différentes scènes qui composent ce petit drame s'enchaînent sans beaucoup d'art, le dialogue a peu de mouvement, ce genre d'ouvrage n'en était pas fort susceptible; mais la couleur et les nuances de chaque rôle sont variées avec autant d'esprit que de goût; et l'auteur, comme l'a remarqué M. Marmontel, en faisant parler à chaque Muse son langage, lui a su conserver cet air de famille, cette grace décente qui leur est naturelle à toutes.

Facies non omnibus una
Nec diversa, tamen qualem decet esse sororum.

Il y avait aux premières représentations, dans le rôle d'Uranie, un mot sur l'amitié de M. de Voltaire et de madame du Châtelet, que monsieur son fils le duc du

Châtelet a obligé l'auteur de supprimer. Au lieu du vers qu'on lit dans l'impression, page 14, vers 18,

> Je marchai, je l'avoue, au-devant de ses pas,

La Muse de la philosophie disait :

> L'amitié vers Cirey me guida sur ses pas....
> Voltaire à mes leçons prêta son éloquence,
> Et m'embellit de ses attraits....
> C'est par lui que la Poésie
> Fit entendre des sons aux mortels inconnus,
> Et que le voile d'Uranie
> Devint l'écharpe de Vénus.

M. du Châtelet a cru que l'honneur de sa maison pouvait être compromis par cette écharpe, et ce n'est qu'avec beaucoup de peine qu'on a pu obtenir la permission de rétablir les quatre derniers vers en changeant absolument le premier.

Le secret des *Muses rivales* avait été confié, il y a plus de six mois, à madame Vestris, qui l'a gardé comme si c'eût été le sien. C'est elle qui fut chargée d'envoyer le manuscrit avec une lettre anonyme infiniment modeste à M. le comte d'Argental, pour l'engager à les faire recevoir, et à les faire jouer par les Comédiens. L'extrême modestie de cette lettre a contribué plus que tout le reste à écarter l'idée de M. de La Harpe et dans l'esprit de M. d'Argental et dans l'esprit des Comédiens. On en avait fait honneur à M. de Chamfort, à M. de Rulhière, à M. le duc de Nivernois, enfin à M. Palissot; et ce dernier soupçon s'était répandu le plus généralement quelques jours avant la représentation. L'ouvrage une fois connu, on s'est bientôt accordé à y reconnaître la manière, et le style, et les opinions de M. de La Harpe, qui n'a pu lui-même se refuser long-temps au plaisir de jouir hautement de son succès. Quoi qu'en puisse dire l'envie qui ne pardonne jamais, si l'hommage que M. de La Harpe vient de rendre à la mémoire de son maître et de son bienfaiteur n'est pas la plus douce vengeance qu'il pût tirer de l'injustice de ses ennemis, c'est au moins la réparation la plus juste et la plus noble des torts qu'on avait à lui imputer.

———

M. de La Fayette est de retour de l'Amérique depuis peu de jours. Il n'est point de notre ressort de rendre compte des nouvelles qu'il a pu donner de l'état actuel de ces contrées; mais on ne nous saura point mauvais gré de rapporter ici une anecdote de son journal, qui ne tient nullement aux intérêts de la politique, et qui nous a paru assez originale pour mériter d'être retenue.

M. le marquis de La Fayette ayant été chargé de traiter, de la part du congrès, avec les sauvages de je ne sais plus quel canton de l'Amérique, un des officiers qui l'accompagnaient remarqua une jeune sauvage dont la conquête lui parut mériter ses soins. Il lui en rendit de très-assidus, et tous ses hommages furent reçus long-temps avec assez de froideur. Un soir cependant il revint annoncer à ses amis avec beaucoup de transport qu'il se flattait enfin d'obtenir le prix de ses peines, que la belle sauvage lui avait demandé une breloque de sa montre, et qu'elle avait paru fort sensible à l'empressement qu'il avait eu de la lui donner. On devait célébrer le lendemain une grande fête à la manière du pays. Notre jeune Français ne douta point que cette fête ne fût le jour de son triomphe. Jugez de sa surprise et de l'envie de rire qui prit à ses camarades ! Le premier objet qui s'offre à leur vue est cette même breloque au bout du nez du plus grand et du plus beau sauvage de l'assemblée !

Épitaphe de Voltaire, faite par une dame de Lausanne.

Ci-gît l'enfant gâté du monde qu'il gâta.

Après avoir mis en pièces tout le théâtre de M. de Voltaire, il était bien juste que M. Clément voulût songer à nous en consoler par quelque production de son génie. C'est ce qu'il vient de faire en nous donnant sa *Médée* en trois actes; mais le public que tant de volumes de la critique la plus savante et la plus impartiale, du goût le plus sévère et le plus exquis, n'ont pas encore suffisamment éclairé, le public toujours ingrat, toujours indocile, a si mal reçu la nouvelle *Médée*, représentée pour la première fois le jeudi 20, que l'on doute, malgré l'intrépidité de l'illustre auteur, qu'elle ose reparaître encore.

La manière dont M. Clément a conçu le caractère de Médée est peut-être encore plus nouvelle que la manière dont il a conçu le génie de la tragédie. Il s'est infiniment applaudi d'avoir retranché de son sujet tout ce qui tenait à la magie dont la seule idée détruit à son gré toute espèce d'illusion. Au lieu de faire de Médée une dangereuse enchanteresse, il en a fait une amante sensible et passionnée, qui commet à la vérité toutes les horreurs de la magicienne, mais qui les couvre des larmes de l'amour ; et c'est des remords de cette furie qu'il a prétendu faire naître le plus grand intérêt de son ouvrage. Jusqu'à présent l'on avait pensé qu'il n'était pas permis d'altérer à ce point un caractère donné par la fable; on avait présumé que la vengeance de Médée ne pouvait être supportée dans une femme ordinaire, et qu'il fallait tout l'appareil d'un pouvoir surnaturel pour en diminuer l'atrocité par cette espèce de surprise et d'admiration qu'inspire le merveilleux en nous transportant hors de notre sphère habituelle, et en nous montrant les objets à une distance assez éloignée pour nous faire illusion sans nous faire horreur.

M. Clément a employé des ressources plus connues. Il a si heureusement adouci la situation de Médée prête à immoler ses enfans, qu'au lieu de faire frémir le spectateur, c'est ce moment même qui a excité les éclats de rire les plus universels, par le contraste sensible qu'il a su mettre entre l'action de Médée, son caractère et ses discours. Toute atrocité à laquelle il est impossible de croire ne paraît plus qu'une farce risible.

Mademoiselle Sainval, qui a joué le rôle de Médée, a jeté dans le premier acte quelques cris d'un effet prodigieux, et, grace à plusieurs mots favorables au talent de cette actrice, tout ce premier acte a été fort applaudi. Elle n'a pas pu soutenir de même les deux autres, qui ne sont d'un bout à l'autre qu'une déclamation monotone et puérile. La juste impatience du public ne l'a pourtant pas empêché de rendre justice à quelques vers de l'imprécation de Jason, que la belle voix du sieur Larive n'a pas manqué de faire valoir.

> Va, fuis, je te dévoue aux noires Euménides,
> A leurs serpens nourris du sang des parricides.
> Que ton barbare cœur, devenu ton bourreau,
> Chaque jour te prépare un supplice nouveau.
> Va partout recueillir la haine qui t'est due.

Que les mères partout frémissent à ta vue !
Et que tes fils meurtris, sous tes coups expirans,
Viennent s'offrir encore à tes regards mourans !

On a remarqué encore dans le cours de l'ouvrage quelques vers naturels, tels que ceux-ci :

Qu'on se flatte aisément d'être aimé quand on aime !...
Vous vivez, je vous aime, et je n'ai plus d'époux...
Et comment soupçonner un héros d'imposture ?

Mais le style de la pièce en général est faible et négligé, sans chaleur et sans vérité. Tout le monde a retenu ces deux vers où l'auteur a cru nous donner sans doute un modèle admirable d'harmonie imitative. Il s'agit de la robe de Créuse :

Ce tissu dévorant, par Créuse attaché,
Sans déchirer la chair ne peut être arraché.

Voilà, dit madame la comtesse d'Houdetot, *un vers qui emporte la pièce.*

Le mot de M. le comte de La Touraille est assez gai. Il rencontra l'auteur dans les corridors après la première représentation. *Monsieur, je vous fais mon compliment.*

Tout Paris pour Médée a les yeux de Jason.

C'est la parodie du vers de Boileau :

Tout Paris pour Rodrigue a les yeux de Chimène.

On vient de donner sur le théâtre de la Comédie Italienne *les Deux Billets* (1), petite pièce en un acte et

(1) Représentés le 9 février.

en prose, qui a eu tout le succès qu'un ouvrage de ce genre peut avoir.

Cette jolie bagatelle, dont le dialogue rappelle souvent et la grâce et la *manière* de Marivaux, est d'un jeune militaire de vingt-deux ou vingt-trois ans, de M. de Florian, petit-neveu de M. de Voltaire. Il a fait quelques autres comédies-proverbes dans le même goût que *les Deux Billets*, qui ont été jouées avec beaucoup de succès sur le petit théâtre de M. Savalette, entre autres *Arlequin premier ministre*, qui est une critique fort plaisante des ridicules de la secte économiste.

———

Madame la marquise de Pezay (1) avait perdu depuis trois mois un époux qu'elle aimait tendrement ; elle assista à une lecture de l'*Ode à M. de Buffon* (2), par M. Le Brun, et s'évanouit de douleur au moment où madame de Buffon s'adresse à la Parque. L'auteur n'était pas présent à cette lecture. Voici ce que madame la marquise de Pezay lui écrivit pour avoir une copie de l'ouvrage qui lui avait fait éprouver cette violente sensation :

« Sans presque avoir l'honneur d'être connue de vous, Monsieur, une de vos productions m'a cruellement affectée. Le tableau le plus intéressant de ce chef-d'œuvre

(1) Cet article et les suivans se trouvaient à tort, dans la première édition de cette *Correspondance*, au mois de février 1772. Cette transposition a donné lieu à M. Beuchot de douter que ce pût être à la veuve du marquis de Pezay que s'adressait Le Brun, puisque Pezay ne mourut, comme nous l'avons déjà dit t. IX, p. 464, note 3, que le 6 décembre 1777. Nous devons dire toutefois que l'Élégie rapportée ci-après fut en effet imprimée dans le temps avec le titre d'*Élégie à madame la comtesse de P****, et qu'on la trouve t. II, p. 29 des *OEuvres de Le Brun*, édition in-8°, comme adressée *à madame la comtesse du Pujet*.

(2) *Ode à M. de Buffon suivie d'une Épître sur la bonne et la mauvaise plaisanterie*, 1779, in-8°.

est devenu funeste pour moi, en me retraçant un bien cruel souvenir, mais dont mon cœur chérit l'illusion. Si d'aussi vives douleurs peuvent parvenir à s'épuiser jamais, ce ne peut être qu'en se renouvelant sans cesse. Malgré les images que m'a rappelées la lecture de votre *Ode à M. de Buffon*, j'en ai senti toutes les beautés, et j'attends de vous, Monsieur, la satisfaction de pouvoir la relire. Je sais qu'elle excitera toujours ma sensibilité, mais elle ne peut manquer de satisfaire mon cœur.... »

*Élégie à madame la marquise de Pezay, au sujet de l'*Ode à M. de Buffon, *par M. Le Brun.*

O vous! dont la douleur augmente encor les charmes,
Vous voulez que mes vers, complices de vos larmes,
Réveillent par leur chant, aux plaintes consacré,
Les blessures d'un cœur déjà trop déchiré.
Apollon obéit quand les Graces demandent;
Vous avez leurs attraits, vos prières commandent.
   Sans cesse offrant vos pleurs à des mânes trop chers,
Vous croyez, dites-vous, les rendre moins amers,
Les épuiser, peut-être... Erreur d'une ame tendre!
Ah! l'amour se nourrit des pleurs qu'il fait répandre.
Le temps, et non des pleurs versés sur un tombeau,
Peut seul du chaste amour refroidir le flambeau;
Le temps peut affaiblir, par de lentes atteintes,
Ces feux dont vous brûlez pour des cendres éteintes;
Le temps.... mais vous craignez son utile secours;
Votre cœur veut aimer et soupirer toujours.
   Heureux cent fois l'objet d'une douleur si tendre!
Vous soupirez son nom, vous pleurez sur sa cendre;
Il revit dans vos pleurs; ah! son sort est si doux,
Que même dans la tombe il fera des jaloux:
Le jour, l'ombre, les bois, Philomèle éplorée,

Tout rappelle à vos sens son image adorée,
Tout le rend à vos yeux, et rien à votre cœur !
Il serait sans plaisir, s'il était sans douleur.

Ces vers, où de Buffon j'ai peint la tendre épouse
Arrachant ce qu'elle aime à la Parque jalouse,
Et du fatal ciseau désarmant le courroux,
Par ce cri de l'amour qui sauva son époux ;
Ces vers vous ont émue ! et votre ame plaintive,
D'un sein baigné de pleurs tout à coup fugitive,
S'efforça de voler jusques aux sombres bords,
Et de rejoindre enfin votre époux chez les morts.
Ah ! lui-même tremblant aux pieds du noir monarque,
S'empressa d'arrêter l'impitoyable Parque :
« Ne meurs point, cria-t-il d'une touchante voix,
Je croirais expirer une seconde fois. »
D'un époux adoré tel est l'ordre suprême.
Hélas ! ce n'est qu'en vous qu'il respire, qu'il s'aime.
Calmez donc de vos sens l'ardente émotion,
Chérissez de vos feux la douce illusion.
Nos biens sont des erreurs que le sommeil prolonge,
Et le plus tendre amour n'est qu'un aimable songe.

Qu'un songe vous transporte aux rives du Léthé :
Sous de rians berceaux, près d'un myrte arrêté,
Voyez-y votre époux soupirer sa tendresse,
De ses cruels ennuis flatteuse enchanteresse :
Aux bords du Léthé même, il trace avec des fleurs
Votre nom.... qu'il achève en l'arrosant de pleurs.
L'Amour de vos regrets lui présente l'hommage,
Votre époux se console à cette douce image.
Ainsi le dieu charmant dont vous êtes l'appui
Vous permet de gémir, mais en vivant pour lui.

Oui, conservez des jours que vous devez aux Graces,
Consolez vos douleurs en plaignant mes disgraces :
La tombe a renfermé votre plus doux trésor ;
Moi, je pleure une amante, hélas ! qui vit encor.
Du moins en embrassant la tombe la plus chère,

Votre douleur vous plaît, et la mienne est amère !
Je vois toujours Fanny, d'une perfide main,
Plonger, en souriant, un poignard dans mon sein ;
Et j'atteste les Dieux, et l'Amour, et vous-même,
Que de voir au cercueil descendre ce qu'on aime,
Est pour un tendre cœur cent fois moins douloureux,
Que de se voir trahi par l'objet de ses feux.

Il y a eu depuis quelque temps un assez grand nombre de débuts à la Comédie Française, dont nous nous sommes dispensés de parler. Que dire en effet des demoiselles Mars (1), Despérières, Saint-Ange, des sieurs Dorival, Florence, Vanhove, Fleury (2), etc. Nous avons vu la plupart de ces tristes talens applaudis le premier jour par le parterre avec des rages d'enthousiasme et d'admiration, hués le lendemain par ce même parterre, et bientôt oubliés. Le superbe héritage d'Orosmane, de Zamore, de Gengiskan, de Mahomet, est en proie aux ridicules prétentions des sieurs Molé, Monvel ; et ce sont les demoiselles Sainval qui occupent aujourd'hui la place des Gaussin, des Dumesnil, des Clairon ! Jamais la scène française ne fut aussi dénuée de toute ressource et de toute espérance, du moins pour la tragédie. La manie des drames a gâté le goût des acteurs et du public ; elle a fait perdre jusqu'à la tradition du théâtre, cette espèce de guide si nécessaire aux talens médiocres ; les règles, même les plus communes du langage et de la prononciation, sont négligées, au point qu'un étranger qui prendrait aujourd'hui la diction de nos acteurs pour modèle, se tromperait souvent. Le sieur

---

(1) Mère de notre actrice. Elle épousa depuis Monvel.
(2) Fleury a bien démenti les tristes présages que Grimm tire ici de ses débuts.

Larive est peut-être le seul qui sache encore réciter des vers sans faute et sans manière.

Dans une si grande décadence des talens et du goût, il n'est pas étonnant qu'on ait reçu avec beaucoup de faveur le début du sieur Roselli de Grammont. Ce jeune homme, qui n'avait encore joué que sur de petits théâtres de province, et qui prétend n'avoir jamais vu Le Kain, a d'abord intéressé tous les spectateurs par des rapports très-frappans avec ce sublime acteur, et dans le maintien et dans la voix. Il est presque aussi laid que son modèle : sans avoir le jeu profond de sa physionomie, il rappelle souvent l'expression de ses traits, la noblesse de ses mouvemens, le caractère particulier de ses gestes. S'il n'a pas véritablement un long usage de la scène, il a du moins cette présence d'esprit, cette sorte d'intelligence qui peut y suppléer. Nous ne lui avons vu jouer aucun rôle dont il nous ait paru assez pénétré pour en offrir l'ensemble, pas même pour faire sentir qu'il en eût conçu l'idée; mais il y a eu dans presque tous ceux que nous lui avons vu remplir, des détails saisis avec justesse et rendus avec assez de simplicité. Ce qui fait craindre surtout qu'il ne puisse jamais s'élever au-dessus du talent qu'il nous a montré jusqu'à présent, c'est que ce talent semble avoir acquis déjà toute sa maturité; c'est que, loin d'être entraîné par la chaleur de son rôle, il se possède toujours avec la même égalité; c'est que son jeu, jusqu'au moindre geste, paraît réfléchi, préparé, et que c'est avec le même degré de réflexion et de confiance qu'il dit mal, comme il dit bien. Sa voix est fort belle dans le *medium*; mais elle n'est ni assez juste ni assez sonore dans le haut et dans le bas, ce qui donne nécessairement à sa manière de réciter, et de la lenteur et de la monotonie. Malgré ces défauts, on a sans doute eu raison de l'encourager; mais fallait-il l'applaudir avec autant d'ivresse qu'en aurait pu inspirer un autre Le Kain? Après lui avoir vu jouer Vendôme dans *Adélaïde*, le public, ce public qui s'est gâté comme les acteurs, a demandé le sieur Roselli avec des cris d'impatience si furieux, qu'on a été obligé de le faire paraître sur le théâtre tel qu'il était dans sa loge, en mauvaise redingote, en pantoufles, les cheveux et les bas tout défaits; c'est dans ce noble costume que son rival, le sieur Larive, l'a présenté à l'auguste assemblée, qui en a été ravie, et qui a redoublé ses cris et ses applaudissemens. Malheureusement cette folie ne garantit pas des sifflets le lendemain : et comment le talent se formerait-il avec des juges si peu instruits, si peu conséquens, si peu raisonnables?

MARS.

Paris, mars 1779.

Il est arrivé enfin le jour où l'on a vu le fauteuil de M. de Voltaire occupé pour la première fois par son successeur. C'est le jeudi 4 que M. Ducis, secrétaire ordinaire de Monsieur, y vint prendre séance. Jamais assemblée publique de l'Académie n'avait attiré une affluence de monde aussi prodigieuse; il n'y avait pas un coin de la salle où l'on ne fût plus pressé qu'on ne l'est au parterre de la Comédie le jour d'une première représentation. Les portes, malgré la garde, furent forcées deux ou trois fois, et l'on fut obligé de tirer de la foule plusieurs personnes qui coururent le risque d'y être étouffées. Quelque raison qu'il y eût de craindre qu'un pareil auditoire ne fût fort tumultueux, il y régna le plus profond silence aussitôt que le récipiendaire eut commencé son discours. Les premiers applaudissemens de l'assemblée furent pour madame Denis, qui avait été placée dans la première tribune à droite avec toute sa famille, M. et madame de Villette. Madame Denis s'était parée ce jour-là de tous les riches présens qu'elle a reçus de la magnificence d'une souveraine également digne de recevoir les hommages du génie et d'honorer la mémoire des grands hommes.

Dire que le discours de M. Ducis ne fut que l'éloge de M. de Voltaire, et que l'orateur ne parut pas au-dessous de son sujet, n'est-ce pas avouer que c'est le plus beau discours de réception qu'on ait encore entendu à l'Académie depuis qu'elle existe? Nous ne devons pourtant point dissimuler que ce premier succès, quelque général qu'il ait paru d'abord, ne s'est pas soutenu au même degré après l'impression. Une lecture plus reposée y a fait remarquer des défauts que leur coloris éblouissant et un débit plein de force et de noblesse avaient à peine laissé apercevoir, des analyses d'une recherche trop subtile, une trop grande abondance de comparaisons, des images trop gigantesques, des périodes obscures et fatigantes à force d'être prolixes, enfin, s'il faut trancher le mot, cette espèce d'éloquence que M. de Voltaire osait appeler du *galithomas* (1). Le caractère particulier de ces défauts, mais bien plus encore celui des beautés sublimes dont l'ouvrage est rempli, n'ont plus laissé au-

(1) M. de Voltaire, qui n'aimait pas infiniment M. Thomas, avait l'habitude de substituer dans la conversation ce mot à celui de galimatias.

(*Note de Grimm.*)

cun doute aux lecteurs instruits sur le véritable auteur du nouveau panégyrique.

Toute l'assemblée applaudissait avec transport, et mes voisins répétaient tout bas : *Optime! Thomas! optime* (1)!

On n'a guère pu entendre que les vingt premières lignes du discours de M. l'abbé de Radonvilliers, grace au murmure indécent qui s'éleva dans toute la salle aussitôt qu'il eut commencé à parler. Il est vrai que son début n'était pas bien propre à séduire le public rassemblé dans ce lycée. « L'hommage rendu souvent à la personne de M. de Voltaire, il est *encore plus honnête* de le rendre à sa mémoire. » Un ton si niais parut faire un contraste étrange avec celui du discours qu'on venait d'applaudir. Le désir pieux qu'osait former ensuite le lamentable orateur qu'une main amie, en retranchant des écrits publiés sous le nom de M. de Voltaire tout ce qui blesse la religion, les mœurs et les lois, pût effacer la tache qui ternissait sa gloire, fut sifflé sans pitié. De ce moment, on ne daigna plus rien écouter, et le bruit des battemens de mains donnés à la fin du discours fut peut-être encore plus humiliant que l'indifférence, le mépris avec lequel on l'avait entendu. M. l'abbé de Radonvilliers a été jugé moins sévèrement à la lecture. Sa réponse au récipiendaire, sans être un chef-d'œuvre d'éloquence, a paru sensée et raisonnable; il y a même eu des gens d'esprit, entre autres madame du Deffand, qui n'a pas craint de la mettre fort au-dessus du discours de M. Ducis; mais un pareil jugement ne doit être cité que pour montrer à quel point le goût peut dépendre de nos habitudes et de nos préventions particulières.

(1) Chacun sait qu'en effet Thomas était l'auteur du discours de Ducis.

Quelque prévention que beaucoup de gens affectent d'avoir contre le talent poétique de M. Marmontel, on s'est accordé à trouver de grandes beautés dans le Discours en vers (1) qu'il lut dans cette même séance. Cette lecture fut souvent interrompue par les applaudissemens les plus universels. On obligea le poète à s'arrêter sur ces deux vers adressés aux mânes de Voltaire :

> Et d'un monde par toi si long-temps éclairé
> Ton indigne tombeau t'aurait-il séparé ?

M. d'Alembert soutint l'intérêt de cette séance par un discours en prose, où, à l'occasion des deux bustes de Molière et de Voltaire dont il a fait présent à l'Académie, et que l'Académie a fait placer en regard dans la salle d'assemblée, il cherche à montrer que ces deux écrivains célèbres, si différens par le genre de leurs productions, ont eu cependant l'un avec l'autre des rapports bien remarquables. « Tous deux doivent surtout l'influence qu'ils ont eue sur leur siècle au mérite d'avoir introduit les premiers sur la scène cette philosophie intéressante qui nous offre, par des préceptes mis en action, les moyens d'être à la fois plus sages et plus heureux. L'un et l'autre ont attaqué, dans leurs chefs-d'œuvre dramatiques, deux des plus funestes fléaux de la société humaine, le fanatisme et l'hypocrisie. Tous deux, en butte à la satire et à la haine, ont obtenu d'un gouvernement éclairé la protection qu'ils avaient droit d'en attendre, Molière d'un grand roi, Voltaire d'un vertueux pontife : c'est en conséquence du bref de Benoît XIV que Louis XV permit la représentation de la tragédie de *Mahomet*, etc. »

(1) Sur l'espérance de se survivre. (*Note de Grimm.*)

M. d'Alembert annonça dans ce même discours le legs de douze cents livres de rente que feu M. le comte de Valbelle a fait à l'Académie, et l'usage qu'elle se propose d'en faire conformément aux sages intentions du testateur. Ce legs est destiné à soulager l'homme de lettres qui, au jugement de l'Académie, aura le plus grand besoin de ce secours et en sera jugé le plus digne. Quoique la clause ne soit point exprimée dans le testament, messieurs les Quarante ont décidé qu'il était de leur dignité de s'exclure eux-mêmes du nombre de ceux qui pourraient être susceptibles de ce bienfait.

C'est M. Saurin qui a terminé cette longue séance, consacrée presque tout entière à l'éloge de M. de Voltaire, par quelques vers adressés à son ombre.

———

On ne peut dissimuler que le chef actuel de l'Opéra n'ait élevé cet illustre empire à un degré de prospérité où on ne le vit peut-être jamais; ses finances sont dans le meilleur état, et il soutient avec un avantage sensible la concurrence de toutes les puissances rivales, de la Comédie Française, de la Comédie Italienne, du Wauxhall et des Boulevards.

Mais quelles sont les sources de cette grande prospérité? Il faut l'avouer : c'est une tolérance absolue pour tous les genres de musique, pour la musique ancienne et pour la musique nouvelle, pour la musique de Gluck et pour celle de Piccini, pour le grand opéra et pour l'opéra bouffon, pour les ballets à chaconnes et pour les ballets pantomimes; aucun genre n'est proscrit, aucun talent n'est persécuté. Mais l'esprit d'impartialité porté à cet excès ne tient-il pas à un grand fonds d'indifférence, et cet esprit ne serait-il pas suspect même en fait d'opéra?

Quoi qu'il en soit, la fortune n'a pas jugé à propos de laisser jouir long-temps le sieur de Vismes du succès de sa nouvelle administration. Je ne sais quel esprit de vertige, quel génie républicain s'est emparé tout à coup de toutes les têtes de l'Opéra, et particulièrement de la jolie tête de mademoiselle Guimard, de celle de Vestris, de Dauberval, et de la demoiselle Rosalie, dite Le Vasseur. Tous ces grands talens, qui soutiennent aujourd'hui la gloire de notre théâtre lyrique, se sont indignés d'obéir aux ordres d'un seul homme, et d'employer tant d'art et de soins à enrichir un despote oisif et superbe, incapable de faire un entre-chat ou de solfier une note. Les grands mots de propriété, d'indépendance et de liberté ont retenti dans tous les boudoirs et dans toutes les coulisses.

M. de Vismes a commencé par mépriser les murmures des mécontens ; il n'a pas eu pour les grands de son empire tous les égards, toutes les déférences qu'on doit toujours aux colonnes de l'État ; il en a exigé des services plus fréquens et plus pénibles, sans leur accorder des récompenses assez distinguées, sans ménager, comme il l'aurait dû, la délicatesse de leur amour-propre ; il a même osé la blesser dans plusieurs occasions de la manière la plus révoltante ; il a fait enfin ce que font tous les ministres maladroits, il n'a pas su apprécier la force de ses ennemis : aveuglé par la faveur du public, il n'a pas songé à prévenir leurs desseins ; et, après avoir déployé son autorité mal à propos, il s'est trouvé souvent réduit à céder au pouvoir des circonstances, et à laisser voir ainsi toute sa faiblesse.

Il faut expliquer ceci par quelques grands exemples. Dans une assemblée où ces demoiselles représentèrent à

M. de Vismes qu'elles dansaient beaucoup plus sous son règne que sous celui de ses prédécesseurs, et qu'il serait juste d'augmenter en conséquence leurs honoraires, il ne leur répondit que par des injures : qu'elles étaient trop heureuses d'être attachées à un spectacle sans la protection duquel *leurs vertus seraient sans cesse sous la coulevrine de la police* (1). Nos jeunes vestales blessées, comme de raison, de cette impertinence, tournèrent le dos à l'orateur, et il fallut négocier. Mademoiselle Guimard demandait un habit neuf pour danser les plaisirs célestes de *Castor*; l'économie du directeur ayant osé refuser, elle découpa l'ancien en mille pièces, et lui en renvoya les tristes lambeaux. Le sieur de Vismes fut obligé d'en faire faire un autre, et ce n'est qu'après beaucoup de prières qu'il put l'engager à reprendre son rôle.

Des scènes de ce genre, renouvelées presque tous les jours, pouvaient bien compromettre un peu la dignité de l'administration ; mais auraient-elles excité une révolte générale sans l'esprit d'indépendance dont cette malheureuse philosophie a infecté tous les ordres de l'État, que dis-je! tous les royaumes et toutes les nations de la terre?

Les hauteurs, la maladresse, les injustices prétendues de M. de Vismes, ne sont que le prétexte du désir qu'auraient tous les chefs des chœurs et des ballets de se rendre absolument indépendans, et de dominer seuls sur ce vaste théâtre. Il n'y a point d'intrigue, point de ressort secret, point de négociation ouverte, qu'ils n'aient employés pour arriver à ce but, et pour déterminer le sieur

---

(1) Tous les sujets attachés à l'Académie royale de Musique ne peuvent être enfermés que par un ordre exprès du ministre de Paris.

(*Note de Grimm.*)

de Vismes à abdiquer volontairement le pouvoir dont il est revêtu. On lui a offert la retraite la plus avantageuse qu'il pût désirer ; on a promis de déposer huit cent mille francs pour garantir le succès du nouveau système. Un grand prince, M. de Soubise, un grand ambassadeur, M. de Mercy, n'ont pas dédaigné de soutenir cette ligue, déjà si formidable par elle-même, de toute l'étendue de leur crédit et de leur richesse. *Le congrès* (ces dames et ces messieurs appelaient ainsi leurs assemblées), le congrès se tenait dans le petit temple de mademoiselle Guimard, et le grand Vestris, *le Diou de la danse*, déclarait hautement qu'il en était le Washington.

On conçoit aisément que dans cet état de fermentation l'ordre et la discipline n'ont pu être maintenus sans beaucoup de peines et de troubles. Les esprits s'aigrissaient tous les jours davantage, et les tracasseries devenaient plus vives et plus fréquentes. On se voyait forcé de réclamer sans cesse l'appui de l'autorité ; et l'autorité même, aux prises avec les chefs de l'opposition, était souvent réduite à dissimuler son ressentiment pour ne pas porter l'esprit de sédition au dernier période. « Le ministre veut que je danse, disait mademoiselle Guimard, eh bien ! qu'il y prenne garde, moi je pourrais bien le faire sauter (1). » Un jour que le grand Vestris avait répondu fort insolemment au sieur de Vismes, celui-ci s'avisa de lui dire : « Mais, monsieur Vestris, savez-vous à qui vous parlez ? — A qui je parle ? au fermier de mon talent... »

Il est temps d'arriver à l'événement qui a fait éclater

---

(1) On parlait au coucher du roi de cette grande tracasserie. « C'est votre faute, messieurs, dit le jeune monarque à ses courtisans; si vous les aimiez moins elles ne seraient pas si insolentes. » (*Note de Grimm.*)

le désordre avec le plus de violence. Il y a environ quinze jours ou trois semaines que le jeune Vestris, qui promet dès à présent d'égaler un jour les talens de son père, n'ayant absolument pas voulu, je ne sais sur quel prétexte, le doubler dans un des derniers ballets d'*Armide*, reçut l'ordre de se rendre au Fort-l'Évêque. Rien de plus touchant, rien de plus pathétique que les adieux du père et du fils. « Allez, lui dit le Diou de la danse au milieu des foyers ; allez, mon fils, voilà le plus beau jour de votre vie. Prenez mon carrosse, et demandez l'appartement de mon ami le roi de Pologne ; je paierai tout... (1) » Le sieur Dauberval y fut conduit le même soir pour quelques discours fort séditieux. Cet acte de sévérité fit l'impression la plus terrible ; et sans la sagesse des mesures prises depuis, il aurait eu peut-être à l'Opéra des suites encore plus fâcheuses que n'en eut au Parlement, du temps de la Fronde, l'enlèvement des deux conseillers Blancmesnil et Broussel.

Depuis cette grande époque, tous les jours ont été marqués par des assemblées, par des délibérations, par de très-humbles remontrances, par des députations à Versailles, etc., etc. Les premiers acteurs, les premières actrices, les premiers danseurs, les premières danseuses, ont menacé d'abord de suspendre leurs augustes fonctions. Voulant ensuite concilier la lettre de la loi avec leurs

(1) Ce mot d'une emphase si plaisante en rappelle un autre du même genre. Lorsque le jeune Vestris débuta, son père, *le Diou de la danse*, vêtu du plus riche et du plus sévère costume de cour, l'épée au côté, le chapeau sous le bras, se présenta avec son fils sur le bord de la scène ; et après avoir adressé au parterre des paroles pleines de dignité sur la sublimité de son art et les nobles espérances que donnait l'auguste héritier de son nom, il se tourna d'un air imposant vers le jeune candidat, et lui dit : « Allons, mon fils, montrez votre talent au public ; votre père vous regarde ! »

(*Note de la première édition.*)

vues ambitieuses, ces dames et ces messieurs se sont déterminés à demander leur *démission*, ou à exiger respectueusement que leur directeur reçût son *congé*. On a bien voulu accepter la première proposition, mais aux termes de l'arrêt qui les oblige à continuer leur service un an après avoir demandé leur retraite. On a fait entendre aux chefs de leur conseil que si cette parodie des Parlemens durait plus long-temps, elle pourrait bien offenser un corps si respectable; qu'elle ennuyait déjà beaucoup Sa Majesté, et qu'elle finirait par attirer sur eux toute son indignation. On leur a fait sentir que les plus grands talens ne dispensaient pas de la soumission due à l'ordre public; que le plus mauvais service qu'on pût leur rendre, ce serait de céder à leurs vœux; qu'enfin la gloire de la patrie, dont ils s'étaient montrés jusqu'à présent si jaloux, devait l'emporter sur des considérations purement personnelles.

Un traité dont nous ne connaissons point tous les articles semble avoir mis fin aujourd'hui à ces illustres débats (1). On nous a seulement assuré que c'est un maréchal de France (2), distingué autrefois par des négociations fort heureuses avec l'Espagne, qui a contribué le plus à rapprocher les esprits et à concilier l'intérêt du public et les avantages de l'administration avec la délicatesse et la fierté des grandes ames de l'Opéra. Puissent ses soins nous assurer la durée d'un si bel ouvrage!

Ce qu'il y a de certain, c'est que cette grande affaire

---

(1) Le principal article connu de ce traité est que M. le prévôt des marchands reprend la direction suprême de l'Opéra, et que le sieur de Vismes n'en sera plus que le simple régisseur. (*Note de Grimm.*)

(2) M. le duc de Duras. (*Note de Grimm.*)

a beaucoup plus occupé la conversation de nos soupers que les pertes de notre commerce, la prise de Pondichéry, et la malheureuse expédition de Sainte-Lucie. Nos grands politiques se sont contentés d'observer que si l'on donnait jamais le bâton de maréchal de France à M. d'Estaing, *il ne serait pas du bois de Sainte-Lucie.* Et voilà cette nation qui produit tous les jours tant de choses sublimes, renonce si facilement aux plaisirs dont elle paraît le plus enivrée, et brave sans efforts les plus grands dangers !

With happy follies, rise above their fate,
The jest and envy of a wiser state.

On a donné, le lundi 15, la première et dernière représentation des *Deux Amis, ou le Faux Vieillard,* comédie en trois actes et en prose, mêlée d'ariettes, parodiées sur des morceaux tirés des meilleurs compositeurs italiens. Le poëme est de M. Durozoi, citoyen de Toulouse, auteur d'une longue Histoire qui n'a jamais été lue que des capitouls de Toulouse ; d'un poëme sur *les Sens* qui ne le sera jamais de personne ; des *Mariages Samnites,* de *la Bataille d'Ivry,* de *la Réduction de Paris ;* enfin l'auteur du merveilleux projet de mettre toute l'Histoire de France en opéra comiques. C'est un autre poëte un peu moins fameux que le citoyen de Toulouse, M. Ginguené, qui s'est chargé de parodier les ariettes. M. Ginguené n'est guère connu que par quelques pièces fugitives, entre autres par la jolie *Confession de Zulmé,* qui ne lui est guère disputée que par cinq ou six personnes, et qui a été l'objet d'un procès fort grave, dont les principales pièces se trouvent consignées dans le *Journal de Paris*, pour l'édification des siècles à venir (1).

La conduite de ce petit drame, *les Deux Amis*, est aussi froide qu'elle est triste, aussi embrouillée qu'elle est romanesque ; et ce mérite, déjà si touchant par lui-même, l'est encore plus, grace à l'emphase et au ridicule du style propre au sieur Durozoi. Les airs, quoique empruntés de différens compositeurs, ont presque tous le même caractère, sans avoir jamais celui de la situation ; ce qui n'a pas peu contribué, sans doute, à décider si promptement le sort de l'ouvrage.

AVRIL.

Paris, avril 1779.

Nous possédons enfin l'ouvrage de M. de Buffon, qui nous avait été annoncé depuis si long-temps, ses *Époques de la Nature*. De tous les écrits de cet homme célèbre, c'est celui qu'il prétend avoir médité le plus, celui qu'il semble avoir travaillé avec une prédilection toute particulière, celui qu'il regarde lui-même comme le dernier résultat, le plus précieux monument de toutes ses études et de toutes ses recherches. Si le système établi dans cet ouvrage ne paraît pas à tous ses lecteurs également solide, on avouera du moins que c'est un des plus sublimes romans, un des plus beaux poëmes que la philosophie ait jamais osé imaginer.

(1) Ce procès en revendication se débattait entre Ginguené et Mérard de Saint-Just qui s'était attribué la pièce et fut convaincu de plagiat. Voir le *Journal de Paris* des 2, 4, 6 et 8 janvier 1779.

Les *Époques de la Nature* ne sont que le développement du *Traité de la formation des Planètes* appliqué spécialement à la terre, et confirmé par le rapprochement ingénieux de tous les faits, de tous les monumens, de tous les phénomènes, de toutes les observations générales et particulières que l'auteur a pu rassembler pour éclaircir ou pour appuyer son système.

Le sublime historien de la nature a senti lui-même que, quelque vraisemblables que lui parussent ses idées sur la formation de notre globe, elles ne pouvaient pas être susceptibles d'une démonstration rigoureuse. Il est seulement persuadé que ces mêmes idées, qui doivent paraître étranges à tous ceux qui ne jugent les choses que par le rapport de leurs sens, paraîtront simples, naturelles, et même grandes au petit nombre de ceux qui, par des observations et des réflexions suivies, sont parvenus à connaître les lois de l'univers, et qui, jugeant les choses par leurs propres lumières, les voient sans préjugés telles qu'elles sont ou pourraient être, car ces deux points de vue sont à peu près les mêmes; « et celui, dit-il, qui, regardant une horloge pour la première fois, dirait que le principe de tous ses mouvemens est un ressort, quoique ce fût un poids, ne se tromperait que pour le vulgaire, et aurait aux yeux du philosophe expliqué la machine. »

M. de Buffon n'a jamais affirmé ni même positivement prétendu que notre terre et les planètes aient été formées nécessairement et réellement par le choc d'une comète qui a projeté hors du soleil la six-cent-cinquantième partie de sa masse; mais ce qu'il a voulu faire entendre, et ce qu'il maintient encore comme hypothèse très-probable, c'est qu'une comète qui, dans son périhélie, approcherait assez près du soleil pour en effleurer et sillonner la surface, pourrait produire de pareils effets.

Lorsque M. de Buffon envoya la première ébauche de ce système à l'Académie de Berlin, M. Euler lui fit observer que les géomètres ne manqueraient pas de lui objecter que, si la comète en tombant obliquement sur le soleil en eût sillonné la surface et en eût fait sortir la matière qui compose les planètes, toutes les planètes, au lieu de décrire des cercles dont le soleil est le centre, auraient, au contraire, à chaque révolution, rasé la surface du soleil, et seraient revenues au même point d'où elles étaient parties comme ferait tout projectile qu'on lancerait avec assez de force d'un point de la surface de la terre pour l'obliger à tourner perpétuellement.

A cette objection, M. de Buffon répondit que la matière qui compose les planètes n'est pas sortie de cet astre en globes tout formés, mais sous la forme d'un torrent dont le mouvement des parties antérieures a dû être accéléré par celui des parties postérieures; que cette accélération de mouvement a pu être telle, qu'elle aura changé la première direction du mouvement d'impulsion, et qu'il a pu en résulter un mouvement tel que nous l'observons aujourd'hui dans les planètes..... Supposons qu'on tirât du haut d'une montagne une balle de mousquet, et que la force de la poudre fût assez grande pour la pousser au-delà du demi-diamètre de la terre, il est certain que cette balle tournerait autour du globe, et reviendrait à chaque révolution passer au point d'où elle aurait été tirée; mais si au lieu d'une balle de mousquet nous supposons qu'on ait tiré une fusée volante où l'action du feu serait durable et accélérerait beaucoup le mouvement d'impulsion, cette fusée, ou plutôt la cartouche qui la contient, ne reviendrait pas au même point comme la balle de mousquet, mais décrirait un orbe dont le périgée serait d'autant plus éloigné de la terre que la force d'accélération aurait été plus grande et aurait changé davantage la première direction, toutes choses étant supposées égales d'ailleurs.

J'ai entendu dire à M. de Buffon lui-même que M. Euler voulut bien se contenter de cette fusée. Il n'est pas permis d'être plus difficile que M. Euler.

Anecdote de Pétersbourg, par M. Diderot.

Il y avait ici une maîtresse de danse, appelée la Nodin, bonne chrétienne, bonne catholique, mais peu scrupuleuse et se passant volontiers de messes. De bonnes gens bien intentionnés lui remontrèrent que cette longue abstinence scandalisait, et que, pour ses domestiques, ses voisins, les gens du pays, elle ferait bien d'aller quelquefois à l'église. Elle se laissa persuader contre son habitude de plusieurs années. Elle va une fois à la messe, et à son retour elle trouve son congé du spectacle. Cela ne lui donna pas du goût pour la messe : elle revint à son premier régime, et les bonnes gens bien intentionnés à leurs remontrances. Au bout de huit à dix mois elle va une seconde fois à la messe, et à son retour elle trouve ses portes enfoncées, ses armoires brisées et ses nippes volées. Cet événement lui donna de l'humeur contre la messe, et il se passa plus d'un an et demi sans qu'on pût la résoudre à entendre une troisième messe. Cependant, une veille du jour de Noël, les bonnes gens bien intentionnés insistèrent si opiniâtrément, qu'elle les accompagna à la messe de minuit; et à son retour elle ne trouva que la place de sa maison réduite en cendres. A l'instant elle se jette à genoux au milieu de la rue, et, levant les mains au ciel et s'adressant à Dieu, elle dit : « Mon Dieu, je te demande pardon de ces trois messes ; tu sais que je ne voulais pas y aller, pardonne-moi. Je jure devant toi de n'en entendre de ma vie ; et s'il m'arrive de fausser mon serment, je consens à être damnée à toute éternité. »

Ne prenez pas ceci pour un conte, c'est un fait que cent personnes dignes de foi m'ont attesté et pourraient encore vous attester. Ce qu'il y a d'aussi certain, c'est qu'elle a tenu parole, et que les bonnes gens bien intentionnés l'ont laissée en repos jusqu'à ce jour.

———

Il y a quelque temps qu'un jeune homme de la figure la plus noble et de la physionomie la plus intéressante, mais qui paraissait affecté d'une mélancolie profonde, se présenta chez M. le chevalier Gluck. Après lui avoir témoigné avec beaucoup de simplicité tout l'enthousiasme que lui avaient inspiré ses sublimes compositions, il le supplia de vouloir bien entendre la lecture d'un nouvel opéra d'*Orphée*. Ce poëme laissait beaucoup de choses à désirer à M. Gluck, quant aux convenances et à la marche du théâtre ; mais il y remarqua des traits d'une sensibilité si vraie et si touchante, qu'il conçut dès ce moment pour le jeune inconnu l'amitié la plus tendre. Il lui dit : « Et votre physionomie et votre ouvrage, Monsieur, annoncent une ame profondément agitée. Vous avez peint sans doute d'après votre propre cœur..... » A ce mot le jeune homme répand un torrent de larmes ; il lui avoue qu'il avait été passionnément amoureux, et qu'il était prêt à épouser celle qui avait été le premier, l'unique objet de toutes ses affections, lorsqu'une maladie violente la lui enleva l'année dernière ; que depuis cet instant l'univers entier n'était plus rien pour lui, qu'il ne vivait plus que des souvenirs qui pouvaient entretenir sa douleur, et que ce sentiment seul avait dicté son ouvrage.... M. Gluck lui ayant demandé s'il avait appris la musique, il lui répondit qu'il n'en avait qu'une teinture assez légère; que cependant, n'ayant jamais osé se livrer à l'espérance qu'un aussi grand maître que M. Gluck daignât s'occuper de son ouvrage, il avait essayé lui-même d'en composer quelques airs, et il lui demanda la permission de les lui chanter. La composition de ces airs était faible et commune; mais l'expression que leur donnait l'accent touchant de sa voix transporta M. Gluck. Il dit n'avoir jamais entendu de voix plus sensible, plus brillante et plus naturellement mélodieuse; ce ne sont pas des sons, c'est le sentiment même qui coulait de ses lèvres avec un charme inexprimable, et comme l'onde pure qu'épanche sans effort une source limpide, abondante et profonde. Ravi de joie et d'admiration, le chevalier Gluck se jeta au cou du jeune homme. « Mon ami, la nature a marqué votre destination; vouez-vous au théâtre, vous serez un des plus grands acteurs qui aient jamais existé. — Mais, Monsieur, sans être d'une naissance fort distinguée, mon état ne me permet pas de songer à un semblable projet.... — Ouvrez les statuts de l'Académie royale de Musique, vous verrez qu'un gentilhomme peut chanter sur ce théâtre sans déroger. Si vous suivez mon conseil, ou plutôt l'inspiration de la nature, j'abandonne tous mes autres travaux pour votre *Orphée*, et c'est dans cet ouvrage même que vous débuterez. Croyez qu'il n'y a que les grands succès de l'amour-propre qui puissent charmer les ennuis d'une passion malheureuse.... » Le jeune homme lui demanda quelque temps pour y réfléchir, et voici la lettre que M. Gluck en a reçue ces jours derniers :

« Monsieur, faut-il renoncer à voir mon Orphée tué par les Bacchantes honoré de vos notes sublimes ? J'ai fait mon possible pour l'étendre jusqu'à trois actes; mais il n'y gagne qu'une enflure qui ne vous séduirait pas. C'est à quoi j'ai passé le temps qui s'est écoulé depuis mon départ de la capitale.

« J'avoue, Monsieur, que le seul désir de vous complaire m'a fait promettre de réfléchir sur la proposition d'entrer à l'Académie royale de Musique. Je méprise les idées populaires sur l'état d'acteur ; ce talent n'est pas moins rare que celui de poëte, et l'homme qui l'exerce avec des mœurs mérite la plus grande estime. Les maisons qui sont ouvertes à ceux qui se distinguent sur la scène, laissent peu de regret sur celles qui leur sont fermées, et l'accueil des premiers rangs leur est offert en place de celui des derniers. Je suppose ces avantages assurés à mes talens futurs, et ma raison vous cède ; mais vous ne vaincrez point mon cœur. J'ai une mère, un frère, des sœurs sous le joug de l'opinion la plus vulgaire. Tout gothique qu'il est, cet esprit de bourgeoisie donnerait la mort à celle de qui je tiens la vie. Mon jeune frère privé, à son entrée dans le monde, du simple titre d'une honnête obscurité; mes sœurs mariées, rendues malheureuses ; celle qui est fille, privée de l'hymen : voilà, Monsieur, le coup que je frapperais ; et il n'est pour moi ni fortune, ni faveur des grands, ni gloire à ce prix.

« Si vous ne pouvez accorder à mon poëme une merveille de votre art, laissez-moi du moins l'estime d'un grand homme en retour de la haute admiration et du

profond respect avec lequel j'ai l'honneur d'être, etc. —
Viguerard. »

La Comédie Italienne ayant obtenu la permission de ne plus donner de pièces italiennes, les a remplacées par les comédies de son ancien répertoire qu'elle avait entièrement abandonnées depuis sa réunion avec l'Opéra-Comique. On a renvoyé en conséquence tous nos acteurs ultramontains, à l'exception de Carlin Bertinazzi et de son double, qui continuent de jouer leurs rôles d'Arlequin dans les pièces françaises. La troupe des bouffons a été congédiée en même temps par l'administration de l'Académie royale de Musique, au grand regret d'un très-petit nombre d'amateurs, mais à la satisfaction générale du public de Paris, plus amoureux que jamais des grands airs de Rameau, du bruyant orchestre de M. le chevalier Gluck, et des pantomimes-parades de mons Gardel. On assure que la complaisance qu'on a eue pour le goût de messieurs les bouffonistes a fait perdre encore, l'année dernière, à l'Opéra plus de soixante mille livres. L'ancien directeur de l'Académie royale de Musique, le sieur Berton, vient de reprendre les rênes de ce mobile empire (1); et, pour lui rendre son antique splendeur, on va remettre *Castor et Pollux*.

Dans le grand nombre de débuts qu'on a vus depuis quelque temps à la Comédie Italienne, le seul qui mé-

(1) Ce n'est plus la ville de Paris qui se trouve chargée de l'administration de l'Opéra. Sa Majesté lui en a retiré le privilège, et s'est déterminée à le faire régir elle-même sous les ordres immédiats du secrétaire-d'État ayant le département de la ville de Paris, et sous l'inspection du sieur Berton, en associant aux bénéfices de la nouvelle administration et les directeurs et les principaux sujets de ce spectacle. En vertu du nouveau plan, Sa Majesté a ordonné que les habits, décorations, etc., qui sont actuellement dans les ma-

rite d'être remarqué est celui de madame Verteuil. Elle avait déjà débuté, il y a sept ou huit ans, sur le théâtre de la Comédie Française, mais dans les grands rôles tragiques, et elle n'y avait point réussi. Un emploi qui paraît lui convenir infiniment mieux, est celui des grandes coquettes et des grandes amoureuses; elle l'a rempli à Versailles avec le plus grand succès, et nous ne l'avons pas trouvée au-dessous de sa réputation dans les deux pièces que nous lui avons vu jouer ici, *les Fausses Confidences*, et *les Jeux de l'Amour et du Hasard*. Quoiqu'elle ne soit plus de la première jeunesse (1), sa figure est intéressante et noble; sa voix, naturellement un peu forte, a cependant des inflexions très-sensibles et très-douces. Si son jeu laisse apercevoir plus d'étude que de naturel, c'est une étude sans affectation et sans manière. Il est difficile de montrer une plus grande intelligence de la scène, plus de finesse et de talent pour faire valoir jusqu'aux moindres détails. L'illusion de cet art enchanteur lui a valu quelquefois, dit-on, la plus haute fortune à laquelle une femme puisse prétendre en France après la première; mais ce sont des succès dont il ne nous appartient pas de rendre compte. Ce qu'il y a de certain, c'est que Monsieur a pris beaucoup d'in-

gasins de ses Menus Plaisirs, fussent remis à l'Académie royale de Musique, à la charge par elle de faire le service de la cour pour telles rétributions qui seront trouvées justes. Pour éviter encore plus sûrement que l'Opéra ne contracte des dettes et ne devienne à charge au Trésor royal, Sa Majesté a décidé que le prix des places du parterre, depuis long-temps à quarante sous, serait porté à quarante-huit sous. Cette augmentation, déjà autorisée par celle des petites loges, n'est que dans une faible proportion avec l'accroissement de valeur de tous les objets de subsistance et de commerce. (*Note de Grimm.*)

(1) Il y a vingt ans au moins que M. le baron de Breteuil lui a vu jouer le rôle de Zaïre à Saint-Pétersbourg avec Orosmane de Belloy, depuis l'un des Quarante, et qui s'appelait alors M. Dormon. (*Note de Grimm.*)

térêt au début de madame Verteuil, et qu'elle a eu son ordre de réception avant même d'avoir débuté.

———

On a donné, le mardi 20, la première représentation du *Devin du Village*, avec des airs refaits par Rousseau. Cette tentative n'a eu aucun succès; à l'exception du premier air, *J'ai perdu tout mon bonheur*, qui n'a été que faiblement applaudi, tous les autres airs nouveaux ont été hués sans le moindre égard pour la mémoire de l'auteur. A chaque ritournelle dont on ne reconnaissait pas le motif, le parterre redemandait indécemment l'ancienne musique, et les seuls morceaux où l'auteur n'a rien changé sont ceux qui ont été reçus avec la faveur accoutumée. Les amis de Rousseau ont prétendu que la nouvelle musique avait été fort mal exécutée, et par conséquent très-mal entendue; mais le sentiment le plus général, d'accord avec celui des artistes les plus éclairés, a décidé que Rousseau, en voulant corriger son ouvrage, l'avait gâté; qu'en cherchant à donner plus d'expression à ses airs, une harmonie plus soutenue à ses accompagnemens, il avait fait perdre à sa composition ce caractère simple et naïf qui en était le premier charme, sans compter que la prétention d'une facture plus forte et plus savante lui avait fait commettre des fautes qu'on ne pardonnerait pas à un écolier. La seule observation que notre ignorance en musique se permettra d'ajouter à un jugement si sévère, c'est qu'il n'y a presque aucun des airs nouveaux qui ne rappelle très-sensiblement le caractère et l'intention de l'air auquel on a jugé à propos de le substituer; et sans doute il n'est pas adroit de rappeler au public ce qu'il ne se lasse point d'applaudir depuis trente ans, lorsqu'on veut essayer d'autres moyens de lui plaire. On a remarqué que l'infidélité que Rousseau a faite à son ancienne musique ressemblait à celle de Colin. « Il vous est infidèle, dit le Devin à l'aimable Colette; il vous est infidèle, et pourtant il vous aime toujours. » Ces infidélités, comme on sait, sont sans conséquence.

On a représenté pour la première fois, sur le théâtre de la Comédie Française, le samedi 17, *l'Amour français*, comédie en un acte, de M. Rochon de Chabannes. Ce petit acte ressemble beaucoup aux premiers ouvrages de l'auteur; ce sont des scènes épisodiques sans intrigue, sans action, presque sans sujet, mais qui se soutiennent par l'agrément des détails et par l'intérêt d'un dialogue simple et naturel: C'est une conversation plutôt qu'un drame, mais une conversation vive, ingénieuse, et dont l'effet est plus piquant, quelquefois même plus théâtral que celui de tant de comédies prétendues où l'on ne trouve qu'une intrigue embrouillée ou languissante, des situations communes ou forcées, de frivoles déclamations, et tout l'apprêt d'un froid persiflage. Dans *Heureusement*, M. Rochon de Chabannes a su peindre avec beaucoup de grace et de naïveté les premiers élans d'un jeune homme vers la gloire. Dans *l'Amour français*, il nous offre le tableau d'une femme intéressante et vertueuse qui n'emploie l'ascendant qu'elle a pris sur toutes les affections de son jeune parent que pour enflammer son courage, et pour obtenir de lui les sacrifices que lui impose la loi de l'honneur. Il ne s'agit pas, à la vérité, d'un effort infiniment pénible, il n'est question que de renoncer à profiter d'un congé qu'on a sollicité indiscrètement pour demeurer plus long-temps auprès de ce qu'on aime; mais les leçons que l'amour donne à ce sujet n'en sont ni moins fortes, ni moins touchantes; et l'éloquence qu'il inspire à la jeune marquise de Sernentes contraste agréablement avec l'humeur d'un oncle dont le jeune homme attend toute sa fortune. Cet oncle est un vieux militaire rempli de franchise et de loyauté, mais brusque et sévère, croyant beaucoup moins à la vertu des femmes qu'à la nécessité de faire son devoir, et qui finit par être fort étonné que ce sexe dangereux soit aussi capable d'élever nos âmes que de charmer nos sens.

Dire le sujet de cette pièce, c'est en avoir fait l'analyse; il ne nous reste plus qu'à citer les endroits qui ont été le plus généralement applaudis.

LE VIEUX BARON.

Il faut de son métier faire l'apprentissage;
Et le jour d'une affaire, un jeune homme est bien neuf,
Échappé de Paris ou bien de l'OEil-de-Bœuf.... (1)
Un enfant marié ne dépend plus de rien...
L'épouse est négligée et d'abord se désole,
Mais le plaisir bientôt l'entraîne et la console.
Madame tient maison, et monsieur n'en tient plus;
Il va porter ailleurs ses vœux irrésolus,
Et passant chez Phryné le vide de sa vie,
L'ingrat dans son hôtel, dont l'aspect seul l'ennuie,
Ne loge plus enfin auprès de sa moitié
Que ses chiens, ses chevaux et ses valets de pied (2).

LA MARQUISE.

On est compté pour rien quand on est inutile;
L'oisiveté, monsieur, est une mort civile...

(1) C'est un coin de la galerie de Versailles où se rassemblent les oisifs de la cour, et où on apprend, et quelquefois où l'on prépare les nouvelles et les intrigues du jour. (*Note de Grimm.*)

(2) Ce mot n'est pas tout-à-fait le mot propre; il n'y a que les princes qui aient des valets de pied. (*Note de Grimm.*)

Voyez ce courtisan à peu près de votre âge :
Il renonce aux douceurs d'un récent mariage,
Aux charmes de la cour, aux plaisirs de Paris;
La gloire seule échauffe, embrase ses esprits,
Il vole la chercher sur un autre hémisphère ;
Et croyant son pays menacé de la guerre,
C'est le patriotisme et le plus pur honneur
Qui rendent à son prince un brave serviteur.

Il n'y a personne qui, à ce portrait, n'ait reconnu M. de La Fayette; un murmure flatteur a fait retentir son nom dans toute la salle, et des applaudissemens multipliés ont confirmé avec transport un si juste hommage.

La dernière scène de ce petit acte avait quelques longueurs qui ont nui au succès de la première représentation. L'auteur s'était avisé de faire faire au baron un éloge fastidieux du ministère actuel. Préville, dont la mémoire n'avait pu retenir cette longue tirade, après en avoir débité le commencement avec beaucoup d'emphase, s'arrêta tout court à ce vers :

Les emplois ne sont plus accordés qu'au mérite....

Soit que la louange parût déplacée dans le cadre où elle se trouvait, soit qu'il y eût ce jour-là beaucoup de militaires au spectacle à qui le dernier travail de M. le prince de Montbarey avait laissé de l'humeur, soit enfin que l'embarras de l'acteur fît une disparate trop ridicule avec le ton pathétique qui l'avait précédé, ce compliment, loin de prendre, excita de grandes huées. L'auteur a eu le bon esprit de le supprimer entièrement et de resserrer toute la scène; l'ouvrage en a été mieux reçu à la seconde représentation ; et quoiqu'on puisse lui reprocher encore quelques négligence de style plus répréhensibles dans ce genre d'ouvrage que dans aucun autre, on présume que cette agréable bagatelle n'aura pas moins de succès à la lecture qu'au théâtre.

M. de La Harpe a fait une collection de ses principaux ouvrages, et vient de la publier en six volumes; c'est immédiatement après la fin déplorable des *Barmécides*, au moment où M. de La Harpe s'est vu le plus cruellement harcelé par ses nombreux ennemis, et surtout par la secte puissante des Gluckistes, que ce nouveau recueil de ses Œuvres a été offert à la malignité du public et à la haine des journaux; aussi ne lui a-t-on pas rendu toute la justice qu'il eût peut-être obtenue dans d'autres circonstances.

On trouve dans le premier volume, *Warwick*, *Mélanie*, *Barnevelt*, un *Essai sur les Tragiques grecs*, et une diatribe contre Shakspeare. Il n'y a dans *Warwick* qu'un seul rôle vraiment dramatique, la marche des premiers actes manque quelquefois de force et quelquefois de vraisemblance; il faut convenir cependant que c'est la tragédie la plus raisonnable que nous ayons vue au théâtre depuis qu'on n'en fait plus, et le quatrième acte peut se soutenir à côté des ouvrages de nos plus grands maîtres. *Mélanie* a peu d'action, peu de mouvement; mais le sujet est heureux; le rôle du curé, sans être tout ce qu'il devrait être, n'en est pas moins une conception neuve, originale; et quoique *Mélanie* soit trop philosophe pour une jeune personne de quinze ans, il y a dans ses discours des développemens d'une sensibilité fort touchante, et la pièce intéresse en général par un style simple et pur. Cependant l'auteur devait-il croire, devait-il surtout se permettre d'imprimer lui-même ce que M. de Voltaire écrivait dans le temps à un de ses amis : *L'Europe attend Mélanie* (1)? « Cela n'est pas très-bon, me disait M. de Voltaire, dans ce même temps, à Ferney; cela réussira pourtant : c'est un drame, et l'on aime aujourd'hui les drames à Paris. » *Barnevelt* est une imitation du *Marchand de Londres*, de M. Lillo. Cette imitation n'est point sans mérite; mais en adoucissant tous les caractères de l'original, comment M. de La Harpe a-t-il osé conserver l'atrocité de la dernière situation? Il n'y a que l'énergie du caractère de Wilmou et la violence de la passion de Barnevelt qui puissent préparer l'ame des spectateurs à cette terrible catastrophe. L'acheter par des moyens plus faibles, c'est augmenter à la fois l'horreur du tableau et en diminuer la vraisemblance. L'*Essai sur les Tragiques grecs* nous a paru rempli de littérature et de goût; on y trouve surtout plusieurs morceaux de Sophocle et d'Euripide, traduits en vers avec beaucoup de soin. Le pamphlet contre Shakspeare a ennuyé en détail tous les lecteurs du *Journal de Littérature*; il ne paraîtra pas moins ennuyeux sans doute sous cette nouvelle forme.

Le second volume des OEuvres de M. de La Harpe contient ses poésies. Ce ne sont pas les pièces qu'on a relues avec le plus de plaisir. On distinguera l'*Épître à Zélis*, les *Vers à la fontaine de Meudon*, les *Regrets*, une *Romance*, et quelques couplets à madame Broutin, où l'on trouve et de la grace et de l'imagination; mais il ne paraît pas en général que M. de La Harpe ait le talent de la poésie légère. *L'Ombre de Duclos* est une des meilleures satires que l'on ait faite depuis *le Pauvre Diable*. La traduction du premier et du quatrième livre de la

(1) Note de l'Avertissement de *Mélanie*. (*Note de Grimm*.)

Pharsale offre de grandes beautés, mais elle est loin de faire sentir toutes celles de l'original.

Le troisième et le quatrième volume renferment, outre les discours académiques de l'auteur, ses *Éloges* et le Discours préliminaire de la traduction de Suétone, quelques autres morceaux de littérature déjà connus, et une dissertation assez intéressante sur les romans. On y apprécie avec un goût peut-être trop rigoureux les ouvrages de Richardson ; mais peut-on savoir mauvais gré à l'auteur de regarder *Tom-Jones* comme le premier des romans ?

Dans le cinquième et le sixième volume, M. de La Harpe a rassemblé ce qui lui a paru le plus curieux et le plus intéressant dans les articles qu'il avait insérés au *Mercure* et dans le *Journal de Politique et de Littérature*. On peut se plaindre du ton de ses critiques ; on peut leur reprocher de ne porter presque jamais que sur un seul objet, sur le style ; mais on ne peut leur refuser en général le mérite d'un goût sûr et sévère. Il ne se croit point obligé de faire valoir toutes les beautés de son ouvrage, et c'est sans doute une espèce d'injustice ; mais ces critiques n'en sont pas moins fondées, et les jeunes gens y peuvent puiser d'excellentes leçons. Un des articles les plus agréablement faits est, sans contredit, celui des ouvrages de M. Linguet : ce morceau est d'une discussion très-piquante, et la plaisanterie en est vive et légère.

M. de La Harpe a beaucoup plus d'esprit que de connaissances, beaucoup moins d'esprit que de talent, et beaucoup moins d'imagination que de goût ; mais il sait parfaitement Racine et Voltaire ; et, quoiqu'il n'ait pas encore justifié toutes les espérances qu'on avait pu concevoir de l'auteur de *Warwick*, c'est encore le meilleur élève qui soit sorti de l'école de Ferney. Il est malheureux que les circonstances l'aient obligé à perdre tant de temps à dire du mal des autres et à se défendre ensuite contre les ennemis qu'il se faisait tous les jours en exerçant un si triste métier. La plus furieuse épigramme qu'on ait jamais faite sur lui est le mot de M. de Chamfort, mot cruel, mais que Tacite n'eût pas désavoué : « C'est un homme qui se sert de ses défauts pour cacher ses vices. »

MAI.

Paris, mai 1779.

Quoique la querelle entre les Gluckistes et les Piccinistes soit toujours ce qui nous occupe essentiellement, on a bien voulu faire un peu de diversion à ce puissant intérêt en faveur de *l'Ordre profond* et de *l'Ordre mince*. Ces discussions de tactique, dont l'esprit de parti s'est mêlé comme de raison, ont paru même avoir quelque analogie avec la diversité de nos opinions en musique. On a trouvé que l'Ordre profond ou le système de M. de Mesnil-Durand (1) n'était que l'ancienne colonne de Folard, reproduite sous une forme nouvelle; comme le système du chevalier Gluck n'était que notre ancienne psalmodie française, renforcée d'un orchestre plus riche et plus bruyant. On dit que l'Ordre mince, adopté par le plus grand homme de guerre de nos jours, et, à son exemple, par la plus grande partie de l'Europe, était

(1) L'écrit de M. de Mesnil-Durand avait pour titre: *Réponse à la brochure intitulée* : L'Ordre profond et l'Ordre mince; 1776, in-4°.

comme cette musique ultramontaine qui pouvait bien convenir à toutes les autres nations de la terre, mais qui ne conviendrait jamais à la nôtre, vu le peu de rapports qu'elle avait avec notre caractère, nos goûts et nos habitudes.

Ce fut d'abord à la suite du camp de Bayeux que cette grande question fut agitée avec le plus de vivacité; mais elle fut bientôt oubliée et le serait sans doute encore aujourd'hui, au moins du public de la capitale, si M. de Guibert ne venait pas de réveiller les esprits sur cet objet intéressant, par un ouvrage intitulé : *Défense du système de Guerre moderne, ou Réfutation complète du système de M. de Mesnil-Durand, par l'auteur de l'ESSAI GÉNÉRAL DE TACTIQUE*, en deux volumes in-8°.

Cet ouvrage, quoiqu'il traite des matières qui ne sont pas à la portée de tous les lecteurs, et qui n'intéressent même proprement qu'une seule classe de la société, n'en a pas moins fait une très-grande sensation. C'est un privilège attaché à toutes les productions du même auteur, et ce privilège tient sans doute à l'énergie avec laquelle il donne à tous ses écrits l'empreinte de son caractère et de son génie, d'un génie ardent et fier, d'un caractère ambitieux mais plein de franchise, et dont l'élévation annonce une ame qui sent toutes ses forces et le noble dessein de les consacrer à la gloire de sa patrie.

La faveur dont M. de Broglie continue d'honorer le système de l'Ordre profond, malgré la réclamation presque universelle de l'armée, et les justes égards que M. de Guibert a cru devoir à un suffrage si considérable, ne lui ont pas donné peu d'embarras. Il n'en a pas attaqué moins vivement M. de Mesnil-Durand, mais il n'a pas perdu une seule occasion de donner les plus grands éloges aux talens de son illustre protecteur. Quelque sincère que pût être au fond cette conduite, elle ne lui a point réussi dans l'esprit de M. le maréchal, qui lui a fait fermer sa porte, et n'a pas empêché le comte de Broglie de dire à tout le monde que M. de Guibert avait traité dans son livre M. de Mesnil-Durand comme un polisson, et son frère comme un sot. Il est donc vrai que l'intolérance tient si fort à la nature humaine, qu'il n'y a point d'opinion, point d'état qui n'en soit susceptible.

Il y a long-temps qu'on nous annonçait l'opéra d'*Iphigénie en Tauride* comme le chef-d'œuvre de la musique dramatique. C'est le mardi 18 qu'on nous en a donné la première représentation; et, en effet, quelque éclatant qu'ait été le succès des ouvrages de M. Gluck en France, il n'y en a aucun qui ait fait une impression si forte et si générale. Le poëme est le coup d'essai d'un jeune homme, de M. Guillard. Il est vrai que M. le Bailli du Rollet prétend en avoir tracé le dessein, M. le chevalier Gluck l'avoir corrigé et pour ainsi dire refait; de sorte qu'il ne resterait guère à M. Guillard que le mérite de l'avoir rimé; mais ce mérite, au moins je l'espère, ne lui sera ni disputé, ni même envié par personne. Quoi qu'il en soit, l'auteur ou les auteurs de l'opéra n'ont fait que suivre le plan de la tragédie de Guymond de La Touche, dont ils ont seulement rendu l'action plus animée et plus rapide, en élaguant les scènes de développement et tous ces détails d'exposition que la musique ne saurait rendre, qui en ralentiraient l'effet, et dont l'illusion du théâtre n'a jamais besoin.

S'il faut en croire les Gluckistes, tous les trésors de l'harmonie et de la mélodie, tous les secrets de la musique dramatique ont été épuisés dans cet ouvrage; c'est la vraie mélopée antique, enrichie de tous les progrès que l'art a pu faire de nos jours. Si vous écoutez les Piccinistes, cette musique, qui transporta tout Paris, n'est que de la musique française renforcée; le peu de chant qu'on y trouve est monotone et commun, et le rhythme en est généralement vicieux. Sans oser prendre parti dans cette illustre querelle, sans décider même si c'est grace au génie de M. Gluck ou grace au génie de nos oreilles, qui probablement ne changera jamais, nous devons avouer que ce nouvel opéra, quelle que soit la cause de l'illusion, a paru d'un effet extraordinaire. L'action du poëme est simple et pathétique, la marche en est vive et rapide, et l'ensemble du spectacle d'un intérêt soutenu. Cette musique ne charme point l'oreille, mais elle ne ralentit presque jamais l'effet de la scène; elle peint plus souvent les mots que la situation; mais, malgré ses défauts, cette déclamation notée est bien préférable sans doute à celle qu'il faut essuyer aujourd'hui au Théâtre Français. Je dis donc aux Gluckistes, pour ne me brouiller avec personne : Je ne sais si c'est là du chant, mais peut-être est-ce beaucoup mieux. Quand j'entends *Iphigénie*, j'oublie que je suis à l'Opéra; je crois entendre une tragédie grecque dont Le Kain et mademoiselle Clairon auraient fait la musique... Cela ressemble à de l'enthousiasme, et je sauve mon jugement à l'abri de ces grands noms. On a été en général fort content de l'exécution du nouvel opéra. Mademoiselle Le Vasseur, ci-devant mademoiselle Rosalie, chante le rôle principal avec toute la grace dont la mélodie de

Gluck est susceptible, et le joue avec une intelligence peu commune. Le rôle d'Oreste est fort bien rendu par le sieur Larrivée ; on désirerait cependant qu'il ne mît pas une agitation si forcée et si continue dans la terrible scène des Euménides, dont il fait un vrai spectacle d'horreur. Les sieurs Le Gros et Moreau ont mérité les plus grands applaudissemens dans le rôle de Pylade et dans celui de Thoas.

Il faut mettre au nombre des ouvrages peu faciles à lire, mais pleins de philosophie, les *Recherches historiques et critiques* que vient de publier M. Dumont, *sur l'administration publique et privée des terres chez les Romains* (1). Les premiers chapitres traitent du partage des terres, et en donnent une idée plus juste que celle qui a prévalu jusqu'ici. On prouve que la fameuse répartition de deux journaux par tête ne fut jamais considérée comme un lot suffisant à l'entretien d'une famille, mais seulement comme la plus petite portion de terre qu'un citoyen pouvait posséder. On retrouve dans les plus anciens temps de la république, et même sous les rois, les notions les plus saines et les plus précises du droit de propriété. On examine les encouragemens accordés à l'agriculture, et les prohibitions qui devaient en arrêter les progrès. On ne dissimule ni le nombre des corvées et des prestations de toute espèce, qui étaient exigées des gens de campagne, ni l'autorité arbitraire de ceux qui gouvernaient les provinces, et l'on ne craint pas d'assurer que le despotisme le plus intolérable est celui des magistrats chargés, dans les républiques, du pouvoir exécutif.

(1) 1779, in-8°.

La seconde partie de l'ouvrage de M. Dumont contient une foule de détails curieux sur les différentes productions qui faisaient l'objet de l'agriculture romaine, sur l'emploi de plusieurs sortes de blés, sur leur culture et sur celle des légumes et des herbes potagères, sur celle de la vigne, de l'olivier, etc, etc. Au commencement du septième siècle de la république, les Romains ne connaissaient guère d'autres fruits que les figues, les noix, les pommes, les poires, les coings et les châtaignes. Mais un grand objet de commerce pour eux, c'était les fleurs : il y avait des champs entiers destinés à la culture des roses et des violettes, et les fleurs ne servaient pas seulement pour les parfums et pour la parure, mais encore pour la cuisine ; on les employait à parfumer le vin et l'huile, et on les faisait entrer dans plusieurs ragoûts.

M. Dumont ne discute pas avec moins d'exactitude et d'érudition tout ce qui regarde le commerce des bestiaux, les piscines ou viviers, les abeilles, etc.

La dernière partie de son livre offre des vues plus générales. On y examine quelles furent les causes des progrès et de la décadence de l'agriculture chez les Romains. On observera qu'au commencement de la république, en moins de cent ans, ce peuple éprouva huit grandes famines. On fait voir que dans les premières époques de sa prospérité, la guerre, dont il fut sans cesse occupé, ne lui permit pas de donner plus d'essor à l'agriculture ; que ce n'est que lorsque ses conquêtes hors de l'Italie lui eurent procuré à la fois de grandes richesses et de grandes ressources pour sa subsistance, par les denrées qu'il fit venir des provinces soumises, que l'agriculture alors se tourna vers les objets qui ne pouvaient venir de l'étranger, tels que les fourrages, les bestiaux et tout ce qui en est le produit, l'éducation des animaux qui servent à la cuisine, le jardinage, etc. M. Dumont fait voir ensuite que le luxe, qui avait perfectionné d'abord l'agriculture, ne tarda pas à la détruire, parce que les richesses et l'industrie ne subsistent pas long-temps ensemble, et que l'Italie, devenue indépendante de l'étranger, retomba dans la misère dès qu'elle perdit son empire sur les provinces de l'Afrique et de l'Asie. Il prouve encore d'une manière invincible que, dans quelque état de prospérité qu'ait jamais été l'agriculture des Romains, celle des modernes la surpasse infiniment. Ce qui scandalisera sans doute encore plus les enthousiastes de l'antiquité, c'est qu'il ose soutenir, par les preuves les plus frappantes, que l'influence de l'agriculture sur le gouvernement et sur les mœurs des Romains ne fut que très-faible et presque insensible, et que ce peuple, à qui nous prodiguons depuis si long-temps notre admiration, dut bien moins sa célébrité au bonheur qu'il s'est procuré, qu'au malheur dont il a accablé les autres nations.... Cette opinion n'est pas nouvelle, et personne ne l'a développée avec plus d'esprit que l'ingénieux auteur de *la Félicité publique* (1).

JUIN.

Paris, juin 1779.

Un nouveau spectacle, établi l'année dernière à la Foire Saint-Laurent, vient d'attirer depuis deux mois et la ville et la cour, grace au prodigieux succès d'une es-

(1) Le marquis de Chastellux.

pèce de proverbe dramatique, dont nous sommes assez embarrassés de dire le sujet. Comment se dispenser pourtant de parler d'un ouvrage qui fait les délices de tout Paris, pour lequel on abandonne les chefs-d'œuvre de Molière et de Racine, et qui, à la cent douzième représentation, est encore plus suivi qu'il ne l'était à la première! L'objet d'un si bel enthousiasme, l'idole d'une admiration si rare et si soutenue, l'homme enfin qu'on peut appeler dans ce moment l'homme de la nation, est un certain M. *Jeannot*, qui joue, il faut l'avouer, avec la plus grande vérité, le rôle d'un niais que l'on arrose d'une fenêtre comme Don Japhet d'Arménie; qui, par le conseil d'un de ses amis, va faire sa plainte au clerc d'un commissaire dont il est la dupe, et qui, après avoir été bien battu pour s'être avisé de vouloir se venger lui-même, est surpris dans la rue par le guet, et se trouve enfin dépouillé du peu qu'il possède, ce qui prouve sans doute très-clairement que ce sont *les battus qui paient l'amende*. Ce proverbe, qui sert de morale à la pièce, en est aussi le titre. L'auteur à qui nous sommes redevables d'une si noble production est M. d'Orvigny. Sans partager la folie des transports avec lesquels on a daigné accueillir une si ridicule farce, on ne peut nier qu'il n'y ait une sorte de mérite à l'avoir faite. L'auteur a rassemblé dans le rôle de *Jeannot* plusieurs traits connus, mais vraiment comiques; et la manière dont il a su les employer laisse concevoir quelque espérance de son talent, lorsqu'il voudra bien l'appliquer à des sujets moins bas. Quant à l'acteur (1) qui l'a fait valoir avec tant de succès, il donne bien plus que des espérances. On ne peut avoir un masque plus mobile et plus vrai, des inflexions

---

(1) Le sieur Volange. (*Note de Grimm.*)

de voix plus variées et plus justes, un jeu plus simple et plus naturel, une gaieté plus franche et plus naïve. Messieurs les gentilshommes de la chambre ont déjà fait quelques démarches pour le faire débuter sur un théâtre plus digne de sa gloire.

Dans le même temps où l'on voyait une si grande affluence de monde à la cent douzième représentation des *Battus paient l'amende*, il n'y avait pas deux loges de louées pour la première représentation de *Rome sauvée*, de M. de Voltaire ; et à la troisième, la salle était déserte. O Athéniens ! Athéniens ! Il y avait cependant fort long-temps que cette superbe tragédie n'avait été donnée, et les Comédiens l'ont remise avec tout le zèle qu'ils doivent à la mémoire du grand homme. Le sieur Brizard a eu des momens sublimes dans le rôle de Cicéron, et le sieur Larive a déployé, dans celui de Catilina, une intelligence qui méritait bien d'être encouragée. Mademoiselle Sainval cadette, qui travaille depuis long-temps avec une application très-distinguée, a donné au rôle d'Aurélie tout l'effet dont il est susceptible.

Puisqu'on recueille, qu'on imprime avec tant d'avidité toutes ces petites noirceurs connues sous le nom d'*Honnêtetés littéraires* (1), ne serait-il pas juste de publier avec le même intérêt des traits de générosité qui honorent les lettres et ceux qui les cultivent ? Dans ce nombre, ne citerait-on pas le procédé que M. de La Harpe vient d'avoir pour M. Dorat ? Voici le fait dont les circonstances nous ont paru assez remarquables. Il y

(1) Paris, 1767, in-8°; par Voltaire : compris dans ses *OEuvres*.

a quelque temps que l'illustre auteur de *Mélanie* et de *Varwick* reçut une lettre signée d'un Capucin, dans laquelle on lui demandait un rendez-vous dans l'église d'un des couvens les plus reculés de Paris. M. de La Harpe, dont la prudence se défie même des rendez-vous d'un Capucin, quoique dans un moment de verve il n'ait pas craint d'en proposer un lui-même (1) six mois d'avance, et sur des côtes ennemies, se dispensa de répondre à celui-ci; mais ayant reçu une seconde lettre beaucoup plus pressante que la première, et dans des termes qui ne purent lui laisser aucune inquiétude, il se détermina enfin à tenter cette grande aventure. Le moine ne manqua pas de se faire connaître à notre Académicien par les signes dont il était convenu avec lui; et l'ayant mené dans un endroit écarté, il lui confia qu'il avait été ci-devant secrétaire de M. Dorat, dont il avait éprouvé beaucoup d'injustices, mais qu'il avait entre ses mains les moyens d'en tirer une vengeance signalée, et qu'il s'était adressé à lui, ne sachant personne qui fût plus capable et qui eût plus d'intérêt de le seconder. Là-dessus il tira de sa manche un gros paquet de manuscrits où se trouvait, parmi plusieurs satires grossières contre l'Académie, et nommément contre M. de La Harpe, une correspondance entière avec une femme mariée, dont on pouvait, selon lui, faire un roman très-piquant, très-scandaleux, très-propre à perdre M. Dorat; son intention était de la vendre à un libraire, à la réserve de quelques originaux qu'il ferait remettre adroitement au mari de la dame..... M. de La Harpe ne put s'empêcher de témoigner au moine l'horreur que lui inspirait

---

(1) Au *Courrier de l'Europe.* (*Note de Grimm.*) — A l'occasion des critiques dirigées contre *les Barmécides.*

une pareille perfidie, et ne songea d'abord qu'à lui représenter dans leur plus grande force tous les motifs qui devaient l'en détourner; mais, de retour chez lui, il crut n'avoir point assez fait, et, n'étant plus entraîné par le premier sentiment de sa sensibilité, il calcula très-prudemment qu'on pouvait faire mieux. Il avait remarqué que l'intérêt, le besoin d'argent, étaient les premiers principes de l'indigne manœuvre que méritait le fourbe enfroqué. En conséquence, il lui écrivit qu'il avait réfléchi plus mûrement sur son dessein, et que, s'il voulait lui confier l'examen des papiers en question, il imaginait une manière d'en faire un usage plus profitable, et qui le compromettrait moins. La lettre fut assez adroite, ou le moine assez sot pour faire réussir l'artifice. M. de La Harpe reçut, dans la journée, le paquet du moine, bien cacheté, et l'envoya sur-le-champ, tel qu'il l'avait reçu, à M. Dorat, en lui mandant par quelles circonstances il était tombé entre ses mains, et sans exiger d'autres preuves de sa reconnaissance que l'engagement de ne former aucune poursuite contre le malheureux qui s'était confié à lui. Toutes les haines littéraires se sont évanouies devant un procédé si généreux : M. Dorat s'est empressé d'aller baiser la joue qu'il avait si maltraitée dans les feuilles de Fréron; et depuis cet instant, M. de La Harpe a tâché de dire le mal qu'il voulait continuer de dire de M. Dorat, d'un ton infiniment plus doux. Après de pareils traits, oserait-on accuser encore les gens de lettres de n'être pas chrétiens ?

On vient de publier des *Discours historiques, politiques et critiques sur quelques Gouvernemens de l'Europe*; par M. le comte d'Albon, des Académies de Lyon, Dijon,

Rome et Nîmes; de celles des Arcades et de la Crusca; des sociétés de Florence, Berne, Zurich, Chambéry, Hesse-Hombourg, etc. etc.; avec cette épigraphe : *Nullius in verba*. Un volume in-8.

M. le comte d'Albon n'a voulu déployer ici que ses dignités académiques. Il est, de plus, roi d'Yvetot et chevalier de je ne sais quel ordre de Portugal, qui s'achète, dit-on, assez bon marché, mais dont Sa Majesté Très-Fidèle a bien voulu le gratifier, en y joignant une pension de douze mille rées, comme une juste récompense des nobles travaux auxquels un homme de son rang daignait consacrer et son génie et ses veilles. On a eu soin de faire consigner dans plusieurs journaux le témoignage illustre d'une faveur si distinguée, mais sans daigner expliquer aux ignorans que cette somme de douze mille rées se montait à près de douze mille deniers ou de soixante francs de notre monnaie.

Ce qui honore M. le comte d'Albon bien plus que sa naissance, sa couronne, ses titres académiques et les bienfaits des souverains, c'est qu'il est connu depuis long-temps pour avoir été l'Alcibiade chéri du Socrate de nos jours, un des plus ardens disciples du fameux docteur Quesnay, dont il fit, il y a quelques années, un éloge assez magnifique pour faire oublier l'impression qu'avait faite celui que nous avait donné, peu de temps auparavant, M. le marquis de Mirabeau, dans un des derniers volumes des *Éphémérides*, de ridicule mémoire (1).

L'ouvrage dont M. d'Albon vient d'enrichir notre littérature contient quatre Discours : deux sur l'Angleterre, un sur la Hollande, et un sur la Suisse. Nous n'avons trouvé, à la vérité, dans ces quatre Discours que des idées

(1) Voir précédemment tome VIII, p. 462 et suiv.

fort communes ou fort superficielles, peu d'exactitude dans les faits, peu de précision dans les résultats, encore moins de mesure et de clarté dans l'application des principes même les plus vulgaires; mais en revanche nous y avons remarqué un ton d'assurance très-imposant et très-digne, à tous égards, de la secte dont l'auteur est aujourd'hui un des premiers ornemens. Ainsi, après avoir répété ce qu'on a dit cent fois sur le commerce des nègres, notre jeune législateur s'écrie : « Pourquoi reprocher à l'Angleterre une faute commune avec les autres nations ? Je ne fais grace à aucune. » Quel effort de justice et d'impartialité !

Le moyen qu'imagine le roi d'Yvetot pour sauver l'Angleterre de tous les malheurs dont il la croit menacée est assez curieux. Il lui conseille de se défaire de ses îles, c'est-à-dire de prier l'impératrice de Russie de vouloir bien se charger du Canada et de toutes les possessions qui le touchent ou qui en dépendent; d'engager l'Espagne à reprendre la Jamaïque; de proposer à l'Impératrice-Reine d'essayer un peu du commerce des deux Indes, et de lui acheter en conséquence quelques-unes de ses possessions dans ces pays lointains; de traiter avec les Hollandais pour ses comptoirs dans l'Inde et pour ses établissemens sur les côtes d'Afrique; de chercher encore des acquéreurs pour les Barbades, Sainte-Lucie, la Dominique, Saint-Vincent, Montferrat, Saint-Christophe, les îles Lucayes, etc. L'auteur du projet ne doute point que la Suède, le Danemark, le Portugal, la France, et plusieurs autres puissances, ne s'empressent de faire leurs offres. Toutes ces inutilités vendues, les dettes de la Grande-Bretagne se trouveront payées, et la guerre finie; on pourra transformer les vaisseaux de guerre en vaisseaux marchands, ou bien s'en défaire aussi, si l'on en trouve le débit, pour acquérir, ce qui serait bien plus profitable, des semences de la meilleure espèce, des charrues, et, sur toute chose, les auteurs les plus célèbres de la doctrine par excellence. Ah! le grand marché!

M. le comte d'Albon a l'intention de parler fort avantageusement de la Suisse; mais c'est aux dépens des grands cantons qu'il célèbre la sagesse et le bonheur des petits. Ce sont les démocraties de Schwitz, de Glaris, d'Appenzel, qu'il nous vante comme des chefs-d'œuvre de législation. S'il les avait vues moins superficiellement, il en aurait remarqué les inconvéniens; il aurait senti que rien n'est plus éloigné de l'empire heureux de la raison que des formes de gouvernement si mobiles et si populaires; il aurait senti que les despotes peuples sont sujets aux mêmes inconséquences, aux mêmes injustices que tous les autres despotes; qu'ils sont également trompés par leurs ministres, et que leur repos et leur sûreté ne peuvent se maintenir le plus souvent qu'à force d'ignorance, de préjugés et de privations.

Relation d'une fête qui a été donnée à la reine des Lanturelus, par ses fidèles sujets, le 17 mai 1779.

Cette fête n'a jamais eu sa pareille et ne l'aura jamais. La description suivante en sera la preuve.

La reine des Lanturelus ayant eu la rougeole et s'en étant bien tirée, ses sujets voulurent célébrer sa convalescence. On lui dit qu'il fallait venir un lundi, 17 mai, à cinq heures, chez le comte d'Albaret où il y aurait un concert, et qu'ensuite elle se promènerait dans ses nouvelles prairies. La reine partit avec sa trésorière (1), son président (2) et le Lanturelu neveu (3). En arrivant dans la cour, elle fut surprise de voir au bas de l'escalier monseigneur le nonce et tous ses chevaliers superbement vêtus et leur ordre sur l'habit. Monseigneur le nonce et l'ambassadeur de Russie l'enlevèrent et la menèrent dans une chambre très-éclairée, où il y avait un trône où ses chevaliers la placèrent avec acclamations. On lui mit une couronne sur la tête, et dès ce moment elle a été autorisée à prendre le titre de reine, n'ayant eu jusque-là que celui de grande-maîtresse des Lanturelus.

Étant sur son trône, elle avait à sa droite sa survivancière la vicomtesse de Narbonne, et à sa gauche la grande-trésorière madame Berthelot, et tous ses chevaliers assis à sa droite et à sa gauche. On entendait une musique céleste qu'on ne voyait point; les invisibles chantaient des chansons pour célébrer la convalescence de la reine.

Le grand-lecteur, le comte d'Albaret, vint à elle, et après s'être prosterné, il lui dit ces vers :

Esculape a rendu notre reine à nos vœux.
    Par une faveur sans pareille,
Sa raison, son esprit, ses quiproquo, ses jeux,
Même sa surdité rendront son sort heureux.
    O mes amis, rendons graces aux dieux !
    Elle entendra ses sujets à merveille ;
      Et pour tout autre que pour eux
      Elle fera la sourde oreille.

(1) Madame Berthelot.
(2) M. de Burigny.
(3) Le marquis d'Estampes.

(*Notes de Grimm.*)

Tous les chevaliers et chevalières vinrent ensuite se prosterner au pied du trône de la reine; ils lui baisèrent la main et elle leur donna l'accolade.

De là on la fit passer dans la salle des spectacles. On entendit d'abord une musique ravissante, et ensuite on vit un spectacle d'autant plus charmant pour la reine que les personnages qui le composaient étaient ses amis intimes, et n'avaient jamais paru sur la scène ensemble : Confucius, Montaigne, Momus, et ensuite Polichinelle qui s'occupa autant de divertir les acteurs que les spectateurs.

Confucius était représenté au naturel par le prince Baratinsky; il avait à son côté son favori Burigny; Montaigne, par le comte d'Albaret; Momus, par le comte de Strogonoff; et Polichinelle, par le célèbre peintre Robert, qui est aussi aimable et aussi gai dans la société qu'il est grand peintre.

Tous ces personnages chantèrent et célébrèrent la reine avec une tendresse et une gaieté que les reines ordinaires ne peuvent pas connaître, tant elles sont soumises au pouvoir de l'étiquette.

Après ce charmant spectacle, le comte d'Albaret et mademoiselle Le Clerc (favorite de la reine) jouèrent un acte d'opéra comique qui fut exécuté à ravir.

Tous ces amusemens s'étant succédé jusqu'à neuf heures, chacun dit qu'il allait souper. La reine, qui était encore affaiblie de sa rougeole, et qui devait prendre médecine le lendemain, dit qu'elle s'allait coucher. Point du tout, son cocher (qui en savait plus long qu'elle) lui fit faire un chemin dans Paris où elle ne comprenait rien, ce qui la mit fort en colère. Enfin elle se voit transportée chez le baron de Blôme; elle voit là cour fort éclairée, et tous ses chevaliers sur l'escalier, l'épée à la main, monseigneur le nonce à la tête, pour recevoir la reine.

Le seul ambassadeur de Sardaigne (pour se distinguer) prit le bâton, l'éteignoir et la petite bougie du frotteur pour éclairer la reine. Après tous ces honneurs, elle arriva dans l'appartement superbement éclairé, avec une musique de clarinettes délicieuse, et qu'elle aime à la folie. Les clarinettes jouèrent pendant le souper qui fut magnifique. M. de Grimm, doyen des Lanturelus, et le comte Baudouin, ancien et zélé, servirent la reine.

Le dessert était une allégorie pour la reine dont le médaillon était un temple charmant. On y voyait ses bons amis les vieux philosophes remercier Esculape de sa guérison. Tout était rempli de devises à son honneur et gloire, et voici les vers de son médaillon :

> Heureuse élève de Montaigne,
> Simple, sensible, et cachant ses vertus,
> Avec Momus elle bat la campagne,
> Et pense avec Confucius.

L'abbé Lapin (1) s'est aussi distingué par des chansons charmantes et un peu gaillardes pour la reine et pour son berger Burigny. La reine a soixante et quatre ans, et le berger quatre-vingts passés.

On peut donc conclure de cette fête, qui fut terminée par un superbe feu d'artifice, qu'elle n'a jamais eu d'égale et n'en peut pas avoir, puisque c'est le cœur seul qui a conduit l'esprit pour produire des choses aussi tendres et aussi agréables, et qu'il n'a été soutenu ni

---

(1) C'est M. l'abbé Sabatier de Cabres, qu'il faut bien se garder de confondre avec l'abbé *Sabotier* des *Trois Siècles*. (*Note de Grimm.*)

par la beauté, ni par la jeunesse, ni par l'utilité du crédit et de l'intrigue.

La reine des Lanturelus est donc sans contredit la plus grande et la plus heureuse reine du monde, puisque ses sujets ont pour elle un amour pur, désintéressé et très-gai ; de son côté, elle les aime de tout son cœur, tels qu'ils puissent être, spirituels, bêtes, sages ou fous.

S'il y avait une fête qui pût le disputer à celle-ci, ce serait celle que l'on a donnée ces jours passés à Trianon pour la convalescence de la reine. Tous les fossés qui entourent le jardin étaient semés de fascines allumées, dont la lueur, mêlée à celle de plusieurs lampions cachés avec beaucoup d'art dans le feuillage des bosquets les plus touffus, répandait au milieu de la nuit une clarté douce, semblable au plus beau clair de lune ou aux premiers rayons de l'aube matinale. Ayant fait remarquer à Sa Majesté l'effet singulier de la nouvelle aurore, on lui donna le désir de descendre dans ses jardins. Là, elle fut surprise par les sons d'une musique céleste, et, en suivant les accens d'une mélodie si touchante, elle aperçut, dans une des niches du bosquet, un berger jouant de la flûte ; c'était M. le duc de Guines ; plus loin deux faunes, Begozzi et Ponto, qui exécutèrent d'abord un duo de cor et de hautbois, et, réunissant ensuite leurs accords avec ceux de la flûte, formèrent un trio charmant. Des couplets chantés par d'autres divinités champêtres terminèrent ce joli impromptu ; mais ces couplets ne sont point encore sortis du sanctuaire pour lequel ils ont été faits.

Madame Denis a désiré que l'anniversaire de la mort de M. de Voltaire fût célébré au théâtre par la première représentation d'*Agathocle* (1), ouvrage posthume de ce grand homme, qu'il se proposait de faire jouer après *Irène*, et auquel il travaillait encore peu de jours avant sa mort. Quoiqu'à l'ombre d'un si grand nom l'esquisse la plus faible eût sans doute encore des droits à la reconnaissance et aux égards du public, on n'a point fait l'honneur à ce public de compter sur sa sensibilité, on a pensé du moins qu'il serait plus sûr de lui faire sa leçon; et, en supposant que la leçon fût nécessaire, il faut convenir qu'elle ne pouvait lui être présentée d'une manière et plus noble et plus adroite qu'elle ne l'a été dans le discours qui fut prononcé par le sieur Brizard avant la représentation de la pièce. Ce discours, où l'on reconnaîtra sans peine la main de M. d'Alembert, a reçu les plus grands applaudissemens; le commencement surtout, dont on pourrait bien avoir été moins touché à Versailles, a été accueilli avec une affectation marquée. L'illustre auteur, qui gardait encore l'anonyme ce jour-là, jouissait modestement de son triomphe dans une première loge avec M. et madame de Villette, M. le marquis de Condorcet et M. de Grimm.

Le sujet d'*Agathocle* était susceptible d'un grand intérêt, et pouvait offrir de sublimes leçons. Racine a peint dans *Britannicus* les commencemens d'un tyran; M. de Voltaire, dans *Agathocle*, se proposait sans doute de montrer quelle en était la fin déplorable. On sait qu'Agathocle, fils d'un potier de terre, s'était élevé par ses talens jusqu'au trône de Syracuse, et que, pour garder dans le rang suprême le souvenir de sa première obscurité, il avait ordonné que sa table fût toujours servie

---

(1) Représenté en effet le 31 mai 1779, jour anniversaire de la mort de Voltaire.

et en vaisselle de terre et en vaisselle d'or. Ce mélange de faste, de philosophie et de simplicité n'a point échappé au pinceau de M. de Voltaire, et se trouve exprimé assez poétiquement dans ces deux vers qu'il a mis dans la bouche d'Agathocle prêt à déposer le fardeau de la couronne :

> L'argile entre mes mains, autrefois façonné,
> A produit sur mon front l'or qui m'a couronné....

On sent à tout moment ce que le poète voulait faire et ce qu'il n'a pu finir; ce n'est que le premier trait du tableau tracé d'une main faible et languissante, mais ce trait rappelle encore tous les chefs-d'œuvre qu'elle produisit autrefois. Quelque informe que soit l'ouvrage, on y a remarqué des beautés qui n'appartiennent qu'au grand homme, et une foule de vers heureux et brillans qui ont été fort applaudis; le dénouement, qui est en effet plein de noblesse et d'intérêt, l'a été avec transport.

AOUT.

Paris, août 1779.

La séance publique de l'Académie Française, du mercredi 25, jour de la fête de Saint-Louis, occupée suivant l'usage, par la lecture des ouvrages couronnés, a été terminée par l'Éloge de M. le comte de Valbelle, et par l'exposition de son buste, avec cette inscription : *Joseph-Alphonse Omer, comte de Valbelle, bienfaiteur des lettres*. Ce double monument de la reconnaissance de l'Académie lui a été décerné d'une voix unanime, à cause du legs de

24,000 livres une fois payées, qu'il a laissé à la compagnie, en la priant de vouloir bien le placer le plus avantageusement et le plus solidement que faire se pourrait, et de disposer tous les ans du revenu de ce capital en faveur de tel homme de lettres qu'elle jugerait à propos (1). C'est M. d'Alembert qui a été chargé de faire l'Éloge, et M. Houdon le buste, qu'on a trouvé, quoique fait après la mort de M. de Valbelle, de la plus parfaite ressemblance, et qui n'a pas été moins applaudi que les vers et la prose de ces messieurs.

L'*Éloge de l'abbé Suger*, qui a remporté le prix d'éloquence de cette année, est de M. Garat, avocat au Parlement, connu déjà très-avantageusement dans la république des lettres par un *Éloge du chancelier de l'Hospital*, et par plusieurs articles insérés dans différens journaux, et qui annoncent tous un génie vraiment philosophique, des vues lumineuses et d'une méditation profonde. Ce discours a été lu par M. Ducis; et quoiqu'il soit bien prouvé depuis long-temps que M. Ducis sait lire à merveille les ouvrages des autres, on a été assez mécontent de la manière dont il a lu celui-ci. Il n'y a que les morceaux très-saillans qui aient été généralement sentis: tout le reste a paru languir un peu, et la faute en était souvent au lecteur.

(1) Voici les termes du testament : « Je prie MM. de l'Académie Française de Paris de trouver bon que je leur laisse la somme de vingt-quatre mille livres, une fois payée, pour la placer le plus avantageusement et le plus solidement que faire se pourra; les priant de vouloir bien, à la pluralité des suffrages, décerner, tous les ans, le revenu qui proviendra de ce capital, à tel homme de lettres, ayant déjà fait ses preuves ou donnant seulement des espérances, qu'ils jugeront à propos ; pouvant le décerner plusieurs années de suite au même, et y revenir après avoir discontinué, selon qu'ils le trouveront bon et honnête à faire. » (*Note de Grimm.*)

Après l'*Éloge de Suger*, on nous lut le Dithyrambe *Aux mânes de Voltaire* (1). Mais avant de parler de ce fameux Dithyrambe, ne conviendrait-il pas d'en faire l'histoire?

On se rappellera sans doute que l'Académie, voulant signaler son culte religieux pour les mânes de Voltaire, proposa, l'année dernière, pour sujet du prix de poésie, une pièce en vers à la louange de ce grand homme, et que M. d'Alembert crut exciter merveilleusement l'émulation qu'un pareil sujet devait inspirer à nos poètes en ajoutant au prix accoutumé la somme de 600 livres. Le premier ouvrage distingué de la foule de ceux qui avaient été envoyés à cet illustre concours fut l'*Épître* de M. de Murville que nous avons déjà eu l'honneur de vous faire connaître (2), et le prix lui fut presque adjugé. Tandis qu'on était occupé à parcourir les autres pièces, je ne sais quel sort s'obstinait toujours à remettre sous les yeux de M. de La Harpe le Dithyrambe en question. Il en lut les vingt premiers vers qui ne parurent pas mériter un grand intérêt; mais la justesse, la sagacité de son goût et son extrême impartialité l'engagèrent à demander avec instance qu'on voulût bien lui permettre d'en continuer la lecture; il parvint à se faire écouter, et tous les suffrages se réunissant bientôt au sien, le Dithyrambe remporta la palme académique. Avec la devise il se trouva une lettre par laquelle on suppliait M. le secrétaire perpétuel, en cas que l'ouvrage fût trouvé digne du prix,

(1) *Aux mânes de Voltaire*, dithyrambe qui a remporté le prix au jugement de l'Académie Française, en 1779; Paris, Demonville, 1776, in-8°. Par La Harpe: compris dans ses *OEuvres*.

(2) Nous n'avons pas encore vu Grimm rendre compte de l'*Épître à Voltaire*, par Murville, pièce qui obtint l'accessit, et fut imprimée, Paris, Demonville, 1779, in-8°.

de n'ouvrir que huit jours après la séance le billet qui, suivant l'usage, doit renfermer le nom de l'auteur. Le secret de ces Messieurs est souvent comme le secret de la comédie : toutes ces circonstances de jugement académique ayant été répandues dans le public, on forma les conjectures les plus étranges et sur l'intérêt avec lequel M. de La Harpe avait paru distinguer cet ouvrage, et sur le mystère qui en cachait encore l'auteur. On soupçonna quelque temps M. le comte de Schouwalof ou d'avoir composé lui-même le poëme, ou de s'être arrangé du moins à l'amiable avec M. de La Harpe pour acquérir à juste prix la gloire de ce triomphe; mais le poète de la Néva ayant dédaigné sagement une gloriole aussi puérile, et s'étant expliqué à ce sujet de la manière la plus précise, les soupçons s'arrêtèrent sur M. de La Harpe. Tandis qu'on discutait toutes ces importantes questions, M. d'Alembert reçut une lettre de M. le comte d'Argental, qui faisait savoir à l'Académie que le Dithyrambe avait concouru par son entremise, que personne sans doute ne serait tenté de l'en croire l'auteur, qu'il ne l'était pas non plus; mais qu'à la prière du véritable auteur, qui avait des raisons particulières pour ne point se faire connaître, il n'avait pu se refuser de lui prêter son nom, que ce nom était le seul qui se trouverait dans la devise cachetée, et que l'anonyme couronné, qu'il certifiait pourtant n'être pas académicien (il fallait sous-entendre apparemment de l'Académie de Pékin), verrait avec plaisir que la médaille qu'il ne pouvait accepter fût donnée à l'auteur de l'accessit..... Il n'y a personne à qui cela ne parût aussi clair que le jour.

Le Dithyrambe jugé avec tant d'impartialité par M. de La Harpe, fut récité par lui avec des entrailles vraiment paternelles. Plusieurs morceaux furent applaudis, mais l'ensemble ne fit qu'un effet assez médiocre.

Un dithyrambe, disait une femme, *n'est-ce pas pis qu'une ode ?* Cette définition n'est point si ridicule. Ce genre de poésie était consacré originairement au culte de Bacchus. C'est un chant de triomphe, c'est le délire d'une imagination exaltée par des idées fortes et sublimes, qui ne trouve, pour les exprimer, que des images neuves et inattendues, et qui, dans sa marche audacieuse, ne semble connaître d'autre loi que l'inspiration qui la domine. Telles sont la plupart des odes de Pindare; *per audaces nova dithyrambos verba devolvit numerisque fertur lege solutis.* Quoique M. de La Harpe ne cite, dans une note de son poëme, que le commencement du passage, il semble n'avoir songé qu'à la fin, car il paraît évident que c'est le changement du rhythme qui lui a paru le vrai caractère distinctif du dithyrambe.

Dans toute la séance rien n'a été plus vivement applaudi que le sujet proposé pour le prix de poésie de l'année prochaine : *La servitude abolie dans les domaines du roi sous le règne de Louis XVI.*

Il ne faut pas oublier un très-beau vers qui se trouve dans une des pièces qui ont concouru, et que l'Académie a cru devoir citer comme un vers digne de servir d'inscription à la statue de Henri IV :

Le seul roi dont le pauvre ait gardé la mémoire.

Ce beau vers est de M. Gudin, l'auteur de la tragédie de *Coriolan*, des *Mânes de Louis XV*, et de quelques autres ouvrages en vers et en prose dont nous avons déjà eu occasion de parler (1).

---

(1) Les pièces qui concoururent pour ce prix sont fort nombreuses. On

Après un grand nombre de bulletins détaillés, avec un intérêt et un appareil assez ridicules, sur les suites d'une chute où madame la maréchale de Mouchy s'était blessé un peu le bras, on a vu paraître le bulletin suivant :

> Tandis que d'Estaing et sa troupe
> Étrillent le pauvre Byron,
> Tandis que le grand Washington
> Tient tous les Anglais sous sa coupe,
> Et qu'au bruit de notre canon
> Hardy s'enfuit le vent en poupe,
> Madame de Mouchy, dit-on,
> Tous les matins mange sa soupe,
> Et tous les soirs prend son bouillon.

Quatre seigneurs polonais ayant désiré de voir le pavillon de Bagatelle, que M. le comte d'Artois a fait bâtir dans le bois de Boulogne, un des officiers de ce prince, chargé de les y conduire, fut fort étonné de les voir s'arrêter tout à coup devant une des statues de la salle à manger, s'entre-regarder, s'embrasser avec beaucoup d'émotion, et fondre en larmes. Revenus un peu de ce premier attendrissement, ils apprirent à leur guide que la grande impression que leur faisait cette belle statue tenait à l'extrême ressemblance qu'il y avait entre elle et une de leurs parentes qui venait de mourir. M. le comte d'Artois n'en a pas été plus tôt instruit, qu'il a fait donner des ordres pour leur envoyer l'original même de la figure qui les avait si vivement touchés.

Ils ont demandé à voir depuis la galerie du Palais-Royal. Ils ont versé des torrens de larmes sur quelques

---

trouve entre autres : *Éloges de Voltaire*, pièces qui ont concouru pour le prix de 1779, par M. Pastoret (aujourd'hui marquis, pair et chancelier de France); Paris, Demonville, 1779, in-8°.

tableaux du Corrége et du Titien. Au Luxembourg, leur désolation a été extrême à la vue des chefs-d'œuvre de Rubens. Cet excès de sensibilité a paru enfin n'être pas sans quelque embarras, on a tâché de l'épargner. Aujourd'hui l'on assure qu'ils se proposent de parcourir avec le même enthousiasme toute l'Italie, et l'on s'attend à les voir hurler de tendresse devant la belle Vénus de Florence. Si ce dernier trait de notre histoire n'est pas certain, il paraît au moins vraisemblable.

Les trois théâtres de Paris éprouvent dans ce moment une langueur sensible, tandis que les tréteaux de la Foire et des Boulevards attirent une affluence de spectateurs prodigieuse. C'est apparemment pour se conformer au goût des farces à la mode que les Comédiens Italiens se sont avisés de nous donner *Lamentine*, pièce comi-tragique en deux actes et en vers, mais les bêtises ne réussissent pas également à tout le monde. Cette pitoyable rapsodie, dont nous ignorons les auteurs, n'a eu que deux ou trois représentations (1). C'est une caricature fort insipide et fort maussade des plus belles situations et des plus beaux vers de notre théâtre tragique. Nous avons déjà quelques chefs-d'œuvre de ce genre, comme *Arcagambis* (2), mais l'extravagance en est au moins plus ingénieuse et plus gaie. Les acteurs de ce spectacle ont eu une idée plus heureuse, en essayant de remettre sur la scène quelques anciennes comédies de leur répertoire, telles que *les Jeux de l'amour et du hasard*, *l'École des Mères*, *les Fausses Confidences*, etc. Quoique

(1) La première est du 12 août.
(2) C'est une tragédie pour rire de Lélio fils, Dominique et Romagnési représentée en 1726.

toutes les pièces de Marivaux se ressemblent, ou, pour mieux dire, quoique cet auteur n'en ait jamais fait qu'une, *la Surprise de l'Amour*, il n'y en a aucune où l'on ne trouve des scènes piquantes, un dialogue étincelant d'esprit, une naïveté recherchée, mais pleine de finesse et de graces. Mademoiselle Pitrot, qui débuta il y a quelques années à la Comédie Française sans succès, mais qui paraît avoir acquis pendant le séjour qu'elle a fait en province plus d'intelligence et plus d'habitude du théâtre, remplit dans ces pièces les rôles d'amoureuse, et sa charmante figure ferait presque seule tous les frais de l'emploi dont elle est chargée. Les rôles de soubrette sont joués agréablement par mesdames Dugazon et Bianchi; le sieur Michu est peut-être mieux placé dans ce genre que dans l'opéra comique. Le reste ne vaut pas l'honneur d'être nommé.

SEPTEMBRE.

Paris, septembre 1779.

Extrait de la réponse de M. Diderot à quelques objections des journalistes qui ont rendu compte de son Essai sur la Vie et les Écrits de Sénèque (1).

Sénèque n'a pu s'opposer à aucun des vices de Néron.
Il enchaîna le tigre pendant cinq ans. Pendant ces cinq années il en fit un grand empereur, à moins que nos journalistes ne prétendent en savoir plus que Trajan sur

(1) Cette réponse n'a pas encore paru et n'est pas encore prête à paraître.
(*Note du Correspondant.*)

l'art de régner. Et pourquoi non? Puisqu'ils jugent de tout, il faut bien qu'ils sachent quelque chose.

Il n'a pas eu le courage de se retirer. Pourquoi rester à la cour de Néron?

J'invite les lecteurs qui se piquent de quelque impartialité à peser ce que je vais dire sur cette objection qu'on me refera dix fois encore.

Sénèque fut appelé à la cour de Néron, sur l'éclat de ses talens et de ses vertus, par une femme ambitieuse à qui l'austérité de ses principes n'était pas connue. Il y fit le bien; il y demeura pour empêcher le mal. Il ne se hâta point de désespérer d'un jeune homme qu'il avait placé et qu'il se promettait de ramener au rang des bons souverains. Qui est-ce qui ignore que le véritable attachement a sa source dans les services et dans les soins qu'on a rendus? Ce n'est pas le plus bel arbre de mon jardin, c'est celui que j'ai cultivé que je me plais à visiter tous les jours. Qui est-ce qui ne connaît pas la longue patience avec laquelle un père attend le retour d'un enfant égaré? Le cœur d'un instituteur vertueux pour son élève est le même que celui d'un père pour son fils; et si cet élève est empereur, un homme qui tient entre ses mains le bonheur ou le malheur du monde, un crime (j'oserai en faire la question), le plus grand des crimes, amené par un enchaînement de circonstances malheureuses dans lesquelles il faut ou qu'une mère périsse par son fils ou le fils par sa mère, suffira-t-il pour affranchir un ministre de ses devoirs? Je vois l'homme honnête et sensible se désoler, s'éloigner, tourner ses regards en arrière, s'arrêter, revenir sur ses pas, et craindre de s'éloigner trop tôt. L'homme pénétrant sent l'importunité de sa présence et de ses conseils; l'homme ferme garde son poste, voit approcher sa perte et la brave. Il n'a recouvré sa liberté qu'au moment d'une disgrace évidente la veille de sa mort. C'est ce que fit Sénèque. Censeurs, tâchez de vous mettre à la place du philosophe, et de vous conduire mieux que lui.

Pélopidas disait à ses amis, à ses soldats désolés autour de son lit funéraire : « La vraie gloire ne consiste ni à vivre ni à mourir, mais à bien faire l'un et l'autre. »

Qui est-ce qui sera assez hardi pour marquer le moment où il convient au sage de continuer ou de cesser de vivre? C'est M. Sautreau de Marsy, l'éditeur de l'*Almanach des Muses*, c'est l'auteur des *Affiches pour la Province*.

Les amis et les parens de Sénèque auraient peut-être conseillé à Sénèque de mourir.

Je ne doute nullement qu'ils n'eussent été et que Sénèque même ne les crût assez généreux pour cela. Que s'ensuit-il, M. l'abbé (1)? Précisément le contraire de ce que vous en inférez; qu'ils n'étaient que plus dignes que Sénèque se conservât pour eux.

Sénèque, si ta vie devait corriger celle du monstre, nous te dirions : Vis.

Convertir Néron, ç'aurait été une belle chose sans doute. Mais n'y avait-il que ce bien à faire pour un ministre, pour un homme juste chargé d'un détail immense d'affaires, et capable par ses lumières, son autorité, sa fermeté, sa bienfaisance, de répandre des secours, d'accorder des graces, de soulager des malheureux, d'arrêter ou de prévenir les vexations de l'homme puissant, d'é-

---

(1) C'est à M. l'abbé Grosier que ceci s'adresse. (*Note de Grimm.*) — En 1779 l'abbé Grosier rédigeait le *Journal de Littérature, des Sciences et des Arts* auquel il ne prit part que pendant cette seule année.

couter la plainte du faible, d'empêcher les déprédations? On dirait, à entendre les censeurs, que l'enceinte du palais circonscrivait le district de Sénèque. L'homme de sens aurait dit à Sénèque: Quand tu désespérerais de corriger Néron, vis pour le bonheur des contrées dont il t'a confié l'administration. Parce que tu n'es plus qu'un moniteur importun, faut-il que tu cesses d'être un ministre utile?

Mais, après un beau règne de cinq ans, qui sait le moment où l'instituteur devait désespérer de son élève? C'est une affaire de caractère. On ne pouvait abandonner trop tôt le jeune prince à sa perversité naturelle sans commettre une faute grave; il n'y en avait aucune à l'abandonner trop tard, à ne lui dire qu'à la dernière extrémité, à ne lui jamais dire: « Je me lasse de faire des efforts superflus. Sois méchant tant qu'il te plaira, je ne m'y oppose plus, je m'en vais. »

Si Sénèque, au lieu de se retirer, eût attendu la mort à côté de Néron, dans le palais, si son sang eût arrosé les pieds de Tigellin et de Poppée, je ne l'en admirerais que davantage.

Il ne fut jamais permis de mépriser une accusation ignominieuse.

C'est l'avis du journaliste, dont la décision est assurément d'un grand poids. Mais il y eut autrefois à Tarente un petit génie, une espèce de petit philosophe appelé Pythagore, qui disait, lui, qu'il faut être vertueux, même avec la certitude d'encourir l'ignominie.

Sénèque, tu n'obtiendras rien de Néron, ni pour les autres ni pour toi.

Pour faire le bien, Sénèque, un des ministres de l'empire, avait mille occasions par jour où le consentement de l'empereur lui était inutile, tout autant pour empêcher ou réparer le mal. Quant à ses amis, ses parens, les honnêtes citoyens qui lui étaient attachés, ils ne furent persécutés qu'après sa mort.

On s'écriera : Combien Sénèque est heureux ! ses yeux n'ont pas vu ce forfait.

Et pourquoi, sans faire de la rhétorique, n'aurait-on pas pu s'écrier : « Quel malheur que Sénèque ne soit plus ! Hélas ! peut-être ce forfait n'eût-il pas été commis ? »

Par quel motif le meurtre de Sénèque lui fut-il, à Néron, le plus agréable de tous ceux qu'il avait ordonnés, *lætissima cædes*, si ce n'est que par sa mort la bête féroce et son conseil sanguinaire, Tigellin et Poppée, se délivraient d'un témoin importun, d'un censeur odieux, de la seule digue qui les gênât ?

Apologiste vil de Sénèque, si tu devais avoir un jour le tien, il partagerait avec toi le mépris et l'indignation universelle.

Apologiste vil de Sénèque ! cela est difficile à digérer. Je m'attendais à toutes sortes de reproches, excepté à celui de bassesse, même de la part du plus violent ennemi de la philosophie, de l'augure le plus fanatique, de l'homme le plus impudent. Mais, monsieur l'abbé, ce n'est pas avec une plume qu'on répond à cela...

Entre ces coupables qui, sans partager ma façon de penser sur Sénèque, approuvent ma tentative et la trouvent honnête, il en est un que je vous dénonce. Mais je crois que vous feriez bien d'être circonspect dans la manière dont vous en userez avec lui. Je serais fâché de l'exposer à vos gentillesses, et de vous exposer à ses répliques. Ce n'est ni un philosophe ni un auteur, c'est un galant homme à qui l'on accorde quelquefois du respect, et qui m'a permis de publier ses sentimens. Voici donc ce qu'il m'écrivait :

« Je vous lis et avec grand plaisir. J'ai le bon esprit et conséquemment l'excellent usage de faire fort peu de cas des critiques, et moins encore des journalistes; ils m'en ont imposé tant de fois ! Celui qui aurait composé sa bibliothèque des ouvrages qu'ils ont loués, à l'exclusion de ceux dont ils ont dit peste et rage, en serait réduit à jeter les trois quarts de ses volumes par la fenêtre. Ces pauvres gens ressemblent aux araignées qui ne tendent qu'aux mouches, mais qui sont bien empêchées s'il arrive qu'une abeille, armée d'un bon aiguillon, donne étourdiment dans leurs toiles.

« (Je ne retranche rien ; quand on fait tant que de citer il faut être fidèle.) Je partage votre indignation contre les détracteurs d'un grand homme. Le seul point sur lequel il me semble difficile de l'excuser, c'est cette lettre écrite, sinon pour justifier, du moins pour pallier l'assassinat d'Agrippine. Bon homme, n'allez pas prendre ceci pour un scrupule ; un courtisan scrupuleux ! Tacite dit que Sénèque s'y prêta ; mais Tacite ne pouvait-il pas se l'être persuadé sur des bruits populaires? Combien j'en ai entendu de ces bruits-là que je ne contredisais nullement, parce qu'il en aurait fallu dire plus que je n'en voulais savoir ; et combien de fois j'ai tenu pour vrai, soit d'après mes conjectures, soit d'après de grandes confidences, ce qui n'avait pas l'ombre de réalité !

« Malgré une éducation soignée, on croit un prince incapable d'écrire ; et s'il paraît dans le public quelques lignes passablement faites, on les attribue à son instituteur : mais quelle certitude en a-t-on?

« Il est plus selon mon cœur, car j'en ai un, et peut-être plus selon la justice de hasarder des idées qui tendent à justifier un homme de bien, que de s'en tenir à des récits historiques qui contrediraient la teneur de sa vie, de sa doctrine, et l'estime générale dont il a constamment joui. C'est alors que je me fais honneur d'un pyrrhonisme qu'il est plus facile d'attaquer que de blâmer. Cette tournure n'est pas trop du pays que j'habite, mais c'est la mienne, et je ne m'en cache pas.

(Ah! monsieur l'abbé, quelle bassesse! quel vil personnage! Ce vil personnage-là pourtant...)

« De plus, comme vous l'observez très-bien, il faudrait être instruit de ce qui s'est dit avant et après; et qui sait cela? Un prince cruel et menacé sur le trône interroge: on lui fait entrevoir l'énormité de son crime, ce qu'on n'ose pas toujours; cependant il le commet. Que reste-t-il à faire, sinon d'en prévenir les suites? Combien de circonstances connues à combiner, d'ignorées qui changeraient le résultat du calcul! J'ai vu les choses de près, et j'en suis d'autant moins preste à me croire plus prudent que les personnages en scène, et plus sage qu'un Sénèque et qu'un Burrhus. Méfiez-vous, mon cher philosophe, de ces gens qui se font blancs de leur épée; on trouve dans l'occasion que ce sont celles qui tiennent le plus au fourreau.

« L'action de Néron, fils d'Agrippine, est un crime; l'action de Néron, empereur, en est-il un? L'ambitieuse et turbulente princesse n'avait que trop mérité la mort. S'il fallait, ainsi que l'historien l'atteste, que l'un des deux pérît par la main de l'autre, quel est celui d'entre nous qui, consulté dans cette terrible alternative, n'eût éprouvé quelque perplexité? Ils ne s'écrièrent point:

Ah! seigneur, ôter la vie à une femme vertueuse! Plonger les mains dans le sang d'une princesse respectable!... mais ils dirent : Qui osera frapper la mère de l'empereur?... Ils firent valoir le seul titre qui plaidait pour Agrippine dans une circonstance où il y avait de l'atrocité et de la justice.

« Je n'ai pu me refuser la satisfaction de vous témoigner toute celle que j'ai ressentie à la lecture d'un ouvrage qui aurait accru mon estime, eussiez-vous tort partout... »

On attribue à M. de Champcenetz le fils (1) une chanson qui a couru depuis quelques jours sur le prince d'Hénin, dont la protection, encouragée par les sollicitations et par les intrigues de mademoiselle Arnould, a contribué beaucoup, dit-on, à faire rentrer mademoiselle Raucourt à la Comédie Française. Voici le couplet qui a fait le plus de bruit, et le seul qu'on se permettra de citer, quoique ce ne soit qu'un mauvais calembour.

Sur l'air : *Ne v'là-t-il pas que j'aime.*

Chez la doyenne des catins (2),
Son existence est mince.
Ce n'est pas le prince d'Hénin,
Mais bien le nain des prince.

(1) M. le marquis de Champcenetz son père, pour finir le roman de madame de Newkerque, vient de l'épouser. Cette beauté si célèbre autrefois sous le nom de madame Pater, après avoir eu beaucoup d'aventures fort brillantes, entre autres une avec M. le duc de Choiseul, eut presque en même temps l'espérance d'épouser M. de Lambesc qui aurait pu être son fils, et celle de jouer le rôle de madame de Maintenon sur la fin du règne de Louis XV. Il est sûr, au moins, que ce prince, les dernières années de sa vie, entretenait avec elle des relations très-secrètes et très-intimes, et la combla de bienfaits dont elle jouit encore. (*Note de Grimm.*)

(1) Mademoiselle Arnould.

M. Dussaulx, le traducteur très-estimable des *Satires de Juvénal*, fit, il y a quelques années, une petite diatribe contre la passion du jeu, qui parut déjà trop longue (1). Il vient de publier sur le même sujet un gros livre de près de six cents pages qu'on ne trouvera sûrement ni plus court ni plus facile à lire. L'ouvrage est intitulé : *De la passion du jeu depuis les temps anciens jusqu'à nos jours;* par M. Dussaulx, ancien commissaire de la Gendarmerie, de l'Académie royale des Inscriptions et Belles-Lettres, et de celle de Nancy ; avec cette épigraphe : *Non ut desinat, sed ne vincat. Dédié à Monsieur. De l'imprimerie de Monsieur.* Cet énorme traité est divisé en une multitude de chapitres comme *l'Esprit des Lois*, ce qui veut dire seulement que les chapitres sont tantôt fort longs, tantôt fort courts, et que leur liaison n'est pas aisée à suivre. Il n'est point de bonne intention que l'honnête M. Dussaulx ne laisse entrevoir. Ici, c'est la précision de Montesquieu qu'il affecte ; là, c'est l'éloquence de Jean-Jacques ; ailleurs, l'énergie et la naïveté de Montaigne ; le tout mêlé d'une foule de contes et d'anecdotes à l'imitation de M. d'Alembert. Le mélange de tant de manières différentes suffirait sans doute pour faire un ouvrage de fort mauvais goût ; mais qu'en doit-il résulter, lorsque aucune de ces manières n'étant propre à l'auteur, toutes prennent sous sa plume pesante un air de caricature ou de prétention ridicule ? Il n'y a que l'honnêteté du but que s'est proposé M. Dussaulx et sa bonhomie naturelle, que ces formes étrangères n'ont pas toujours étouffées, qui puissent inspirer quelque estime pour son travail.

Parmi les anecdotes dont l'ouvrage de M. Dussaulx se

(2) Voir tome IX, p. 291.

trouve surchargé, il n'en est point qui nous aient paru aussi dignes d'être remarquées que les deux suivantes.

Un père exigea que la communauté entre sa fille et son gendre fût rompue le lendemain d'une séance où celui-ci avait gagné cent mille écus. On le supplia de différer. « Non, dit-il, je ne veux pas que mon sang profite un seul instant de l'injustice, ni que ma fille meure sur un fumier..... » Il fit dater la séparation de la veille, et l'événement le justifia.

La femme d'un joueur vint, la mort dans les yeux, chercher son mari qui jouait depuis deux jours. « Laissez-moi, s'écria-t-il, je vous reverrai peut-être.... » Le malheureux! il arriva. Sa femme était couchée, tenant à la mamelle le dernier de ses fils. « Levez-vous, madame, levez-vous, dit-il, le lit où vous êtes ne vous appartient pas. »

La statue de M. de Voltaire, destinée dans l'origine par madame Mignot-Denis à l'Académie Française, vient d'être donnée à la Comédie par madame Mignot-Duvivier. Elle a cru se venger ainsi d'une manière éclatante de tous les mépris, de toutes les injures que lui ont prodigués messieurs les Quarante depuis qu'elle a pris la licence de convoler en secondes noces, à l'âge de soixante-dix ans passés, avec une figure beaucoup plus imposante que son âge, et depuis très-long-temps très-propre à inspirer la plus froide raison au désir même. On a cru généralement qu'il était impossible qu'un pareil mariage eût été consommé; mais M. Duvivier, ci-devant dragon, ensuite secrétaire de M. de Maillebois, enfin commissaire des guerres, a voulu laisser à cet égard aussi peu de doute que la pudeur de la nouvelle mariée pouvait le permettre. Fier d'une si terrible conquête, il a souvent affecté de donner ses audiences du matin dans le lit nuptial. M. d'Alembert, qui a, comme l'on sait, plus de raison qu'un autre de ne pas croire aux prodiges et surtout aux prodiges de ce genre, n'a pas pu en être convaincu par ses propres yeux, car il n'a jamais voulu revoir la nièce de M. de Voltaire, depuis ce malheureux mariage que toute l'Académie a blâmé non-seulement comme une faiblesse ridicule, mais comme une insulte aux mânes de son oncle, comme une espèce d'adultère spirituel; que sais-je? L'incrédulité du philosophe a pourtant été forcée de céder au témoignage de plusieurs personnes, entre autres à la déclaration naïve d'un domestique qui venait de faire une commission chez madame Duvivier de la part d'une femme de ses amies. — « Est-il vrai qu'on vous a fait entrer dans la chambre à coucher, et que vous avez vu madame dans son lit? — Oui, monsieur; mêmement il y avait deux personnes dans le lit que je ne pouvions pas d'abord distinguer, étant toutes deux en bonnet de nuit, de façon que j'ai demandé si c'était à Monsieur ou à Madame que j'avions l'honneur de parler. — Son mari était donc couché avec elle? — Ah! Monsieur, je ne pourrions pas vous assurer ça, si c'était son mari, mais c'était toujours un queuquesuns.... » Nous demandons pardon à M. d'Alembert de gâter un conte qu'il fait si gaiement, mais nous ne devions pas nous dispenser de citer ici l'historiette qui a coûté à l'Académie une si belle statue, une statue que l'artiste n'avait composée que pour cet auguste lycée, et qu'il aurait sans doute conçue différemment, s'il eût prévu qu'elle serait placée dans l'enceinte d'un théâtre.

NOVEMBRE.

Paris, novembre 1779.

M. DE FLORIAN, l'auteur des *Deux Billets*, vient de donner sur le théâtre de la Comédie Italienne une pièce nouvelle en trois actes, intitulée : *Arlequin roi, dame et valet* (1). Ce titre semblait promettre quelque chose d'assez original, mais l'ouvrage est loin d'y répondre. C'est un roman dont l'invraisemblance n'a rien d'ingénieux, rien d'intéressant, rien de vraiment comique. Le signor Lélio, Arlequin son valet, et Argentine, ont fait naufrage sur les côtes d'une île où il y a une loi fort extraordinaire, qui donne le trône au premier étranger qui abordera dans l'île après la mort du roi, pourvu, toutefois, qu'il consente à épouser la reine douairière. Arlequin s'est sauvé à la nage; il a été proclamé roi aussitôt qu'il s'est présenté à ces insulaires. Pour jouir paisiblement de la couronne, il ne lui reste plus qu'à donner sa main à la veuve; on a bien voulu lui accorder un mois pour y réfléchir, mais ce délai va expirer au moment où la pièce commence. Il est prêt à se décider; Argentine arrive, et renverse tous ses projets; il ne veut plus d'autre épouse qu'elle. La reine cependant le presse de recevoir sa main, ou de renoncer au trône. Les deux propositions lui déplaisent également. Guerre civile. Arlequin est assiégé dans son palais, et, pour se sauver, il ne trouve plus d'autre expédient que celui de se travestir en dame. On le reconnaît malgré ce déguisement, et il ne s'agit de rien

(1) Représenté pour la première fois le 5 novembre 1780.

moins que de le faire pendre, lorsque son maître paraît fort à propos pour le tirer d'embarras. C'est ce même signor Lélio qui a commandé l'armée victorieuse ; il épouse la reine, monte sur le trône, fait grace à son valet, et le marie avec Argentine.

Ce canevas, tout absurde qu'il est, aurait pu fournir au moins quelques situations assez gaies ; mais l'auteur n'en a tiré aucun parti, et le peu de bonnes plaisanteries qu'on y rencontre est noyé dans un fatras de scènes très-embrouillées et très-ennuyeuses.

On vient de publier de prétendues *Lettres originales de madame la comtesse du Barry, avec celles des princes, seigneurs, ministres et autres qui lui ont écrit, et qu'on a pu recueillir*; 1 vol. in-12 (1).

Il y a toute apparence que ces Lettres n'appartiennent pas plus à madame du Barry, que celles qu'on a publiées, il y a quelques années, sous le nom de madame la marquise de Pompadour, n'appartenaient à cette illustre favorite ; mais on dirait volontiers que, pour être supposées, elles n'en sont que plus vraies. L'auteur très-anonyme des nouvelles Lettres paraît non-seulement assez instruit de toutes les petites intrigues qui occupèrent les dernières années du règne de Louis XV, il paraît connaître encore fort bien, et le caractère et le tour d'esprit de la plupart des personnages dont il a pris le masque.

(1) On les attribue à un M. de Mairobert, censeur royal, qui se voyant impliqué d'une manière fort déshonorante dans la discussion des intérêts du marquis de Brunoy, a jugé à propos, le 29 mars 1779, pour se tirer d'embarras, de s'ouvrir les veines, comme le philosophe Sénèque, dans un bain chaud, et, par attention pour ses domestiques, chez un baigneur public. On assure aussi que c'est ce M. de Mairobert qui a été le principal rédacteur du *Journal des affaires du Parlement*, publié en Hollande. (*Note de Grimm.*)

Les Lettres de madame du Barry portent surtout un grand air de vérité, et la peignent telle qu'on la vue dans les différentes révolutions de sa vie : douce, simple, insouciante, légère, guidée souvent par un instinct assez heureux, et mêlant avec moins d'art que d'ingénuité la décence à l'étourderie, et l'inconséquence à la bonté. Une éducation plus honnête, une jeunesse moins avilie, n'en auraient-elles pas fait une seconde Agnès Sorel? Quelque contagieuse que fût la corruption dont elle se vit entourée dès le berceau, son bon naturel l'emporta constamment sur toutes les habitudes de sa vie. Peut-être n'y eut-il jamais en France de favorite plus puissante qu'elle, et peut-être n'en est-il point aussi qui ait moins abusé de sa faveur, du moins personnellement. C'est sans doute à l'avilissement général qu'elle fut redevable de son élévation; mais elle ne l'augmenta point, et ce n'est pas à l'influence de son crédit que la nation peut reprocher aucun de ses malheurs. Depuis qu'elle est sortie du couvent où elle avait été exilée après la mort de Louis XV, elle a presque toujours demeuré dans sa maison de Lucienne; ainsi fort près de la cour, et sous des yeux peut-être assez disposés à examiner sévèrement sa conduite, sans avoir jamais donné la moindre prise à la médisance, sans avoir occupé le public d'elle en aucune manière. Le seul faste qu'elle ait conservé de sa gloire passée, est un assez grand nombre de domestiques, n'ayant voulu renvoyer aucun de ceux qui lui sont demeurés attachés malgré le changement de sa fortune, et se soumettant sans peine à toutes les économies qu'on a pu lui proposer, pour se dispenser de celle qui eût coûté le plus à sa bonté naturelle.

Il est bien évident que l'auteur des Lettres en question

n'a pas eu le projet de faire le panégyrique de madame du Barry; il rappelle avec la plus grande naïveté les circonstances les plus humiliantes et de son origine, et de son éducation, et des erreurs de sa première jeunesse. Il dévoile sans aucun ménagement toutes les intrigues qui l'ont portée à la cour, et qui l'y ont soutenue. Cependant la première réflexion qu'on est tenté de faire après la lecture de ce singulier ouvrage, c'est que dans tout le brillant tourbillon dont madame du Barry se vit entourée dans le temps de sa faveur, il n'y avait personne, en vérité personne qui ne fût moins estimable qu'elle. Vous y voyez les premières dignités, les puissances les plus considérables du royaume s'avilir à ses pieds, mendier son crédit, se montrer incomparablement plus avides qu'elle, favoriser le désordre général dans l'espérance d'en profiter, rechercher et trahir tour à tour sa confiance, essuyer les plus justes humiliations, et mériter tout le mépris dont l'envie et la haine cherchaient à l'accabler. Il y a fort peu de grands noms en France qui ne se trouvent cruellement compromis dans le recueil de ces Lettres, et l'on a lieu de s'étonner de la facilité avec laquelle on l'a laissé répandre à Paris et à Versailles. Peut-être n'a-t-on pas été fâché de montrer la prodigieuse différence de l'esprit qui régnait alors à la cour à celui qu'on y voit régner aujourd'hui. Il est vrai, et l'on peut l'assurer sans aucune flatterie, que le contraste est frappant.

Nous ne citerons qu'un seul trait de cette singulière correspondance pour donner une idée de l'extrême liberté ou plutôt de l'extrême licence avec laquelle l'auteur s'est permis de faire parler ses masques. Voici comme madame du Barry raconte au duc d'Aiguillon la présentation de sa nièce (1) chez M. le Dauphin. « Eh bien, mon cher duc, ne vous l'avais-je pas dit que j'avais raison de craindre cette présentation ? Vous n'imagineriez pas jusqu'où ce grand garçon mal élevé a poussé sa malhonnêteté. Lorsque nous avons été chez lui il était occupé, ou feignait de l'être, à regarder par la fenêtre; quoiqu'on nous eût annoncées, il n'a pas quitté cette posture; enfin nous sommes sorties sans qu'il nous ait honorées d'un seul regard. Ma nièce a été vivement touchée du procédé, mais elle en est amplement dédommagée par les attentions que le roi a pour elle. Elle lui plaît au point de m'inquiéter beaucoup; cependant je n'en fais rien paraître de peur de déplaire à Sa Majesté..... » On lit aussi dans une note que monseigneur le Dauphin ayant appris que madame du Barry sollicitait, pour son neveu le vicomte, la place de premier écuyer, il se transporta sur-le-champ chez elle, et lui dit : *Si votre neveu a cette place, qu'il ne s'approche pas de moi, je lui donnerais de ma botte sur la joue.......* « Ce contre-temps fâcheux (lui dit à cette occasion M. le duc d'Aiguillon) ne justifie que trop bien ce que j'ai eu l'honneur de vous dire lorsque j'ai su que vous vous étiez permis quelques plaisanteries sur ce prince dont le caractère n'est pas endurant....»

On trouve encore dans ce recueil plusieurs lettres assez curieuses sur l'intrigue formée en faveur de madame la baronne de Newkerque. Ces lettres accusent M. le maréchal de Duras d'en avoir été le premier mobile, et M. d'Aiguillon de s'y être intéressé dans les com-

(1) La vicomtesse du Barry, à qui l'on vient de permettre de reprendre son nom de fille, qui est *de Tournon*, assez proche parente de M. le prince de Soubise. (*Note de Grimm.*)

mencemens, mais de l'avoir abandonnée lorsque madame du Barry eut été instruite des démarches qu'il avait faites à cet égard. Ne sont-ce pas là des objets bien dignes d'intéresser la curiosité des siècles à venir! *Magna adulteria... Nobilitas, opes, omissi gestique honores pro crimine... Corrupti in dominos servi, in patronos liberti, et quibus deerat inimicus per amicos oppressi...* Et tout cela, comme l'on voit, n'est pas fort nouveau.

Les Événemens imprévus, comédie en trois actes, mêlée d'ariettes, représentée devant Leurs Majestés à Versailles le 11 de novembre, a été donnée pour la première fois à Paris, sur le théâtre de la Comédie Italienne, le samedi 13. Les paroles sont de M. d'Hèle, l'auteur de *l'Amant jaloux* et du *Jugement de Midas*; la musique est de M. Grétry.

Le sujet de cette pièce est tiré d'un ancien canevas italien, *Di peggio in peggio*. Quoique M. d'Hèle en ait changé entièrement toute la conduite et tout le dialogue, on lui a reproché de ne s'être pas encore assez éloigné de la manière et des convenances d'un genre auquel notre goût ne saurait se faire.

Ce canevas est trop chargé de situations pour être susceptible de beaucoup de développement; les événemens y sont trop précipités pour exciter un grand intérêt. Le sentiment que le marquis inspire dans les deux premiers actes est si éloigné de celui qu'il inspire à la fin, que, quoique son changement soit préparé en quelque sorte même dès l'exposition, il n'en paraît pas moins extraordinaire. La conduite de Philinte n'est pas plus naturelle, et les moyens par lesquels le poëte a retardé le dénouement de son intrigue sont, comme nous l'avons déjà observé, sinon invraisemblables, au moins trop forcés pour en soutenir l'illusion. Il y a moins de dialogue encore dans *les Événemens imprévus*, que dans *le Jugement de Midas* et dans *l'Amant jaloux*. Ce genre de drame n'en supporte peut-être pas davantage; mais ce qu'on ne peut guère pardonner à l'auteur, c'est d'avoir encore plus négligé le style de cette pièce que celui des deux premières.

Quoique la musique du nouvel opéra ne soit pas toujours aussi riche, aussi brillante que celle des premières compositions de M. Grétry, on y a remarqué plusieurs morceaux dignes de son meilleur temps. On ne cesse de disputer sur Gluck, sur Piccini, sur toutes les musiques du monde, mais les connaisseurs et les ignorans s'accordent assez, ce me semble, à trouver qu'il n'y a jamais eu de compositeur qui ait su adapter plus heureusement que lui la mélodie italienne au caractère et au génie de notre langue, saisir mieux le goût de la nation, et donner à tous ses motifs, à toutes ses phrases, à toutes ses notes, une intention plus fine et plus spirituelle.

M. Diderot jouait à la campagne une partie de piquet, et ne jouait pas gros jeu, puisqu'il ne gagnait au premier tour que *six sous*. Une femme qui s'intéressait à la partie lui dit : *Avec ces six sous-là nous en aurons six autres.* — Mais voilà un vers auquel il ne manque rien; il faut continuer.... Et sans cesser de jouer il fit l'impromptu que voici :

> Avec ces six sous-là, produisant maint écu,
> Nous prendrons une femme et nous serons c...;
> Car, quand on est c..., c'est une bonne affaire;
> Aucun talent ne rend de plus sûr honoraire.
> Un peu de mouvement de la douce moitié

Vous dispense bientôt de vous traîner à pié.
Nous aurons des valets, nous aurons la voiture,
Nous aurons de bons vins, grande chère qui dure.
Nous ferons accourir les enfans d'Apollon,
Nous ferons résonner tout le sacré Vallon.
Nous leur ordonnerons du doux, du pathétique,
Nous ferons aux festins succéder la musique.
Nous aurons des savans, des ignorans, des fous,
Même des gens de bien ; et le tout pour six sous.

Je ne sais si le fameux impromptu du marquis de Dangeau valait celui de notre philosophe, mais la manière dont il fut fait a quelque chose de plus merveilleux encore. Louis XIV avait promis à ce courtisan de lui accorder la grace qu'il avait sollicitée en commençant le jeu, si, le jeu fini, il la lui demandait en deux cents vers ni plus ni moins. M. de Dangeau fit les deux cents vers, et gagna la partie.

Le malheureux prince Édouard, après être sorti de la Bastille, resta caché pendant trois ans à Paris, chez madame la marquise de Vassé, qui demeurait alors avec son amie, la célèbre mademoiselle Ferrand (1), à Saint-Joseph, au faubourg Saint-Germain. La princesse de Talmont, dont il était toujours fort amoureux, habitait la même maison. Il se renfermait pendant le jour dans une petite garderobe de madame de Vassé, où il y avait un escalier dérobé par lequel il descendait la nuit chez la princesse, et le soir derrière une alcove du cabinet de mademoiselle Ferrand. Il jouissait là tous les jours, sans être aperçu, de la conversation d'une société fort distinguée. On y parlait souvent de lui, on en disait et beau-

(1) L'abbé de Condillac lui doit l'idée ingénieuse de la statue qu'il a si bien développée dans son *Traité des Sensations*. (*Note de Grimm.*)

coup de bien et beaucoup de mal, et l'on se doutait bien peu du témoin caché devant qui l'on parlait. L'existence du prince dans cet asile, et le profond secret qui le déroba si long-temps aux yeux de tout l'univers entre trois femmes, et dans une maison où l'on recevait l'élite de la ville et de la cour, semblent tenir du prodige. M. de Choiseul qui, plusieurs années après le départ du prince, avait entendu parler de cette singulière anecdote, ne pouvait y croire. Étant ministre des affaires étrangères, il écrivit lui-même à madame de Vassé pour lui en demander les détails. Elle lui avoua tout, sans lui laisser ignorer qu'elle avait été obligée de chasser le prince de chez elle, à cause des scènes trop vives qu'il avait eues avec madame de Talmont, scènes qui commençaient toujours fort tendrement, mais qui finissaient souvent par des querelles et même par des coups. Nous tenons ce fait d'une amie très-particulière de madame de Vassé.

Le bon docteur Tissot vient de publier une *Lettre à M. Hirzel, conseiller d'État à Zurich, sur le blé et le pain.*

L'estimable auteur de l'*Avis du Peuple* a pris la peine de réfuter très-sérieusement dans cette brochure les déclamations tant de fois rebattues de M. Linguet contre le pain. Il soutient par des raisons tirées de la chimie et de l'expérience la plus universelle que, de toutes les graines connues, le froment est celle dont l'usage habituel offre le plus d'avantages et le moins d'inconvéniens, dont la culture paraît réussir le mieux dans nos climats, et dont la récolte aussi sûre que celle du riz, beaucoup moins pénible, beaucoup moins pernicieuse à la santé, se conserve également lorsqu'elle est gardée avec le soin nécessaire.

« Les armées de Gustave Adolphe, dit notre médecin suisse, celles de Charles XII, du roi de Prusse, nourries de pain, seraient bien aussi redoutables aujourd'hui pour les Italiens qui en mangent moins qu'on n'en mangeait dans le temps des Scipions, que leurs ancêtres l'étaient il y a quatorze cents ans pour les derniers Romains. Et puisque M. Linguet parle de conquêtes, qui sait mieux que lui que ces Grecs qui vivaient de pain, ces Romains qui ne voulaient que des jeux et du pain, asservirent tous les peuples connus, parmi lesquels il y en avait beaucoup qui en mangeaient moins qu'eux ? La ration de pain des soldats romains était beaucoup plus forte que celle des soldats de nos jours, et ils étaient bien aussi vigoureux. On donnait au soldat romain soixante-quatre livres de froment par mois, qu'il lui était défendu de vendre ou d'échanger ; il le mangeait en pain, en bouillie, en galettes, et les épidémies putrides ne le fauchaient pas. »

M. Tissot, bien persuadé qu'il ne suffit pas d'avoir de bonnes raisons pour convaincre son adversaire, qu'il faut encore être poli et flatter, s'il est possible, son amour-propre, termine sa petite diatribe par ce joli compliment :

« On peut avoir des hommes assez gros, assez grands, assez forts avec du maïs, des pommes de terre, du mil même ; mais je doute que l'homme qui en vivrait écrivît jamais les *Annales politiques du dix-huitième Siècle*, les *Plaidoyers de M. le duc d'Aiguillon*, les *Défenses de M. le comte de Morangiès*. »

On croira sans peine que cet argument a dû toucher M. Linguet ; aussi le traite-t-il comme la plus forte objection qu'on ait jamais faite à son système, et il y répond avec beaucoup de politesse à la vérité, mais d'une manière qui doit mettre M. Tissot au pied du mur. « Vous croyez avec toute l'Europe, lui dit-il, que je vis de pain? Eh bien, point du tout : j'en mange fort peu, mon estomac le digère mal et supporte beaucoup mieux la pâtisserie..... » Que répliquer à cela? Voilà de ces anecdotes intéressantes du dix-huitième siècle qu'on ne trouvera guère que dans les *Annales* de M. Linguet, et qui doivent les rendre à jamais précieuses à la postérité.

Extrait d'une lettre très-originale de J.-J. Rousseau à une dame de Lyon.

De Bourgoin en Dauphiné, le 3 septembre 1768.

« Vous trouverez ci-joint un papier dont voici l'occasion. Ayant été malade ici et détenu dans une chambre pendant quelques jours, dans le fort de mes chagrins je m'amusai à tracer derrière une porte quelques lignes au rapide trait du crayon, qu'ensuite j'oubliai d'effacer en quittant ma chambre pour en occuper une plus grande à deux lits avec ma femme. Des passans mal intentionnés, à ce qu'il m'a paru, ont trouvé ce barbouillage dans la chambre que j'avais quittée, y ont effacé des mots, en ont ajouté d'autres, et l'ont transcrit pour en faire je ne sais quel usage. Je vous envoie une copie exacte de ces lignes, afin que messieurs vos frères puissent et veuillent bien constater les falsifications qu'on y peut faire, en cas qu'elles se répandent. J'ai transcrit même les fautes et les redites, afin de ne rien changer.

Sentiment du public sur mon compte, dans les divers états qui le composent.

Les Rois et les Grands ne disent pas ce qu'ils pensent, mais ils me traiteront toujours généreusement.

La vraie Noblesse qui aime la gloire et qui sait que je m'y connais, m'honore et se tait.

Les Magistrats me haïssent à cause du tort qu'ils m'ont fait.

Les Philosophes que j'ai démasqués veulent à tout prix me perdre, et réussiront.

Les Évêques, fiers de leur naissance et de leur état, m'estiment sans me craindre, et s'honorent en me marquant des égards.

Les Prêtres vendus aux philosophes aboient après moi pour faire leur cour.

Les Beaux Esprits se vengent, en m'insultant, de ma supériorité qu'ils sentent.

Le Peuple, qui fut mon idole, ne voit en moi qu'une perruque mal peignée et un homme crotté.

Les Femmes, dupes de deux p....froid qui les méprisent, trahissent l'homme qui mérita le mieux d'elles.

Les Suisses ne me pardonneront jamais le mal qu'ils m'ont fait.

Le Magistrat de Genève sent ses torts, sait que je les lui pardonne, et les réparerait s'il l'osait.

Les Chefs du peuple élevés sur mes épaules voudraient me cacher si bien que l'on ne vît qu'eux.

Les Auteurs me pillent et me blâment; les fripons me maudissent, et la canaille me hue.

Les Gens de bien, s'il en existe encore, gémissent tout

bas sur mon sort. Et moi, je le bénis, s'il peut instruire un jour les mortels.

Voltaire, que j'empêche de dormir, parodiera ces lignes. Ses grossières injures sont un hommage qu'il est forcé de me rendre malgré lui.

DÉCEMBRE.

Paris, décembre 1779.

Mirza et Lindor, nouveau ballet-pantomime, de la composition du sieur Gardel, occupe dans ce moment le théâtre de l'Académie royale de Musique avec un succès que n'eurent jamais les meilleurs ouvrages de Noverre (1).

Il n'y a néanmoins dans la composition de ce ballet ni beaucoup d'invention, ni beaucoup d'esprit, ni beaucoup d'intérêt, mais l'exécution en a été très-soignée. Mademoiselle Guimard, habillée en créole, a toutes les grâces de seize ans. Le combat de Vestris et de Nivelon fait une illusion extraordinaire, et le grand bruit du troisième acte est bien fait pour séduire des oreilles accoutumées au charme de l'opéra français.

Jamais conquête n'a été plus célébrée que la prise de la Grenade ne l'a été sur tous les théâtres des Boulevards et du Bois de Boulogne, spectacles devenus fort à la mode depuis le digne succès des *Battus paient l'amende*, chef-d'œuvre qui en a produit plusieurs autres ; tels que *Jeannot chez le dégraisseur*, le *Jeannotisme*, la *Jeannomanie*, *En est-ce ou n'en est-ce pas ?* etc. Parmi les pièces

(1) Ce ballet fut représenté pour la première fois le 18 novembre 1779.

consacrées à la gloire de M. d'Estaing, on a distingué surtout *la Prise de la Grenade*, représentée sur le théâtre des Grands-Danseurs du roi, et *Veni, vidi, vici*, pièce jouée par les élèves pour la danse de l'Opéra. L'auteur de cette pièce est M. Pariseau, qui, par un excès de zèle, s'est déterminé à jouer lui-même le rôle du commandant français. « On a traité, dit-il, dans le *Journal de Paris*, ce parti d'indiscrétion et d'étourderie; mais ce rôle était celui du chef : je suis patriote, et je vous avoue qu'il est entré dans l'enthousiasme de ma résolution, etc. »

On vient de donner sur le théâtre de la Comédie Française cinq ou six représentations de *Pierre-le-Grand*, tragédie de M. Dorat. Cette pièce, le premier coup d'essai de l'auteur dans le genre dramatique, était déjà tombée, il y a vingt ans, sous le nom de *Zulika* (1). Le grand nom de Pierre-le-Grand ne lui a pas été plus favorable ; on l'a débaptisé dès le premier jour; au lieu de l'appeler *Pierre-le-Grand*, tout le monde s'est accordé à l'appeler *Pierre-le-Long*. Il y a cependant des beautés réelles dans cet ouvrage; nous attendons qu'il soit imprimé pour en donner une analyse plus détaillée.

Les bougies de M. Daran sont regardées depuis longtemps par les premiers médecins de l'Europe comme le seul remède qui puisse guérir parfaitement les maladies de l'urètre. Le secret de ce remède qu'il découvrit étant au service de l'armée de Charles VI, en cherchant tous les moyens possibles d'adoucir les souffrances d'un sei-

---

(1) *Zulika* avait été représentée, pour la première fois, le 7 janvier 1760; *Pierre-le-Grand* le fut le 1er décembre 1780.

gneur auquel il avait les obligations les plus essentielles, lui a valu des sommes immenses; mais cette grande fortune provenant du canal, par une fatalité assez singulière, s'est trouvée presque entièrement absorbée dans l'entreprise du canal de Provence, et c'est ce qui l'a empêché de publier plus tôt une découverte si utile à l'humanité, et surtout à l'humanité de ce siècle. L'auteur d'un bienfait si précieux ne mériterait-il pas un hommage de la reconnaissance publique? Les anciens n'auraient pas manqué de lui dresser une statue. Ils auraient représenté le nouvel Esculape assis sur un siège orné des plus modestes attributs du dieu des jardins, tendant une main secourable à un Amour éploré, les ailes pendantes ou repliées sur le dos; à ses pieds on eût aperçu d'autres Amours remplissant un carquois de flèches nouvelles, et montrant, avec l'expression de la reconnaissance, le mortel dont les secours leur auraient rendu la joie et la santé. Au lieu de lui décerner de pareils hommages, on s'est contenté de dire que c'était un homme qui *prenait des vessies pour des lanternes*; qu'il ferait tomber le proverbe : *Le jeu ne vaut pas la chandelle*, qu'on dirait à l'avenir *Le jeu ne vaut pas les bougies*, et d'autres folies semblables.

L'*Amadis* de M. Back, désiré depuis si long-temps pour renouveler la guerre entre les Gluckistes et les Piccinistes, ou pour les mettre enfin d'accord, a paru pour la première fois ce mardi 14, et n'a point rempli notre attente. Le style de M. Back est d'une harmonie pure et soutenue; son orchestre a de la richesse et de la grace; mais s'il est toujours assez bien, il n'est jamais mieux; et l'on ne peut dissimuler que, dans cet ouvrage au moins, l'ensemble de sa composition manque de chaleur et d'effet. Les Gluckistes ont trouvé qu'il n'avait ni l'originalité de Gluck, ni ses sublimes élans; les Piccinistes, que son chant n'avait ni le charme, ni la variété de la mélodie de Piccini; et les Lullistes et les Ramistes, grands faiseurs de pointes, ont décidé qu'il nous fallait un *pont* à l'Opéra, qu'on n'y passerait point le *bac*, etc.

Les paroles d'*Amadis* ont été arrangées par M. de Vismes, officier d'artillerie, frère du directeur de l'Opéra, et voici comment : il a retranché, sans miséricorde, tout le premier acte de l'opéra de Quinault; et il en a fondu en un seul les deux derniers; de sorte qu'à l'exception de l'épisode de Corisande et de Florestan, il a conservé toutes les situations, pour ainsi dire, toutes les scènes de l'ancien *Amadis*, et qu'il n'en a supprimé que la liaison et les motifs; réparation fort ingénieuse, comme l'on voit, et qui ressemble beaucoup à l'entreprise d'un homme qui, pour affermir un édifice, se contenterait d'en détruire le faîte et les fondemens.

1780.

JANVIER.

Paris, janvier 1780.

Charades, pointes, calembours sont encore quelquefois l'esprit à la mode, et ces jours passés on ne parlait plus, même à Versailles, d'autre langage.

M. de Bastard, chancelier de monseigneur le comte d'Artois, accusé de prévarications assez graves, vient de mourir sous la conduite du célèbre Bouvard, au moment où son procès allait être jugé. Dans le commencement de la maladie, son Esculape disait : *Je le rendrai au Parlement.* Quelques jours après : *Le pauvre homme! il ne peut plus rien prendre, il en mourra.* — Eh bien! notre chancelier ? — *Je l'ai tiré d'affaire.*

C'est M. de Monthyon, distingué par son zèle et par sa probité dans l'intendance des différentes provinces confiées à son administration, qui vient d'être nommé à la place de M. de Bastard. Il y a quelques années que M. le comte d'Artois l'ayant trouvé dans l'antichambre de la reine, le dos tourné, et regardant par la fenêtre, le prit pour son tailleur, et lui arracha sa perruque. On n'a pas manqué de rappeler cette petite anecdote dans la circonstance présente, et l'on a dit que le prince n'avait choisi M. de Monthyon que *parce qu'il connaissait sa tête mieux que personne.*

On a tiré d'un manuscrit de M. le docteur Franklin

les principes suivans, auxquels se réduit tout le système économiste.

1° Toute nourriture ou subsistance du genre humain vient de la terre ou des eaux.

2° Les nécessités de la vie qui ne sont pas la nourriture, et toutes les autres commodités, ont une valeur égale à celle des subsistances que nous consumons dans le temps employé à nous les procurer.

3° Un petit peuple, avec un grand territoire, peut subsister des productions de la nature, sans autre travail que celui de recueillir les végétaux et de prendre les animaux.

4° Un grand peuple, avec un petit territoire, trouve ces ressources insuffisantes; et, pour subsister, il faut qu'il travaille la terre, afin qu'elle produise une plus grande quantité de nourriture végétale propre aux hommes ou aux animaux qu'il se propose de manger.

5° De ce travail résulte une grande augmentation en végétaux et animaux, et de matières pour se vêtir, telles que le lin, la laine, la soie, etc. Le superflu de ces choses est richesse. Avec cette richesse nous payons le travail employé à construire nos maisons, nos villes, etc., qui ne sont par conséquent que notre subsistance ainsi métamorphosée.

6° Les ouvrages des manufactures sont seulement une autre forme qu'on fait prendre à autant de denrées et de subsistances qu'il en faut pour égaler leur valeur. Cela est vrai, parce que le manufacturier ne reçoit dans le fait, de celui qui l'emploie, que la simple subsistance, en y comprenant l'habillement, le logement et le chauffage, toutes choses dont la valeur vient des productions consumées en se les procurant.

7° Les productions de la terre ainsi converties en ouvrages de manufactures sont bien plus propres à être transportées dans les marchés qu'elles ne l'étaient avant cette transformation.

8° Le commerce est dans son plus grand état de perfection lorsqu'il est l'échange de valeurs égales entre elles, y compris les frais de transport. Ainsi, supposez qu'en Angleterre A ait autant de travaux à faire et de charges à essuyer pour récolter un boisseau de froment que B en France pour récolter quatre galons de vin, quatre galons de vin sont alors le juste prix d'un boisseau de froment, en supposant qu'A et B font chacun de leur côté la moitié du chemin pour faire l'échange avec commodité. L'avantage de ce commerce est que les deux parties augmentent le nombre de leurs jouissances, en se procurant, au lieu du vin seul ou du froment seul, l'usage de l'un et de l'autre.

9° Lorsque le travail et la dépense nécessaires pour se procurer les deux denrées proposées en échange seront connus des deux parties, les marchés se feront généralement avec égalité et justice. Lorsqu'ils ne seront connus que d'une partie seulement, les marchés se feront souvent avec inégalité, l'instruction profitant de l'ignorance.

10° Ainsi celui qui transporte au loin mille boisseaux de froment pour les vendre n'en retirera vraisemblablement pas un si grand profit que si, en faisant subsister avec ce froment des ouvriers de manufactures, il l'avait préalablement converti en marchandises manufacturées, parce qu'il y a plusieurs manières de faciliter et de rendre le travail plus prompt qui ne sont pas généralement connues. Les gens étrangers aux manufactures, quoiqu'ils connaissent assez la dépense de la culture du froment, sont absolument ignorans de ces méthodes d'abréger le travail, et étant plus propres par conséquent à y en supposer plus qu'il n'y en a effectivement, on leur impose plus facilement sur la valeur de ces marchandises, et ils sont portés à en donner plus qu'elles ne valent honnêtement.

11° L'avantage d'avoir des manufactures dans un pays ne vient donc pas, comme on le suppose communément, de ce qu'elles augmentent la valeur des matières informes qu'elles travaillent, parce que si le même lin qui a coûté six pennys vaut vingt schellings lorsqu'il est converti en dentelle, la seule cause de cette augmentation de valeur est qu'outre le lin, il en a coûté dix-neuf schellings et six pennys pour la subsistance du manufacturier; mais l'avantage des manufactures est que, sous la forme des marchandises qu'elles fabriquent, les productions sont transportées plus facilement dans les marchés éloignés, et que par leur moyen nos commerçans peuvent tromper plus facilement les étrangers : dans les pays où l'on ne travaille pas la dentelle, peu de gens sont juges de sa valeur. Celui qui l'importe demandera quarante, et obtiendra peut-être trente schellings pour ce qui ne lui en coûte que vingt.

12° Enfin il n'y a, ce me semble, pour une nation, que trois chemins vers la richesse. Le premier est par la guerre, comme fit le peuple romain; le second, par le commerce, qui généralement est *tromperie*; le troisième, par l'agriculture, où l'homme, par un miracle continuel que la main de Dieu opère en sa faveur, reçoit les productions réelles de la semence qu'il a déposée dans la terre, comme une récompense de sa vie innocente et de son industrie vertueuse!

On vient de donner, sur le théâtre de la Comédie Italienne, trois ou quatre représentations du *Lord anglais et le Chevalier français* (1), comédie en un acte et en vers libres, par M. Imbert, l'auteur du *Jugement de Pâris*, du *Gâteau des Rois*, des *Égaremens de l'Amour*, etc. Quoi qu'en dise M. Imbert dans sa préface, le titre de sa pièce est un pléonasme ridicule : on peut bien dire un lord d'Écosse, mais on ne dit point un lord anglais; et l'on ne voit pas non plus en quoi il importait si fort au poète de nous apprendre, même sur l'affiche, que le héros de son drame était d'un des trois royaumes plutôt que de l'autre. Ce n'est pourtant pas une faute si facile à corriger qui a nui au succès de cette comédie; le reproche le plus grave qu'on ait à lui faire, c'est non-seulement d'avoir trop peu d'action, mais de manquer encore, dans le peu d'action qui s'y trouve, et de vraisemblance et de vérité. Madame de Merville a deux amans qui se disputent sa main, milord Morinson et le chevalier Deliane. Pour connaître à fond leur caractère, elle cherche à les intéresser l'un et l'autre en faveur d'un vieux militaire accablé d'infortune. Milord sert ce malheureux tant qu'il le croit Anglais, et l'abandonne aussitôt qu'il apprend qu'il est Français d'origine. Deliane, à qui l'on assure qu'il est Anglais, n'en est pas moins empressé à soulager ses malheurs, et c'est ce qui détermine pour lui madame de Merville, déjà fort excédée de toutes les préventions de son milord. Il n'est pas besoin de dire, sans doute, combien ce moyen est faux et peu

(1) Représenté pour la première fois le 23 décembre 1779.

susceptible d'intérêt, à quel point il est absurde et plat de supposer qu'un homme amoureux d'une Française, et prêt à l'épouser, cesse de s'intéresser à un homme protégé par elle, parce qu'il est Français. Si c'est là, comme le dit l'auteur, une petite hostilité qu'on a cru pouvoir se permettre contre l'Angleterre dans les circonstances actuelles, il faut convenir qu'elle n'est pas plus heureuse que beaucoup d'autres, et que si nous n'apprenons pas à faire plus de mal à cette nation, il eût mieux valu, sans doute, ne pas s'en mêler. Quelque mécontent qu'on ait été généralement de l'idée et du plan de la nouvelle comédie de M. Imbert, nous y avons remarqué plusieurs détails dignes des applaudissemens qu'on leur a donnés dans le tumulte même de la première représentation. Nous pourrions même citer les morceaux propres à donner une idée du talent de l'auteur pour le style de la comédie.

C'est l'auteur de ce fameux *Jeannot ou les Battus paient l'amende*, M. d'Orvigny, qui a ouvert glorieusement, cette année, la lice du Théâtre Français, par une petite pièce en un acte, en vers libres, intitulée : *les Étrennes de l'Amour* (1). Si cette nouvelle production du plus heureux génie de nos jours n'a pas eu beaucoup de succès, c'est sans doute parce qu'elle s'éloigne absolument du genre dans lequel il s'est acquis une si grande réputation aux boulevards. *Les Étrennes de l'Amour* sont en vers fort négligés, à la vérité, mais d'un ton et d'un style qui ressemble du moins à celui des honnêtes gens. C'est le tableau assez fidèle, et par conséquent fort insipide de tout ce qui peut se passer un premier jour

(1) Représentées le 1er janvier 1780.

de l'an, dans le sein d'une bonne famille de bourgeois. Le sieur Dugazon y joue le rôle du précepteur de la maison; c'est un pédant de la vieille comédie, et ses lazzis ont fait rire un moment dans la scène où il vient présenter son pupille au père et à la mère, pour les ennuyer d'un beau compliment plein d'emphase et de sottises, ce qui amène, comme l'on voit, fort naturellement beaucoup de lieux communs de morale sur le ridicule de nos usages, sur les faussetés de la politesse, sur toutes les perfidies de la société, etc. : car il faut savoir que dans cette pièce le père est une espèce de misanthrope. Mais en voilà beaucoup trop sur un ouvrage qui n'a eu que trois ou quatre représentations, et qui n'en méritait peut-être pas une.

On a donné, le lundi 3, sur le théâtre de la Comédie Italienne, *Aucassin et Nicolette, ou les Mœurs du bon vieux Temps*, comédie en quatre actes et en vers, mêlée d'ariettes; paroles de M. Sedaine, musique de M. Grétry. Quoique cette pièce n'ait pas été reçue très-favorablement, nous croyons qu'elle mérite une mention particulière. Nous la réserverons pour l'ordinaire prochain.

FÉVRIER.

Paris, février 1780.

Depuis que les oracles de Ferney ont cessé, ce n'est plus que de Sans-Souci que nous viennent les nouveautés les plus piquantes. Nous venons d'en recevoir deux à la fois d'un genre fort différent, mais qui portent l'un et l'autre l'empreinte de la main du maître, les *Lettres sur l'Amour de la Patrie*, ou *Correspondance d'Anapistémon et de Philopatros* (1), ouvrage dont la morale et l'éloquence eussent honoré également le génie de Cicéron, et les *Commentaires apostoliques et théologiques sur les saintes Prophéties de l'auteur sacré de Barbe bleue* (2). Nous ne connaissons rien de Voltaire ni de Lucien qui soit d'une ironie plus fine et plus soutenue. Le Commentaire est précédé d'un avant-propos de l'évêque du Puy, où l'on apprend à l'univers que cet ouvrage édifiant a été trouvé dans les papiers de dom Calmet. Il n'y a en effet qu'un homme aussi savant que cet illustre théologien qui ait pu rassembler autant d'autorités respectables pour démontrer la divinité du conte de *Barbe bleue*; il n'y a qu'une imagination aussi étonnante que la sienne qui ait pu pénétrer ainsi le sens mystique et profond d'un monument si précieux. Pour le faire sentir, il suffira de rappeler quelques traits du nouveau Commentaire; voyez quelle érudition le pieux docteur emploie pour prouver que *Barbe bleue* c'est le Diable. « Cet auteur de tous nos maux, dit-il, ne peut avoir une barbe comme l'ont les hommes; elle doit être bleue, car le Diable, qui, sous la forme d'un serpent, tentait Ève dans le paradis, avait une couleur bleuâtre. J'appuie encore cette assertion par une raison physique. Les lampes qu'on entretient avec de l'huile jettent des reflets bleuâtres; les démons, qui plongent les damnés dans de grandes cuves d'huile bouillante, teignent in-

---

(1) Compris dans les *OEuvres de Frédéric II*, Berlin, 1789, t. III, p. 1 et suiv.

(2) Compris dans le *Supplément aux OEuvres Posthumes de Frédéric II*, Cologne, 1789, t. I, p. 479 et suiv. Ce commentaire est signé D. Calmet et daté du 17 septembre 1692. (B.)

sensiblement leur barbe de cette couleur, de même qu'il arrive à ceux qui travaillent aux mines de vitriol de prendre à la longue des cheveux verdâtres... » Feuilletez tout Polus, tout Grotius, toute la Somme de Thomas d'Aquin, vous n'y trouverez pas une démonstration d'une logique plus ferme et plus subtile.

« Une dame de qualité avait deux filles à marier. *Barbe bleue* lui en demanda une. Remarquez que le Diable s'adresse toujours aux femmes... » Quelle connaissance du cœur humain !

« La veuve de *Barbe bleue*, ou, pour mieux dire, de Belzébuth, se remarie ensuite à un fort honnête homme, » etc.

Tout est expliqué avec la même clarté, avec le même intérêt. Toutes les parties de l'allégorie se tiennent, et forment un ensemble qui ne laisse aucune prise aux atteintes de l'hérésie ou de l'incrédulité.

———

Les Jammabos, ou les Moines japonais, tragédie en cinq actes et en vers, par M. Fenouillot de Falbaire, sont un libelle contre les moines en général et contre les Jésuites en particulier. Si cet ouvrage eût paru dans le temps où il y avait encore quelque danger à attaquer les Jésuites, ou quelque honneur à les haïr, il eût fait sans doute la plus grande sensation ; aujourd'hui ce sujet ne peut inspirer le même intérêt, et le moment de le traiter avec succès est passé, ou bien n'est pas encore venu. Le fonds de ce drame était digne d'exercer le génie qui créa *Mahomet*; il offre des caractères et des situations vraiment tragiques; mais la conduite en est faible, et le style en est plus faible encore. On y trouve quelques traits d'une sensibilité touchante, quelquefois même des vers assez heureux, mais le poète ne s'élève jamais à la hauteur de son sujet ; c'est un peintre qui tient sa palette d'une main tremblante ; les pinceaux échappent de ses mains, barbouillent sans cesse son ouvrage ; et, quelque effort qu'il lui en coûte, il ne fait presque jamais rien de ce qu'il veut faire. Il y a dans les remarques qui sont à la suite de cette tragédie d'excellentes choses et des morceaux entiers très-bien pensés, très-bien écrits. M. Falbaire a fait distribuer ici un assez grand nombre d'exemplaires de son ouvrage ; mais il ne s'en est vendu aucun, du moins de son aveu.

Les lettres ont fait, l'année dernière, peu de pertes considérables. Le théâtre n'a perdu que le chevalier de Laurès, l'auteur de l'acte de *Zémide*, à l'Opéra, et de quelques pièces de société représentées à Berny, chez le prince de Clermont (1). Il était plus connu par sa traduction en vers de *la Pharsale*, qui n'a pourtant pas fait oublier celle de Brébœuf. L'Académie Française a perdu M. de Foncemagne (2), que ses mœurs et son caractère rendaient infiniment estimable, qui savait, dit-on, l'histoire de France mieux que personne, mais qui n'a laissé aucun ouvrage digne de cette réputation. C'est plutôt à la librairie qu'aux lettres à regretter la plume infatigable de l'abbé de La Porte (3), l'auteur de tant de compilations aussi volumineuses qu'inutiles, entre autres du *Voyageur français*, du *Calendrier des Théâtres*, du *Dictionnaire dramatique*, de *la France litté-*

(1) Grimm oublie que l'année 1779 vit mourir l'auteur des *Trois Jumeaux Vénitiens*, Colalto, dont il a enregistré la mort p. 99.
(2) Né en 1694, mort le 26 septembre 1779.
(3) Né en 1713, mort le 19 décembre 1779.

raire, etc., etc.; tous ouvrages qui ont beaucoup moins enrichi les lettres que leur auteur.

Le sujet de la nouvelle pièce de M. Sedaine est tiré d'un ancien fabliau du treizième siècle, publié en 1756 par M. de Sainte-Palaye, sous le titre des *Amours du bon vieux Temps*. Cette jolie romance est mêlée alternativement de vers et de prose : la prose qui forme le corps de la narration était récitée par le trouvère ou jongleur qui faisait le premier rôle; cette prose est toujours précédée par ces mots : *Ici l'on dit, l'on conte et l'on fabloye*; ce qui est en vers, précédé des mots : *On chante*, était mis en musique, et se chantait sans doute en chœur par la troupe des chanteurs à qui le chef donnait le ton, ce qui prouve assez que nos opéra comiques ne sont pas une découverte absolument nouvelle, et dont puisse s'enorgueillir la philosophie de notre siècle; on voit que la première idée de cette sublime invention appartient aux temps les plus reculés de la monarchie. Le poëme d'*Aucassin* fut composé vers le commencement du règne de saint Louis, et il ne paraît pas que ce fût le premier ouvrage connu de ce genre. Il y règne un ton de loyauté, de candeur et de simplicité vraiment antique; le style de l'original, comme l'observe M. Le Grand (1), a beaucoup de cette naïveté touchante qui devint, dans le siècle suivant, le caractère de notre langue, et qu'elle semble avoir perdu sans retour.

Le second et le premier acte ont fait le plus grand plaisir aux premières représentations; mais le troisième a paru long et froid. On a été blessé de voir, dans le

(1) L'auteur des *Fabliaux*, ou *Contes du douzième et treizième siècle, traduits ou extraits d'après divers manuscrits du temps; avec des notes historiques et critiques*; 3 vol. in-8°. (*Note de Grimm.*)

premier, un chevalier manquer à sa parole, et l'on n'a point senti que ce que le comte de Beaucaire se permettait à l'égard de son fils, et dans une circonstance où il croyait l'honneur de son sang si vivement intéressé, il ne se le serait pas permis sans doute dans toute autre, même envers le dernier de ses vassaux, ou le plus redoutable de ses ennemis; on n'a point su assez de gré à M. Sedaine de nous avoir peint les chevaliers de ce temps tels qu'ils étaient en effet, et non pas tels qu'on nous les a représentés dans les romans du dernier siècle. Un reproche qu'on pourrait lui faire avec plus de justice peut-être, c'est d'avoir choisi le théâtre de l'Opéra-Comique, peu susceptible de développement, pour nous peindre des mœurs si étrangères aux mœurs de notre âge. Excepté le dénouement, qui lui appartient tout entier, et qu'il n'était pas aisé de rendre aussi dramatique qu'il l'a fait, il s'est attaché à suivre fidèlement tous les caractères et toutes les situations du conte, et il y eût encore mieux réussi, sans doute, s'il avait laissé sa pièce comme il l'avait écrite d'abord en prose. L'embarras de la versification, toute négligée qu'elle est, a rendu souvent le style de son dialogue lâche et diffus, et lui a fait perdre surtout cette naïveté si pure et si touchante dans l'original qui lui a servi de modèle. Malgré tous les défauts qu'on lui a reprochés, et qu'il eût été aisé de corriger ou d'adoucir au moins sans nuire ni à la simplicité du plan, ni à la vérité des caractères, nous osons présumer que l'ouvrage, tel qu'il est, aurait eu beaucoup de succès au théâtre s'il avait été joué par des acteurs capables d'en saisir l'esprit et le ton; mais un des principaux rôles et des plus difficiles en même temps, celui du vieux comte de Beaucaire, a été indignement défiguré par le sieur

Menier. Il n'y a que madame Dugazon qui ait su donner au rôle de Nicolette tout l'intérêt et toute la grace que ce rôle devait inspirer. On a remarqué dans la musique de cet opéra plusieurs morceaux dignes de la réputation de M. Grétry, tels que le premier air de Nicolette, le duo des sentinelles au second acte, l'ariette du pâtre en comptant son or, mais on y a trouvé en général beaucoup de négligence, et je ne sais quel caractère sauvage et rustique que l'auteur a cru peut-être analogue au sujet, mais qui, sans ajouter rien à la vérité de la scène, en rend la marche plus pesante, plus monotone, et fatigue souvent l'oreille au lieu de la charmer.

Un ancien fermier général, compris dans la réforme que toute la France vient de voir exécuter avec autant d'étonnement que de joie et d'admiration, fut se plaindre ces jours passés à M. de Maurepas de l'injustice qu'on osait lui faire. En effet, comment se dispenser de récompenser un homme qui a sacrifié trente ou quarante ans de sa vie à s'enrichir aux dépens du roi et de ses peuples! Fatigué de l'importunité d'une plainte si bien fondée, M. de Maurepas finit par lui dire, de ce ton plein de grace et d'ironie qui n'appartient qu'à lui : « Eh bien, que voulez-vous, Monsieur? Voulez-vous être brigadier? Voulez-vous être maréchal de camp? J'en parlerai à M. de Montbarrey; il fait assez volontiers ce que je lui demande; mais à M. Necker, cela m'est impossible. »

Comme grand maître, M. le prince de Condé perd des droits de finance très-considérables par la suppression qui vient d'être arrêtée dans le nouveau plan fait pour régler les dépenses de la maison du roi, plan qui va être suivi également par les frères de Sa Majesté. Nos faiseurs de pointes n'ont pas manqué de dire à cette occasion que M. le prince de Condé était le *chef des réformés*, comme on l'avait été souvent dans sa maison. On n'a pas observé moins ingénieusement que beaucoup d'officiers reconnus inutiles dans la maison du roi, pourraient être employés avec avantage ailleurs, et nommément messieurs les officiers *hâteurs*, qui seraient fort nécessaires à la marine... Les officiers hâteurs n'avaient point d'autre fonction que celle de faire dépêcher le service des cuisines, et d'avoir soin que les viandes fussent servies à propos.

On n'avait guère retenu de la tragédie de M. de Sauvigny : *Hirza, ou les Illinois* (1), que ce vers ridicule :

Vengeons enfin, vengeons l'orgueil du nom sauvage.

L'auteur a cru rajeunir sa pièce et lui assurer le succès le plus éclatant, en y mêlant un grand nombre d'allusions aux circonstances actuelles. Ce sera, disait-il, une tragédie-vaudeville; mais la tragédie a ennuyé, les vaudevilles n'ont pas pris, et à la troisième représentation la salle s'est trouvée déserte. Dans le nombre des allusions, voici celle qui devait produire le plus grand effet, et qui a été aussi le mieux accueillie, au moins le premier jour : c'est un vieux militaire français qui a retrouvé son fils unique parmi les Illinois, où l'amour le retient; il veut le ramener sous les drapeaux de sa patrie : Courons, lui dit-il les yeux baignés de larmes,

Courons nous présenter, plus généreux et fiers,
A ce héros français, dominateur des mers.

(1) Représentée pour la première fois le 27 mai 1767, reprise le 22 janvier 1780.

De la France indignée il venge les injures;
Tu le verras couvert d'honorables blessures.
Pour laver tes forfaits, sous ses hardis drapeaux,
De ton sang dans le sien va confondre les flots.

Quelque mauvaise que soit la tournure de ces vers, Brizard les a si bien soutenus du charme de sa voix imposante, que le parterre a cru y trouver un hommage digne du héros de la Grenade et les a vivement applaudis. Une allusion d'un autre genre n'a pas eu le même succès. C'est une tirade sur la prétendue défection de l'Irlande, à propos de laquelle on s'écrie qu'il semble que le ciel ait répandu sur toute l'Angleterre *un esprit de trouble et de confusion*. Cette tirade n'eût pas excité à Londres même de plus grandes huées.

M. de Sauvigny a voulu mettre en action dans le cinquième acte le trait fameux du chevalier d'Assas; mais il s'y est pris avec tant d'adresse, que ce trait sublime n'a pas même été entendu, et il s'en est si bien douté qu'après l'avoir montré en action, il s'est cru obligé de le faire expliquer encore par un récit; malheureusement ce récit, quoique assez long, n'est ni beaucoup plus clair, ni beaucoup plus intéressant que la pantomime dont il est le commentaire. On sait que le chevalier d'Assas, capitaine au régiment d'Auvergne, fut surpris dans l'obscurité de la nuit près de Clostercamp, par les grenadiers ennemis, à cent pas de sa troupe; que parvenus jusqu'à lui sans être reconnus, ils lui dirent : *Arrête, ou meurs;* et que, malgré les vingt baïonnettes dont il se voyait menacé, ce brave officier s'écria : *C'est l'ennemi...* et se dévouant ainsi à une mort certaine, sauva et l'avant-garde dont il était, et toute l'armée, d'une surprise qui pouvait avoir les suites les plus importantes. M. de Sauvigny a cru consacrer cette action au théâtre en plaçant son héros dans le défilé d'une montagne, et en le faisant crier là, aussitôt que les Sauvages paraissent: *A moi, Français!* Il est évident que ce n'est ni la chose, ni le mot. Il n'y a pas beaucoup d'héroïsme à crier au secours quand on se voit attaqué; et lorsqu'on prétend se dévouer pour les autres on ne dit point *à moi;* c'est le cri de la personnalité, et non pas celui du dévouement et du courage.

Nous ne pouvons finir cet article sans remarquer combien l'idée d'une tragédie, adaptée aux circonstances, est absurde et ridicule. Si la tragédie des *Illinois* offrait un véritable intérêt, comment l'auteur ne l'aurait-il pas détruit, en cherchant à détourner sans cesse l'attention du spectateur sur des circonstances absolument étrangères à son sujet? L'art du poète tragique est de nous transporter hors de nous-mêmes; nous rappeler à nous par des objets trop présens à notre pensée, c'est vouloir nous ôter toute espèce d'illusion, à moins que ces objets ne forment par eux-mêmes le fonds de l'intérêt qu'on s'est proposé de nous inspirer. Si le genre de mérite que peut avoir la tragédie de M. de Sauvigny n'était pas décidé depuis long-temps, nous répéterions encore ici qu'on y a trouvé des détails d'une éloquence vive et touchante, même quelques vers d'un assez grand éclat.

Il paraît trois nouveaux volumes du *Théâtre d'Éducation* de madame la comtesse de Genlis. Ces nouveaux volumes soutiendront la réputation du premier. C'est la même morale présentée avec toutes les graces de l'imagination la plus heureuse et de la sensibilité la plus douce. Il est impossible de rendre la vertu plus aimable, et d'intéresser le cœur par des impressions plus innocentes et plus pures. On a distingué surtout dans ces trois derniers volumes, *la bonne Mère, la Rosière de Salency, le Magistrat, la Marchande de Modes,* et *la Colombe;* cette dernière pièce offre des images dignes de la touche gracieuse du Guide ou de l'Albane.

On vient de remettre au théâtre de l'Académie royale de Musique la tragédie de *Médée, ballet tragi-pantomime,* de la composition du sieur Noverre. Ce ballet, qui eut il y a quelques années le plus grand succès, nous a paru en avoir beaucoup moins aujourd'hui, et nous serions fort embarrassés à en trouver les raisons, si ce n'est dans le mauvais goût du public qui vient de se passionner pour le ballet de *Mirza,* très-inférieur à tous égards à celui de *Médée* pour l'intérêt du sujet, pour la dignité de l'exécution, pour la pompe et même pour la variété du spectacle. Les défauts qu'on a principalement reprochés à la composition du sieur Noverre sont deux ou trois scènes de transition dont on aurait quelque peine à saisir le motif sans l'explication du programme, mais nous ne connaissons point de ballet où les scènes de ce genre soient plus courtes et moins fréquentes; ces défauts tiennent donc aux bornes mêmes de l'art. L'action du ballet est développée, en général, de la manière du monde la plus claire et la plus intéressante; les différentes scènes qui le composent s'enchaînent et se succèdent avec une grande rapidité; il n'y a pour ainsi dire aucun moment de l'action qui ne présente le spectacle le plus riche, et qui, transporté sur la toile, ne pût devenir le sujet d'un grand et magnifique tableau. Une combinaison de scènes capable de produire cet effet sera toujours la plus extrême difficulté de l'art de la pantomime et son plus beau triomphe. La musique du ballet de *Médée* est du sieur Rodolphe. Le sieur Berton y avait inséré anciennement quelques airs de sa composition qui ont été supprimés et regrettés à cette reprise-ci.

Ce fut ces jours derniers (le vendredi 18) à la représentation de ce ballet, précédé d'*Iphigénie en Tauride*, que M. le comte d'Estaing parut pour la première fois au spectacle. Il était dans la loge de M. le duc de Chartres, où il demeura caché assez long-temps derrière la colonne : mais, ayant été aperçu entre le troisième et le quatrième acte de la tragédie, le public l'accueillit avec de grands applaudissemens qui furent bientôt secondés par les timbales, les trompettes et tous les autres instrumens militaires de l'orchestre. Ces applaudissemens redoublèrent encore dans le ballet, lorsque le sieur d'Auberval, chargé du rôle de Créon, au moment où le peuple de Corinthe rend hommage à son nouveau roi, s'avança sur le bord du théâtre, une couronne de lauriers à la main, la présenta à M. le comte d'Estaing, et la laissa tomber à ses pieds.

Des marques si flatteuses de l'estime publique l'auraient été sans doute encore davantage, si elles n'avaient pas eu l'air d'avoir été concertées entre M. le duc de Chartres et le directeur de l'Opéra, ou s'il n'y avait pas un peu de ridicule à choisir des histrions et des musiciens pour en faire les interprètes de la nation. Quoi qu'il en soit, nous savons que le héros de la Grenade a su apprécier tous ces honneurs à leur juste prix. Il a écrit le lendemain au sieur Dauberval : « Si j'étais ministre de la police, je vous aurais puni; comme je ne suis que M. d'Estaing, je vous envoie cent louis. » Un remerciement si modeste n'a pas moins de noblesse que de simplicité.

Les Comédiens Français, jaloux de l'affluence de monde que les pièces de M. d'Orvigny avaient attirée aux spectacles des Boulevards, se sont empressés à nous donner de suite, sur leur théâtre, deux ouvrages de ce fameux auteur. Le premier est celui que nous avons déjà eu l'honneur de vous annoncer, *les Étrennes de l'Amour;* l'autre est une comédie en prose, et en quatre actes, intitulée : *les Noces houzardes.* Cette dernière production, bien plus digne, sans doute, des tréteaux de la Foire que du théâtre consacré par les chefs-d'œuvre de Molière et de Racine, a été représentée pour la première fois le dimanche 30 janvier. M. d'Orvigny avait fait donner la veille, aux Variétés Amusantes (1), un nouveau proverbe de sa façon qui avait été fort mal reçu. Après beaucoup de huées, on en vint à demander l'auteur par dérision; il était dans la coulisse; il s'élance tout à coup sur la scène : « Messieurs, dit-il aux spectateurs avec une assurance rare, vous demandez l'auteur, le voilà. J'ai eu le bonheur de vous amuser par des proverbes; mettez que ceci en soit un autre : *Qui compte sans son hôte, compte deux fois....* » Cette saillie d'intrépidité fut merveilleusement accueillie, et les huées se changèrent en applaudissemens.

Voici en peu de mots le sujet des *Noces houzardes.* La dame Subtil, depuis long-temps sans nouvelles de son mari absent, se fait passer pour veuve. Elle a vu au bal un jeune homme déguisé en houzard, qui, pour se moquer d'elle, lui a fait sous le nom du baron de Jarnoncourt une déclaration qu'elle a prise très-sérieusement. Depuis, elle ne cesse de chercher cet amant chimérique,

---

(1) C'est le nom que l'on a donné au spectacle établi, à la Foire Saint-Laurent, par le sieur l'Ecluse, et dirigé aujourd'hui par les soins du sieur Malter, danseur de l'Opéra. (*Note de Grimm.*)

et croit le rencontrer partout. Un Gascon l'entretient dans cette erreur, et s'en sert adroitement pour en tirer de l'argent. Léonore, sa pupille, est aimée d'un jeune homme nommé Lindor; mais la vieille folle ne veut point consentir à ce mariage qu'elle n'ait retrouvé son houzard. Cependant M. Subtil revient de ses longs voyages. Sa femme ayant déjà pris le nom de la baronne de Jarnoncourt, il se croit veuf, et veut épouser Léonore. Le mari et la femme sont joués tout à la fois par un valet intrigant, de concert avec la femme de chambre de madame Subtil, et avec M. Griffard, oncle de Lindor. Grace à cette intrigue, on donne à M. et à madame Subtil un rendez-vous nocturne où l'un et l'autre se flattent de terminer le mariage qui fait l'objet de tous leurs vœux, et ne se reconnaissent qu'après avoir signé le contrat de mariage de Lindor avec Léonore, tous les deux croyant signer le leur, etc.

Le plus grand défaut de cette farce n'est pas de porter sur une extravagance à laquelle il est difficile de se prêter, c'est d'offrir une intrigue aussi embrouillée qu'invraisemblable, c'est de rassembler dans un même sujet tous les moyens usés de la vieille comédie, sans qu'il en résulte aucun effet véritablement comique. On ne refusera point à l'auteur une certaine intelligence du théâtre, même une sorte d'invention, quelques idées de situation assez plaisantes; mais tout cela est perdu dans un fatras de trivialités et de platitudes dégoûtantes, et les scènes de l'ouvrage les plus supportables pèchent toujours par le vide, et par l'insipidité du dialogue. Cette pièce, quoique jouée avec beaucoup de soin par nos meilleurs acteurs, est tombée à la troisième représentation; elle a été dignement remplacée par *Jodelet maître et valet*, ancienne bouffonnerie de Scarron, qui n'est pas beaucoup plus estimable que *les Noces houzardes*, quoique écrite sans doute avec infiniment plus de verve. On y a fait justice du sieur Ponteuil, chargé du rôle de l'amoureux. *Va*, lui dit-on dans la pièce, *va-t'en à Burgos jouer tes tragédies*. Le parterre s'est empressé de lui en faire l'application avec des brouhahas et des applaudissemens redoublés; mais tout cela n'empêche pas que ledit sieur Ponteuil n'ait son ordre de réception dans la poche, et ce monde n'en sera pas moins le meilleur des mondes possibles.

On a donné, le mercredi 26 janvier, sur le théâtre de la Comédie Italienne, la première représentation de *Mina*, comédie en trois actes et en vers, mêlée d'ariettes; paroles de M. Garnier, comédien de province; musique de M. Champein.

Le sujet de cette pièce est un petit roman fort triste et fort mal tissu. Mina, élevée dans une ferme, et n'ayant jamais connu ses parens, s'est laissé abuser par un jeune lord. Il y a six ans qu'il a abandonné cette infortunée, et le fils qu'il eut d'elle. Le hasard, qui paraît jouer le premier rôle dans l'intrigue de ce nouveau drame, conduit fort heureusement les parens d'un jeune lord à la porte de la ferme où Mina cache ses malheurs. Ce même hasard les engage à s'y arrêter, il y ramène aussi son perfide amant; et pour dénouer encore mieux une si belle aventure, il découvre à propos à l'oncle du jeune lord que Mina est sa fille, cette fille chérie qu'il croyait perdue, etc., etc.

La musique est en général faible et languissante, elle se ressent de l'extrême médiocrité du poëme. On a pourtant remarqué quelques airs agréables dans celle du premier acte.

Il y a eu, le mercredi 19 janvier, dans la salle des Tuileries, un concert extraordinaire, où l'on a exécuté avec beaucoup de succès, et devant une assemblée fort nombreuse et fort brillante, le *Poëme séculaire* d'Horace, mis en musique par M. Philidor. Cet ouvrage, composé l'année dernière à Londres, n'y avait pas été reçu moins favorablement, et fait un honneur infini aux talens de ce célèbre virtuose. On a été étonné de l'art avec lequel il a su saisir toute la variété des motifs de chant dont ce poëme était susceptible, sans s'éloigner jamais de ce ton sublime et religieux qui en est le caractère dominant. On a surtout admiré la manière pleine d'énergie et d'élévation dont il a su rendre la belle strophe :

> Alme sol, curru nitido diem qui
> Promis et celas, aliusque et idem
> Nasceris, possis nihil urbe Româ
> Visere majus.

On ne croit pas avoir jamais entendu de chant plus sensible que celui de la strophe suivante : *Rite maturos aperire partus*, etc., de plus frais et de plus gracieux que celui de ces vers si doux sur l'abondance :

> Fertilis frugum pecorisque tellus
> Spiceâ donet Cererem coronâ :
> Nutriant fœtus et aquæ salubres
> Et Jovis auræ.

Le succès général de cette musique a fait désirer à tous les amateurs de l'art de la voir embellie, quelque jour, de l'illusion que pourrait lui prêter encore l'appareil pompeux des fêtes pour lesquelles Horace composa ce beau poëme. Quelle impression ne ferait pas en effet sur un grand théâtre la représentation la plus simple de ces jeux séculaires! On y verrait toute la cour d'Auguste arriver dans le temple au son d'une marche religieuse, et se placer sur un amphithéâtre au fond de la scène. Le poète, une couronne de laurier sur la tête, rassemblerait au pied de la statue d'Apollon le chœur des jeunes garçons et celui des jeunes filles; l'hymne serait chanté par eux, et les différentes parties de l'hymne seraient interrompues, comme elles l'étaient en effet dans cette auguste cérémonie, tantôt par des danses religieuses, tantôt par des offrandes de fleurs et d'encens. On voit que pour achever l'ensemble d'une fête si imposante il resterait peu de chose à faire au musicien, une marche et quelques airs de danse dont le génie de Noverre ordonnerait le dessin dans le costume le plus noble et le plus antique. Pourquoi notre Académie royale de Musique n'adopterait-elle pas un projet qu'il lui serait si facile d'exécuter? Et que sait-on? peut-être M. l'archevêque ne le permettrait-il pas; une si belle fête païenne pourrait bien nous dégoûter encore plus des nôtres. Dieu sait pourtant que nous les avons imitées le mieux qu'il nous a été possible.

Nous ne devons point finir cet article sans observer, pour l'honneur du siècle et de la nation, que l'on s'est pour ainsi dire défendu d'applaudir la strophe où le poète souhaite, avec la même charité qui respire souvent dans les cantiques du roi David, que le ciel préserve Rome des horreurs de la peste et de la famine, et repousse ces fléaux sur les Parthes et les îles britanniques. C'est de la valeur de nos guerriers que nous attendons la seule vengeance qui puisse nous plaire.

La persévérance est une belle chose; et moins commune dans ce pays-ci que partout ailleurs, elle y doit encore de plus grands prodiges. L'ardeur soutenue avec laquelle M. de Chabanon poursuit, depuis douze ou quinze ans, les faveurs de l'Académie Française, vient d'obtenir enfin sa juste récompense. Il a pris possession, le 20 du mois dernier, de ce fauteuil tant désiré; c'est à M. de Foncemagne qu'il succède; et l'on ne peut dissimuler que c'était bien l'un des Quarante immortels que le génie de M. de Chabanon pouvait le mieux remplacer. M. de Foncemagne n'eut guère plus de titres que lui à ces honneurs littéraires. On dit qu'il était fort savant et fort aimable; mais il n'en est pas moins vrai qu'il n'a laissé aucun ouvrage qui puisse justifier ses droits aux yeux de la postérité. Il n'y aurait assurément pas un grand mal à tout cela, si de pareils choix ne privaient pas des talens plus distingués d'une récompense due à leurs travaux, et que l'extrême médiocrité de leur fortune leur eût rendue doublement précieuse.

Tout le discours du bienheureux récipiendaire a été employé à louer le grand homme auquel il a l'honneur de succéder; le mérite littéraire de ce grand homme est l'objet de la première partie, ses qualités sociales celui de la seconde; on nous dipensera volontiers d'en faire une plus longue analyse; nous nous contenterons de citer un morceau de la péroraison qui a été fort applaudi, et qui nous a paru digne de l'être. Il s'agit de la perte que l'Académie et la nation ont faite depuis vingt ans, de plusieurs hommes de lettres qui avaient conversé avec les Despréaux et les Racine, etc. « Toutes ces pertes multipliées, dit l'auteur, effacent à nos yeux les derniers vestiges du siècle de Louis XIV. Ce siècle, dont la mémoire ne s'éteindra jamais, n'a plus que quelques témoins vivans qui puissent nous entretenir de sa gloire. Toutes les fois que la mort frappe une de ces têtes, elle achève de séparer l'âge où nous vivons du plus bel âge qui ait illustré notre monarchie. Le voyageur qui parcourt les ruines de la Grèce, et contemple avec respect les monumens qui lui parlent des vainqueurs de Marathon et de Salamine, s'il voyait s'écrouler, s'anéantir et disparaître ces ruines augustes, saisi de douleur, s'écrierait : C'en est donc fait! des merveilles que la Grèce a produites, il ne reste plus rien sur la terre; elles ne vivent plus que dans le souvenir des hommes !..... N'est-ce pas avec ce sentiment douloureux que nous devons voir périr ceux dont la jeunesse ou l'enfance ont vu le siècle de Louis XIV ? »

M. le maréchal duc de Duras, en qualité de directeur de l'Académie, a répondu au discours du récipiendaire avec beaucoup de mesure, de simplicité et de précision; il n'y a pas moins d'adresse que de bonne foi dans la manière dont il a rassemblé tous les titres qui ont pu mériter à M. de Chabanon les suffrages de l'Académie. « Un goût sain, un esprit éclairé par les bons principes et par les grands modèles de l'antiquité, un style élégant et correct, des mœurs douces, une conduite noble et sage, tels sont, Monsieur, les titres qui vous ont mérité l'estime du public et les suffrages de l'Académie; car elle ne doit pas séparer des talens ces qualités qui donnent à l'homme de lettres une considération personnelle qui réfléchit sur les lettres elles-mêmes. »

Ce discours a été suivi de la lecture d'un dialogue en

vers, du nouvel Académicien, sur le traitement que l'on doit dans la société aux gens vicieux.

M. de La Harpe a terminé la séance par la lecture de quelques fragmens du nouvel *Éloge de M. de Voltaire.* De mauvais plaisans qui ne croient ni à la reconnaissance, ni à la vertu, osent soupçonner que tant d'Éloges de toute espèce, dramatiques, dithyrambiques, oratoires, pourraient bien n'être destinés qu'à préparer adroitement le public à recevoir avec plus de confiance le commentaire que l'auteur se propose de faire sur les OEuvres de M. de Voltaire, commentaire très-impartial, dont il nous a déjà donné une légère idée dans une certaine critique de *Zulime*, qui a précédé tous ces beaux panégyriques, mais que l'on trouva dans le temps beaucoup trop prématurée.

Les fragmens lus par M. de La Harpe n'ont pas tous également réussi. Celui qui concerne *la Henriade* a paru très-embarrassé; l'article de *Zaïre* n'a pas été mieux accueilli; mais le parallèle du style de Racine et de Voltaire, considérés comme auteurs tragiques, a remporté tous les suffrages, et nous regrettons de ne pouvoir le transcrire ici tout entier, ainsi qu'un éloge de l'administration de M. Necker, que l'auteur a su amener fort naturellement en parlant des espérances que M. de Voltaire avait conçues du règne de Louis XVI. Le seul nom du vertueux successeur de Colbert et de Sully a excité des acclamations et des applaudissemens redoublés; on eût dit que l'assemblée s'empressait de remercier l'orateur, de lui offrir cette occasion publique de témoigner à M. Necker la reconnaissance et l'admiration que son génie et ses vertus inspirent à toute la France, sans en excepter même Messieurs de la Ferme générale.

MARS.

Paris, mars 1780.

Il y a dans les remarques imprimées à la suite de la tragédie des *Jammabos*, une anecdote fort curieuse d'un testament fabriqué par les Jésuites en 1626, au nom d'un seigneur d'Ancier, gentilhomme franc-comtois, mort à Rome, dans la maison du Grand-Jésus. Ce fait qu'on n'avait pas encore imprimé, mais qui a toujours été de notoriété publique dans la Franche-Comté, paraît avoir fourni à Regnard l'idée de la meilleure scène de son *Légataire*; ce qu'il y a de sûr au moins, c'est que les circonstances du prétendu testament de M. d'Ancier ne sont pas moins plaisantes que celles du testament de Crispin. M. de Falbaire nous assure que « l'original de cet acte singulier existe encore, et suffirait seul pour prouver la vérité de toute l'histoire. On ne peut douter que Regnard, qui voyagea beaucoup dans sa jeunesse, n'ait eu connaissance de cette anecdote; mais quand il composa sa comédie, les Jésuites jouissaient du plus grand crédit; il eut donc la prudence de cacher ce que sa pièce leur devait, et ces Pères eurent la modestie de ne pas le réclamer. »

Ce fut le mardi 22 février qu'on donna sur le théâtre de l'Académie royale de Musique la première représentation de l'opéra d'*Atys*, paroles de Quinault, retouchées par M. Marmontel, musique de M. Piccini. Il n'est pas trop aisé, sans doute, de dire quelle est l'opinion la plus générale sur un ouvrage jugé par deux partis aussi exclusifs que celui des Gluckistes et des Piccinistes. L'attention avec laquelle nous avons suivi les quatre premières représentations de ce nouvel opéra nous persuade cependant qu'on ne s'éloignerait guère de cette mesure commune que nous tâchons de saisir, en assurant que, si l'on a trouvé dans *Roland* quelques morceaux de musique supérieurs aux plus beaux airs d'*Atys*, on trouve non-seulement dans *Atys* un plus grand nombre de détails agréables, mais encore un ensemble plus dramatique et plus attachant. Le poëme d'*Atys*, tel que l'a conçu Quinault, a plus d'intérêt, plus de dignité que celui de *Roland*; et, quoi qu'en puissent dire les vieux pleureurs de Lulli et de Quinault, les changemens que M. Marmontel s'est permis de faire à cet ouvrage ne lui ont ôté presque aucune des beautés qui le distinguent, et en ont fait disparaître plusieurs taches sensibles.

Nous n'entreprendrons pas ici de disserter longuement sur le mérite de la nouvelle musique d'*Atys*; nous nous contenterons de remarquer que si les airs du premier acte sont presque tous de la même couleur, ce n'est peut-être pas la faute du musicien; que le premier air d'Atys, *Amans qui vous plaignez*, est de l'expression la plus naturelle et la plus touchante, le chœur de la descente de Cybèle d'une simplicité sublime, et le duo des deux amans, quoique inférieur au beau duo de Roland, d'une touche ravissante; que l'air de Cybèle au second acte, *Je ressens un plaisir extrême*, a toujours excité les plus vifs applaudissemens; que le chœur des songes heureux a désarmé l'envie même, et qu'il y a peu de morceaux de musique où l'art du chant ait déployé une puissance plus enchanteresse; qu'on a désiré avec raison que le chœur des songes funestes eût un caractère plus marqué; que l'air de Cybèle, qui termine le second acte, est plein de passion et de grands mouvemens; qu'il est impossible de concevoir une mélodie à la fois plus douce et plus passionnée que l'air de Sangaride: *Malheureuse, hélas! j'aime encore;* un chant plus frais, plus animé que l'air de Célœnus: *Je vais posséder Sangaride;* des accens plus tendres, plus vrais, plus pathétiques que le second duo d'Atys et de Sangaride, et le dernier quatuor des deux amans avec Cybèle et Célœnus. Messieurs les Gluckistes même ne peuvent guère se dispenser d'en convenir; mais cet aveu si pénible ne les empêche pas de conclure qu'*Atys* n'est pas une tragédie, que ce n'est pas même un bel opéra. Il y a, sans doute, une foule de beaux airs; mais tous ces airs, qui feraient le plus grand plaisir dans un concert, ne forment point cet ensemble admirable dont le chevalier Gluck possède seul le secret. S'il faut avouer que les chœurs d'*Atys* sont plus soignés que ceux de *Roland*, on se venge sur le récitatif, que l'on met au-dessous de celui de Lulli, parce qu'il n'est en effet que ce qu'il doit être, une déclamation soutenue par les accords les plus simples sur les airs de danse où l'on trouve encore moins d'attention et de variété que dans ceux d'*Amadis*, etc. A la bonne heure, Messieurs, dites comme vous voudrez, qu'*Atys* n'est qu'un beau concert; que le premier objet de la musique est d'émouvoir, et que celle-ci, qui ne crie jamais, ne vous touche que faiblement. Pour moi, qui ne vais chercher à l'Opéra que l'illusion d'un doux enchantement, et qui l'attends surtout du charme d'une mélodie toujours pure et toujours nouvelle, je vous prie de me permettre de ne pas manquer, s'il est possible, une seule représentation d'*Atys*, et je ne disputerai point à M. Gluck la seule gloire dont il paraisse jaloux. Mademoiselle Laguerre n'a jamais mieux chanté que dans le rôle de Sangaride; la voix de M. Le Gros n'a jamais paru plus brillante et plus sensible que dans le rôle d'Atys; et Cybèle est, de tous les rôles que mademoiselle Duplan joue depuis quinze ans, le premier où elle se soit avisée quelquefois de chanter juste.

On a donné, samedi 26, sur le théâtre de la Comédie Italienne, la première représentation de *Cécile*; comédie en trois actes, en prose, mêlée d'ariettes, paroles de M. Mabile, commissaire des guerres, musique du sieur Dézède. Le sujet de cette pièce est tiré du joli roman de madame Riccoboni, intitulé *Lettres de Milady Catesby*. Il est impossible de comprendre la fable du drame sans avoir lu le roman, et peut-être plus impossible encore d'avoir ce modèle présent à l'esprit, et d'en supporter la copie. Il n'y a dans le second acte, le plus long des trois, qu'une seule scène qui tienne un peu au sujet; le reste est purement épisodique et n'ajoute rien au développement de l'action. C'est pourtant dans cet acte que se trouve un des plus agréables morceaux de musique de tout l'ouvrage, la chanson du batelier; quelques airs dans le goût de cette barcarolle auraient suffi pour faire réussir la pièce malgré tous ses défauts; mais le sieur Dézède a voulu composer dans un genre plus élevé, et ce genre n'est pas le sien. Ses airs de bravoure n'offrent que des formes communes et usées; les morceaux où il a voulu s'efforcer d'être noble et pathétique, une longueur triste et monotone. Quoique fort applaudie le premier jour, la pièce n'a eu que cinq ou six représentations peu suivies. Ce faible succès avait été précédé d'un début trop illustre pour l'oublier ici.

Jeannot ou M. de Volange, cet acteur si célèbre aux Boulevards, cet homme unique qui avait fait tout l'été dernier l'admiration et les délices de la ville et de la cour, dont on avait gravé le portrait de vingt manières différentes, qu'on trouvait en porcelaine de Sèvres sur les cheminées de toutes nos jolies femmes, qu'on allait voir modelé en cire dans le cabinet du sieur Curtius, entre M. de Voltaire et M. le comte d'Estaing, cet homme enfin si rare et si fêté a cru devoir déployer ses grands talens sur un théâtre plus digne de sa gloire que les tréteaux des Variétés Amusantes. Il a débuté le 22 février, jour à jamais mémorable, sur le théâtre de la Comédie Italienne, par les rôles des *Trois Jumeaux* de Colalto. Quoiqu'il y eût ce jour-là plusieurs autres spectacles intéressans, et nommément celui de la première représentation d'*Atys*, on ne se souvient pas d'avoir jamais vu à aucun de nos théâtres dans les occasions les plus remarquables, pas même au triomphe de M. de Voltaire, une pareille affluence de spectateurs. Il n'y avait pas moins de monde dans les coulisses et dans les corridors qu'au parterre et dans les loges, et l'on fut obligé de renvoyer à la porte encore plus de curieux que l'on n'en put faire entrer. Eh bien! quel fut le succès d'un début suivi avec un empressement si extraordinaire? A quoi tient donc la plus brillante renommée? L'objet d'un si bel enthousiasme, l'idole des Boulevards transportée dans ce nouveau temple y voit tomber tout à coup ses honneurs, et sa gloire éclipsée. C'est en vain que la foule de ses adorateurs, qu'il avait entraînée après lui, ne cessait de l'applaudir et de lui crier avec attendrissement :

Courage, Jeannot, courage..... L'illusion s'était déjà évanouie; le Roscius de la Foire parut ici confondu dans la foule des acteurs les plus ordinaires; on trouva son maintien décontenancé, sa voix grêle, son jeu non-seulement commun et trivial, mais encore froid et dépourvu de comique. Il paraît que sa figure et son organe ne peuvent guère se prêter qu'à l'expression la plus basse et la plus niaise; c'est le caractère qu'il a su saisir avec une vérité très-piquante; mais c'est le seul aussi qui lui soit propre : il n'a pas même dans les autres rôles le mérite d'une bonne caricature. Quoiqu'il ait été jugé ainsi dès le premier jour, tout Paris a voulu le voir, et son seul début a plus fait gagner à la Comédie Italienne que toutes les nouveautés de l'année ensemble. O Athéniens ! ce n'est pas ici la première de vos folies; et, si les dieux vous sont propices, ce ne sera pas la dernière.

Que dire d'un ouvrage qui vient de paraître : *Le Monde de verre réduit en poudre, ou Analyse et Réfutation des* ÉPOQUES DE LA NATURE, *de M. le comte de Buffon;* par M. l'abbé Royou, chapelain de l'ordre de Saint-Lazare, et professeur du collège de Louis-le-Grand.

On peut juger, par le seul titre de ce livre, de la modestie et du bon goût de notre critique, digne successeur de l'illustre Fréron, plus savant que lui peut-être, tout aussi impartial, mais un peu moins plaisant. L'objet de cette docte analyse est de prouver que le système des *Époques* n'est qu'un tissu de suppositions gratuites, de faits imaginaires, de contradictions palpables; qu'il blesse également la saine raison et l'autorité des écritures ; qu'il est contraire aux principes de la mécanique, aux observations astronomiques, aux faits les plus constans de l'histoire naturelle; et voici le secret de cette puissante démonstration : c'est, en deux mots, de faire valoir avec une audace merveilleuse toutes les objections que M. de Buffon a bien voulu se faire lui-même, et de dissimuler avec le même art toute la force de ses réponses. Il n'en est pas moins vrai que ce livre a fait une sorte de sensation. M. l'abbé Royou paraît très-exercé à manier toutes les armes que peut fournir la logique de l'école et l'éloquence du parti dont il s'est fait l'apôtre. Nous en félicitons le collège des augures et leurs dévots ; ces messieurs ont toutes les raisons du monde d'en concevoir les plus hautes espérances.

On doit juger plus favorablement l'*Intrigue du Cabinet sous Henri IV et Louis XIII, terminée par la Fronde*; ouvrage de M. d'Anquetil, auteur de l'*Esprit de la Ligue*.

Cet extrait, des meilleurs Mémoires que nous ayons sur le règne de Henri IV et de Louis XIII, est fait avec beaucoup de discernement et de goût. Le style en est rapide et serré, sans recherche, sans affectation ; point de réflexions inutiles, point de détails superflus; et tout ce qui peut servir à faire connaître le caractère et les mœurs du siècle qu'on a voulu peindre y est rappelé de la manière la plus précise et souvent la plus pittoresque. Cet ouvrage a paru très-supérieur à l'*Esprit de la Ligue*(1), moins propre, il est vrai, à l'instruction de la

---

(1) On doit s'étonner de voir Grimm, dont les opinions sont généralement si justes, dire ici que l'*Intrigue du Cabinet* d'Anquetil a paru très-supérieure à

jeunesse que les catéchismes d'histoire du bon abbé Millot, mais infiniment plus agréable à lire. La seule chose peut-être que le bon goût puisse reprendre dans ces Mémoires historiques, c'est la prétention du titre dont la tournure est tout-à-fait provinciale; mais ce tort-là est bientôt oublié.

Zoramis, tragédie nouvelle, par M. Dorat (1), ressemble à toutes les tragédies du monde, ou plutôt ne ressemble à rien; c'est un ramas insipide de situations usées, de caractères vagues, de maximes communes, la la reconnaissance d'un père et d'un fils, un amant qui sauve sa maîtresse, une conspiration qui tombe des nues, un tyran à qui l'on fait grace, etc., etc. On trouve à la suite de cette tragédie : *Les Oiseaux*, poëme érotique que l'auteur a retouché, et qui avait déjà paru sous le titre des *Tourterelles de Zelmis*.

AVRIL.

Paris, avril 1780.

LE premier ouvrage par lequel M. Le Grand a débuté dans la carrière des lettres lui donne des droits à la reconnaissance de tous ceux qui s'intéressent à l'histoire

l'*Esprit de la Ligue* du même auteur; Grimm ne pouvait apparemment pardonner à M. Anquetil l'approbation qu'il donne, dans l'*Esprit de la Ligue*, à la révocation de l'Édit de Nantes; mais cet ouvrage est tellement regardé comme supérieur à l'*Intrigue du Cabinet* qu'on a cru que les deux ouvrages ne pouvaient être de la même main. (B.)

(1) *Zoramis, roi de Crète, ou le Ministre vertueux*; Londres et Paris, Monory, 1780, in-8°.

de la poésie française. Il n'est point de monumens de notre littérature plus anciens, plus instructifs, plus curieux que les Fabliaux dont il vient de publier le recueil en trois volumes in-8°, intitulé : *Fabliaux ou Contes du douzième et du treizième siècle, traduits ou extraits d'après divers manuscrits du temps, avec des Notes historiques et critiques, et les Imitations qui ont été faites de ces Contes depuis leur origine jusqu'à nos jours.* — *Sit apud te honor Antiquitati et Fabulis quoque....* PLIN. *Epist.*

Les recherches et les travaux de M. Le Grand ont découvert dans ces catacombes de notre ancienne poésie une mine d'inventions très-abondante et très-précieuse, où nos meilleurs auteurs ont fouillé avec succès, et où ceux qui voudront suivre leur exemple trouveront encore d'assez riches dépouilles. C'est dans ces anciens Fabliaux que l'on voit le premier germe des plus heureuses fictions de Bocace, de La Fontaine et de tous nos conteurs modernes, l'idée de plusieurs pièces de Molière, entre autres du *Médecin malgré lui*, de *George Dandin*, de quelques scènes du *Malade imaginaire*, etc. Un des plus ingénieux chapitres du roman de *Zadig*, l'Ermite, y est pris tout entier; c'est le conte de l'*Ermite qu'un Ange conduisit dans le siècle*; il est à la tête du second volume. M. de Voltaire en a conservé soigneusement tous les traits, toute la naïveté; et, pour lui donner la grace et l'élégance de son coloris, il paraît presque n'avoir eu d'autre soin à prendre que celui d'en rajeunir un peu le style.

Il ne faut point confondre les Fabliaux, que la traduction de M. Le Grand vient de faire revivre, avec les poésies des Troubadours Provençaux, dont M. l'abbé

Millot nous donna, il y a quelques années, une si longue et si fastidieuse Histoire. Notre auteur combat avec beaucoup de modestie et d'érudition le préjugé qui nous a fait regarder jusqu'à présent ces fameux troubadours comme les pères de toute notre littérature moderne. Il fait voir que ces tristes chansonniers ne doivent leur grande fortune qu'à l'Italie, dont ils furent les maîtres, où les introduisit l'affinité du langage, et qui s'est plu à immortaliser leur mémoire. On les a crus de grands hommes, parce que Pétrarque et Le Dante les chantèrent; c'est la reconnaissance de deux ou trois écrivains célèbres qui les a sauvés de l'oubli.... Il suffit de se rappeler le peu d'intérêt qu'il y a dans toutes les poésies provençales que l'abbé Millot nous a fait connaître, pour être fort disposé à embrasser l'opinion de M. Le Grand.

Parmi les chansons militaires, celle de Roland prévalut long-temps sur toutes les autres; elle devint pour nos armées la chanson du combat, et subsista jusqu'assez avant dans la troisième race, comme il paraît par cette réponse si fière d'un soldat au roi Jean, qui lui reprochait de la chanter dans un temps où il n'y avait plus de Roland, disait-il. — *Sire*, repartit le soldat, *il s'en trouverait encore s'ils avaient à leur tête un Charlemagne...* Elle n'est pas venue jusqu'à nous, et a eu le sort de beaucoup d'autres plus modernes, que personne ne songe à transmettre, parce que personne ne les ignore, et qui, après avoir été dans toutes les bouches, finissent, par cette raison-là même, par s'oublier et se perdre.

Les romans d'amour et de féerie sont peu nombreux; ceux de chevalerie, au contraire, le sont infiniment. On range ordinairement ces derniers sous trois classes : romans d'Arthus, romans de Charlemagne, romans des

Amadis. On pourrait en ajouter une quatrième plus nombreuse que les autres encore : celle dont les héros n'étaient ni chevaliers de Charles ou d'Arthus, ni descendans des Gaulois Amadis, mais des paladins ou des princes que le poëte fait vivre dans d'autres temps, ou dans d'autres cours, tels que Perceforêt, Alexandre, etc. Tous ces romans furent écrits en vers; on ne commença guère à les traduire en prose que sous Charles V. François Ier fit traduire de l'espagnol les Amadis, romans originairement français, mais que le temps avait fait oublier, ainsi que beaucoup d'autres. Parmi ces milliers de poëmes, inconnus aujourd'hui, il en est plusieurs qui sont vraiment intéressans ; on trouve, du moins dans la plupart, des morceaux très-agréables, et surtout un talent particulier pour exciter la curiosité et l'admiration.

La traduction de M. Le Grand nous a paru en général simple, naïve et correcte; on eût désiré seulement qu'elle eût été quelquefois un peu moins austère; sous le prétexte de retrancher des détails trop libres, il laisse souvent regretter à ses lecteurs la fin d'un conte qu'il eût été possible d'achever sans blesser la décence. Ses notes sont pleines d'érudition, et d'une critique fort judicieuse.

On vient de nous donner à la Comédie Française quelques représentations d'*Atrée et Thyeste*, tragédie de Crébillon, qui n'avait pas été remise au théâtre depuis près de trente ans. Ces représentations ont été peu suivies; mais la sensibilité du public, accoutumé depuis quelque temps aux douces émotions de *Beverley* et de *Gabrielle de Vergy*, a eu moins de peine à supporter la petite atrocité de la coupe d'*Atrée*. En effet, l'horreur répandue dans cet ouvrage n'est pas son plus grand défaut, c'est la faiblesse de l'intérêt et des passions qui produit une si terrible catastrophe ; et, comme l'a remarqué M. de Voltaire, la rage qu'un homme montre de se venger d'une offense qu'on lui a faite il y a vingt ans, la rage avec laquelle il médite cette action détestable, et la facilité avec laquelle il l'exécute sans aucune intrigue, sans obstacle et sans danger, est beaucoup plus froide qu'elle n'est horrible. Ce n'est pas dans ses *Pélopides*, sans doute, mais c'est dans *Mahomet* que le génie de ce grand homme nous a montré le seul art qui pouvait éviter les écueils d'un sujet de ce genre ; car il serait difficile de se dissimuler les rapports très-sensibles qu'il y a entre les deux ouvrages, entre *Mahomet* et *Atrée*, entre les situations de Plisthène avec Thyeste, et celles de Séide avec Zopire. Quelle différence d'ailleurs dans l'exécution et dans le plan ! Que de grandeur il a su donner à ses caractères ! Quelle étendue et quelle élévation à leurs desseins ! Que d'énergie et de vérité à leurs passions ! En les plaçant pour ainsi dire dans les mêmes circonstances, il n'est aucune de ces situations que M. de Voltaire n'ait eu le secret de rendre et plus forte et plus pathétique, aucune qu'il n'ait su préparer par des ressorts à la fois plus naturels et plus tragiques, plus nobles et plus attachans.

La clôture des spectacles n'a rien eu de fort remarquable. Le compliment des Comédiens Italiens, dialogué suivant l'usage introduit depuis plusieurs années, est de M. Favart fils, qui a débuté il y a quelques mois sur ce théâtre avec un succès assez médiocre. On a surtout applaudi à la manière dont l'auteur parle de lui-même. Un seigneur, et c'est le public, se dispose à recevoir les adieux de ses fermiers, et ces fermiers ce sont les Comédiens. Son intendant aperçoit un jeune homme qu'il n'avait pas encore remarqué; il lui demande son nom? — Justin. — Son emploi? — Je ne suis jusqu'à présent que le balayeur de la salle de ce château, où monseigneur vient tous les soirs s'amuser avec une brillante cour, mais je ne demande qu'à travailler. — Qui sont tes répondans? — Mon courage et mon cœur. — Ta famille? — Je suis le fils de cette petite Bastienne, connue depuis sous le nom de la bonne vieille Urgèle. — On ne l'a point oubliée dans le village, et c'est un titre pour vous auprès de monseigneur. Venez avec nous, etc.

L'Abailard supposé, ou le Sentiment à l'épreuve; c'est un roman nouveau, qu'on attribue à madame de B*** (1) ou à M. Dorat, et qui pourrait bien leur appartenir également; l'idée en est assez neuve, assez piquante. La comtesse d'Olnange, née avec une sensibilité très-délicate, n'a trouvé que de l'amertume dans les nœuds mal assortis d'un premier mariage. Veuve à dix-huit ans, et rendue à elle-même, son cœur craint de se livrer à de nouvelles chaînes. Elle ne se détermine enfin à recevoir la main du marquis de Rosebelle que parce qu'on a su lui persuader qu'il avait eu le malheur d'éprouver en Italie la même destinée que l'amant de la tendre Héloïse. Toutes les situations qui pouvaient naître d'un pareil sujet sont amenées fort naturellement, et la peinture en est, quoique souvent très-vive et très-animée, pleine de décence et de délicatesse. Pour ne pas tomber dans un autre écueil, l'auteur termine heureusement l'histoire par un viol, mais par un viol dont les mœurs ne peuvent être blessées. Le

---

(1) Madame de Beauharnais; le *Dictionnaire des Anonymes* la désigne comme seul auteur de ce roman.

marquis de Rosebelle a déjà épousé la comtesse, elle est encore dans l'erreur à laquelle il doit sa félicité; il profite d'un rêve qui agite cette imagination si sensible, il le réalise, et l'hymen couvre de son voile ces plaisirs qu'il avoue. *Le Mari Sylphe* de M. Marmontel pourrait bien avoir donné la première idée de ce nouveau roman. L'invention du conte a sans doute quelque chose de plus poétique et de plus ingénieux, l'exécution en est infiniment supérieure, mais il y a peut-être dans le plan de *l'Abailard supposé* une marche plus facile et plus naturelle, dans les détails plus de vraisemblance et de variété, quoique on y reconnaisse toujours le ton et la manière de l'école de M. Dorat, car on ne peut lui refuser l'honneur d'en avoir fait une : voyez l'*Almanach des Muses* et tous nos recueils à la mode.

Lettre de M. Franklin à madame Helvétius.

« Chagriné de votre résolution prononcée si positivement hier au soir, de rester seule, pendant la vie, en l'honneur de votre cher mari, je me retirai chez moi. Tombé sur mon lit, je me crus mort, et je me trouvai dans les Champs-Élysées. On m'a demandé si j'avais envie de voir quelques personnages particuliers ? — Menez-moi chez les philosophes. — Il y en a deux qui demeurent ici près de ce jardin; ils sont très-bons voisins et très-amis l'un de l'autre. — Qui sont-ils ? — Socrate et Helvétius. — Je les estime prodigieusement tous les deux; mais faites-moi voir premièrement Helvétius, parce que j'entends un peu de français et pas un mot de grec... — Il m'a reçu avec beaucoup de courtoisie, m'ayant connu, disait-il, de caractère, il y a quelque temps. Il m'a demandé mille choses sur la guerre et sur l'état présent de la religion, de la liberté et du gouvernement en France. Vous ne me demandez donc rien de votre chère amie madame Helvétius? et cependant elle vous aime excessivement; il n'y a qu'une heure que j'étais chez elle. — Ah! dit-il, vous me faites souvenir de mon ancienne félicité; mais il faut l'oublier pour être heureux ici. Pendant plusieurs années je n'ai pensé que d'elle; enfin je suis consolé. J'ai pris une autre femme la plus semblable à elle que je pouvais trouver; elle n'est pas, c'est vrai, tout-à-fait si belle, mais elle a autant de bon sens et d'esprit, et elle m'aime infiniment; son étude continuelle est de me plaire. Elle est sortie actuellement pour chercher du meilleur nectar et ambroisie pour me régaler ce soir; restez chez moi, et vous la verrez. — J'aperçois, disais-je, que votre ancienne amie est plus fidèle que vous, car plusieurs bons partis lui ont été offerts qu'elle a refusés tous. Je vous confesse que je l'ai aimée, moi, à la folie, mais elle était dure à mon égard, et m'a rejeté absolument pour l'honneur de vous. — Je vous plains, dit-il, de votre malheur, car c'est une bonne femme et bien aimable... Mais l'abbé de La Roche et l'abbé Morellet ne sont-ils pas encore quelquefois chez elle? — Oui, assurément, car elle n'a pas perdu un seul de vos amis. — Si vous aviez gagné l'abbé Morellet avec du café à la crème pour parler pour vous, peut-être vous auriez réussi, car il est raisonneur subtil comme saint Thomas, et il met ses argumens en si bon ordre qu'ils deviennent presque irrésistibles; ou si l'abbé de La Roche avait été gagné par quelque belle édition d'un vieux classique à parler contre vous, cela aurait été mieux, car j'ai toujours observé que quand il conseille quelque chose, elle a un penchant très-fort à faire le revers... — A ces mots entrait la nouvelle madame Helvétius; à l'instant je l'ai reconnue d'être madame de Franklin, mon ancienne amie Américaine. Je l'ai réclamée, mais elle me disait froidement : « J'ai été votre bonne femme quarante-neuf années et quatre mois, presque un demi-siècle, soyez content de cela. J'ai formé ici une nouvelle connexion qui durera à l'éternité..... » — Mécontent de ce refus de mon Euridice, j'ai pris tout de suite la résolution de quitter ces ombres ingrates, et de revenir ici en ce bon monde revoir le soleil et vous. Me voici. Vengeons-nous. »

Lettre de M. de Buffon à madame la comtesse de Genlis.

« Je ne suis plus amant de la nature, je la quitte pour vous, Madame, qui faites plus et qui méritez mieux. Elle ne sait que former des corps, et vous créez des ames. Que la mienne n'est-elle de cette heureuse création! J'aurais ce qui me manque pour plaire, et vous jouiriez avec plaisir de mon infidélité. Pardonnez-moi, Madame, ce moment de délire et d'amour. Je vais maintenant parler raison.

« Votre charmant Théâtre m'a fait autant de plaisir que si j'étais encore dans l'âge auquel vous l'avez consacré. Vieux et jeunes, grands et petits, tous doivent étudier ces tableaux si touchans où les vertus données par l'éducation triomphent des vices et des ridicules. Chaque trait porte l'empreinte de votre ame céleste. Vous l'avez peinte en chaque scène sous un emblème différent et sous la morale la plus pure. Une connaissance parfaite du monde, toutes les graces de l'esprit et du style ont conduit aussi vos pinceaux, et, quoique vous n'ayez pas parlé de Dieu, je crois néanmoins aux anges. Vous êtes un de ceux qu'il a le mieux doué. Recevez en cette qualité toutes mes adorations; nul mortel ne peut vous en offrir de plus sincères. »

Les spectacles donnés cet hiver sur le théâtre de madame de Montesson n'ont pas été moins brillans que l'année dernière. Il y a eu deux ou trois représentations par semaine auxquelles on a vu constamment les personnes les plus distinguées de la ville et de la cour s'empresser d'être admises. De ce nombre il faut excepter pourtant toute la famille royale, la maison de Condé, monsieur et madame la duchesse de Chartres... madame la comtesse de Genlis, etc. Les principaux acteurs de cette illustre troupe sont toujours M. le duc d'Orléans, M. le vicomte de Gand, MM. de Ségur, M. le comte d'Onésan, madame de Montesson, madame la comtesse de Lamarck, madame la marquise Ducrest. M. le duc d'Orléans, qui joue tous les rôles de paysan et de financier avec un naturel et une vérité admirables, nous a paru se surpasser encore dans le rôle de Forlis (1) et dans celui de Freeport (2). Madame de Montesson, quoique un peu gênée par son embonpoint qui l'oblige à se serrer trop la taille, continue de rendre les rôles de jeunes amoureuses avec une intelligence, une grace et une noblesse infinies. Elle vient d'enrichir encore son théâtre de quelques nouveautés intéressantes, du *Sourd volontaire*, pièce en trois actes et en vers, des *Frères géné-*

---

(1) Des *Dehors trompeurs*, de Bussy. (2) De *l'Écossaise*, de M. de Voltaire. (*Notes de Grimm.*)

reux, drame en cinq actes et en prose. Ses ouvrages respirent tous la sensibilité la plus douce et la plus pure, le charme de la bienfaisance et l'amour de toutes les vertus. Si ses pièces ne sont pas fortement intriguées, elles ont du moins le mérite d'une marche simple et suivie, ses caractères sont bien soutenus; son dialogue, quoique un peu long, quoique un peu lent, est facile et naturel; ses dénouemens, préparés avec adresse, laissent une impression aimable, et qu'aucun autre sentiment n'altère. Nous croyons cependant que des ouvrages de ce genre ne sont pas susceptibles d'une analyse détaillée, et ce serait leur faire tort sans doute que d'oser l'entreprendre.

L'activité avec laquelle madame de Montesson s'étudie à rassembler auprès de M. le duc d'Orléans les plaisirs les plus propres à l'amuser, ne l'empêche point de s'occuper encore d'autres objets plus dignes d'intéresser la bonté de ce prince. Nous venons d'apprendre qu'elle a formé le projet d'établir, dans la paroisse de Saint-Eustache, un hospice de charité sur le plan de celui que madame Necker a dirigé avec tant de succès dans la paroisse de Saint-Sulpice, et dont nous avons eu l'honneur de vous rendre compte dans une de nos dernières feuilles (1).

Est-ce une méchanceté, est-ce un mot de sentiment qui a échappé à M. l'ambassadeur de Naples, quand il a dit « que M. le duc d'Orléans, ne pouvant faire madame de Montesson duchesse d'Orléans, s'était fait lui-même M. de Montesson ?»

L'*Éloge de Voltaire*, par M. de La Harpe, mérite

(1) Voir précédemment page 102 et note 1.

d'être distingué, à plus d'un titre, de la foule des panégyriques, dont on n'a pas encore cessé de fatiguer les mânes de Voltaire. Si dans l'éloge qu'en a fait M. Thomas, sous le nom de M. Ducis (1), il y a plus d'idées et plus d'originalité; on a cru trouver dans celui-ci une éloquence plus touchante et plus soutenue. Ce n'est pas sans doute le plus glorieux monument qui ait été consacré à la mémoire du grand homme, puisqu'il en existe un de la main de Frédéric, et qu'il en est un autre que lui destine l'amitié de Catherine II; mais de tous les ouvrages où l'on a tâché de présenter le tableau du génie de M. de Voltaire, il n'en est, ce me semble, aucun où le mérite de ses différens travaux ait été développé avec plus d'admiration, d'intérêt et de goût. De l'avis de l'auteur lui-même, cet Éloge est ce qu'il a jamais écrit de mieux en prose; et le public paraît fort disposé à l'en croire, au moins cette fois-ci, sur sa parole.

MAI.

Paris, mai 1780.

Nos querelles de musique, loin de s'éteindre, semblent se renouveler, depuis quelque temps, avec une nouvelle animosité. Quelques efforts que M. d'Alembert ait tentés pour rapprocher les deux partis, quelques sacrifices qu'un de nos plus ardens Piccinistes, le chevalier de Chastellux, ait cru devoir faire à l'idolâtrie des Gluckistes, dans un long article du *Mercure* (2), qui n'a

(1) Dans le discours de réception de ce dernier.
(2) Voyez le *Mercure* du 25 avril, article de l'Académie royale de Musique.
(*Note de Grimm.*)

point d'autre but que celui de ménager une réconciliation si désirable pour l'honneur des lettres, nous voyons éclore tous les jours de nouveaux pamphlets, de nouvelles épigrammes, et tout ce qui s'ensuit. M. Suard a fait dire, avec beaucoup de douceur, à M. Marmontel, que s'il s'avisait jamais de faire paraître son poëme sur la guerre de musique, il lui couperait le visage. M. Marmontel n'en est pas moins empressé à lire le poëme à qui veut l'entendre (1). En attendant une vengeance plus meurtrière, l'abbé Arnaud ne cesse de harceler son adversaire d'épigrammes et de chansons. Voici une des épigrammes qui a le plus couru ; il faut bien faire connaître les armes des deux partis.

> Ce Marmontel si long, si lent, si lourd,
> Qui ne parle pas, mais qui beugle,
> Juge la peinture en aveugle,
> Et la musique comme un sourd.
> Ce pédant à si sotte mine
> Et de ridicules bardé,
> Dit qu'il a le secret des beaux vers de Racine.
> Jamais secret ne fut si bien gardé.

La vénérable confrérie des Économistes vient de perdre un de ses plus dignes champions dans la personne de M. le colonel Saint-Leu, ci-devant au service du roi de Pologne, un des principaux auteurs du journal intitulé : les *Éphémérides du Citoyen*. Ce fameux apôtre de la doctrine par excellence a été trouvé dernièrement sur le bord d'un fossé des nouveaux boulevards, la tête fra-

(1) Nous ne pouvons penser que ce soit l'effet de la menace, mais il est certain que le poëme de *Polymnie* de Marmontel ne parut pas en entier de son vivant. Il est compris dans ses *OEuvres Posthumes*, Paris, Verdière, 1820, in-8°.

cassée d'un coup de pistolet. Il avait sur lui deux lettres, l'une adressée à M. le lieutenant de police, l'autre à l'Ami des Hommes, au marquis de Mirabeau. On imaginera sans doute que c'est l'amour de la liberté indéfinie, la décadence sensible du crédit de la secte, le désespoir de ne pouvoir ramener le genre humain aux grands principes de l'ordre, ou quelque autre motif de cette importance, qui auront déterminé ce sage à un parti si violent. Eh bien, ce n'est rien de tout cela : c'est une passion malheureuse pour une jeune et jolie femme, pour la femme de son ami, pour madame la baronne de Tschudi. Nous n'avons appris que deux circonstances de ce triste roman, l'une assez intéressante, et l'autre fort bizarre. Deux ou trois jours avant d'exécuter son projet, il conjura madame de Tschudi de vouloir bien se charger de quinze ou vingt mille francs qu'il venait de recevoir, et de lui en assurer la rente viagère. Dans la lettre à M. de Mirabeau, qu'on trouva attachée à la boutonnière de son habit, il lui demande, comme le dernier service qu'il attendait de son amitié, la faveur d'être transporté dans la maison de son amie avant d'être enseveli (1). Comment concilier deux procédés, dont l'un paraît l'excès de l'indiscrétion, une vraie barbarie, et l'autre la preuve du désintéressement le plus sensible, de la générosité la plus délicate ? On peut juger des principes politiques de M. de Saint-Leu par ceux du parti auquel il s'était attaché ; mais plusieurs de ses mémoires supposent de l'esprit et des connaissances. Il avait dans la conversation de la vivacité, de l'imagination, de la douceur et une éloquence naturelle.

---

(1) M. le baron de Tschudi, bailli de Metz est connu par plusieurs morceaux

L'intrépide Paul-Jones est ici depuis quelques semaines. Il a eu l'honneur d'être présenté au roi. Il a été applaudi avec transport dans tous les spectacles où il s'est montré, et particulièrement à l'Opéra. Une singularité assez digne d'être remarquée, c'est que ce brave corsaire, qui a donné des preuves si multipliées de l'ame la plus ferme et du courage le plus déterminé, n'en est pas moins l'homme du monde le plus sensible et le plus doux; qu'il a fait beaucoup de vers pleins de grace et de mollesse; que le genre de poésie qui paraît même avoir le plus d'attrait pour son génie, c'est l'élégie et l'églogue. La loge des *Neuf Sœurs*, dont il est membre, a engagé M. Houdon à faire son buste. Ce portrait est un nouveau chef-d'œuvre digne du ciseau qui semble destiné à consacrer à l'immortalité les hommes illustres en tout genre.

On a donné, le samedi 29 avril, la première représentation de la reprise de *la Veuve du Malabar*, tragédie de M. Lemierre, représentée pour la première fois en 1770. Cette pièce alors fut médiocrement accueillie; l'auteur en ayant senti lui-même tous les défauts, ne se permit pas de l'exposer au grand jour de l'impression; il y a fait depuis des changemens si considérables, qu'on peut le regarder comme un ouvrage entièrement nouveau. Le succès que la pièce a eu à cette reprise est un des plus brillans que l'on ait vu depuis long-temps au théâtre. Nous nous contenterons d'indiquer en peu de mots la disposition actuelle du poëme.

Quelques défauts que l'on puisse reprendre dans le plan de cet ouvrage dont la fable n'est peut-être pas

de poésie imprimés dans plusieurs Recueils, et par un grand nombre d'articles de botanique du nouveau supplément de l'*Encyclopédie*. (*Note de Grimm.*)

assez solidement établie, et qui, dans quelques circonstances, peut paraître un peu trop romanesque, on y trouvera toujours un mérite que rien ne peut suppléer, celui d'une sensibilité touchante et d'un intérêt qui va toujours en croissant. Il y a dans chaque acte des beautés d'un ordre supérieur, des scènes entières d'une chaleur entraînante, une foule de mots de situation de l'effet le plus heureux, et la catastrophe, pour paraître avoir quelques rapports avec celle d'*Olympie*, n'en est pas moins très-neuve et très-brillante, elle réunit au plus haut degré d'intérêt l'appareil d'un spectacle infiniment riche, infiniment pittoresque. Il y a dans le style de cette tragédie des inégalités, des négligences comme dans tous les ouvrages de M. Lemierre, mais il y en a beaucoup moins que dans *Hypermnestre*; on y trouve surtout ce mouvement, cette chaleur qui, du moins au théâtre, l'emporte de beaucoup sur toutes les autres parties du style. On a reproché souvent à M. Lemierre la dureté de sa versification, et il a souvent mérité ce reproche; mais il n'y a aucun de ses poëmes où l'on ne puisse remarquer non-seulement beaucoup de vers d'une touche forte et neuve, mais encore beaucoup d'autres pleins de douceur et d'harmonie.

Le rôle du jeune bramine, qui anciennement ne tenait presque pas à l'action, mais qui dans le nouveau plan répand sur tout l'ouvrage l'intérêt le plus touchant et le plus doux, a été rendu par le sieur Monvel avec beaucoup de finesse et de sensibilité. Il n'est peut-être point de rôle au théâtre où le sieur Larive ait déployé un caractère plus noble et plus soutenu que dans celui du général français ; il a saisi parfaitement tout ce qui le caractérise, il lui a donné la noblesse et l'enthousiasme chevaleresque qui lui sied, et la manière dont il a rendu le dernier coup de théâtre, qui n'est assurément pas d'une exécution aisée, est une nouvelle preuve des progrès qu'il fait tous les jours dans la connaissance de la scène. Mademoiselle Sainval cadette a paru fort monotone dans le rôle de la Veuve; mais elle a racheté, s'il est possible, un si grand défaut par deux ou trois élans de sensibilité qui ont été du plus grand effet. Le triste Vanhove a crié les beaux vers du grand bramine comme s'il en eût été l'auteur; aussi l'auteur en est-il fort content.

Les Comédiens Italiens ont donné sur leur théâtre, ce mercredi 3, la première représentation d'*A Trompeur, Trompeur et demi, ou les Torts du Sentiment*, proverbe en un acte, en vers, mêlée d'ariettes, paroles de M. de Sauvigny, l'auteur des *Illinois*, musique de M. Dezède.

C'est une espèce de parade où l'auteur a eu la prétention de peindre ce qu'on appelle les mœurs de la bonne compagnie. Les mœurs représentées dans cet ouvrage sont à la vérité assez scandaleuses pour n'être pas sans modèle; mais le ton en est si gauche et si détestable, que ce tableau a paru beaucoup plus dégoûtant que ridicule. Quant à la construction du drame, il est impossible d'en donner une idée, elle est aussi obscure que le titre. La pièce a été si mal reçue en général, quoiqu'on y ait applaudi quelques détails, et particulièrement un duo assez piquant, que les auteurs l'on retirée après la première représentation. Ils se proposent d'y faire des changemens. Si ces corrections rendent la pièce meilleure, nous ne manquerons pas d'en donner une analyse plus exacte.

On assure qu'Achmet IV vient de faire traduire en arabe l'*Histoire philosophique et politique du Commerce des deux Indes*, de l'abbé Raynal.

La Demande imprévue, comédie en trois actes, en prose, par M. Mercier, représentée pour la première et la dernière fois (1) sur le théâtre de la Comédie-Italienne, n'a eu aucun succès. On nous avait annoncé cette pièce comme une comédie de l'ancien genre, et cet éloge n'a paru que trop exact, car l'intrigue de *la Demande imprévue* est prise tout entière dans *le Souper mal apprêté* de Hauteroche, que Garrick avait déjà imité dans son *Valet menteur*. Le dénouement de M. Mercier diffère un peu de celui de Hauteroche, mais c'est pour ainsi dire mot à mot celui des *Fausses Confidences*. Ces rapprochemens ne sont pourtant pas ce qui a nui le plus à la réussite de cette nouvelle comédie, ce sont les longueurs d'un dialogue lâche et décousu, toutes les fautes de convenance, de ton et de goût qui détruisent l'effet des scènes que l'on aurait crues le plus susceptibles de grace et de vérité comique.

On a donné, sur ce même théâtre, le mardi 30, la première représentation de *Cassandre Oculiste*, comédie-parade en un acte, en vaudevilles, par M. Auguste (2), l'auteur des nouveaux Contes dont nous avons eu l'honneur de vous parler dans une de nos dernières feuilles, en société avec M. Barré. Ce petit ouvrage a été fort applaudi; on y a trouvé de l'esprit et de la gaieté; mais peut-être sera-t-on surpris de n'en avoir pas trouvé davantage lorsqu'on l'aura comparé avec le charmant conte

(1) Le 23 mai.
(2) M. de Piis.

de M. le chevalier de Boufflers, qui en a fourni le fonds et les traits les plus heureux. Ce conte, intitulé: *l'Oculiste dupe de son art*, paraît offrir des situations si piquantes, des développemens si heureux, qu'il eût été facile, je crois, au vrai talent d'en composer un acte entier plein de mouvement et d'intérêt, sans avoir recours, comme M. Auguste et compagnie, à la ressource d'une double intrigue, encore moins au remplissage de deux ou trois scènes épisodiques qui ne tiennent nullement au sujet. Pourquoi leur faire cependant un reproche de ce qui leur a bien réussi ? Il faut profiter de la morale du conte.

> Les malheurs d'un bon oculiste,
> Ami lecteur, vous apprendront,
> Si vous êtes bon moraliste,
> A laisser les yeux tels qu'ils sont.

Nous en sommes à la vingtième représentation de *la Veuve du Malabar*; il y a plus de quinze ans que nous n'avons vu à la Comédie Française un pareil succès. Si l'on a toujours cru que les acteurs, et particulièrement le sieur Larive, en partageaient la gloire avec le poète, on le sent encore mieux depuis qu'on a vu la pièce imprimée.

JUIN.

Paris, juin 1780.

LE sort du nouvel opéra représenté pour la première fois ce mardi 6 ne paraît pas encore bien décidé; nous attendons qu'il le soit davantage pour en parler avec plus d'étendue. C'est l'*Andromaque* de Racine arrangée, d'autres veulent qu'on dise déracinée, par un honnête particulier de Lyon, M. Pitra, qui ne s'est avisé, comme Francaleu (1), qu'à quarante ans passés, de ses dispositions pour la poésie. La musique est de M. Grétry, mais dans la manière du chevalier Gluck; peu de chant, beaucoup de récitatifs, et des chœurs sans nombre.

Depuis que la littérature est devenue un métier, et qui plus est un métier dont la multitude des modèles et la facilité des méthodes a rendu la pratique aisée et commune, faut-il s'étonner si, dans la foule des ouvrages que chaque jour on voit éclore, il en est si peu où l'on puisse reconnaître le talent d'une production véritable? Il semble plus que jamais que la seule occupation de notre siècle soit de compiler et d'analyser, d'extraire et de commenter, de louer et de critiquer, de défaire et de refaire ce que le génie du siècle dernier a produit en tout genre. Il y a, et peut-être est-ce beaucoup dire, une vingtaine de sujets au théâtre qu'on ne cesse de retourner et de rhabiller en cent façons différentes. Souvent, pour les rajeunir, on se contente de les faire paraître sous des noms nouveaux, de transporter la scène dans des climats différens; des tyrans et toujours des tyrans que l'amour brave avec succès, ou dont il se joue avec adresse : voilà le cercle éternel dont nos auteurs dramatiques n'ont presque jamais songé à sortir. Quelque faciles que dussent paraître toutes ces imitations, toutes ces copies plus ou moins déguisées, on a vu qu'on y réussissait encore assez rarement, et l'on vient d'ima-

(1) De *la Métromanie*.

giner une espèce d'entreprise bien plus commode, celle de s'approprier des ouvrages tout faits, grace à quelques changemens dans la distribution générale du plan, ou quelquefois seulement dans le choix des détails et dans les formes du style. Ainsi l'on a fait de nos meilleurs poëmes lyriques, de nos meilleures tragédies, des ballets pantomimes, des opéra dans le goût moderne, réchauffés tantôt par les accens mélodieux du chant italien, tantôt par les symphonies bruyantes de la musique allemande. Tous les moyens possibles de multiplier et de varier nos plaisirs méritent bien sans doute d'être accueillis avec empressement; mais en voulant nous enrichir par des ressources qui découvrent si bien l'extrême disette où nous sommes, n'est-il pas à craindre que nous n'exposions encore le peu de fonds solides qui nous restent? Notre siècle, ce beau siècle de philosophie et de lumières, ne fait-il pas précisément ce qu'on voit faire à un fils de famille qui se ruine? Il a recours aux expédiens; il vit d'emprunt, et, pour satisfaire aux besoins du moment présent, il ne craint pas d'engager et d'aliéner même les plus anciens titres de sa maison. Je n'ai jamais trop bien su comprendre comment l'on pouvait faire une tragédie en musique, et je ne vois pas, quoi qu'on en dise, qu'il en existe encore une seule, une seule où l'intérêt de la scène ne soit pas sacrifié à la musique, ou le charme de la musique à l'intérêt de la scène.

Quoi qu'il en soit, c'est en France une opinion très-établie aujourd'hui par les succès multipliés de M. le chevalier Gluck, que l'on peut faire en musique des tragédies, et des tragédies d'un plus grand effet que celles de nos plus grands maîtres lorsqu'elles ne sont que déclamées. Demandez-le aux partisans du nouvel Orphée de Bohême; il n'en est aucun qui ne préfère, au moins quant à l'effet théâtral, les deux *Iphigénies* de M. le bailli Du Rollet et de M. Gaillard à celles de Racine et de Guymond de La Touche. Pourquoi M. Grétry et son poète ne seraient-ils pas flattés de réussir en suivant un système si fort goûté, et pourquoi leur saurait-on mauvais gré d'avoir tenté de s'emparer d'*Andromaque* comme on s'était emparé des *Iphigénies*?

Le charmant auteur du *Sylvain*, du *Tableau parlant*, de *Zémire et Azor*, a cru s'apercevoir que, pour être tragique en musique, il fallait faire beaucoup de bruit, du moins au théâtre de l'Opéra; il a calculé de plus qu'un des plus sûrs moyens d'en faire, c'était de faire parler tout le monde à la fois; en conséquence, il a demandé à son poète beaucoup de chœurs, et son poète l'a servi à cet égard avec une profusion des plus magnifiques. Les trois quarts de l'opéra d'*Andromaque* sont en chœurs: chaque personnage principal, et il y en a quatre, en a un à lui qui ne le quitte point. Il n'y a point de scène où le chœur ne joue le principal rôle; monologue, duo, trio, même les *a parte*, tout se termine en chœur, et souvent assez longuement. C'était sans doute une idée fort heureuse de remplacer les confidens de la tragédie par des chœurs; mais quelle est l'idée heureuse dont il ne faille user avec ménagement? M. Pitra ne ressemble-t-il pas un peu à cet homme qui, enchanté de l'utilité de quelques-uns de nos ports, voulait absolument qu'on mît toutes les côtes du royaume en ports de mer?

Soit que le spectacle ait été mal exécuté, soit qu'il y ait des objets infiniment plus propres à frapper notre imagination que nos yeux, il s'en faut bien qu'il fasse autant d'impression que nous n ea toujours fait le simple récit de Racine. Ce qui ne nous paraît qu'une timidité de l'art pourrait donc bien être un de ses plus heureux artifices.

Nous ne devons point terminer cet article sans observer que ce sont précisément les plus beaux endroits de la tragédie, ceux qu'on n'eût jamais pardonné à M. Pitra d'avoir osé retrancher, qui ont fait le moins d'effet à l'Opéra, tels que les reproches d'Hermione à Pyrrhus, ces traits si déchirans dans sa dernière scène avec Oreste :

> Pourquoi l'assassiner? Qu'a-t-il fait? à quel titre ?
> Qui te l'a dit ? — O Dieux ! quoi ! ne m'avez-vous pas
> Vous-même, ici, tantôt, ordonné son trépas? etc.

tant il est vrai que les beautés d'un genre ne sont pas celles d'un autre, et qu'une des plus grandes hérésies du goût de notre siècle est d'en confondre les caractères et les nuances.

Mademoiselle Levasseur a rempli le rôle d'Andromaque avec son intelligence accoutumée; mais il n'y a personne qui n'ait éprouvé le sentiment de Pyrrhus pour mademoiselle Duplan dans celui d'Hermione; elle l'a crié faux d'un bout à l'autre. Le sieur Larivée a rendu le rôle d'Oreste avec assez de chaleur ; et s'il faut avouer que le sieur Legros a paru encore plus embarrassé que de coutume dans celui de Pyrrhus, il faut ajouter aussi qu'il n'y a presque rien à chanter pour sa belle voix dans ce triste rôle.

Epitaphe de M. Dorat.

De nos papillons enchanteurs,
    Émule trop fidèle,
Il caressa toutes les fleurs,
    Excepté l'immortelle.

Couplets sur M. l'abbé Arnaud, que l'on attribue à M. Collé, mais qui pourraient bien être de M. l'abbé Morellet.

Sur l'air : *L'avez-vous vu, mon bien-aimé ?*

(Air que M. l'abbé Arnaud s'est toujours vanté d'avoir fait à M. Duni.)

    L'abbé Fatras,
    De Carpentras,
Demande un bénéfice ;
    Il en aura,
    Car l'Opéra
Lui tient lieu de l'office.
    Monsieur d'Autun (1),
    Qu'il en ait un !
C'est un devoir
De le pourvoir ;
On veut le voir
Marcher le soir
Précédé de sa crosse,
    Et le matin,
    Chez sa catin
Arriver en carrosse.
Pour *Armide*, il a tant trotté,
Pour *Alceste*, il s'est tant crotté,
    Que c'est pitié
    De voir à pié,

(1) C'est M. de Marbœuf, évêque d'Autun, qui a dans ce moment la feuille des bénéfices. (*Note de Grimm.*)

Ce grand apôtre de coulisse,
Comme un sergent de milice. (*bis.*)

La reine a été voir ces jours passés les jardins d'Ermenonville, accompagnée de toute la cour, excepté le roi. On a su qu'elle s'était arrêtée assez long-temps dans l'île des Peupliers, dans cette île bienheureuse où reposent les cendres de Jean-Jacques, et l'on aurait bien voulu se persuader (ce n'est pourtant pas à l'Académie) que la dévotion à la mémoire du saint philosophe avait été le principal objet de l'auguste pélerinage. Mais tant de gloire ne paraît pas avoir été réservée à ses paisibles mânes. On a considéré le tombeau, on en a trouvé l'architecture simple et de bon goût, le site des lieux qui l'entourent d'une mélancolie douce et romanesque, et l'on a paru s'occuper ensuite d'autres objets, sans avoir marqué aucune espèce d'intérêt pour le souvenir de l'homme auquel ce monument a été érigé. Que de haines et de jalousies ce silence a consolées!

Il n'est sans doute aucune nouveauté littéraire aussi intéressante que la révolution qui se prépare depuis quelques jours dans le système des coiffures de nos dames. On a fait remarquer que les longues épingles, nécessaires pour étayer ces hautes fabriques de cheveux qui ont été si long-temps à la mode, n'étaient guère moins dangereuses, dans les temps d'orage, que ces pointes de fer dont on garnit fort imprudemment le faîte des maisons, et surtout des clochers. Soit qu'on ait été plus frappé qu'on ne l'avait encore été de l'importance de cette observation, soit qu'on ait vu tout simplement que le costume des hautes coiffures devenait tous les jours plus incommode, on vient d'en imaginer une où l'on peut se passer presque entièrement d'épingles. Cette nouvelle coiffure, qu'on appelle une coiffure à l'enfant, est très-basse. Il faudrait être plus initié que nous ne le sommes dans les mystères de la toilette pour en donner une idée complète; ce que nous en pouvons dire de plus clair, c'est que ce sont des cheveux frisés légèrement, et qui, renoués derrière la tête par des nœuds de rubans, retombent avec beaucoup de grace en longues boucles flottantes sur le chignon et autour du cou. Toutes nos beautés ne supporteront peut-être pas également bien l'agréable simplicité de cette mode; mais les peintres et les artistes la préféreront sûrement au gothique étalage des modes qu'elle remplace.

———

Par les nouveaux réglemens de M. Le Camus de Néville, directeur de la librairie, les privilèges accordés aux libraires ne pourront être de moindre durée que de dix ans (1), et auront encore lieu non-seulement pour le terme expiré, mais encore pendant la vie de l'auteur, s'il survit à l'expiration du privilège. Les libraires et imprimeurs dépossédés ainsi d'anciens privilèges qu'ils avaient acquis ou de leurs propres confrères ou des auteurs eux-mêmes, sur la foi des anciens réglemens, ont réclamé contre la nouvelle loi. M. l'avocat-général, pour discuter la justice de leur réclamation, est entré dans des détails assez curieux relativement à la législation de notre librairie. Les plus anciens titres connus à ce sujet

(1) Ce terme ci-devant était fixé à la volonté du vendeur ou de l'acquéreur, et le droit d'imprimer exclusivement un ouvrage était regardé comme un fonds de propriété qui pouvait être transmis d'une famille et d'une génération à l'autre. (*Note de Grimm.*)

sont, le premier (de 1552) un privilège de deux ans demandé par Érasme pour son ami Froben; l'autre un arrêt de 1561, *qui condamne à être pendu tout libraire qui aura imprimé un livre quelconque sans permission.* Il serait trop long de suivre l'orateur magistrat dans toutes ses recherches sur cet objet; mais voici l'établissement qu'il propose pour prévenir toutes les fraudes et pour lever toutes les difficultés de la constitution actuelle.

« Est-il impossible (dit-il) que l'administration se charge elle-même de l'acquisition des manuscrits, qu'elle traite avec les auteurs du prix de leurs ouvrages, sauf à se faire rembourser d'une portion, ou de la totalité de ce prix par l'imprimeur qui se présenterait pour entreprendre l'édition? On lui accorderait un privilège exclusif plus ou moins étendu, suivant l'importance de la somme et la difficulté du débit; à l'expiration de ce privilège, et lorsque la somme avancée serait rentrée dans la caisse destinée à cet effet, le livre deviendrait commun, et tout imprimeur pourrait obtenir la permission de le réimprimer, sans donner matière à aucune contestation. Mais en attendant, comme il est glorieux à l'humanité de n'opérer le bien qu'en faisant le moins de mal possible à ceux dont l'ancien état contrarie le bien qu'on veut faire, il serait peut-être à désirer qu'on fît un inventaire de tous les livres du fonds de la librairie, qu'on se fît représenter les titres légaux pour le droit exclusif des livres qui sont actuellement dans les magasins, qu'on accordât une continuation de privilège pour donner le temps de vendre ce qui reste des livres après l'expiration du privilège ou de la continuation de privilège qui ont été obtenus jusqu'à présent; en un mot, que le nouveau réglement, en recevant à l'avenir son exécution, n'eût point d'effet rétroactif pour les privilèges actuellement existans, c'est-à-dire qu'on fixât un délai, passé lequel tous les privilèges anciens, et les continuations de privilèges obtenus jusqu'à ce jour, seraient absolument nuls, et de nul effet. »

Cette idée de charger le gouvernement de l'acquisition de tous les manuscrits ne serait-elle pas la meilleure manière de mettre l'esprit en ferme? et cette idée bien travaillée en finance ne pourrait-elle pas produire un établissement aussi utile à l'État que la ferme du tabac? Que de belles ressources n'y trouverait-on pas encore pour opposer de nouvelles digues à cette malheureuse liberté de penser! Tout cela mérite bien quelque réflexion.

JUILLET.

Paris, juillet 1780.

Il n'existe encore dans Paris qu'un ou deux exemplaires du livre intitulé: *Rousseau juge de Jean-Jacques, dialogues*; avec cette épitaphe:

Barbarus hic ego sum quia non intelligor illis.

OVID.

Cet ouvrage, pour avoir été ignoré jusqu'ici des dépositaires de l'édition complète des *OEuvres de Rousseau*, n'en est pas moins sûrement de lui; quelque étranges qu'en soient l'objet et l'idée, il est impossible d'y méconnaître son style et son caractère. Pour en constater encore mieux l'authenticité, l'éditeur en a déposé, depuis l'impression finie, le manuscrit original très-proprement écrit de la main de l'auteur.

Voici ce qu'on lit en tête de ce singulier ouvrage : « Qui que vous soyez que le ciel a fait l'arbitre de cet écrit, quelque usage que vous ayez résolu d'en faire, et quelque opinion que vous ayez de l'auteur, cet auteur infortuné vous conjure, par vos entrailles humaines et par les angoisses qu'il a souffertes en l'écrivant, de n'en disposer qu'après l'avoir lu tout entier. Songez que cette grace que vous demande un cœur brisé de douleur est un devoir d'équité que le ciel vous impose. »

La seconde partie du Dialogue est, de tout l'ouvrage, le morceau le plus propre à faire connaître et le caractère de ce livre et la bizarrerie affligeante des préventions qui tourmentèrent l'esprit et l'imagination de cet homme célèbre dans les dernières années de sa vie. On y verra le mélange le plus étonnant de force de style et de faiblesse d'esprit, tout le désordre d'une sensibilité profondément affectée, un ridicule inconcevable avec la folie la plus sérieuse et la plus digne de pitié.

On ne peut douter qu'en écrivant ceci Rousseau ne fût parfaitement fou; et il ne paraît pas moins certain qu'il n'y a que Rousseau dans le monde qui ait pu l'écrire. Quelles inexplicables disparates! A quoi tient donc le système de nos idées! Comment, au même instant, la sagesse et la folie, le talent et l'imbécillité peuvent-elles occuper ainsi le même cerveau? Il est donc vrai qu'un ressort de cette merveilleuse machine peut se déranger entièrement, sans que le mouvement des autres en paraisse altéré? Ne dirait-on pas que cet esprit humain, qui se comprend si peu lui-même, n'est formé que d'une foule de fils différens dont les nœuds se forment, pour ainsi dire, au hasard, se brouillent et se rompent de même? Et c'est de ce pauvre esprit humain que l'on ose attendre de la constance, de la suite, des principes, des affections immuables!

Il paraît prouvé que le malheureux Rousseau se défiait lui-même plus que personne des fougues de son imagination; le soin de l'éteindre semblait l'appliquer uniquement dans les derniers temps de sa vie. On a su, par un de ses amis particuliers, que c'est dans cette vue qu'il s'attacha si fort à l'étude de la botanique, et qu'il s'était imposé, comme une œuvre de pénitence, la tâche singulière de copier de sa main toute l'*Histoire de France*, par Mezeray.

O curas hominum! o quantum est in rebus inane!

Le Poète de Pondichéry, anecdote par *M. Diderot*.

Un jour, il me vient un jeune poète comme il m'en vient tous les jours. Après les complimens ordinaires sur mon esprit, mon génie, mon goût, ma bienfaisance, et autres propos dont je ne crois pas un mot, bien qu'il y ait plus de vingt ans qu'on me les répète, et peut-être de bonne foi, le jeune poète tire un papier de sa poche: Ce sont des vers, me dit-il. — Des vers! — Oui, Monsieur, et sur lesquels j'espère que vous aurez la bonté de me dire votre avis. — Aimez-vous la vérité? — Oui, Monsieur, je vous la demande. — Vous allez la savoir. — Quoi! vous êtes assez bête pour croire qu'un poète vient chercher la vérité chez vous? — Oui. — Et pour la lui dire? — Assurément. — Sans ménagement? — Sans doute: le ménagement le mieux apprécié ne serait qu'une offense grossière; fidèlement interprété, il signifierait vous êtes un mauvais poète; et comme je ne vous crois pas assez robuste pour entendre la vérité, vous n'êtes encore qu'un plat homme. — Et la franchise vous a toujours réussi ? — Presque toujours..... » Je lis les vers du jeune poète, et je lui dis : « Non-seulement vos vers sont mauvais, mais il m'est démontré que vous n'en ferez jamais de bons. — Il faudra donc que j'en fasse de mauvais, car je ne saurais m'empêcher d'en faire. — Voilà une terrible malédiction! Concevez-vous, Monsieur, dans quel avilissement vous allez tomber? Ni les dieux, ni les hommes, ni les colonnes, n'ont pardonné la médiocrité aux poètes; c'est Horace qui l'a dit. — Je le sais. — Êtes-vous riche? — Non. — Êtes-vous pauvre? — Très-pauvre. — Et vous allez joindre à la pauvreté le ridicule de mauvais poète; vous aurez perdu toute votre vie, vous serez vieux. Vieux, pauvre et mauvais poète, ah! Monsieur, quel rôle! — Je le conçois, mais je suis entraîné malgré moi. — Avez-vous des parens? — J'en ai. — Quel est leur état? — Ils sont joailliers. — Feraient-ils quelque chose pour vous? — Peut-être. — Eh bien! voyez vos parens, proposez-leur de vous avancer une pacotille de bijoux. Embarquez-vous pour Pondichéry; vous ferez de mauvais vers sur la route; arrivé, vous ferez fortune. Votre fortune faite, vous reviendrez faire ici tant de mauvais vers qu'il vous plaira, pourvu que vous ne les fassiez pas imprimer; car il ne faut ruiner personne. » — Il y avait environ douze ans que j'avais donné ce conseil au jeune homme, lorsqu'il m'apparut. Je ne le reconnaissais pas. « C'est moi, Monsieur, que vous avez envoyé à Pondichéry; j'y ai été, j'ai amassé là une centaine de mille francs. Je suis revenu, je me suis remis à faire des vers, et en voilà que je vous apporte..... Ils sont toujours mauvais? — Toujours; mais votre sort est arrangé, et je consens que vous continuiez à faire de mauvais vers. — C'est bien mon projet.

Pour soutenir la malheureuse *Andromaque* (1), on vient de remettre au théâtre de l'Académie royale de Musique le charmant ballet des *Caprices de Galathée*, du célèbre Noverre. C'est le jeune Vestris qui remplit, dans cette ingénieuse pantomime, le rôle où le sieur Lepicq a mérité, il y a quelques années, tant d'applaudissemens. Quelque brillant, quelque admirable, quelque sublime que soit déjà le talent de ce digne fils du Dieu de la danse, on ne sera point surpris qu'à son âge il n'ait pas encore acquis dans ce genre toute la sensibilité, tout le moelleux des mouvemens que Lepicq y déployait avec tant de graces et de légèreté. Son illustre père n'en conviendrait-il pas lui-même? Il n'y a pas si long-temps que nous lui avons entendu dire avec cet accent qui sied si bien à la dignité de son amour-propre : « Jusque-là (en portant la main à sa poitrine) plus rien à désirer pour mon fils; mais, quant au haut du corps, il lui faut encore des années de travail. J'en ai passé, moi, une toute entière à me raccourcir les bras; je lui en donne dix pour danser le menuet, et ce n'est pas trop. Ah! Monsieur, si je pouvais exécuter aujourd'hui avec mes pieds ce que j'ai dans ma tête, vous verriez !... Mais l'âge ne permet plus de faire ce que le génie a conçu... » Ce n'est que depuis deux ou trois ans, depuis les grands succès que ce fils a obtenus, grace à ses leçons, qu'il a consenti à le reconnaître. « S'il continue ainsi, disait-il alors, je

(1) Voir précédemment page 290.

lui réserve quelque chose d'assez beau pour ses étrennes : *je lui permettrai de porter mon nom...* » Dauberval, qui avait vécu comme Vestris avec mademoiselle Allard, la mère de ce jeune prodige, le lorgnait ces jours passés dans la coulisse, et disait avec autant de dépit que d'admiration : « Quel talent ! C'est le fils de Vestris, et ce n'est pas le mien ! Hélas ! je ne l'ai manqué que d'un quart d'heure. »

On vient de donner sur le théâtre de la Comédie Italienne une nouvelle pièce de M. Imbert : *Florine*, comédie en trois actes, mêlée d'ariettes (1), musique de M. Desaugiers (2), l'auteur peu connu de la musique du *Petit Œdipe*. Cette dernière tentative n'a pas mieux réussi à M. Imbert que toutes celles qu'il a déjà faites dans le même genre. A la Comédie Française, à la Comédie Italienne, seul, en société, sans musique, avec de la musique, il a toujours paru également dépourvu de l'art de juger et de préparer les effets de la scène; on ne peut lui refuser cependant d'avoir montré dans d'autres ouvrages de l'esprit, du goût, de la facilité, et dans son *Jugement de Pâris* un vrai talent pour la poésie.

M. d'Eprémesnil, intervenu comme partie pour la défense de feu son oncle dans la révision du procès de l'infortuné comte de Lally, a été fort indigné de la manière dont le sieur Linguet a rendu compte de cette intervention dans ses feuilles. Il a résolu d'attaquer juridiquement le folliculaire, et de le dénoncer au Parlement. En attendant, il a été trouver le sieur Le Quesne, chargé, à Paris, de la distribution des *Annales*, et l'a menacé,

(1) Représentée le 15 juin 1780. (2) Père du chansonnier de ce nom.

dit-on, dans sa colère, de le prendre lui-même à partie s'il continuait à être l'agent de ce faiseur de libelles, qui, tout protégé qu'il pouvait être par de lâches ministres, n'en recevrait pas moins le juste prix de ses honteuses calomnies, etc. Le sieur Le Quesne lui a répondu avec beaucoup de respect et de réserve ; mais la furieuse semonce de M. d'Eprémesnil n'a pas plus tôt été finie, que ledit sieur Le Quesne s'est rendu sur-le-champ chez un commissaire pour déposer sa plainte contre un quidam désigné par tous les traits de M. d'Eprémesnil, et se disant être lui, mais qu'il ne peut regarder que comme un imposteur, vu la scène indécente qu'il est venu faire chez lui, les propos menaçans qu'il a osé lui tenir sans qu'il se les fût attirés en aucune manière, et surtout les expressions injurieuses qu'il s'est permises en parlant des ministres honorés de la confiance de Sa Majesté, procédés incompatibles avec les sentimens et la dignité du magistrat respectable dont le quidam n'a pas craint de prendre le nom, etc. On ne sait pas quelles pourront être les suites de cette affaire ; ce qu'il y a de certain, c'est que la plainte du sieur Le Quesne existe, que tous les discours imputés à M. d'Eprémesnil y sont rapportés dans toute leur énergie, et que les dispositions supposées du ministère en faveur de maître Linguet se trouvent traduites dans ces discours de la manière la plus insolente et la plus dure. On lui fait dire, entre autres extravagances : « Nous verrons qui des deux l'emportera, ou de la justice du Parlement, ou de l'indulgence d'un gouvernement faible et pusillanime. » M. d'Eprémesnil avait déjà donné quelques preuves de la vivacité de sa tête, mais il n'en avait pas donné d'aussi imprudentes ; et pour quel sujet, encore !

Adélaïde, ou l'Antipathie pour l'Amour, comédie en deux actes et en vers de dix syllables, représentée pour la première fois sur le théâtre de la Comédie Française, le lundi 10, est de M. Dudoyer, l'auteur de *Laurette* et du *Vindicatif*, drame en cinq actes. Quoique le fonds de cette petite comédie ne soit pas neuf, puisque c'est celui de *la Surprise de l'Amour*, de Marivaux, et de beaucoup d'autres qui n'en sont que des copies plus ou moins heureuses, comme *la Feinte par amour*, de feu M. Dorat, etc., nous ne sommes point étonnés qu'elle ait infiniment réussi. Le style nous en a paru facile et soutenu, plein de graces, de naturel, d'intérêt, et de la plus aimable simplicité. Le peu de mouvement qu'il y a dans l'action, peut-être même dans le dialogue, est suppléé autant que ce défaut peut l'être par la vivacité du jeu des acteurs qui en remplissent les premiers rôles, le sieur Molé et la demoiselle Doligny. Il ne faut pas oublier non plus que le mariage secret de l'auteur avec cette actrice chérie du public étant aussi connu aujourd'hui que le sont tous les secrets de la comédie, on n'a laissé échapper aucune occasion de faire à sa personne quelque application flatteuse de son rôle, et cette circonstance n'a pas peu contribué encore à exciter les applaudissemens que pouvait mériter ce joli ouvrage.

———

Après trente représentations de *la Veuve du Malabar*, suivies toujours avec la même affluence, succès dont il n'y a pas eu d'exemple au Théâtre Français depuis *Mérope*, on a voulu essayer de remettre *la Mort de Pompée*. Cette tragédie, quoiqu'elle n'eût pas été jouée depuis long-temps, a attiré si peu de monde, que les Comédiens n'ont pas jugé à propos de la donner plus de deux fois. O scandale! ô barbarie! Sans vouloir excuser ici le mauvais goût du siècle, il faut avouer au moins, pour être juste, que de tous les rôles de cette magnifique pièce, il n'y en a eu qu'un seul qui ait été rendu d'une manière tolérable, celui d'Achorée, par le sieur Monvel; que cette belle scène de Cornélie, où le talent de mademoiselle Clairon a laissé un si long souvenir, a été mise en pièces par la demoiselle Raucourt; et qu'enfin la plus mauvaise tragédie, soutenue par le jeu des acteurs, est plus supportable encore au théâtre que les chefs-d'œuvre de nos plus grands maîtres aussi impitoyablement défigurés. On peut convenir de plus, sans manquer au respect qu'inspirent les mânes du grand Corneille, qu'il y a dans ce sublime ouvrage bien moins de situations attachantes, bien moins d'intérêt que de majesté de raisonnement, de grandeur et de pompe de style; c'est le jugement que ce grand homme en a porté lui-même.

Pour réparer le mauvais succès de cette reprise, on vient de hasarder celle d'une tragédie qui ne ressemble sans doute en rien à *la Mort de Pompée*. Cette tentative a merveilleusement réussi : *Pierre-le-Cruel*, de M. de Belloy, vient d'exciter autant d'applaudissemens, autant de transports d'admiration qu'il avait essuyé d'outrages et de huées lorsqu'il parut pour la première et la dernière fois dans l'hiver de 1772 (1). Nous ignorons jusqu'à quel point l'enthousiasme pourra se soutenir, et nous ne pouvons nous dissimuler qu'en relisant la pièce nous avons eu beaucoup de peine à comprendre ce qui a pu lui attirer tour à tour tant d'honneur et tant d'indignité. Il y a sans doute dans *Pierre-le-Cruel*, comme dans toutes les autres tragédies de M. de Belloy, des ef-

(1) La première représentation de cette pièce avait eu lieu le 20 mai 1772.

fets, des situations, des caractères, des vers même d'une couleur vraiment théâtrale; mais il n'en est peut-être aucune dont la marche soit plus forcée et plus confuse, où l'on trouve plus de déclamations froidement ampoulées, plus de sentimens gigantesques, plus de coups de théâtre accumulés sans vraisemblance, une impropriété d'expressions plus outrée et plus choquante. M. de Belloy est de tous nos poètes tragiques celui qui a le plus usé du ressort de l'héroïsme chevaleresque; mais ne l'a-t-il pas souvent exagéré jusqu'au ridicule? On a dit que Corneille avait fait la tragédie de sa nation, Racine celle de la cour de Louis XIV, Crébillon celle de son caractère, et Voltaire celle de son siècle; ne pourrait-on pas ajouter que M. de Belloy, dont presque tous les héros sont des don Quichottes gascons, a fait la tragédie des bords de la Garonne? Le seul changement remarquable que l'auteur ait fait à *Pierre-le-Cruel,* depuis la première et unique représentation que la pièce eut de son vivant, regarde le dénouement; on y a épargné quelques coups de couteau. Le poète s'est déterminé à laisser vivre le reine Blanche, et c'est elle qui finit la pièce par ces deux vers :

> Quand tu punis le crime, ô suprême justice!
> Fais-lui voir la vertu : c'est son plus grand supplice.

Le sieur Larive a donné au rôle du prince Noir tout l'intérêt dont il était susceptible, et par la noblesse de sa figure et par la beauté de son organe; c'est peut-être après celui de Montalban, dans *la Veuve du Malabar,* le rôle où il a été le plus universellement et le plus justement applaudi.

On a donné ces jours passés une très-belle fête à madame la comtesse de Genlis dans la maison de campagne qu'elle occupe à Bercy avec mesdemoiselles d'Orléans et de Chartres. Joutes sur l'eau, feux d'artifices, proverbes, scènes détachées, couplets de tout genre, rien n'y manquait; mais de tous les détails de cette fête, beaucoup plus intéressans à voir qu'à entendre conter, nous n'avons retenu que ces quatre mots qu'on a fait dire aux deux princesses qui n'ont guère plus de deux ans.

Mademoiselle d'Orléans (en portant la main sur son cœur) :

<blockquote>Maman Genlis, ces deux noms-là sont-là.</blockquote>

Mademoiselle de Chartres :

<blockquote>Et tous deux font dire de même :
J'aime.</blockquote>

Ce joli petit duo est de M. le chevalier de Bonnard, sous-gouverneur de MM. de Valois et de Montpensier (1).

AOUT.

Paris, août 1780.

Nous venons de recevoir la première livraison de l'édition complète des *OEuvres de J.-J. Rousseau*. Les huit volumes qui forment cette première livraison ne contiennent qu'*Émile* et *Julie*, avec deux fragmens qui n'avaient pas encore paru, *les Amours de milord Édouard Bomston*, et *les Solitaires, ou Émile et Sophie*. Ce pre-

(1) Auteur d'un recueil de poésies plusieurs fois réimprimé.

mier morceau est fort court, il remplit les lacunes que l'on trouve dans la douzième lettre de la cinquième partie de *la Nouvelle Héloïse*, et dans la troisième de la sixième. Ce sont les aventures de milord Édouard à Rome, aventures que Jean-Jacques a trouvées lui-même trop romanesques pour pouvoir être mêlées à celles de Julie sans en gâter la simplicité. Cette pièce a été copiée sur le manuscrit original et unique de la main de l'auteur qui appartient et existé entre les mains de madame la maréchale de Luxembourg.

On voit que le but de l'auteur dans cet épisode est de montrer qu'il est encore moins difficile à une femme prostituée de revenir à la vertu qu'à une femme adultère. Mais on ne comprend pas trop quelle peut être pour notre siècle l'utilité d'une pareille morale, et ce que l'on ne comprend guère mieux, c'est l'attention que l'auteur a eue de consacrer cet écrit à madame de Luxembourg, surtout lorsqu'on se souvient d'une certaine chanson où l'on excusait si bien madame de la fantaisie qu'elle avait eue de passer la nuit avec le philosophe, en disant *qu'elle n'en avait été tentée que pour voir son ridicule de plus près*. Serait-ce une manière délicate de la louer sur l'excès des difficultés qu'elle eut à surmonter pour devenir ce qu'elle est, depuis long-temps, dans l'opinion de toute la France, une des femmes les plus respectées et les plus dignes de l'être, aussi distinguée aujourd'hui par ses vertus qu'elle le fut autrefois par l'éclat de ses intrigues et de ses galanteries si gaiement célébrées par M. de Tressan?

Si Jean-Jacques a eu dans ce fragment le tort de traiter avec trop de sévérité les femmes honnêtement adultères, il l'a bien réparé dans celui de la continuation d'*Émile*.

Il n'est pas possible de manquer à la foi conjugale avec plus d'intérêt, avec plus de vertu que ne le fait Sophie.

Messieurs les éditeurs de Genève, qui ne traitent pas légèrement des objets si graves, avouent, dans un Avertissement, que ce n'est qu'avec une sorte de répugnance qu'ils se sont déterminés à publier ce morceau. « Plus le tableau qu'il nous présente, disent-ils, est empreint du génie de son sublime auteur, et plus il est révoltant; Émile désespéré, Sophie avilie; qui pourra supporter ces odieuses images?.... Gardons-nous d'imputer à M. Rousseau ces contradictions; nous le savons, elles n'existaient point dans son plan; aurait-il voulu défigurer lui-même son plus bel ouvrage? Sophie fut coupable, elle ne fut point vile... Elle succomba comme Clarisse, et se releva plus sublime qu'elle. Mais si Émile devait connaître l'excès du malheur, ne fallait-il pas que Sophie fut infidèle? Auprès d'elle pouvait-il être malheureux? Et qui pouvait l'en séparer? les hommes? la mort?.... Non, le crime de Sophie. »

On a donné de fort belles fêtes à l'occasion du mariage de madame la princesse de Rohan-Guémené avec M. le prince de Rohan-Rochefort, à l'hôtel de Soubise, dans la maison de madame de Guémené à Montreuil et au petit hôtel de mademoiselle Guimard. Ce qu'il y a de plus remarquable dans la fête de M. le prince de Soubise, c'est un magnifique feu d'artifice représentant la fable de Vénus surprise avec Mars par le dieu Vulcain. Il y a bien peu de mariages sans doute auxquels ce sujet ne puisse convenir tôt ou tard; mais l'exécution n'a pas répondu à l'attente des spectateurs, et l'imprudence de quelques ouvriers a risqué de mettre le feu à tout le quartier. L'idée de la fête de Montreuil nous a paru plus neuve et plus riante ; c'était un ballet composé, par MM. Noverre et Dauberval, de plusieurs scènes de Don Quichotte, et nommément des *Noces de Gamache*. Cette pantomime, exécutée par les principaux sujets de l'Académie royale de Musique, au milieu d'un jardin très-heureusement disposé pour en être le théâtre, offrait une suite de tableaux dignes du pinceau des Le Prince, des Teniers et des Watteau. La scène se passait sur un des bords du ruisseau qui arrose ce jardin, et sur l'autre était placé, pour les spectateurs, un vaste amphithéâtre, lequel, garni des plus jolies femmes de la ville et de la cour, formait un second spectacle non moins riche et non moins agréable. La fête donnée sur le théâtre de mademoiselle Guimard n'a pas été la moins gaie, on y a joué plusieurs scènes de pantomime burlesque, le proverbe intitulé : *Contentement passe richesse*, et une parodie d'*Andromaque*, par le sieur Dugazon. L'idée sans doute la plus plaisante de cette parodie est d'avoir fait représenter le rôle de la reine Andromaque par mademoiselle Guimard, la plus élégante, mais aussi la plus exiguë de toutes nos nymphes, et celui du petit Astyanax par le sieur Desessarts, le plus grand, le plus gros et le plus lourd de tous les acteurs qui aient jamais paru sur la scène française. La fête a été terminée par un souper de plus de cent couverts, dont M. le prince de Soubise a bien voulu faire les honneurs, mais auquel on ne sera point surpris que la jeune mariée ait été dispensée d'assister, quoique le souper n'en ait pas moins eu, dit-on, tout l'air d'un souper de famille.

On fait un grand éloge de deux tragédies nouvelles ;

l'une de M. le comte de Guibert, l'auteur du *Connétable de Bourbon*, est *la Mort des Gracques*; l'autre, de M. de La Harpe, est le *Philoctète* grec traduit en vers, mais aussi littéralement qu'il pouvait l'être. Les deux pièces sont cependant peu connues, n'ayant encore été lues que dans un petit nombre de sociétés très-particulières. La pièce de M. de Guibert est plus historique qu'aucun drame de Shakspeare, elle n'est qu'en trois actes. Les amis du jeune Gracque l'invitent à soutenir les droits du peuple et à venger la mort de son frère; sa mère l'y exhorte, son épouse tâche de l'en détourner; et c'est tout ce que contient le premier acte. Le second est l'assemblée du peuple sur la place publique; c'est la défense du pauvre contre le riche. Le troisième offre la catastrophe qui termina les jours de ce vertueux républicain, et tout le récit de Plutarque mis en action. Il y a, dit-on, dans cet ouvrage, beaucoup de vers fort négligés, mais une grande élévation de sentimens, d'idées, et des traits de la plus sublime éloquence.

Claude-Joseph Dorat, né à Paris en 1734, y est mort le 29 avril 1780. Quelque tristes qu'aient été les dernières années de sa vie, la destinée semblait lui avoir préparé des jours assez heureux. D'une famille connue depuis long-temps dans la robe, avec une fortune honnête, très-suffisante au moins pour un homme de lettres qui ne désire que de l'aisance et de la liberté, livré de bonne heure à lui-même, après avoir suivi d'abord le barreau, où le vœu de ses parens l'avait appelé, il ne tarda pas à quitter cet état peu conforme à son génie, et se fit mousquetaire. Lui-même nous a confié dans une de ses épîtres qu'il n'avait renoncé à cette dernière carrière que par complaisance pour une vieille tante janséniste qui ne croyait pas que sous cette brillante casaque il fût aisé de faire son salut : caprice dont il eut raison de se plaindre, si, comme il nous l'assure dans cette même épître, sans ce travers il eût peut-être eu quelque jour le plaisir de se voir maréchal de France. Quoi qu'il en soit, la philosophie, les muses et l'amour l'eurent bientôt consolé. M. Dorat, d'une taille médiocre, mais svelte et leste, sans avoir des traits fort distingués, avait de la finesse dans le regard, et je ne sais quel caractère de douceur et de légèreté assez original, assez piquant; on eût deviné, ce me semble, sans peine, le caractère de ses ouvrages en regardant sa physionomie, et celui de sa physionomie en lisant ses ouvrages. Ce qui le caractérisait le plus particulièrement tenait plutôt à une façon d'être qu'à la disposition naturelle de ses traits. Le feu dont ses yeux étaient animés ressemblait à ces étincelles d'une flamme vive, mais fugitive et sans chaleur. Son sourire avait moins de gaieté que de grace, et moins de grace que de manière. La pensée sur son front prenait volontiers l'air de la contrainte et de l'inquiétude, sa légèreté même n'était pas sans apprêt; l'ensemble cependant de sa personne n'en avait pas moins au premier coup d'œil de la noblesse, de l'agrément et de la vivacité. Facile et doux dans la société, il y cherchait moins à briller qu'à plaire. Il se fit beaucoup d'ennemis par imprudence, par indiscrétion, quelquefois même par maladresse, mais il paraît avoir eu rarement l'intention d'offenser. Ce n'est que sur la fin de ses jours qu'aigri par des critiques trop dures et par ces petites tracasseries littéraires qu'un poète ne manque jamais de regarder comme de véritables persécutions, il se permit de repousser la haine par la haine, et l'injure par l'injure. En risquant sans cesse de déplaire ou à ses maîtres ou à ses rivaux, il ne pouvait supporter l'idée d'être mal avec eux, et ne cherchait que les occasions de s'en rapprocher. Après avoir insulté plusieurs fois fort lestement MM. les Quarante, que de démarches n'a-t-il point faites pour obtenir les honneurs du fauteuil académique! Quelques torts qu'aient eus avec lui M. Linguet qui s'était cru, dit-on, assez intimement lié avec lui pour le voler sans conséquence, et M. de La Harpe, à qui il avait rendu des services qu'on ne reçoit que de ses meilleurs amis, il revint toujours à eux avec les plus vifs empressemens : sa colère et ses vengeances n'avaient pas plus de suite que toutes les autres habitudes de son cœur et de son esprit.

Le premier essai de la muse de M. Dorat fut, je crois, une *Ode sur le Malheur;* elle fut bientôt suivie de quelques *Héroïdes*, et notre jeune poète n'avait guère que vingt ans lorsqu'il fit sa première pièce, *Zulica*, qui fut représentée en 1760. Il nous apprend lui-même dans la préface de cette tragédie, qu'il a fait reparaître l'année dernière sous le titre de *Pierre-le-Grand*, que le célèbre Crébillon, qui était alors censeur du théâtre, la prit si bien sous sa protection, qu'il se chargea de refaire le cinquième acte. « On conçoit aisément, dit-il, d'après cela, quelle était mon ivresse et quelles furent mes espérances. Je voyais déjà ma pièce aux nues, j'entendais les applaudissemens retentir à mon oreille, je n'aspirais à rien moins qu'à l'immortalité... Le jour fatal arrive. Une première représentation ramène tout au vrai : c'est le coup de baguette qui change en déserts les jardins d'Armide. Le charme, hélas! disparut, et le temple de la postérité se ferma pour moi. Mes quatre premiers actes furent cependant reçus avec transport; mais le cinquième, sur lequel je comptais le plus, échoua... » Il donna quelques années après, sur le même théâtre, *Théagène et Chariclée*, qui tomba tout à plat. Cette chute fut supportée avec beaucoup de courage; il se pressa d'avertir gaiement le public qu'il renonçait désormais *aux honneurs du sublime*, et qu'heureux de son *insouciance*, il ne chanterait plus que les jeux et les ris, les graces et les amours. Depuis cette époque, chaque mois vit éclore quelque production nouvelle de sa muse, épîtres fugitives, contes, fables, poëmes érotiques de toutes les formes et de tous les genres; il n'y eut point d'Iris à laquelle il n'adressât ses vœux, où dont il ne célébrât les faveurs, point d'événement, point d'aventure singulière qu'il ne se crût obligé de consacrer dans ses vers; point de célébrité, quelque éphémère qu'elle pût être, sur l'aile de laquelle il n'essayât de s'élever à l'immortalité: les rois, les philosophes, les comètes, les beautés à la mode partagèrent tour à tour le tribut brillant et léger de sa verve poétique; et si, dans cette foule d'écrits qui se succédèrent si rapidement, il en est peu dont la postérité daigne conserver le souvenir, ils eurent au moins le mérite d'amuser quelques instans l'oisiveté de nos cercles, et d'instruire assez passablement les provinces et les colonies de la marotte du jour, de l'éclat passager de nos frivolités et de nos ridicules.

On a reproché à la plupart de ces ouvrages beaucoup de néologisme, une enluminure fastidieuse, un persiflage qui cesse souvent d'être plaisant à force d'être outré, des disparates de ton et de goût très-choquantes, une manière éternellement la même; mais il n'en est presque aucun où l'on ne trouve, malgré tous ces défauts, des expressions, des images heureuses, quelques rapprochemens de mots et d'idées nouveaux et piquans, un rhythme facile et sonore, une tournure galante et légère. L'ordonnance de ses tableaux est toujours négligée; mais le premier jet de leur composition est souvent ingénieux; ses dessins sans correction, sans vérité, ont un air d'élégance auquel le goût de notre siècle a pu se laisser aisément séduire. Il n'a peint qu'une nature factice et maniérée, mais il l'a peinte quelquefois avec les crayons d'Ovide et de Boucher. Il n'a guère fait que des esquisses et s'est presque toujours flatté qu'il suffisait, pour les finir, de les colorer et de les couvrir d'un vernis brillant. Nous osons présumer cependant que la postérité ne confondra point toutes les productions de M. Dorat dans la même classe, et que dans l'immense collection de ses œuvres, elle voudra bien distinguer toujours son poëme sur *la Déclamation*, le plus soigné de ses ouvrages, son charmant conte d'*Alphonse*, quelques-unes de ses fables et un assez grand nombre d'épîtres et de poésies fugitives, genre où personne n'a peut-être approché plus que lui de la manière et du coloris de M. de Voltaire.

Quelque loin que dans ce genre même il fût toujours resté de son modèle, il eût été sans doute heureux pour M. Dorat d'y borner tous les efforts de son talent; mais entraîné de nouveau dans la carrière du théâtre par l'espèce de succès qu'eurent son *Régulus* et sa *Feinte par Amour*, il n'est point de route qui conduit au temple de la gloire qu'il ne crût pouvoir franchir. Repoussé de tous côtés par ses rivaux, maltraité par le public, il n'imputa ses mauvais succès qu'à l'acharnement d'une cabale ennemie; il se flatta de l'emporter sur elle par des travaux multipliés; et pour en assurer mieux la réussite, il eut la faiblesse d'acheter les applaudissemens des loges et du parterre, et d'achever ainsi de ruiner sa fortune déjà fort épuisée, en fournissant encore à ses ennemis de nouveaux moyens de le tourner en ridicule. Il donna dans l'espace de peu d'années : *Adélaïde de Hongrie*, *le Célibataire*, *le Malheureux imaginaire*, *le Chevalier Français à Turin*, *le Chevalier Français à Londres*, *Roséide* et *Pierre-le-Grand*, sans compter quelques autres pièces reçues, mais non encore représentées, telles que *Zoramis*, *les Prôneurs*, *Alceste*, etc. Toutes les pièces qu'il fit jouer eurent au moins le succès de plusieurs représentations, mais à chaque nouveau succès on lui appliquait le mot des Hollandais après la bataille de Malplaquet : *Encore une pareille victoire, et nous sommes ruinés*. Ainsi, payant fort cher le plaisir d'occuper presque sans relâche la scène française, M. Dorat a passé les dernières années de sa vie dans l'amertume et dans le chagrin, en disputes avec les Comédiens dont il finissait toujours par être le débiteur, en procès avec ses libraires qu'il avait ruinés par le luxe des planches et de culs-de-lampe dont il avait eu la manie de décorer ses moindres productions; harcelé par ses créanciers, plus harcelé encore par quelques journalistes acharnés contre lui, en proie aux vapeurs d'une bile noire, épuisé de travail et de plaisir, et s'efforçant toujours de soutenir, en dépit des circonstances, les prétentions de cette philosophie insouciante et légère dont l'affiche lui devenait de jour en jour plus nécessaire et plus pénible.

Qu'il était bien préférable, sans doute, le temps où, renfermant sa gloire dans des limites plus convenables à son génie, notre Ovide ne célébrait que les charmes de l'amour et ses heureux loisirs, ses bonnes fortunes, même celles qui ne furent jamais qu'imaginaires, l'embarras des *cinq Maîtresses*, réduites à *trois* dans une édition plus modeste, le bonheur plus doux de n'en posséder qu'une, les heureux caprices de mademoiselle Beaumesnil, les infidélités accumulées de mademoiselle Dubois, *ce joli nez qui ne fut point troussé pour les déserts, le pied de nez des Amours*, et tant d'autres objets dignes des mêmes hommages !

En s'attachant à perfectionner son talent pour la poésie légère, M. Dorat eût obtenu sans doute dans notre littérature un rang plus marqué, et par-là même des titres plus sûrs à l'immortalité. On ne saurait lui disputer ni le talent, ni l'esprit, ni le tour d'imagination qui peuvent donner le plus de prix à ce genre, et il semble qu'en soignant davantage ce qu'il composait avec tant de facilité, il eût évité sans peine ce que lui reprochera toujours la critique même la plus indulgente. Il ne serait pas impossible cependant que son talent borné à des esquisses agréables, à je ne sais quel vernis de style assez brillant, n'eût pas gagné beaucoup à une étude plus opiniâtre. On ajoute à l'esprit par de nouvelles connaissances, mais ajoute-t-on au talent ? Si l'exercice lui donne plus ou moins d'habitude, est-ce assez pour étendre la sphère de son activité, pour lui communiquer l'essor et l'énergie que lui refusa la nature ?

Quoi qu'il en ait pu coûter à M. Dorat, il a joué jusqu'à la fin son rôle avec assez de courage. L'état d'épuisement et de langueur où il était depuis plusieurs mois lui annonçait une fin très-prochaine ; il paraît l'avoir envisagée sans aucune espèce de crainte et de faiblesse. Ses derniers momens ont été occupés, comme le reste de sa vie, à faire des vers, à vivre avec ses amis, à se laisser tromper par sa maîtresse, et à se persifler lui-même assez gaiement sur toutes ses folies. Il était déjà mourant, et qui plus est ruiné, qu'il se ruinait encore pour une petite intrigue cachée, sans en être moins assidu ni chez madame la comtesse de Beauharnais, ni chez mademoiselle Fannier de la Comédie Française, avec qui l'on assure qu'il était marié secrètement; il était déjà mourant, qu'il travaillait encore avec madame de Beauharnais à *l'Abeilard supposé*, et qu'il n'en était pas moins occupé de son poëme épique, de ses dernières tragédies, de son *Voltaire aux Welches*, etc. La veille de sa mort il reçut la visite de son curé avec beaucoup de décence, mais en éludant toujours fort poliment toutes les offres de son saint ministère. Deux heures avant d'expirer il voulut faire encore sa toilette comme de coutume, et c'est dans son fauteuil, bien coiffé, bien poudré, qu'il rendit le dernier soupir. Si la malignité peut jeter quelque ridicule sur cette dernière circonstance, elle n'en est pas moins la preuve d'une disposition d'esprit assez courageuse, assez rare pour mériter d'être remarquée, et la fin de notre poète vaut bien celle de quelques philosophes plus fiers que lui de la gloire de leur nom et de leur système : tant il est vrai qu'un caractère frivole nous sert souvent bien mieux que tous les efforts de la raison et de la vertu.

A la fête de madame de Genlis on voulut faire après souper une promenade sur la rivière : bateaux très-ornés, collation délicieuse, musique charmante, on n'avait rien oublié pour la rendre agréable. Déjà l'on était embarqué et prêt à partir, lorsqu'il ne se trouva pas un batelier en état de conduire la petite flotte; on s'aperçut que tous étaient ivres, et plusieurs d'entre eux ivres morts. La compagnie, très-nombreuse, n'eut pas moins d'empressement alors à sortir des bateaux qu'elle n'en avait eu à y entrer : on se précipitait les uns sur les autres avec beaucoup d'inquiétude, et M. de Schomberg, livré à une de ses distractions accoutumées, disait froidement à M. le duc de Chartres : « Monseigneur, ceci ressemble à nos campagnes sur mer. »

La Prière en monosyllabes, par M. le Chevalier de La Tremblaye (1).

O toi, qui, tel que le Dieu que nous a peint le plus grand des Grecs, ne fais qu'un pas des bords du Nil à ceux où l'on te sert sous le nom de *Tien*; qui vois d'un coup d'œil du fond des mers au plus haut des cieux, qui as dit au jour, sois..... et le jour fut; dans qui tout est, par qui tout se meut et tout vit; dis, ô mon Dieu! dans le grand tout où je suis, que veux-tu de ton fils? Que te doit-il? Est-il vrai que le dieu de tous les temps veut et ne veut pas? Est-il vrai que je ne sais quel bout de chair te plut au temps de Sem et de Cham, et qu'un peu d'eau sur le front en tient lieu de nos jours? Ce n'est pas tout : on me dit que j'ai des yeux pour ne pas voir par mes yeux, et qu'un de mes plus grands torts aux tiens est ce tact si vif et si fin, ce nœud si doux qui joint mon cœur à un cœur, et de deux n'en fait qu'un; on le dit, mon Dieu! mais je ne le crois pas. Quoi! tu as mis des fruits près de moi, et ces fruits ne sont pas pour moi! j'ai des goûts,

(1) Boufflers a fait également une lettre en monnosyllabes que l'on a craint de comprendre dans les dernières éditions de ses *OEuvres*, mais qui se trouve dans le recueil intitulé *Contes Théologiques*.

j'ai des sens que je tiens de toi, je m'en sers, et c'est un tort à tes yeux! Non, non, tout ment, hors mon cœur où tu vis : mes droits et ta loi y sont peints en traits de feu. J'y vois que qui craint le joug des lois et le frein des mœurs ne craint rien de toi. Mais le mal, me dit-on, mais si tu fais le mal?... Eh bien! je ne vois pas le mal qu'un ver tel que moi fait à Dieu : mais tout me dit que le vrai Dieu ne hait point ou qu'il ne hait point sans fin ; tout me dit qu'il n'est pas tel que le peint le Juif, un dieu de feu, de fer et de sang... Un dieu de sang! ô ciel! lui à qui je dois le jour qui me luit, et la fleur qui naît sous mes pas, et le jeu si doux de mes sens, et ce cœur qui bat sous ma main, et le feu qui court dans mon sang, qui vit sous les eaux, dans les airs, dans tous les corps, ce feu si vif et si pur qu'on a pris pour toi, qui n'est pas toi, mon Dieu! mais qui seul m'eût dit que tu es, et que tu es bon.

Les spectacles donnés ces jours passés, dans la jolie salle de Trianon, intéressent trop l'honneur du théâtre et la gloire de M. Sedaine, pour ne pas nous permettre d'en conserver le souvenir dans nos fastes littéraires. On n'a jamais vu, on ne verra sans doute jamais *le Roi et le Fermier* ni *la Gageure imprévue* joués par de plus augustes acteurs, ni devant un auditoire plus imposant et mieux choisi. La reine, à qui aucune grace n'est étrangère et qui sait les adopter toutes sans perdre jamais celle qui lui est propre, jouait dans la première pièce le rôle de Jenny, dans la seconde celui de la soubrette. Tous les autres rôles étaient remplis par des personnes de la société intime de Leurs Majestés et la famille royale. M. le comte d'Artois a joué le rôle du valet dans la première pièce, et celui d'un garde-chasse dans la seconde. C'est Caillot et Richer qui ont eu l'honneur de former cette illustre troupe. M. le comte de Vaudreuil, le meilleur acteur de société qu'il y ait peut-être à Paris, faisait le rôle de Richard; madame la duchesse de Guiche (1), dont Horace aurait bien pu dire : *Matre pulchrâ filia pulchrior*, celui de la petite Betzi; madame la comtesse Diane de Polignac celui de la mère, et le comte d'Adhémar celui du roi. Les mêmes acteurs ont joué depuis sur le même théâtre, sans y avoir admis beaucoup plus de spectateurs, *On ne s'avise jamais de tout*, et *les Fausses Infidélités* de M. Barthe.

L'Académie royale de Musique vient de remettre l'opéra d'*Écho et Narcisse*, avec des changemens assez considérables. On a élagué des longueurs, on a fait à l'exposition quelques changemens qui la rendent plus claire, on a supprimé presque en entier le rôle de l'Amour, qui n'était qu'un hors-d'œuvre. Des scènes les plus agréables de ce rôle on en a composé un prologue; et l'opéra, réduit ainsi en trois actes, y a gagné sans doute une marche plus simple et plus rapide; toutes ces corrections cependant ne le rendent ni moins triste ni moins froid; c'est le défaut essentiel du sujet, celui de la manière au moins dont M. le baron de Tschudi l'a conçu. Le seul morceau de la musique de cet opéra qui nous ait paru réunir à peu près tous les suffrages est l'hymne à l'Amour; il a été applaudi, il a été redemandé avec transport; mais on a su fort mauvais gré aux acteurs, qui ont bien voulu le répéter. Les plus respectables colonnes de ce théâtre ont décidé qu'une pareille condescendance pour le par-

(1) La fille de madame la comtesse Jules de Polignac. (*Note de Grimm.*)

terre avait grièvement compromis la dignité de l'Académie royale. Il n'y a plus rien de sacré pour ce siècle pervers.

Mais à quoi ne faut-il pas s'attendre, puisque la police a bien souffert qu'on nous montrât Aristote, le vénérable Aristote, à l'Opéra-Comique, et dans quel avilissement profond! Attelé indécemment au char d'une courtisane, et livré par elle à la risée d'Alexandre et de toute sa cour. C'est le sujet scandaleux d'un petit acte en vaudeville représenté pour la première fois avec beaucoup de succès, sur le théâtre de la Comédie Italienne, le vendredi 11.

Cet acte, intitulé *Aristote amoureux, ou le philosophe bridé*, est des deux auteurs de *Cassandre oculiste*, de M. Barré et de M. de Piis, connu jusqu'ici sous le nom de M. Auguste. Le fonds de ce petit drame est tiré d'un ancien fabliau du douzième siècle : *le Lay d'Aristote*, d'Henri d'Andely. Ce fabliau, imité d'un vieux conte arabe intitulé *Le Visir scellé et bridé*, l'a été depuis par plusieurs écrivains modernes. M. Imbert en a fait un fort joli conte en vers, et M. Marmontel en avait fait avant lui un plus joli conte en prose : son *Philosophe soi-disant* n'est que *le Lay d'Aristote* adapté à nos mœurs et à nos usages.

Ce qui a contribué le plus à faire réussir la petite pièce de MM. Auguste et Barré, ce sont quelques plaisanteries assez lestes, mais que le refrain du vaudeville amène si naturellement, qu'il y aurait de l'humeur à s'en fâcher. En relisant la pièce, nous y avons trouvé cependant peu de couplets, qui détachés de la scène, pussent faire encore plaisir; la finesse et la gaieté du trait ne tiennent presque jamais qu'au choix heureux des airs, et ce mérite ne se soutient pas à la lecture. La scène où l'on a trouvé le plus d'esprit, mais où il était difficile sans doute d'en avoir assez, est celle où la jeune Indienne met en jeu tout ce qu'elle a d'artifice et de charmes pour séduire le philosophe qui cherche à lui disputer le cœur de son amant; cette scène est filée avec beaucoup d'adresse, beaucoup de naturel, et la beauté de mademoiselle Colombe est très-propre à en augmenter l'illusion.

Quelque talent qu'on eût prodigué dans cette jolie bagatelle, il serait difficile de ne pas trouver les grands noms d'Alexandre et d'Aristote un peu déplacés à l'Opéra-Comique; il serait difficile de ne pas savoir mauvais gré aux auteurs d'avoir dégradé à ce point la philosophie, et de nous avoir représenté en plein théâtre le mentor le plus respectable de l'antiquité, humilié, avili par une courtisane aux yeux de son disciple. Craint-on que la sagesse ait jamais trop de crédit?

―――

La Logique de l'abbé de Condillac est le dernier ouvrage de cet illustre Académicien, mort le 2 de ce mois dans sa terre de Flux, près de Baugency. Nous ne connaissons point de livre où les premières leçons de l'art de penser soient exposées avec plus d'évidence et de clarté. On sent que l'auteur a cherché tous les moyens possibles de se mettre à la portée de ses lecteurs; cet effort l'a entraîné dans quelques répétitions, son style en est devenu quelquefois un peu lâche, un peu diffus; mais l'objet qu'il s'est proposé, d'éclairer des esprits entièrement neufs, et de désabuser ceux qui pouvaient être prévenus par l'habitude des méthodes scolastiques, cet objet important ne pouvait être rempli d'une manière plus adroite et plus heureuse.

La Logique de M. l'abbé de Condillac est divisée en deux parties. On voit dans la première comment la nature même nous enseigne l'analyse, et commeut d'après cette méthode on explique l'origine et la génération, soit des idées, soit des facultés de l'ame. La seconde considère l'analyse dans ses moyens et dans ses effets; on y prouve que l'art de raisonner se réduit à une langue bien faite.

SEPTEMBRE.

Paris, septembre 1780.

En arrivant à Paris, M. Mesmer avait excité d'abord assez vivement la curiosité du public; ce premier moment de vogue passé, il s'était laissé entièrement oublier. J'ignore quelle heureuse circonstance a pu remettre son magnétisme et ses miracles en crédit; mais il est très-certain que depuis quelques mois on en paraît plus occupé qu'on ne l'avait encore été. Il a eu l'honneur de trouver des prôneurs plus enthousiastes, des contradicteurs plus opiniâtres, des malades plus soumis ou plus crédules, et quelle que soit la malice avec laquelle M. Paulet se moque des uns et des autres dans sa *Gazette de Santé*, la renommée du docteur allemand s'est très-sensiblement accrue. Il a beaucoup de peine à suffire à toutes les visites qu'il reçoit chaque jour, et son appartement, quoique assez spacieux, ne peut plus contenir le nombre des malades qui ont le courage de se soumettre à son traitement. C'est une chose tout-à-fait curieuse que le spectacle des assemblées que l'on trouve chez lui. Qu'on imagine, au milieu de la chambre, une grande table d'où sortent, d'espace en espace, des baguettes de fer ou d'acier plus ou moins longues. Parmi les patiens rangés autour de cette table merveilleuse, les uns ont une de ces baguettes appuyée contre l'oreille, d'autres sur les yeux, d'autres contre l'estomac, chacun dans une posture différente, ceux-ci couverts de sueur, ceux-là tremblans de froid, les uns dans des agitations convulsives, les autres bâillant à toute outrance, et l'Esculape qui préside à ces étranges exercices, tantôt dans un coin jouant de l'harmonica, tantôt allant d'un de ses malades à l'autre; un doigt ou deux mis en fourche vis-à-vis le front de ceux qui lui paraissent avoir le besoin le plus pressant d'un secours si naturel et si propice. Nous ne serons point étonnés si l'on trouve que tout ceci ressemble beaucoup moins à des expériences de médecine de physique qu'aux extravagances des disciples du bienheureux Pâris; mais quelque jugement qu'on puisse porter de l'usage que M. Mesmer a fait jusqu'à présent de ses secrets, il serait difficile de se refuser à la multitude des témoignages qui prouvent qu'il a découvert dans la nature un agent quelconque par le moyen duquel il produit des effets au moins fort extraordinaires. M. le docteur Thouvenel, connu par plusieurs Mémoires de chimie très-profonds et très-savans, a imaginé une préparation de poudre d'aimant fortement électrisée, dont il suffit de se frotter les mains ou de porter des sachets dans sa poche pour produire à peu près les mêmes sensations que produit M. Mesmer; il est parvenu même à en faire éprouver chez M. le baron d'Holbach à plusieurs personnes sur qui le doigt de M. Mesmer n'avait fait aucune impression (1). Cette expérience suivie et renouvelée avec l'at-

(1) M. Mesmer avait une lettre de recommandation pour M. le baron

tention qu'elle mérite ne pourrait-elle pas mener plus loin ? Et, sans justifier la charlatanerie du thaumaturge allemand, n'est-elle pas très-propre à confirmer l'opinion de ceux qui sont persuadés que son système porte sur quelques bases réelles ?

Le plus ardent, le plus zélé des apologistes de M. Mesmer est M. Deslon, docteur régent de la Faculté de Médecine de Paris. Il vient de publier un petit ouvrage intitulé : *Observations sur le Magnétisme animal*, dans lequel il expose une suite de miracles dont il dit avoir été témoin oculaire. Tous ces miracles ne sont pas autant de guérisons, mais tous annoncent le pouvoir d'une vertu très-surprenante. Sans chercher à expliquer la découverte de M. Mesmer, qu'il ignore aussi-bien que ses lecteurs, il ne s'attache qu'à discuter les faits qui en démontrent la réalité, et les raconte avec une simplicité qui ne laisse du moins aucun doute sur sa bonne foi.

Que l'on trouve les motifs de la conduite de M. Mesmer plus ou moins fondés; qu'on l'accuse de charlatanerie si l'on veut, qu'on se moque de ses découvertes gaiement, comme M. Paulet (1), lourdement, comme l'auteur anonyme de la *Réponse d'un médecin de Paris à un médecin de province* (2), je n'en désirerai pas moins qu'on examine sa doctrine avant de la rejeter; et je ne vois pas non plus en quoi se compromettrait le Gouver-

---

d'Holbach. Il y fut dîner peu de temps après son arrivée à Paris avec tous nos philosophes. Soit que lui-même, soit que ses auditeurs fussent mal préparés aux merveilleux effets du magnétisme, il ne fit ce jour-là aucune impression sur personne, et depuis ce fâcheux contre-temps il n'a plus reparu chez M. d'Holbach. (*Note de Grimm.*)

(1) Numéros 28 et 29 de la *Gazette de Santé*. (*Note de Grimm.*)

(2) *Réponse d'un médecin de Paris à un médecin de province, sur le prétendu Magnétisme animal de M. Mesmer*; in-8°.

nement qui lui accorderait la faveur qu'il demande, pour en constater les effets ou pour en détruire l'illusion. On a eu des torts si ridicules avec toutes les vérités nouvelles! Pour les réparer ou pour n'en plus avoir, ne devrait-on pas quelques égards, même à ce qui n'en a que l'apparence?

Conte par M. le chevalier de Boufflers.

Sur les rochers, dans les cavernes,
Dans les palais, dans les tavernes,
De temps en temps je m'arrêtais.
Usant dans toute ma patrie
Des droits de la chevalerie,
A mille exploits je m'apprêtais,
Comme le héros de Cervantes,
A l'instar de qui je trottais,
Sur le pire des rossinantes.
Aux paladins les plus fameux
Je ne cédais point en prouesse:
Ainsi qu'eux j'aimais, et comme eux
Je courais après ma maîtresse.
Quand on aime on en court bien mieux.
Chemin faisant, de plusieurs dames
Je voulus défendre l'honneur.
Voyez la malice des femmes!
Toutes, au lieu d'un défenseur,
Ne demandaient qu'un agresseur.
Mais je fus toujours trop fidèle:
Pour m'engager dans un métier
Si peu digne d'un chevalier,
Je tiens trop de la tourterelle;
Je suis bien chevalier errant,
Mais point chevalier inconstant.
Pressé de voir ma demoiselle,
Bientôt j'arrive en mon pays,

Le cœur plein d'amour et de zèle,
Et je retrouve enfin ma belle
Dans les bras d'un de mes amis.

On a donné, le lundi 21 du mois dernier, sur le théâtre de la Comédie Française, la première représentation des *Héros français, ou le Siège de Saint-Jean-de-Lône*, drame héroïque en quatre actes et en prose, par M. d'Ussieux, l'auteur du *Décameron français*, d'une nouvelle traduction de l'Arioste, et l'un des principaux rédacteurs du *Journal de Paris*. Il y a plusieurs années que cette pièce avait déjà été imprimée en trois actes; elle n'a été représentée que deux ou trois fois en quatre, et remise ensuite dans son premier état.

C'est une tragédie qui, pour être en prose, n'en est ni plus naturelle, ni plus vraie, qui paraît même l'être un peu moins. Ce sont des caractères et des situations que l'on a vus cent fois au théâtre, et que l'on n'a jamais vus sous une forme plus commune; ce sont des héros bourgeois, des héroïnes bourgeoises, des tyrans bourgeois, et leur prose boursouflée a paru plus bourgeoise encore, grace au ton tragique et déclamatoire avec lequel les acteurs ont tâché de la faire valoir. Le rôle de Camille est de la bassesse la plus révoltante; ce rôle seul eût suffi pour décider le sort de l'ouvrage. En beaux vers, il n'y a guère de scélérat qu'on ne puisse rendre supportable; mais un scélérat en prose! Ah! ce n'est plus qu'un coquin digne de Bicêtre. Le peu de succès qu'a eu cet ouvrage, malgré toutes les peines qu'on s'est données pour le faire réussir, prouve au moins que nous ne sommes pas encore aussi barbares qu'on nous l'a reproché quelquefois.

De toutes les pièces nouvelles représentées sur le théâtre des Italiens, depuis qu'on y joue des pièces françaises le mardi et le vendredi, il en est bien peu qui aient été aussi favorablement accueillies que *l'Officieux*, en trois actes et en prose, par M. le marquis de La Salle (1). C'est plutôt un canevas qu'une pièce, un proverbe qu'une comédie; mais le caractère de l'Officieux nous a paru avoir été saisi par l'auteur sous un point de vue assez comique; les situations qui le développent sont heureusement variées, et la conduite de l'ouvrage est en général facile, naturelle et raisonnable. Ce qu'on y désire le plus, c'est un dialogue plus vif, plus animé; et puisqu'il nous est permis d'employer le mot propre, moins dénué d'esprit, moins languissant, moins plat.

On a vu le moment où la séance publique que l'Académie Française est dans l'usage de tenir le jour de la Saint-Louis ne pourrait pas avoir lieu. Aucune des pièces qui ont concouru cette année pour le prix de poésie n'a été jugée digne d'être présentée au public; et messieurs les Quarante, malgré la fécondité de leur génie, ont eu beaucoup de peine à y suppléer. Messieurs Gaillard et de La Harpe ont tiré enfin cette illustre compagnie d'embarras; le premier, en lisant un morceau de critique et d'histoire relatif au sujet du prix que l'Académie a proposé de nouveau pour l'année prochaine, *la Servitude abolie dans les domaines du Roi*; le second, une traduction en vers des deux premiers actes du *Philoctète* de Sophocle.

(1) Représenté pour la première fois le 18 août 1780. Grimm dit au mois d'octobre suivant que cette pièce était attribuée, par d'autres personnes, à madame Benoît.

On a remarqué dans le morceau de M. Gaillard plusieurs observations très-fines et des recherches fort savantes sur l'origine de l'esclavage, sur les différens états de servitude connus chez les anciens et chez les modernes, sur l'établissement des communes sous Louis-le-Gros et ses successeurs, établissement auquel l'humanité eut cependant beaucoup moins de part que l'intérêt du fisc et le désir d'étendre les limites de l'autorité royale, etc. Une idée qui nous a paru du moins fort ingénieuse, c'est la manière dont M. Gaillard explique l'attachement des Français pour le gouvernement monarchique mis en opposition avec celui des Anglais pour les maximes républicaines. « En France, dit-il, ce sont toujours les rois qui défendirent la liberté des peuples contre les vexations des grands, tandis qu'en Angleterre ce sont presque toujours les grands qui l'ont défendue contre les usurpations du trône. » Quand cela ne serait pas absolument exact, pourrait-on se refuser au plaisir de le croire? On n'a pas moins applaudi le rapprochement que l'auteur a fait dans un autre endroit de son discours, du Code Noir, des Dragonnades, et de la révocation de l'Édit de Nantes, qui, tous trois, sont de la même époque, et dont la France et l'humanité ont encore plus souffert que du massacre de la Saint-Barthélemy.

La traduction du *Philoctète* de Sophocle a excité les applaudissemens les plus universels, et nous les croyons justement mérités. M. de La Harpe a conservé, autant que le génie de notre langue et de notre versification pouvait le permettre, l'antique simplicité de l'original; et cette simplicité, quelque étrangère qu'elle soit au goût et aux mœurs de notre siècle, n'en a pas été sentie moins vivement. Le tableau des souffrances et du déssespoir de Philoctète est du pathétique le plus déchirant; celui de la candeur et de la pitié du jeune Pyrrhus, de l'expression la plus touchante et la plus vraie. Si M. de La Harpe se permettait de substituer au dénouement de Sophocle celui qui se trouve tout fait dans l'épisode de *Télémaque*, nous osons présumer que la pièce ne réussirait guère moins sur notre théâtre quelle ne réussit autrefois sur celui d'Athènes. Le grand succès d'*OEdipe chez Admète* ne prouve-t-il pas que les beautés de la scène grecque ne sont pas encore perdues pour nous?

Les débuts de madame Vanhove (1), dans les rôles de reine, ont fini sans laisser une opinion bien décidée sur les espérances que l'on pouvait concevoir de son talent. Il me semble qu'on lui accorde assez généralement de l'intelligence et de la sensibilité, mais peu de moyens pour la rendre intéressante. On lui trouve de la timidité, de l'apprêt, toutes les disgraces qui tiennent au défaut d'habitude, et dont on se corrige difficilement à son âge. Sa voix manque d'étendue et de force; ses intonations sont souvent fausses, et les passages d'un accent à l'autre monotones et peu flexibles. C'est dans *Phèdre* qu'elle a paru pour la première fois; elle y a été si mal accueillie, que dans la sixième scène du quatrième acte, au lieu de cette apostrophe à Minos:

> Pardonne : un Dieu cruel a perdu ta famille;
> Reconnais sa vengeance aux fureurs de ta fille,

il lui échappa de dire :

> Reconnais sa vengeance aux fureurs du *parterre*.

(1) La femme du sieur Vanhove, double du sieur Brizard. (*Note de Grimm.*)

Quelque déplacée que puisse paraître cette petite incartade, le public en fut charmé, et prodigua, dans ce moment, à madame Vanhove plus d'applaudissemens qu'il ne lui en avait donné dans tout le cours de la pièce; elle a même été reçue depuis beaucoup plus favorablement dans les rôles de Cléopâtre, d'Agrippine et de Sémiramis, sans avoir mérité peut-être ni plus de sévérité ni plus d'indulgence. C'est ainsi que les acteurs forment le public, et que le public forme les acteurs. Il n'est pas difficile de voir ce qu'il en doit résulter pour le progrès des arts et du goût.

———

Les représentations de *Thamas Kouli-Kan* (1), tragédie nouvelle d'un jeune Américain, de M. Du Buisson de Saint-Domingue, viennent d'être interrompues par l'indisposition de mademoiselle Sainval. N'ayant pu voir que la première, qui fut fort tumultueuse, graces aux cabales de quelques auteurs outrés de ce qu'on avait fait passer cette pièce avant la leur, nous attendrons, pour en donner l'analyse, que nous l'ayons revue une seconde fois. Nous nous laisserons aussi peu prévenir par le dédain avec lequel on l'a jugée d'abord, que par l'enthousiasme avec lequel on l'a vue applaudie ensuite. Nous y avons remarqué des caractères, des situations dramatiques, des morceaux pleins de chaleur et de verve; mais une conduite faiblement soutenue, une exécution pleine de négligence et d'inégalités, beaucoup de déclamations, des lieux communs et une foule de vers de réminiscence, tout ce qui annonce le talent, et tout ce qui prouve en même temps qu'il n'est pas encore formé. Malgré tous

(1) *Nadir, ou Thamas Kouli-Kan*, fut représenté pour la première fois le 31 août 1780.

ces défauts, s'il est vrai, comme on l'assure, que c'est l'ouvrage de quinze jours ou de trois semaines, c'est un vrai prodige. L'auteur le plus furieux contre le poète de Saint-Domingue est M. le chevalier de Sauvigny, auteur des *Illinois*; sa *Gabrielle d'Estrées* est la première tragédie qui devait être donnée dans l'ordre des nouveautés reçues à la Comédie depuis dix ans. Il a même envoyé, dit-on, une manière de cartel à M. Du Buisson; mais on a été assez heureux pour assoupir l'affaire, sans que messieurs les Maréchaux de France aient été obligés de s'en mêler. Le dénouement des querelles de ces messieurs est beaucoup moins funeste que la catastrophe de leurs drames.

Tandis que le fameux Jeannot voit éclipser chaque jour sa gloire au théâtre de la Comédie Italienne (1), le théâtre des Boulevards, celui de son triomphe et de ses grands succès, se trouve occupé par une actrice dont tout Paris raffole dans ce moment presque autant qu'il raffolait de Jeannot l'année dernière. C'est la demoiselle Jeannette qui fait aujourd'hui le charme et les délices de la France dans *les Battus ne paient pas toujours l'amende*, dans *le Mariage de Jeannot*, dans *Jeannot et Dodinet*, etc., toutes pièces du même genre, du même ton, et je crois aussi du même auteur (2) que ce sublime chef-d'œuvre des *Battus paient l'amende*, qui n'a eu guère plus de deux ou trois cents représentations, et que les amateurs revoient toujours avec le même em-

(1) L'acteur Volange qui était passé au Théâtre Italien et avait peine à y soutenir la réputation qu'il s'était faite au Boulevard.

(2) Le sieur d'Orvigny, depuis quelques mois un des principaux acteurs de cette illustre troupe. (*Note de Grimm.*)

pressement, avec les mêmes transports. Nous prions les frondeurs éternels du mauvais goût du siècle de vouloir bien se souvenir que la génération qui vit naître les plus beaux ouvrages de Corneille et de Molière n'en fut pas moins engouée des farces de Scarron, et que les plus indécentes parodies de la Foire attirèrent dans le temps aussi grande affluence de spectateurs que les premières représentations d'*Alzire* et de *Mérope*. La populace a ses plaisirs qu'elle aime avec fureur; et la bonne compagnie, qui n'en a jamais assez, ne dédaigne pas toujours ceux de la populace.

On croit savoir assez positivement que le petit poëme intitulé *Parapilla*, est de M. Borde, de Lyon (1); c'est une imitation, mais une imitation très-libre et très-adoucie d'un poëme italien, intitulé *Il C...*, juron favori du pape Benoît XIV. Cette bagatelle a été long-temps fort rare; elle l'est un peu moins aujourd'hui. S'il n'y a point de poëme dans la langue dont le sujet soit plus obscène, il n'y en a point aussi où la pureté de l'expression ait lutté plus heureusement contre l'indécence des idées et des images. Il serait difficile d'y trouver un seul mot qui pût blesser l'oreille la plus chaste; le mot substitué par le traducteur à celui de *C...*, ne signifie rien en français, et suffit toujours pour le tirer d'embarras. *Ver-Vert*, le pieux *Ver-Vert*, n'est pas écrit d'un ton plus pur; le coloris de Gresset est sans doute plus vif et plus brillant, mais il n'est pas plus sage, peut-être même l'est-il moins. Il y a dans *Ver-Vert* une poésie plus riche et plus moelleuse; mais on trouve quelquefois dans *Parapilla* des saillies plus originales, des traits plus ingé-

(1) 1776, in-12.

nieux, en général plus d'énergie et plus de finesse dans les idées. On regrette que l'auteur n'ait pas travaillé sur un fonds moins licencieux; la bonne compagnie ne peut guère se permettre de le lire, et la mauvaise n'est pas trop faite pour en sentir le mérite, pas même pour l'entendre.

Le seul ouvrage où nous ayons vu annoncer ce petit poëme, avec les éloges qu'il mérite, est *l'Espion Anglais, ou Correspondance secrète entre milord All'Eye et milord All'Ear*, quatre volumes in-8°. Cette espèce de gazette-anecdote, quoiqu'en général assez mal digérée, contient plus de vérités qu'on n'en trouve ordinairement dans les livres de ce genre. On assure aujourd'hui que c'est l'ouvrage du feu sieur Mairobert, censeur royal, qui s'ouvrit les veines l'année dernière dans un bain public pour se consoler d'avoir été impliqué de la manière la plus déshonorante dans le procès du marquis de Brunoy, dont il avait essayé de partager la dépouille avec beaucoup d'autres honnêtes gens comme lui au-dessus des scrupules, mais moins susceptibles, à ce qu'il paraît, de honte et de remords.

M. l'abbé Batteux, chanoine honoraire de l'église de Reims, professeur vétéran du Collège Royal, membre de l'Académie Française, et de celle des Inscriptions et Belles-Lettres, né en 1713, au village d'Allend'hui en Champagne, est mort le 14 juillet 1780.

De tous les écrits publiés par M. l'abbé Batteux, le premier est celui qui a eu le plus de réputation en France: *les Beaux-Arts réduits à un principe*. Ce principe est, comme on sait, l'imitation de la belle nature, et ce principe, sans doute, est incontestable; mais pour le rendre plus fécond, plus lumineux, pour en faire une application plus sûre et plus utile, il était indispensable de commencer par expliquer aux artistes, aux poètes, ce qu'il fallait entendre par belle nature; c'est ce que M. l'abbé Batteux n'a jamais fait, et c'est ce qu'il eût été probablement très-incapable de bien faire. Il y a dans l'ouvrage qu'on vient de citer de la méthode, une méthode même assez ingénieuse, un degré de clarté, de correction, qu'on est quelquefois tenté de prendre pour de l'élégance, mais une philosophie très-commune et très-superficielle. « C'est, disait M. Diderot dans le temps qu'on prônait le plus le livre, c'est une belle statue, mais à laquelle il manque une tête bien faite. »

Son *Cours de Belles-lettres*, malgré ses défauts, est le meilleur catéchisme de littérature que nous connaissions; le choix des exemples qu'on propose pour modèles le rendra toujours très-propre à l'instruction de la jeunesse. Il s'en faut bien pourtant qu'on trouve dans cet ouvrage autant d'érudition, autant de goût, autant de vues fines et profondes que dans les *Réflexions* de l'abbé Du Bos, qui sont infiniment plus agréables à lire, mais qui embrassent peut-être un peu trop de détails étrangers à l'objet principal, et dont les développemens ne sont d'ailleurs ni assez simples, ni assez méthodiques. Il n'est pas étonnant que le *Cours de Belles-lettres* ait eu plus de succès en Allemagne qu'en France; il avait pour les étrangers, outre le mérite dont nous avons déjà parlé, celui d'être un excellent Abrégé de littérature française, ce qui devait naturellement intéresser encore plus leur curiosité que la nôtre.

La traduction que M. l'abbé Batteux nous a donnée d'Horace, pour être d'un style plus moderne, n'est pas meilleure que celles qu'on avait faites avant lui ; elle n'a servi qu'à prouver qu'on pouvait enseigner assez passablement les *belles-lettres* sans en être plus capable de sentir le génie des poètes et ce charme inexprimable qui caractérise le plus particulièrement leurs sublimes productions. Nous ne disons rien de son *Histoire des causes premières*, de son *Traité de la Construction oratoire*, de son *Commentaire sur les Quatre Poétiques d'Aristote, d'Horace, de Vida, de Boileau*; il y a long-temps que tous ces ouvrages sont parfaitement oubliés, ainsi que son *Cours d'Études*, rédigé par l'ordre de feu M. le comte de Saint-Germain, pour l'éducation des élèves de l'École royale militaire. On assure que c'est la précipitation avec laquelle il a composé cet ouvrage qui a ruiné sa santé sans retour ; il n'en a pas été consolé par la gloire.

OCTOBRE.

Paris, octobre 1780.

Les représentations de *Thamas Kouli-Kan* viennent d'être reprises ; elles n'attirent pas une très-grande affluence de monde, mais elles continuent d'être applaudies avec des fureurs d'admiration presque aussi difficiles à comprendre que le plan de la tragédie qui en est l'objet.

On sait que Nadir ou Thamas Kouli-Kan, né dans la province du Khorasan, de la tribu des Afschars, s'éleva de l'état de simple soldat au trône de Perse ; qu'après avoir fait mourir son maître, ravagé une grande partie de l'Asie, et conquis tout l'Indostan, il fit arracher les yeux à son fils soupçonné de haute trahison, et que peu de temps après lui-même fut assassiné dans son propre camp, par les ordres de son neveu Ali, qui lui succéda sous le nom d'Ali-Cha en 1747.

On remarque dans la tragédie de M. Du Buisson des situations, des morceaux de verve, qui annoncent certainement du talent; mais il est impossible d'y trouver un intérêt soutenu. De cette foule de moyens, accumulés par le poète pour émouvoir le spectateur, il ne résulte le plus souvent qu'une impression d'horreur déchirante et pénible. Les scènes les plus pathétiques ne sont jamais assez graduées; tous les passages d'un mouvement à l'autre sont toujours violens et forcés; ce sont, si j'ose m'exprimer ainsi, des hurlemens perpétuels. Le poëme ne manque point de chaleur, sans doute; mais cette chaleur ressemble à des accès de fièvre; elle fatigue toutes les figures du tableau, au lieu d'y répandre de l'intérêt et de la vie. Le caractère de Mirza est d'une conception forte et touchante, peut-être même assez neuve; mais est-il toujours dans la vérité de la nature? Un amant à qui l'on vient d'arracher les yeux n'offre-t-il pas aussi un spectacle trop hideux? OEdipe, victime de sa destinée, se livre lui-même à ce supplice horrible, mais il ne blesse pas à ce point l'imagination. Je doute que Sophocle ou Racine se fussent permis de présenter au théâtre un *OEdipe amoureux.* Quoi qu'il en soit, il faut convenir du moins avec M. Lemierre *que ce fils a pour son père une tendresse très-aveugle;* à la bonne heure. La pièce a été jouée comme elle est écrite, avec des convulsions d'énergumène; la figure et le jeu du sieur Monvel prêtent au rôle de Mirza une illusion qui fait souffrir.

M. Du Buisson vient de faire recevoir à la Comédie, depuis huit jours, une seconde pièce, *Constantin*, et de plus, dit-on, un grand opéra à l'Académie royale de Musique. *Ainsi soit-il!* mais parlons d'autre chose.

Le métier d'Arétin a toujours eu ses périls et ses désagrémens. Le sieur Linguet, qui s'était persuadé très-sérieusement qu'il y échapperait toute sa vie, grace à la fermeté de son caractère et à une demi-douzaine de pistolets qu'il avait grand soin d'étaler sur son bureau, ou de porter dans ses poches, vient d'être mis à la Bastille. Il y a été conduit, dit-on, pour éviter tout éclat, par un de ses amis, le commissaire Chesnon, sous le prétexte d'un dîner que ce bon ami lui avait proposé dans une maison de campagne au bois de Vincennes. Le public ignore encore le véritable sujet de sa détention, mais il en soupçonne plusieurs; les impertinences débitées dans ses *Annales* sur le roi de Prusse, sur la conduite des États-généraux, sur nos traités avec l'Amérique, sur les plans de la guerre actuelle, dont il a osé dire, dans une de ses dernières feuilles, qu'il n'y en avait pas eu un seul dont on ait pu deviner le motif, même après l'événement, etc. On cite, de plus, une lettre écrite à M. le maréchal de Duras, au sujet du numéro des *Annales* qui concernait son procès avec M. Desgrée, et dont M. le maréchal avait obtenu la suppression, lettre où l'audacieux folliculaire a la démence de dire à un homme revêtu de la première dignité du royaume, et sans aucune de ces circonlocutions métaphoriques dont son style est ordinairement hérissé: *Vous êtes un Jean......* en toutes lettres, *signé Linguet*. Quelle que puisse être la principale cause de la disgrace de ce fameux écrivain, l'ordre des avocats, l'Académie, le Parlement, un grand nombre d'honnêtes particuliers, grièvement insultés dans ses écrits, n'auront pas beaucoup de peine à s'en consoler ; mais il lui reste des amis et des protecteurs pleins de zèle dans le clergé, à la cour, dans le militaire d'un certain ordre, et surtout dans les cafés de Paris, où la violence de sa plume intéresse la malignité, amuse les oisifs et le fait admirer des sots comme un des plus sublimes modèles de l'éloquence française. Quelle perte pour le genre humain, quelle perte irréparable, si l'on arrêtait long-temps l'essor de ce génie extraordinaire ! Avec un peu moins de géométrie dans la tête qu'on n'en apprend au collège, il venait de s'engager publiquement à démontrer que Newton n'était qu'un visionnaire. Et n'avait-il pas prouvé qu'en législation Montesquieu n'était qu'un imbécile ? Il n'y a, dans toutes ces entreprises, comme dans celle de saint Denis, de marcher sans tête, que le premier pas qui coûte.

M. l'abbé Raynal vient de faire un voyage en Suisse et à Genève, où l'on imprime la nouvelle édition de son *Histoire des Deux Indes*, édition qui devait paraître au mois de mai dernier, mais qui a été retardée par les graveurs, et ne sera guère prête avant la fin de l'année. Il se plaint amèrement des amis qui l'ont cru capable d'avoir défiguré son ouvrage par des cartons, dans l'espérance de faire révoquer les ordres rigoureux envoyés à toutes les barrières du royaume pour défendre l'entrée de cette nouvelle édition beaucoup plus hardie, ainsi qu'il l'avoue lui-même, que toutes celles qui l'ont précédée. A Genève, notre philosophe a travaillé à réconlier les deux partis de la république ; mais comment aurait-il été plus heureux que les plus habiles ministres de l'Europe? Le seul fruit qu'il a retiré de cette négociation a été de manger d'excellentes truites et dans le cercle des constitutionnaires et dans celui des représentans. En Suisse, indigné de ne trouver aucun monument public dans l'endroit (1) où les trois fondateurs de la ligue helvétique firent le serment d'affranchir leur pays du joug de la maison d'Autriche, il s'est engagé à en faire élever un à ses frais, et si la politique suisse y consent, ce sera sans doute une chose assez remarquable que l'honneur que méritaient ces trois héros ne leur ait été rendu qu'au bout de quatre siècles par un homme de lettres, et par un Français sûrement très-incapable de prononcer leurs noms (2). A Lyon, notre illustre voyageur ayant été reçu membre de l'Académie, lui a remis les fonds de deux prix, l'un de la valeur de six cents livres, et l'autre de douze cents. Il a proposé pour sujet du premier prix : *Quels ont été les principes qui ont fait prospérer les manufactures qui distinguent la ville de Lyon? Quelles sont les causes qui peuvent leur nuire? Quels sont les moyens d'en maintenir et d'en assurer la prospérité...* Pour sujet du second : *La découverte de l'Amérique a-t-elle été utile ou nuisible au genre humain? S'il en est résulté des biens, quels sont les moyens de les conserver et de les accroître? Si elle a causé des maux, quels sont les moyens d'y remédier?...* Ce dernier est peut-être le plus vaste et le plus beau sujet qu'on ait encore proposé depuis qu'il existe des Académies dans le monde. Il n'en est sûrement point dont la discussion puisse être plus intéressante pour notre siècle. Voyager

---

(1) Dans la vallée de Gruetli. (*Note de Grimm.*)

(2) Furst, Melchthal et Stauffacher. (*Note de Grimm.*)

ainsi en faisant du bien dans tous les lieux que l'on parcourt, élever des monumens, fonder des prix, n'est-ce pas voyager avec la magnificence d'un souverain? Si l'on est surpris de voir des philosophes voyager en prince, ne devrait-on pas l'être beaucoup plus de voir des princes et des rois ne pas dédaigner aujourd'hui de voyager en philosophes, et mériter, dans cette simplicité, plus de respect et d'admiration qu'au milieu du faste de la cour la plus brillante?

Il vient de paraître encore quatre nouveaux volumes des *Contemporaines, ou Aventures des plus jolies Femmes de l'âge présent*; par M. Rétif de La Bretonne. Tomes V, VI, VII et VIII.

C'est toujours le même esprit, le même ton, la même folie, le même excès de mauvais goût, avec moins d'invention que dans les premiers volumes. On trouve cependant des idées encore fort originales dans *le Mari Dieu, la jolie Laideron, la Vertu inutile, la Fille de mon Hôtesse, le Modèle*, etc. La préface offre quelques réflexions fort sages sur les dangers du système de Jean-Jacques mal entendu, sur la nécessité d'accoutumer les enfans aux peines inséparables de la vie, en contrariant de bonne heure les habitudes qui ne paraissent qu'indifférentes dans l'enfance, mais qui, dans un âge plus avancé, peuvent avoir des suites infiniment fâcheuses. Le sieur Rétif pense, et peut-être avec assez de raison, qu'une éducation absolue et sévère est plus propre, en général, à former des hommes que l'éducation la mieux raisonnée lorsqu'elle n'est pas suivie avec cette continuité d'attention dont les esprits même les plus sages ne sont guère capables.

La veuve de J.-J. Rousseau se propose, dit-on, malgré sa douleur et ses soixante ans, de convoler en secondes noces avec le jardinier de M. de Girardin. A la bonne heure. Il nous eût paru cependant plus raisonnable que la veuve du philosophe, au lieu de songer à lui donner un successeur, et pour successeur un Bostangi, eût consacré tout le bénéfice qui lui reviendra de la nouvelle édition des OEuvres de son mari, et qui pourra former un objet de soixante ou quatre-vingt mille livres, à faire une fondation pieuse dans la maison des Enfans-Trouvés, et à réparer ainsi, autant qu'il est encore en son pouvoir, la faute cruelle qui coûta tant de larmes et de remords à son malheureux époux (1).

Impromptu de M. de Voltaire contre M. Michel, receveur-général des finances, dont la banqueroute lui avait fait essuyer une perte considérable.

Jadis au nom de l'Éternel
Michel mit le diable en déroute ;
Mais, après cette banqueroute,
Que le diable emporte Michel !

M. l'abbé Millot, l'un des Quarante, a été condamné dernièrement en Espagne à être pendu en effigie. On ne sait si c'est à cause de ses *Mémoires du maréchal de Noailles*, ou à cause de ses catéchismes d'Histoire, où l'on trouve des vérités assez hardies, mais présentées toujours avec une mesure et une circonspection extrêmes.

---

(1) Marie-Thérèse Le Vasseur femme de J.-J. Rousseau, née à Orléans, le 21 septembre 1721, est morte au Plessis-Belleville, le 23 messidor an IX (12 juillet 1801). — (*Note de M. Beuchot.*)

Une femme de ses amies prétend que la triste figure de ce pauvre abbé le rend bien plus susceptible de la distinction dont il vient d'être honoré qu'aucun de ses ouvrages.

M. de La Harpe est depuis quelques semaines à Lyon. On assure que le principal objet de son voyage est de faire imprimer la vie de maître Linguet, et c'est, dit-on, une manière de le pendre en effigie qui pourra lui faire beaucoup plus de chagrin que le jugement de l'Inquisition n'en a fait à M. l'abbé Millot. Le moment est venu sans doute de punir l'audace sacrilège avec laquelle ce nouvel Encelade ne cesse de braver les foudres académiques. — *Horrida bella !*

La petite pastorale représentée pour la première fois par l'Académie royale de Musique, le dimanche 24 septembre, est de feu l'abbé de Voisenon. Il l'avait intitulée : *Colin-Maillard ;* mais le jeune poète (1) qui s'est chargé de la mettre au théâtre, n'a pas jugé ce titre digne de la majesté de l'Opéra Français ; il y a substitué celui d'*Érixène*, qui est d'autant plus noble, sans doute, qu'il ne présente aucune idée. La musique est de M. Désaugiers, déjà connu par la musique du *Petit OEdipe*, de *Florine*, etc.

Le sujet du nouvel acte est tiré d'une scène du *Pastor Fido*. Érixène est aimée de Daphnis qui n'a pu l'attendrir. Il lui présente un enfant aveugle pour lequel il lui *demande les droits de l'hospitalité ;* elle veut bien le recevoir, mais elle ordonne en même temps à Daphnis de la quitter ; il se retire. L'enfant couché sur un banc de

---

(1) M. Guillard, l'auteur de l'opéra d'*Iphigénie en Tauride*.
(*Note de Grimm.*)

gazon paraît livré au plus profond sommeil. On propose de détacher son bandeau, de le placer sur les yeux d'Érixène, en un mot (et ce mot on se garde pourtant bien de le prononcer), de jouer à Colin-Maillard. Le jeu commence. Pour tromper la belle indifférente, ses compagnes s'éloignent quelques instans. Une troupe d'Amours ramène Daphnis. L'enfant endormi se lève, c'est l'Amour lui-même; il reprend son flambeau, et conduit le berger près d'Érixène qui le saisit, nomme Chloë, et donne son bouquet à Daphnis, qu'elle prend pour sa compagne. En le reconnaissant, elle s'indigne, mais l'Amour apaise son courroux, et l'oblige enfin d'avouer sa défaite.

Quelques détails qui rappellent encore la manière facile et ingénieuse de l'abbé de Voisenon n'ont pu racheter l'extrême négligence qu'on a remarquée dans d'autres, encore moins le peu d'intérêt qu'on a trouvé dans l'ensemble de l'ouvrage. Il y a dans la musique, ainsi que dans le poëme, des choses agréables, mais rien de neuf, rien d'assez marqué. Ce petit intermède n'a eu que trois ou quatre représentations peu suivies.

Il n'y a point de spectacle, pas même ceux des boulevards, où les nouveautés se succèdent aujourd'hui plus rapidement qu'au Théâtre Italien. On y a vu, dans l'espace de trois ou quatre semaines, *la Comédie à l'impromptu, ou les Dupes* (1); *les Deux Oncles* (2); *la Veuve de Cancale*, parodie de *la Veuve du Malabar* (3), et je ne sais combien de débuts qu'on nous dispensera même de nommer, excepté celui de mademoiselle Guédon, la fille de l'inimitable Carlin, dont le talent ne

(1) Représentée le 5 septembre 1780.
(2) Le 29 septembre 1780. (3) Le 3 octobre 1780.

donne cependant encore que de faibles espérances.

Le sujet de *la Comédie à l'impromptu* n'est pas neuf. C'est un amant qui, feignant de faire jouer au père de sa maîtresse une comédie qui finit, selon la règle, par un mariage, lui fait signer le contrat tout de bon. Quelque usé que soit le fonds de cette pièce, il ne l'est pas encore autant que l'exécution en est plate et ridicule. Nous en ignorons l'auteur.

Il y a dans *les Deux Oncles* quelques scènes assez gaies. Lisimon a promis sa fille au neveu d'un homme riche; mais cet oncle qu'on attend pour terminer n'arrive point; le vieil avare change d'avis et veut marier sa fille à un président. Pour rompre ce nouveau projet, le valet du jeune homme s'avise de se travestir et de se présenter chez Lisimon sous le costume et sous le nom de l'oncle de son maître. Lisimon, n'ayant jamais vu cet oncle, ne manque pas de donner dans le piège; il revient à son premier plan; le président est éconduit, et l'on est prêt à conclure lorsque le véritable oncle arrive lui-même. La première personne à laquelle il s'adresse est précisément ce valet déguisé qui s'est chargé de suppléer à son absence; leur rencontre produit une scène assez comique. L'arrivée des autres personnages débrouille promptement l'intrigue, à la satisfaction de tout le monde, sans en excepter le président qui, renonçant de bonne grâce au titre de mari, veut bien se contenter de n'être que l'ami de la maison. Ah! dit Rosette la suivante:

> Ah! combien de maris, dans le fond de leurs âmes,
> Trouveraient cet échange doux,
> Et risque à devenir les amis de leurs femmes,
> Céderaient de bon cœur tous leurs titres d'époux.

On assure que cette bagatelle est le coup d'essai d'un

très-jeune homme, de M. Forgeot; elle a été fort bien accueillie; on y a trouvé de la facilité, quelque connaissance du théâtre et plusieurs traits d'une gaieté vive et naturelle.

La Veuve de Cancale est de M. Pariseau, l'illustre auteur de *la Prise de Grenade*, etc., etc. Le grand-prêtre est parodié par un bailli, le jeune Bramine par son greffier, le général français par un sergent de milice, la loi des bûchers par l'usage qui donne aux baillis de Cancale le droit d'épouser celle qu'il leur plaît de choisir entre les veuves du village; le bûcher même par un puits où la veuve de grand Colas va se précipiter, et d'où son amant, le sergent de milice, la retire. On voit que l'idée principale de cette parodie, donnée d'abord en cinq actes, ensuite en trois, n'est pas fort heureuse, mais il y a plusieurs détails dans le premier acte qui ont paru assez plaisans.

Madame Julien rend ce spectacle fort gai par la manière dont elle parodie le jeu de mademoiselle Sainval, sans y mettre ni trop d'affectation, ni trop de charge. Tout ce qui a paru d'ailleurs attaquer trop directement, ou l'auteur de *la Veuve du Malabar*, ou la tragédie même, a été fort mal reçu du public; il a témoigné de la manière la plus marquée qu'il ne voulait point qu'on maltraitât un ouvrage qu'il avait pris si hautement sous sa protection. On a retranché à la seconde représentation les grossièretés, les critiques trop dures; on y a substitué même quelques éloges; et la pièce, sans en être beaucoup meilleure, a été infiniment plus applaudie.

On prétend que *l'Officieux* n'est point de M. le marquis de La Salle, comme on l'avait cru d'abord, mais de son amie, madame Benoît, l'auteur des *Lettres d'Éli-*

sabeth, et de beaucoup d'autres romans moins connus. Ce qu'il y a de certain, c'est que les principaux caractères et les principales situations de cette comédie n'appartiennent ni à M. le marquis de La Salle, ni à madame Benoît, mais à M. le chevalier de Chastellux, l'auteur d'un *Officieux importun*, représenté il y a plusieurs années, avec le plus grand succès, sur le théâtre de M. de Savalette et sur quelques autres de société. Il est bien dommage qu'en se permettant de s'emparer ainsi du sujet de la pièce, des caractères, des situations, on n'ait pas été assez adroit pour en prendre aussi le style et le dialogue dont on est bien loin d'avoir imité l'élégance et la grace.

———

Madame de Lalande, marquise du Deffand, née de Vichy Chamrond, vient de mourir à Paris, le 24 du mois dernier, âgée de quatre-vingt-quatre ans (1). Ce fut sans contredit une des femmes de ce siècle les plus célèbres par leur esprit; elle l'avait été long-temps par sa beauté. Ayant perdu la vue encore assez jeune, elle tâcha de s'en consoler en rassemblant autour d'elle la société la plus choisie de la ville et de la cour; mais la malignité de son esprit, dont il lui était impossible de réprimer les saillies, en éloigna souvent les personnes avec qui il lui convenait le moins de se brouiller. Feu mademoiselle de L'Espinasse, qui avait été pendant quelques années sa demoiselle de compagnie, s'en sépara brusquement, et lui enleva la plus grande partie des hommes de lettres qui composaient alors sa société. L'ami qu'elle eut le bonheur de conserver le plus long-temps fut M. de Pont de Veyle. Nous avons expliqué ailleurs

(1) Elle était née en Bourgogne en 1697.

ce qui avait rendu cette liaison si douce et si durable (1). La société qu'elle ne trouvait plus chez elle, mais dont elle ne pouvait se passer, même dans sa plus extrême vieillesse, elle la cherchait chez les autres. A quatre-vingts ans passés, elle allait souper encore presque tous les jours en ville, souvent à la campagne, et veillait habituellement jusqu'à trois ou quatre heures du matin. Il nous reste d'elle plusieurs lettres charmantes à M. de Voltaire, un portrait de madame du Châtelet, quelques poésies fugitives imprimées dans différens recueils, et beaucoup de couplets pleins de sel et de méchanceté.

Ses meilleures amies, madame la maréchale de Luxembourg, madame de Choiseul, madame de Cambise, ne l'ont presque pas quittée dans sa dernière maladie; par un excès d'attachement, même assez rare, ces dames n'ont pas cessé, dit-on, de jouer tous les soirs au loto dans sa chambre jusqu'à son dernier soupir inclusivement. Elle n'a point voulu entendre parler, ni de confession, ni de sacrement. Tout ce que le curé de sa paroisse, qui lui a fait une visite d'office, en a pu obtenir, après les exhortations les plus pressantes, a été qu'*elle se confesserait à son ami M. le duc de Choiseul*. Nous ne doutons pas qu'un confesseur si bien choisi ne lui ait accordé, de la meilleure grace du monde, l'absolution de tous ses péchés, sans excepter le petit couplet impromptu qu'elle fit autrefois contre lui-même, et qu'on voudra bien nous pardonner de rappeler ici :

 Plus étourdi qu'un éclair,
 Plus ginguet qu'un pet-en-l'air,
 Plus méchant que Lucifer,
  Revenant d'enfer,

(1) Voir précédemment page 87.

Revenant d'enfer (1);
On ne le prend point sans vert,
M'a dit un certain frater (2).

On vient de remettre au théâtre de la Comédie Italienne *l'École de la jeunesse ou le Barneveli français*, comédie en trois actes et en vers, mêlée d'ariettes. Cet opéra, dont M. Anseaume a pris le sujet dans *le Marchand de Londres*, fut représenté pour la première fois, il y a environ quinze ans, avec la musique de Duni. On s'est flatté de rajeunir l'ouvrage en le donnant avec une musique nouvelle de M. Prati, jeune artiste, que l'on dit être élève de M. Piccini. Cette tentative n'a pas eu beaucoup de succès. Le poëme a paru, comme dans la nouveauté, beaucoup plus triste qu'intéressant; la musique, d'un style agréable, mais trop uniforme; on s'est ennuyé surtout de la monotonie de l'ouverture et de la longueur des ritournelles.

L'Abbé de Plâtre, espèce de comédie-proverbe de M. de Carmontelle, a été donnée pour la première fois sur le même théâtre, le mardi 26. En voici le sujet en peu de mots:

Un vieillard, passablement imbécile, partage toute sa tendresse entre mademoiselle Agathe, sa fille unique, et une statue de plâtre représentant un abbé, tel qu'on en voit aujourd'hui dans nos jardins des boulevards. Pendant l'absence du vieillard, le fils d'un voisin, qui a déjà tenté sans succès plusieurs moyens de déclarer sa passion à la jeune Agathe, s'avise enfin, de concert avec

(1) M. de Choiseul était fort épris d'une dame qui demeurait rue d'Enfer.
(*Note de Grimm.*)
(2) Cette épigramme a déjà été citée tome VIII, page 364.

son valet, d'enterrer la statue de l'abbé, et d'en occuper la place, revêtu du même costume. La jeune personne vient se promener dans les jardins, le feint abbé soupire ses amours sur l'air de la romance du *Barbier de Séville*. Elle l'entend et s'approche : le maître de la maison arrive; il se désole de ce qu'on a fait tomber son cher abbé; il gronde sa fille d'y avoir touché. Il va chercher le jardinier pour le relever, et notre jeune homme a le temps de reprendre son poste. On persuade au vieillard qu'il n'y voit pas clair. Des voisins cependant avaient vu enterrer un abbé, la maréchaussée en est avertie, et veut s'emparer des assassins. Le père du jeune homme si gravement accusé vient raconter ses chagrins à son vieil ami; mais, prêt à le quitter, il s'approche assez de la prétendue statue pour reconnaître son fils. Celui-ci fait l'aveu de son stratagème, et le mariage, que les deux pères avaient depuis long-temps projeté en secret, s'accomplit.

Cette petite pièce a été aussi bien accueillie qu'une bagatelle de ce genre pouvait l'être. On y a trouvé quelques situations plaisantes, et l'on a ri sans songer à l'invraisemblance des moyens qui en préparent l'effet. Il n'y a que l'incident de l'accusation d'un meurtre qu'on a eu peine à supporter, soit qu'il arrive trop brusquement, soit qu'il ait paru trop peu analogue au ton d'une facétie si folle.

NOVEMBRE.

Paris, novembre 1780.

TANDIS qu'une multitude de brochures frivoles ne

cesse de nous occuper, ou plutôt de nous distraire, les ouvrages vraiment utiles deviennent tous les jours plus rares, et le petit nombre de ceux qu'on voit paraître n'excite presque aucune attention. C'est le sort que vient d'éprouver le livre de M. Paucton, intitulé *Métrologie, ou Traité des Mesures, Poids et Monnaies des anciens peuples et des modernes*; grand in-4° de plus de neuf cents pages, avec cette épigraphe : *Omnia in mensurâ et pondere et numero disposuit Deus.* Cet ouvrage est un monument de connaissances infiniment précieuses, le résultat des recherches les plus exactes et du travail infatigable de plusieurs années; il n'est cependant point de roman, point d'opéra comique, quelque médiocre qu'en ait été le succès, qui n'ait valu à son auteur et plus d'argent et plus de réputation; de celle, à la vérité, qui passe plus vite, mais dont on jouit le plus sûrement.

Il existe déjà un assez grand nombre d'ouvrages sur cette matière importante; Budée est, parmi les écrivains modernes, le premier qui l'ait discutée avec le soin qu'elle mérite dans son traité *De Asse*, publié en 1512. Cet essai a été suivi de beaucoup d'autres, mais où l'on s'est moins occupé cependant du rapport des mesures anciennes entre elles, que de celui qu'elles doivent avoir avec les mesures modernes; et, pour faire cette réduction, il restait peu de monumens de l'antiquité dont on fût satisfait.

Les rapports des mesures et des monnaies ne pouvaient être exprimés en nombres entiers et sans fractions, ces rapports ne pouvant même, le plus souvent, être assignés avec exactitude que par de grandes fractions qui, dans la partique, nécessitent des opérations longues et pénibles. On ne désapprouvera point M. Paucton d'avoir adopté un système numérique au moyen duquel on fera dans une demi-heure des calculs que souvent on aurait peine à faire dans un jour entier par les méthodes ordinaires, et qu'on ne pourrait jamais espérer de faire par ces dernières méthodes avec la même précision. Ce système est le calcul décimal et celui des logarithmes, dont il a développé dans son introduction la théorie et l'usage de la manière du monde la plus simple et la plus lumineuse.

L'ouvrage est terminé par d'amples tables d'évaluations, de mesures, de poids et de monnaies de tous les pays par ordre alphabétique. Voilà sans doute assez de matières utiles et curieuses pour justifier l'étendue du volume que nous avons l'honneur de vous annoncer. Après avoir donné au fonds de cet ouvrage tous les éloges qu'il mérite, nous ne devons pas dissimuler ce qu'il laisse à désirer quant à l'exécution. Le style en est plus que négligé; il est souvent lâche, embarrassé, quelquefois emphatique et précieux. Comme ces défauts, cependant, ne sont guère sensibles que dans quelques digressions où l'on a cru qu'il était indispensable d'être éloquent et fleuri, l'objet essentiel de l'ouvrage n'en souffre pas infiniment. Un tort qu'on aura plus de peine à pardonner à l'auteur, c'est de n'avoir pas su rassembler les différens résultats de ses savantes recherches d'une manière plus propre à faire sentir leur importance et toute l'utilité dont elles peuvent être dans l'étude de l'histoire et de la politique. On y aperçoit des vues nouvelles, des découvertes d'une érudition profonde qui se trouvent comme ensevelies dans une foule de détails inutiles ou minutieux. L'ouvrage de M. Paucton, ainsi que tant d'autres livres bien moins savans, ressemble un peu à ce qu'était le monde au commencement, *rudis indigestaque moles*, ou *Tohu*, *Bohu*, suivant la traduction plus littérale de M. de Voltaire.

Anecdote.

*Extrait d'une lettre de M*** à son ancien ami.*

Bisson, chirurgien à N***, est un citoyen aisé, aimant les hommes, exerçant sa profession avec désintéressement, ayant de la chaleur dans l'ame, de la droiture dans l'esprit, et dans le discours une franchise fort voisine de l'indiscrétion. Lecture faite du *Système*, il s'écria : « Béni soit à jamais l'auteur de cet ouvrage ! Ce qu'il y a là-dedans je le pensais ; mais je ne savais pas le dire.... » De ce jour il se mit à professer la doctrine hardie au chevet de ses malades, les consolant, les rassurant, leur démontrant la vanité de leur terreur. On l'écouta, il persuada, et Dieu sait combien déménagèrent de ce monde sans tambour et sans trompette. Cependant le clergé se déchaîne contre le singulier convertisseur ; il est appelé chez l'évêque, il y comparaît. Le prélat, violent de son caractère, après l'avoir dédaigneusement mesuré de la tête aux pieds, lui demande « qui il était pour oser publiquement prêcher contre l'existence de Dieu ; qu'il eût à s'observer à l'avenir, sans quoi il le ferait traîner de sa maison dans un cachot, d'où il ne sortirait que pour aller sur un bûcher.... » Bisson, sans se déconcerter, lui demanda froidement, à son tour, « qui il était, lui, pour appeler à son tribunal un citoyen qui ne devait compte de ses actions qu'aux lois ; qu'il se manquait à lui-même, en excédant les limites de son autorité ; et que, s'il ne s'en rapportait qu'à son ressentiment, il irait de ce pas le déférer aux magistrats..... » Le prélat ne s'attendait pas trop à cette verte réplique, bien moins à ce que Bisson ajouta : « Je suis accusé, et par qui, Monseigneur ? par le troupeau de vos satellites, aussi dissolus qu'ignorans. Sachez qu'au moment où je vous parle j'en traite plusieurs, et qu'il y en a une vingtaine, parmi ceux qui vous entourent, que j'ai guéris gratuitement de ce que vous savez. Eh ! commencez par donner des mœurs à vos prêtres, dont la vie scandaleuse fait plus de mal à la religion que mes discours ; ensuite vous vous mêlerez de nos affaires, si vous en avez le droit. »

Les deux antagonistes se sont rapprochés ; l'évêque a fait une espèce d'excuse au chirurgien ; et celui-ci, qui a, comme vous le voyez, le secret de l'Église, persévère dans son étrange apostolat sans que l'autre s'en aperçoive.

———

De tous les opéra de Quinault, *Persée* est peut-être celui où l'on trouve le moins d'intérêt, le moins de situations touchantes. Le merveilleux qui y domine ne laisse pas un moment d'illusion ; c'est une grande machine à spectacles ; mais nous ne voulons plus à l'Opéra que des tragédies, et nous sommes si las de voir des chars volans, des dieux suspendus en l'air, des monstres de carton s'agitant dans des flots de gaze, etc., etc., que toute cette magie n'a plus rien qui puisse exciter notre admiration. Faut-il s'étonner après cela si l'opéra de *Persée*, quoique retouché par l'un des Quarante, quoique remis en musique par le savant Philidor, n'a pas fait une grande fortune ? On n'a pas manqué de reprocher à

M. Marmontel d'avoir gâté le poëme de Quinault, cela est dans la règle. Voici en quoi consistent les principaux changemens qu'il s'est permis de faire à ce chef-d'œuvre de notre ancien théâtre lyrique. Il a supprimé en entier le rôle de Mérope, personnage absolument inutile à l'action, et qui ne paraissait jamais sans être ou désagréable ou même ridicule ; il a fondu les deux premiers actes en un seul, graces à la licence qu'il s'est donnée de transporter dans le même acte le lieu de la scène du vestibule du temple de Junon dans les jardins du palais de Céphée ; il a fini par le quatrième acte, et nous a fait perdre ainsi le beau combat de *Persée*, où ce héros pétrifiait son rival et toute sa nombreuse suite en leur montrant la tête de Méduse ; circonstance qui donnait sans doute au rôle de Phinée plus d'importance et plus d'action qu'il n'en a dans le *Persée Marmontélisé*. On a relevé encore dans cet opéra plusieurs vers passablement ridicules dont on s'est empressé de faire honneur au poète moderne ; on a été très-fâché de se voir obligé de les restituer à Quinault ; mais on ne s'est pas cru dispensé par-là de remercier M. Marmontel de la tâche pénible dont il a bien voulu se charger par l'épigramme suivante :

Quinault, par la douceur de ses aimables vers,
Suspendait les tourmens des ombres malheureuses.
« Cherchons, pour l'en punir, des peines rigoureuses, »
S'écria le Dieu des Enfers.
Il invente en effet le mal le plus horrible,
Dont au Tartare même on se fût avisé.
« Je veux, dit-il, faire un exemple terrible,
J'ordonne que Quinault soit *Marmontélisé*. »

La nouvelle musique de *Persée* n'a pas eu plus de

succès que la nouvelle forme du poëme. M. l'ambassadeur de Naples avait annoncé que ce serait du Gluck perfectionné; mais les Gluckistes se sont bien gardés d'être de son avis. Les amateurs sans prévention y ont admiré de très-beaux chœurs, un style en général ferme et soutenu, mais ils y ont trouvé beaucoup de réminiscences, peu de traits, pas une idée nouvelle. M. Marmontel leur a paru cette fois-ci moins heureux dans le choix et dans la coupe de ses duo et de ses ariettes qu'il n'a coutume de l'être. Cet opéra, représenté pour la première fois, le vendredi 27 octobre, est déjà très-peu suivi. Mademoiselle Durancy a rendu le rôle de Méduse avec l'intelligence d'une grande actrice.

On a donné à la Comédie Française, le 4 de ce mois, la première représentation du *Bon Ami*, comédie en un acte et en prose, par M. Le Grand. Il n'y a pas une situation dans cette petite pièce qui ne soit fort usée au théâtre. Lucile est aimée d'Éraste; mais Lucile a pour mère une vieille folle qui a l'impertinence d'être sa rivale; Éraste a un père atteint de la même folie qui veut épouser Lucile. Un ami de la famille, un certain M. Lisimon, tour à tour grave et caustique, s'intéresse au bonheur de nos jeunes amans, emploie toutes les ressources de son éloquence à prouver au père d'Éraste et à la mère de Lucile que leur prétention n'a pas le sens commun, et parvient enfin à les faire consentir, quoique d'assez mauvaise grace, à l'union de leurs enfans. Il n'y a dans cette petite comédie ni action, ni mouvement, ni vérité de mœurs; mais à travers beaucoup de longueurs on remarque dans le dialogue quelques mots assez naturels, assez gais, et la manière dont le sieur Molé a joué le rôle de Lisimon a soutenu l'indulgence avec laquelle le public a bien voulu recevoir ce premier coup d'essai de l'auteur.

On annonce deux ouvrages nouveaux de madame la comtesse de Genlis les *Annales de la Vertu*, et un *Cours d'Éducation complet par lettres*. Le premier embrasse l'histoire universelle depuis l'origine du monde jusqu'à nos jours; mais on se borne à n'y développer que les actions vertueuses, et c'est sans doute la méthode la plus sûre et la plus utile pour en abréger l'étude. Tout ce qui n'appartient pas aux fastes sacrés de la vertu ne sera qu'indiqué légèrement, autant qu'il sera nécessaire pour suivre la liaison des événemens. On ne cite encore de cet ouvrage qu'un seul mot, mais qui nous a paru mériter d'être retenu, c'est le dernier trait du portrait de l'empereur Auguste : « Il fut assez malheureux pour « ne connaître de la vertu que ce qu'elle a d'utile... » Le *Cours d'Éducation* est une espèce de roman moral dont l'idée est assurément fort ingénieuse. C'est une correspondance entre Émile et Sophie qui se rendent compte mutuellement, depuis le premier âge jusqu'à celui de l'adolescence, de toutes les instructions qu'on leur donne et de tous les sentimens que ces instructions font éclore dans leurs jeunes cœurs; ce qui semble fait pour réunir dans un tableau plein d'intérêt et de grâces, les différentes connaissances qui conviennent à l'éducation des deux sexes, la juste gradation des progrès de l'esprit et du cœur, et l'application la plus aimable de toutes les leçons propres à former l'un et l'autre. Il ne faut pour exécuter un si beau plan que l'esprit de Locke, le génie de Rousseau, l'ame de Fénélon et la naïveté de Gessner.

L'Académie Française vient d'élire, le 30 de ce mois, M. Lemierre à la place de l'abbé Batteux, et M. le comte de Tressan à celle de l'abbé de Condillac. Les deux nouveaux Académiciens avaient pour concurrens M. de Chamfort qui a eu sept ou huit voix; M. Bailly qui en a eu trois ou quatre; M. Sedaine deux; M. Le Blanc et M. l'abbé Coyer, chacun une. Le premier de ces messieurs, M. de Chamfort, qui s'était flatté de l'emporter même sur les recommandations pressantes que l'Académie avait reçues en faveur de M. de Tressan, fort étonné de n'avoir point réussi, s'est permis de s'en venger par l'épigramme que voici :

> Honneur à la double cédule
> Du sénat dont l'auguste voix
> Couronne, par un digne choix,
> Et le vice et le ridicule !

« Et pourquoi M. de Chamfort s'en plaindrait-il, » dit un des nouveaux Académiciens après l'avoir écoutée tranquillement ? « Il aurait deux voix de plus... »

Extrait d'une Lettre de Strasbourg.

« Notre prince-évêque est arrivé ici le 3 de novembre, de retour d'un petit voyage qu'il avait fait dans ses domaines de l'autre côté du Rhin, où sa présence et ses bienfaits ont excité une sensibilité générale inspirée par l'amour et la reconnaissance. Le jour même de son arrivée à Renchen, le prince a été à Salsbach pour voir la place où le maréchal de Turenne a été tué. S. A. E. a acheté cet emplacement; il y sera bâti une maison avec son jardin et ses dépendances; elle sera toujours habitée par un soldat invalide français du régiment de Turenne; et s'il se trouve dans le corps un Alsacien, il sera préféré. Cet invalide sera chargé d'accompagner les étrangers; on lui donnera l'histoire du maréchal; et l'on fera traduire en allemand les détails de la campagne dans laquelle il a été tué; on y joindra les cartes les plus exactes de ses marches, avec l'ordre de bataille du jour. A l'endroit où Turenne est tombé on formera une enceinte de 35 à 40 pieds de circonférence, fermée par une grille de fer; il y aura dans le milieu un piédestal de quatre pieds de haut, sur lequel sera élevée, à la hauteur de douze pieds, une pyramide, symbole de l'immortalité. A l'un des côtés, les armes de Turenne seront suspendues à une branche de laurier. Au bout de la colonne sera une fleur de lis environnée d'un cyprès. Aux trois côtés du piédestal sera écrit que c'est là que Turenne a expiré; et au quatrième on remarquera que l'armée impériale était commandée par le fameux Montécuculi. C'est une manière impartiale de faire passer à la postérité les noms de deux grands hommes. Dans l'espace, entre le piédestal et la grille, seront cultivés des lauriers; on ne laissera croître que des ronces à l'endroit où sera placé le boulet qu'on a retrouvé, et que l'on croit, par tradition, être celui qui a frappé Turenne.

On a donné sur le théâtre de la Comédie Italienne, le mardi 7 novembre, la première représentation des *Vendangeurs, ou les deux Baillis*, divertissement en un acte et en vaudevilles; par MM. de Piis et Barré, les auteurs de *Cassandre oculiste*, d'*Aristote amoureux*, etc.

Cette jolie bagatelle a infiniment réussi; elle présente une suite de situations dignes du pinceau de Téniers ou de Watteau; tout le spectacle en est agréable, plein de mouvement et de vérité. S'il y a dans les couplets quelques calembours, quelques équivoques, on y trouve aussi plusieurs traits du naturel le plus heureux, et ce qui réussit infiniment mieux au théâtre que l'esprit et le goût, de la verve, de la folie et de la franche gaieté...

On vient de donner sur le même théâtre, le mardi 14, *Jeannot et Colin*, comédie en trois actes et en prose; par M. de Florian, l'auteur des *Deux Billets*, d'*Arlequin Roi*, *Dame et Valet*, etc.

Le fonds de cette petite pièce est tiré d'un conte de M. de Voltaire trop connu sans doute pour ne pas nous dispenser de le rappeler ici. Il suffira de dire que M. de Florian n'en a pris que la catastrophe, et qu'il s'est privé ainsi de toutes les ressources de comique qui pouvaient rendre ce sujet neuf et piquant. Il en a fait un drame au lieu d'en faire une comédie, et ce drame est d'un intérêt faible, parce que rien n'y est préparé, et que tout n'en est pas moins prévu. On y a remarqué cependant, comme dans *les Deux Billets*, quelques mots de situation, de l'esprit, de la sensibilité, et beaucoup de ces naïvetés ingénieuses dont les ouvrages de Marivaux offrent l'exemple et l'abus.

DÉCEMBRE.

Paris, décembre 1780.

On a donné ces jours derniers de fort belles fêtes au château de Brunoy. On y a représenté pour la première fois *la Réduction de Paris sous Henri IV*, drame historique en trois actes et en prose, par M. Desfontaines, l'auteur de *l'Aveugle de Palmyre*, de *la Cinquantaine*, etc., et *Cassandre astrologue, ou le Préjugé de la Sympathie*, comédie-parade en un acte, en vaudevilles, par MM. de Piis et Barré. Ces nouveautés ont fait beaucoup moins de plaisir que quelques pièces du théâtre de M. Collé dont elles ont été ou suivies ou précédées : *la Tête à perruque* et *la Vérité dans le Vin* ont même si fort amusé le roi, qu'ayant su que l'auteur avait encore dans son portefeuille un volume entier de pièces du même genre qui n'avaient jamais été imprimées, il dit devant M. Desentelles, l'intendant des Menus, qu'*il voulait absolument les voir*. Celui-ci a pris ce mot pour un ordre positif, et s'est transporté le lendemain chez M. Collé pour lui demander le manuscrit en question; il était absent : on s'est cru permis, en vertu des ordres de Sa Majesté, de faire forcer les serrures de l'appartement et du secrétaire pour trouver ce qu'on était venu chercher. Malheureusement l'auteur avait emporté son manuscrit avec lui à la campagne; il a fallu lui écrire. M. Collé s'est empressé de satisfaire la curiosité de Sa Majesté; mais il a écrit en même temps à M. Desentelles : « Monsieur, je suis bien vieux pour croire que vous avez reçu de Sa Majesté l'ordre de forcer toutes mes serrures pour trouver un recueil de vieilles parades. Je n'en obéis pas avec moins de soumission. Il y a bien dans la préface d'une de ces pièces quelques mauvaises plaisanteries sur messieurs les gentilshommes de la chambre; mais comme je suis très-persuadé que ces messieurs ne prendront pas la peine de les lire, je n'hésite pas de vous envoyer l'ouvrage tel qu'il est; etc. »

Les fêtes de Brunoy ont duré quelques jours. Le roi n'y était pas encore arrivé lorsque, pour varier les scènes de ce brillant séjour, on a imaginé d'exécuter au milieu de la nuit, avec les seigneurs de la cour, une espèce de pantomime qui pouvait ressembler à *l'Enlèvement des Sabines*. Les dames de la Comédie Française et de la Comédie Italienne, qui devaient y jouer le lendemain, commençaient à peine à reposer leurs attraits, qu'elles se sont vues subitement enlevées dans l'état où elles se trouvaient, et rassemblées ainsi dans la chambre de mademoiselle Raucourt. La chronique secrète assure que le principal motif de cette plaisanterie nocturne avait été de justifier aux yeux des connaisseurs le jugement d'un personnage considérable sur une de ces demoiselles qui lui avait refusé d'abord ses faveurs à mille louis, qui les lui avait accordées ensuite sans condition, et à qui il n'avait envoyé que deux cents louis, parce qu'il les trouvait suffisamment payées à ce prix, la demoiselle, selon lui, n'ayant pas à beaucoup près toutes les perfections que semblait promettre sa charmante tête... Nous ne sommes qu'historiens, *non nostrum... tantas componere lites*.

La Réduction de Paris, drame héroïque en trois actes, en prose, de M. Desfontaines, qui n'avait pas eu beaucoup de succès aux fêtes de Brunoy, n'a pas été reçu plus favorablement à Paris, où il a été donné, pour la première fois, sur le théâtre de la Comédie Française, le samedi 25 novembre. Cette pièce est moins un drame qu'une espèce de pantomime, où les paroles paraissent d'autant plus inutiles qu'elles ne servent, le plus souvent, qu'à faire languir le spectacle. Au premier acte, la scène est dans un camp près de Saint-Denis. La sœur du brave Crillon vient annoncer au roi que Brissac, le gouverneur de Paris, est disposé à lui en ouvrir les portes. Au second, le théâtre représente les avenues du palais. Le peuple, pressé par la famine, demande Henri IV, et menace Mayenne. Entrevue de Crillon et de Mayenne, qui facilite au premier le moyen de se concerter avec Brissac. Au troisième acte, on fait des préparatifs pour monter à l'assaut, du côté de la porte Saint-Antoine. On y transporte des canons, des échelles, des mortiers; marches, contre-marches, musique guerrière, le tout mêlé de pluie et d'orage. Henri IV arrive le dernier, et, pour s'en excuser, il dit qu'il a craint *de faire mouiller ses soldats.* Quel trait d'humanité! Dans ce moment, Brissac et le prévôt des marchands, Lhuilier, font ouvrir les portes de la ville; Mayenne les suit de près, et se jette aux pieds du roi (1), etc. En voilà beaucoup trop, sans doute, pour montrer qu'il n'y a dans ce tableau ni intérêt, ni vérité, et que s'il était possible que le caractère de Henri IV fût avili aux yeux de la nation, il le serait sans doute par des farces de ce genre, quelque héroïque qu'en puisse être l'intention. On regrette tout l'appareil du spectacle prodigué pour un ouvrage qui en était si peu digne. La seule chose qu'on y ait applaudie, ce sont quelques mots du brave Crillon, que le mauvais génie de l'auteur n'a pu gâter, qui, bien ou mal amenés, ont été relevés heureusement par le jeu noble et naturel de Brizard.

On a donné sur le théâtre de la Comédie Italienne, le mardi 28 novembre, la première représentation de

(1) On sait que Mayenne était alors en Picardie, et que Brissac profita de son absence pour ouvrir les portes de Paris à son légitime souverain.

(*Note de Grimm.*)

la Somnambule, en un acte et en vers, par M. le baron de Stade. C'est le coup d'essai d'un très-jeune homme. Sophie craint d'aimer; elle aime cependant Saint-Albin; mais quoiqu'il ait l'aveu de son père, elle s'obstine à rejeter ses vœux. Heureusement pour elle et pour son amant, Sophie est somnambule; elle arrive endormie sur la scène, et finit par avouer, en dormant, le secret qu'elle avait caché jusqu'alors, etc. Ce dénouement, assez bizarre en lui-même, est préparé sans art et noyé dans une foule de détails absolument étrangers au sujet. On n'a point sifflé cette bagatelle, par la grande raison qu'on ne siffle point lorsqu'on bâille; mais on a été obligé de la retirer après la seconde ou la troisième représentation.

Le nouvel opéra de MM. de Piis et Barré, *Cassandre astrologue, ou le Préjugé de la Sympathie*, représenté sur le même théâtre pour la première fois, le mardi 5, n'a pas été moins favorablement accueilli que *Cassandre oculiste*, *Aristote amoureux* et *les Vendangeurs*. Voilà, depuis six mois, le quatrième succès de ces messieurs dans un genre qui semblait entièrement oublié, et que le patriotisme français se félicite de voir renaître pour le bonheur et pour la gloire de la nation.

L'idée de ce nouveau chef-d'œuvre est passablement folle. On suppose un astrologue assez extravagant pour imaginer que sa destinée est liée à celle d'un homme borgne et bossu. L'amant de sa pupille Isabelle, instruit de cette manie, prend la figure de ce borgne et bossu; et se présente sous ce nouveau costume au seigneur Cassandre. Enchanté de voir un homme qu'il cherchait depuis long-temps, il le reçoit à merveille et lui propose à dîner; le faux bossu accepte, et mange très-avidement, ce qui jette M. Cassandre dans de terribles inquiétudes ; il craint par sympathie de mourir d'indigestion.

Le pauvre astrologue se trouve bien plus malheureux encore, lorsque le faux bossu lui confie qu'il va se battre ; il se croit prêt à mourir de la blessure que celui-ci feint d'avoir reçue ; Colombine, habillée en médecin, lui persuade enfin que le blessé ne peut être guéri qu'en épousant Isabelle. Il consent à tout, et ne change pas même d'avis après avoir découvert la ruse dont il a été la dupe... Ce fonds, comme l'on voit, est beaucoup plus fou qu'il n'est gai. On a trouvé dans l'exposition du sujet de l'embarras et des longueurs ; mais on a pardonné tout cela en faveur d'un grand nombre de couplets pleins d'esprit et de saillie. La situation de Cassandre, pendant ce dîner, est véritablement plaisante, et l'est surtout par la pantomime du sieur Rosière, qui lui prête toute l'illusion dont une pareille folie peut être susceptible.

Le grand talent de MM. de Piis et Barré est de bien choisir leurs airs, et de tirer souvent des refrains les plus connus tout le sel de leurs couplets. Ce qui paraît leur manquer le plus, c'est sans doute l'usage et le ton de la bonne compagnie ; mais, avec ce défaut de moins, auraient-ils plu aussi généralement, dans un moment où les tréteaux des Boulevards semblent être devenus sérieusement l'objet de la jalousie et de l'émulation de tous les autres spectacles ?

―――

Un jeune poète, nommé Gilbert, moins célèbre par son talent que par l'abus qu'il en a fait dans deux satires (1), où les hommes qui honorent le plus aujour-

(1) *Le Dix-huitième Siècle*, et *Mon Apologie*. Il est aussi l'auteur de quelques Odes sur le Jubilé, sur le Jugement dernier. (*Note de Grimm.*)

d'hui la philosophie et les lettres en France sont insultés sans pudeur, vient de finir malheureusement sa triste carrière (1). Né à Fontenoy-le-Château, près de Nancy, de parens honnêtes, mais sans fortune, il avait été attiré dans la capitale par son goût pour les lettres. N'y ayant trouvé d'autres moyens de subsister que le pain de M. l'archevêque et le vin de maître Fréron, il se crut obligé, sans doute par reconnaissance, d'employer tout ce qu'il pouvait avoir de génie et de malignité à déchirer les philosophes ; c'est une justice qu'on doit lui rendre, personne n'a fait contre eux des vers d'une touche et plus originale et plus vigoureuse. J'ignore par quelle fatalité un service de cette importance n'a pas été mieux payé ; mais il est certain que l'infortuné jeune homme n'en a pas été beaucoup moins misérable. Il était tombé, depuis quelques mois, dans une maladie de vapeurs, qui a fini par troubler entièrement sa raison. Il s'était persuadé, comme Jean-Jacques, que les philosophes avaient soulevé tout l'univers contre lui, et qu'on en voulait à sa vie. Dans un de ses accès de délire, pour empêcher ses ennemis de le surprendre, il avait imaginé d'avaler la clef de sa chambre, et ce qui paraîtrait presque incroyable (si le fait n'était pas attesté par tous les chirurgiens de l'Hôtel-Dieu, où il a été transporté quelque temps avant sa fin), c'est qu'après avoir avalé réellement cette grosse clef, il n'en a pas moins vécu encore quinze jours ou trois semaines. Rendu à lui-même par les remèdes qui lui avaient été administrés, il parlait souvent de cette clef; mais on prenait ce qu'il en disait pour un reste de folie, et ce n'est qu'après sa mort qu'ayant fait ouvrir son corps, on a découvert la vérité d'un si sin-

(1) Gilbert, né en 1751, mourut le 12 novembre 1780.

gulier phénomène. La clef s'est trouvée accrochée, par une de ses dents, aux membranes de l'œsophage, près de l'orifice supérieur de l'estomac. Les derniers vers que nous avons vus de M. Gilbert sont la traduction d'un psaume, où l'on a remarqué cette strophe touchante :

> Au banquet de la vie, infortuné convive,
> J'apparus un jour, et je meurs ;
> Je meurs, et sur ma tombe où lentement j'arrive,
> Nul ne viendra verser des pleurs.

Roland furieux, poëme héroïque de l'Arioste, nouvelle traduction, par M. le comte de Tressan, précédée d'un extrait de *Roland amoureux*. Cinq volumes in-12.

Cette traduction a été jugée fort sévèrement par les gens de lettres; mais elle a été lue par les gens du monde. Je crois qu'on pourrait justifier également les critiques et les éloges qu'on en a faits. On lui reproche beaucoup d'infidélités, et qui ne paraissent pas toujours volontaires, des incorrections impardonnables, des répétitions de mots choquantes, des tours de phrases vagues et embarrassés, un style à la fois plein de négligence et de manière. Tout cela n'est que trop vrai; mais ce qui ne l'est pas moins, c'est que, malgré tous ces défauts, la nouvelle traduction est infiniment plus agréable à lire que celle de Mirabaud; elle a du moins ce qui peut rappeler quelquefois le génie du poète, plus de grace, de mouvement et de facilité. « Ce *molle et facetum* de l'Arioste, cette urbanité, cette bonne plaisanterie répandue dans tous les chants, dit M. de Voltaire, n'ont été ni rendus, ni même sentis par Mirabaud, son traducteur, qui ne s'est pas douté que l'Arioste raillait de toutes ses imaginations..... » C'est ce ton si difficile à prendre dans une traduction que M. de Tressan a parfaitement bien saisi, et qu'il a rendu souvent avec beaucoup de finesse et de légèreté. Sa traduction peut se comparer, ce me semble, à ces portraits dont le dessin manque, à la vérité, d'exactitude et de correction, mais que l'on trouve cependant ressemblans, parce qu'ils expriment assez vivement l'air et la physionomie du modèle.

On nous prépare encore deux nouvelles traductions *del divino Ariosto*, l'une en prose de M. d'Ussieux, l'autre en vers de M. François de Neufchâteau; ce que nous avons entendu lire de cette dernière nous a paru mériter les plus grands éloges.

Personne n'est plus indigné contre M. de Tressan que le signor Bartoli. « Comment, dit-il, oser corriger l'Arioste dès le premier vers ! Le poète dit tout simplement :

<blockquote>
Le donne, i cavalier, l'arme, gli amori,
Le cortesie, l'audaci imprese io canto ;
</blockquote>

M. le comte de Tressan s'écrie : « Sexe enchanteur ! « fiers paladins ! amours ! combats ! galanterie ! c'est vous « que je chante..... » Ne voyez-vous pas qu'il veut paraître ivre avant d'avoir bu ? Il ne le sera jamais. »

C'est le jeudi 14 qu'on a donné sur le théâtre de la Comédie Française la première représentation de *Clémentine et Desormes*, drame en cinq actes et en prose, par M. Monvel, aujourd'hui l'un des premiers acteurs de ce spectacle, et déjà connu comme auteur par le succès de *l'Amant bourru*, des *Trois Fermiers*, de *l'Erreur d'un moment*, etc.

Quelques reproches qu'on puisse faire à l'auteur de ce

drame, on ne lui refusera point le mérite de connaître la perspective du théâtre. Il est peu d'ouvrages dramatiques où l'illusion de la scène soit portée plus loin et produise un plus vif intérêt. A quelques invraisemblances près qui précèdent plutôt l'action qu'elles n'en font partie, l'intrigue de la pièce marche avec beaucoup de simplicité, et les situations même que le spectateur a pu prévoir d'avance n'en sont pas moins du plus grand effet, parce que toutes se succèdent sans effort et se pressent avec rapidité vers le dénouement. Mais l'intérêt qu'inspire *Clémentine et Desormes* est-il celui qu'on va chercher au spectacle, celui qu'il convient d'y trouver? Un fils qui vole son père, une fille qui devient folle, un honnête homme qui risque d'être pendu, sont-ce là les objets qu'on doit choisir pour nous émouvoir? Faut-il beaucoup d'art pour produire de l'effet avec des moyens de ce genre? et n'y a-t-il aucun inconvénient pour les mœurs à nous présenter de pareils tableaux? Je sais fort bien que la tragédie nous offre des crimes beaucoup plus atroces que celui de Valville, mais les circonstances qui ont pu porter à ces grands crimes sont rares; celle où se trouve Valville est malheureusement trop commune. Il se joint aux crimes de la tragédie un sentiment de courage et de grandeur qui inspire l'étonnement, l'admiration, et qui en diminue ainsi l'horreur; celui de Valville est marqué d'un caractère de bassesse avec lequel il paraît dangereux de familiariser l'imagination de la jeunesse par la nécessité indispensable de le rendre aussi intéressant qu'il peut l'être pour le faire supporter au théâtre. La situation de Desormes qui demeure un acte entier sous le poids de l'accusation la plus terrible, et dans l'attente du supplice le plus ignominieux, n'est-elle pas trop pénible, et devait-elle être prolongée si long-temps? S'il nous faut désormais de pareils spectacles pour être attendris, nous reste-t-il encore un cœur qui puisse être touché par les beaux vers de Racine et de Voltaire?

Le rôle de Clémentine nous a paru le rôle le plus faible de la pièce. Il n'y a aucun art dans les gradations qui annoncent son délire, encore moins dans celles qui marquent le retour de sa raison, et dans sa folie il ne lui échappe pas un trait digne d'être retenu; or, ce n'est pas assurément la peine de devenir folle, pour ne dire que des choses aussi communes que si l'on était dans son bon sens. La pièce en général est médiocrement écrite, c'est à la pantomime qu'elle doit sans contredit sa plus grande magie.

Une chose qui mérite d'être remarquée, et dont tout le monde a paru frappé, c'est que la fable de ce drame si larmoyant, si noir, est calquée de tout point sur la fable de *l'Avare* de Molière. M. de Sirvan est volé par son fils comme Harpagon, on en accuse comme dans *l'Avare* l'intendant qui est aussi comme Valère l'amant déguisé de la fille de la maison; M. de Sirvan veut le faire pendre également comme larron et comme suborneur; c'est dans le moment où l'on va livrer Valère aux mains de la justice que son père Anselme arrive pour le reconnaître et le sauver; Desormes retrouve son père dans la même situation, est justifié, et devient heureux par le même moyen. Ainsi le canevas de la comédie du monde la plus gaie a fourni le sujet et pour ainsi dire toutes les situations du drame le plus tragique qu'on ait vu depuis long-temps. Il est à craindre que le succès de cette tentative n'engage les génies inventeurs de notre siècle à suivre l'exemple de M. Monvel. Le beau drame que l'on pourrait faire encore du *Tartuffe*, de *Turcaret*, du *Légataire*, etc. !

Le Seigneur Bienfaisant, opéra-ballet, représenté pour la première fois sur le théâtre de l'Académie royale de Musique, le jeudi 14, est composé de trois actes : *Le Pressoir ou les Fêtes de l'Automne*, *l'Incendie* et *la Fête au Château*. Ces trois actes offrent trois actions différentes, mais liées cependant par un intérêt commun, la bienfaisance du seigneur. Les paroles sont de M. Rochon de Chabannes; la musique est de M. Floquet.

Les paroles ne sont pas fort lyriques, mais il y en a peu. La musique n'est pas plus chantante que les vers ne sont lyriques, mais les airs de danse sont presque tous agréables, et il y en a un grand nombre. Chaque acte offre un tableau différent, et celui du second acte, dont l'exécution ne laisse rien à désirer, est on ne peut pas plus pathétique. Tout cela ne mérite-t-il pas au moins le succès de *Mirza* et de tant d'autres pantomimes dont le sujet est assurément bien moins intéressant? Un opéra qui chante peu et qui danse bien est, et le sera long-temps encore, je pense, le genre qui nous convient le mieux.

En historien fidèle, il faut bien rapporter ici l'épigramme dont on a gratifié l'auteur du nouvel opéra, quelque impertinente et quelque injuste qu'elle soit :

> Vit-on jamais opéra si méchant?
> Musique et vers, tout en est détestable,
> Disait tout haut un critique tranchant.
> Mais comme en tout il faut être équitable,
> Pour moi, j'y trouve un tableau très-touchant,
> De beaux habits, un ballet agréable;

Bref, retranchez le poëme et le chant,
On en peut faire un ouvrage passable.

On vient de donner sur le théâtre de la Comédie Italienne deux nouveautés dont on nous dispensera volontiers de faire l'analyse. L'une est un opéra comique; paroles de M. Durozoi, musique de M. Bonesi; la musique est d'un assez bon style, mais le poëme est une caricature pitoyable du *Pygmalion* de Jean-Jacques (1). L'autre est une comédie en quatre actes, de M. Quétant, l'auteur du *Maréchal, le Charbonnier ou le Dormeur éveillé* (2); c'est le joli conte des *Mille et une Nuits* qui a déjà été traité plus d'une fois au théâtre, comme dans *Arlequin toujours Arlequin*, mais qui ne l'a jamais été d'une manière plus gauche et plus insipide. Ces deux ouvrages ont été retirés après la première représentation, et ne reparaîtront plus.

Si l'on a trouvé dans les *Mémoires de M. le Comte de Saint-Germain* des observations et des anecdotes intéressantes, des vues militaires et patriotiques, on n'en trouvera pas moins dans le *Commentaire* de ces Mémoires qui a paru il y a quelques mois, mais qu'il est encore aujourd'hui fort difficile de se procurer, au moins dans ce pays-ci. Ce *Commentaire* est le supplément des *Mémoires*; quoiqu'il en fasse tour à tour la critique et l'éloge, on reconnaît sans beaucoup de peine qu'il est de la même main, et l'on s'accorde assez généralement, ce me semble, à l'attribuer à M. le baron de Wimpfen (3), si bien

(1) Cette représentation est du 16 décembre 1780.
(2) Représenté le 29 décembre.
(3) Les *Mémoires de M. le comte de Saint-Germain* (Amsterdam, 1779, in-12 et in-8°) n'ont point été composés par lui-même comme le dit le titre,

connu par les lettres pleines de franchise et de courage qu'il écrivit à M. de Saint-Germain, dans le temps que ce ministre lui avait accordé sa confiance.

L'hommage que M. le baron de Wimpfen rend aux qualités du roi et de la reine, l'admiration particulière dont il paraît pénétré pour cette princesse charmante, ont été justifiées depuis par les événemens, et le public a pu voir qu'il n'y avait aucune bonté qui pût l'entraîner, ni aucun intérêt qui fût capable de la séduire quand le bien lui était démontré.

———

M. le chevalier de Mouhy, à qui nous ne devons guère que quatre-vingts volumes, vient d'augmenter encore nos richesses d'un *Abrégé de l'Histoire du Théâtre Français*, depuis son origine jusqu'au 1er juin 1780 (1). C'est le répertoire le plus complet que nous ayons encore vu sur l'histoire du théâtre; mais il fourmille de fautes et de bévues grossières. Nous ne citerons ici qu'une seule de ces âneries qui nous a paru bien propre à faire juger de toutes celles dont l'auteur est capable. Dans la liste des tragédies de M. Lemierre, on lit en toutes lettres : *Barnevelt, grand pensionnaire du roi*. Le style du chevalier de Mouhy, qui n'est pas en général beaucoup plus correct que ses mémoires, en revanche, a souvent le mérite d'être plat jusqu'au ridicule; et cela peut bien amuser quelquefois. Il est cependant des traits qu'il a le talent d'ennoblir très-heureusement. Tout Paris sait à quelles fonctions M. le maréchal de Belle-Isle l'avait em-

mais ne sont pas non plus du baron de Wimpfen, comme le dit Grimm. Rédigés par l'abbé La Montagne, ils furent publiés par l'abbé Du Bois. Quant aux *ommentaires* de ces *Mémoires* (Londres, 1780, in-8º), ils sont en effet regardés comme l'ouvrage du baron.

(1) 3 vol. in-8º.

ployé. Voici comment il s'exprime à ce sujet dans sa préface : « M. le maréchal, auquel j'avais été utile autrefois pour des ouvrages militaires, ayant été nommé ministre de la guerre, daigna s'en souvenir et me chargea des affaires secrètes du département, exigeant que je ne m'occuperais plus que de ce travail...... » Il est certain que M. le chevalier de Mouhy s'acquittait de son emploi en citoyen, en homme d'État. Il venait de découvrir un de ces sujets intéressans que le ministre l'avait chargé de lui procurer : « Ah ! monsieur le maréchal, l'heureuse découverte que je viens de faire ! Seize ans, belle comme le jour, la fraîcheur, l'innocence même ; et ce n'est rien que tout cela ; elle possède une qualité bien supérieure encore. — Eh ! qu'est-ce donc ? — Le bonheur le plus rare ; oui, monsieur le maréchal : elle est sourde et muette ; le secret de l'État est en sûreté. »

Ce trait seul ne mérite-t-il pas la pension dont M. le chevalier de Mouhy a l'honneur de jouir, et qui lui donne un droit réel au titre de pensionnaire du roi, dont il gratifie si généreusement l'illustre et l'infortuné Barnevelt ?

1781.

JANVIER.

Paris, janvier 1781.

On a représenté pour la première fois, sur le théâtre de la Comédie Française, le lundi 8, *le Jaloux sans amour*, comédie en cinq actes, en vers libres, par M. Imbert, l'auteur du *Jugement de Pâris*, poëme en quatre chants, d'un roman intitulé *les Égaremens de l'Amour*, d'un recueil de *Nouvelles* en vers, etc. Quoiqu'on y ait remarqué des détails brillans, quelques conceptions heureuses, une grande facilité de style, la pièce n'en a pas moins ennuyé, et c'est un tort que rien ne saurait racheter. Pour ne pas le partager, s'il est possible, nous croyons devoir nous contenter d'indiquer le sujet de la nouvelle comédie, sans nous arrêter à en développer la conduite, tout à la fois lente, faible et décousue.

Le comte d'Orson est jaloux de sa femme qu'il n'aime plus, qu'il n'a peut-être jamais aimée; il l'est en même temps d'une certaine Sophie, femme très-indigne de son attachement, mais dont il paraît très-sérieusement épris. Le chevalier d'Elcourt, l'ami du comte d'Orson, dont il doit épouser la sœur, est touché du sort de la comtesse, qui connaît tous les torts de son mari, et qui, au lieu de s'en plaindre, ne fait que redoubler pour lui d'attentions et de tendresse. Le moyen que le chevalier emploie à dessiller les yeux de son ami est de chercher lui-même à plaire à mademoiselle Sophie, ce qui n'est pas absolument difficile, puisqu'en lui envoyant un écrin de diamans, il obtient tout ce qu'il lui demande. Grace au succès de ce soin généreux, le comte reconnaît ses injustices; il en sollicite le pardon auprès de la comtesse, qui lui répond :

> Moi, mon ami, vous pardonner, hélas !
> Qnand vous vous accusez, je ne me souviens pas
> Que vous ayez été coupable.....

Il n'est que trop aisé de voir combien cette intrigue est dénuée de toute espèce d'intérêt ; aussi l'auteur, loin de courir au dénouement, comme le recommande Horace, semble ne s'être occupé dans tout le cours de la pièce qu'à l'éviter. Il a bien fallu, pour y réussir, avoir recours à des rôles épisodiques. Celui d'un oncle du comte, d'un marquis de Rinville qui, trompé par la jalousie de son neveu, le croit passionnément amoureux de sa femme, n'est qu'ennuyeux et maussade; mais il y a de la grace et une naïveté assez piquante dans celui de la jeune sœur qu'on destine au chevalier : c'est une ame toute neuve, qui, s'ignorant pour ainsi dire elle-même, et ne tenant au monde que par l'ennui que lui a inspiré le couvent, ne voit encore dans les soins de l'amour qu'un mouvement qui plaît à son esprit, sans lui faire éprouver un intérêt plus tendre...

> Du couvent ainsi la laideur
> Embellit souvent l'hyménée.

Le caractère du Jaloux sans amour existe sans doute dans la nature; le chevalier a raison quand il dit :

D'un cœur qu'on a quitté l'on veut être encor maître.
Il est de faux jaloux, j'en trouve chaque jour;
　　Et l'amour-propre fait peut-être
　　Autant de tyrans que l'amour.

Mais ce caractère est-il d'un choix heureux? Tous ces demi-caractères, dont les nuances sont si fugitives et si faciles à confondre, réussissent rarement au théâtre, où l'attention ne peut être fixée que par de grands traits, des formes simples et des couleurs vivement contrastées. D'ailleurs, le Jaloux de M. Imbert est jaloux, d'un côté par amour-propre, de l'autre par amour; il a, pour le même objet, tantôt les transports d'un amant véritable, tantôt la défiance odieuse d'une vanité blessée. Aime-t-il, n'aime-t-il pas? On n'en sait rien; et de tout ce mélange de sentimens qui se contrarient, il ne résulte cependant aucun mouvement théâtral; c'est un composé plus faible encore qu'il n'est bizarre, et où l'on ne saurait démêler ni vérité, ni unité d'intention.

La pièce n'a été donnée que trois fois, et elle est tombée dans les règles; il n'y a que la première représentation qui ait été fort tumultueuse, on a été à même de l'apprécier très-paisiblement aux deux dernières.

La muse féconde de MM. de Piis et Barré vient de gratifier encore la Comédie Italienne d'une pièce en vaudevilles, intitulée: *les Étrennes, ou le Bonnet magique*. Ce nouvel opéra comique, représenté pour la première fois le jour de l'an, n'a pas eu autant de succès que ses aînés. On lui a reproché d'abord d'être en trois actes, ce qu'on trouve un peu long pour un ouvrage de ce genre; on lui a reproché de plus des équivoques trop peu gazées, et que la licence même du vaudeville ne pardonne pas, surtout lorsqu'elles ne le rendent ni plus piquant, ni plus gai.

Géronte imagine qu'il y aurait un grand plaisir à pouvoir distinguer dans les complimens qu'on reçoit le jour de l'an ceux qui sont vrais ou ceux qui sont faux. Mercure veut bien avoir la complaisance de se prêter à cette fantaisie, et lui apporte un bonnet magique dont la vertu pourra le satisfaire. Coiffé de ce bonnet miraculeux, le pauvre Géronte s'entend dire les choses les plus désagréables par sa femme, par sa fille, par ses amis, par ses domestiques, et ne tarde pas à se repentir de sa curiosité.

Cette bagatelle ne pouvait plaire que par la finesse et par l'agrément des détails; mais ce sont des détails que la précipitation avec laquelle ces messieurs travaillent ne leur a pas permis de soigner assez. Ils ont vu d'ailleurs que les libertés un peu fortes que leur muse s'était données jusqu'à présent, loin de déplaire, n'avaient pas peu contribué à leur succès, ils ont été plus loin, et il leur est arrivé ce qui arrive à tant de femmes qui commencent par ne mettre qu'un peu de rouge, mais qui, s'y accoutumant peu à peu, finissent par s'en barbouiller au point d'en être entièrement défigurées.

M. Ramond vient de traduire de l'anglais les *Lettres de M. William Coxe à M. W. Melmoth, sur l'état politique, civil et naturel de la Suisse*, un volume in-8°.

Nous ne croyons pas qu'il existe un ouvrage plus propre à faire connaître la Suisse, ses différentes constitutions politiques, le caractère et la vie privée de ses habitans, leur bonheur et leur industrie, enfin, la beauté sauvage et majestueuse des aspects sous lesquels la nature se plaît à s'offrir dans ces heureuses contrées qu'elle-même semble avoir destinées à devenir l'asile impénétrable des mœurs et de la liberté. En lisant ces lettres, on croit voyager avec l'auteur, partager à chaque instant sa surprise, et voir, pour ainsi dire, par ses propres yeux ce qu'il y a si bien observé et ce qu'il a su décrire avec une simplicité si éloquente, souvent même si poétique.

Nous ne craignons point d'assurer que la traduction que nous avons l'honneur de vous annoncer est fort supérieure à l'original. Ce que M. Ramond s'est permis d'ajouter aux descriptions du voyageur anglais forme plus d'un tiers de l'ouvrage, et n'en est sûrement pas la partie la moins intéressante. M. Coxe a voyagé en Anglais; la constitution civile et politique a surtout arrêté ses regards; il a voyagé en homme riche; c'est parmi les hommes de son état qu'il a cherché des instructions, mais il ignorait la langue du pays, et n'a pu observer que très-superficiellement le paysan des Alpes. « J'ai voyagé, dit son jeune traducteur, dans les montagnes, ou, pour mieux dire, j'ai erré sans tenir de route déterminée, à pied, avec un seul compagnon né dans la région que nous parcourions; comme lui, j'entendais les différens dialectes en usage dans ces contrées; tous deux nous savions sacrifier nos convenances au but de notre voyage: nous cherchions l'hospitalité dans les cabanes les plus retirées; et nous avons vécu en égaux avec les bergers que nous visitions, dérobant à leurs yeux tout ce qui aurait pu faire soupçonner que nous étions de simples curieux. »

C'est le jeudi 25 que M. Lemierre et M. le comte de Tressan ont été prendre séance à l'Académie Française. La curiosité y avait attiré un concours de spectateurs très-brillant et très-nombreux. La première tribune était occupée par madame la duchesse de Chartres, par madame la comtesse de Genlis et quelques autres dames de sa cour; il y avait dans les autres tribunes et dans la salle même un grand nombre de femmes distinguées par leur naissance ou par leur figure ou par leurs talens : madame la princesse de Nassau, madame la duchesse de Coigny, de Lauzun, mesdames de Boufflers, de Sabran, de Schowalof, de Grammont, de Beauharnais, etc., sans oublier madame Bouret, la Muse limonadière.

On s'attendait à un discours un peu sauvage de la part de l'auteur d'*Hypermnestre*, peut-être même à quelques saillies d'amour-propre dont le ridicule eût été avidement saisi. On a été fort surpris d'y trouver, avec la franchise propre à son caractère, de l'adresse et de la mesure, le ton qu'il lui convenait de prendre et pour ne se point démentir lui-même, et pour ne point manquer aux bienséances du lycée académique. On lui a su gré de la manière simple, noble et polie dont il a remercié ces messieurs, d'une adoption que l'on savait bien qu'il s'était flatté d'avoir méritée plus tôt. « Je n'avais guère de liaison avec vous que par vos ouvrages et par l'admiration qu'ils inspirent et les leçons que j'y ai puisées. La place que vous m'accordez est d'autant plus flatteuse pour moi que, ne l'ayant sollicitée que par mes écrits, je serais presque tenté de croire que je n'ai eu affaire qu'à des juges..... Telle a été la conduite et le sort de plusieurs d'entre vous que j'avais pris pour modèles. Il semble que vous avez différé quelquefois de les adopter pour exciter en eux une nouvelle émulation, et dans la crainte qu'ils ne se reposassent sur la dernière palme qu'ils venaient de cueillir. Plus vous avez espéré des écrivains, plus vous avez cru être en droit de leur faire attendre leur récompense. »

M. Lemierre n'a point suivi l'usage établi depuis quelques années de traiter un sujet, ce que les formes de ce genre de discours ne supportent guère; mais en se bornant à louer son prédécesseur, à indiquer le mérite des différens ouvrages, il a trouvé le moyen de sauver la sécheresse et la stérilité d'une route si commune, par quelques digressions assez brillantes sur l'institution de l'Université, sur la morale du théâtre et sur l'autorité des jugemens du public.

La réponse que M. l'abbé Delille a faite à ce discours en qualité de directeur de l'Académie a été reçue avec les plus vifs applaudissemens.

Le discours de M. de Tressan a été peu goûté à l'Académie, et ne l'a pas été davantage à l'impression; il ne contient qu'une analyse aussi frivole qu'ennuyeuse de la philosophie de l'abbé de Condillac, quelques lieux communs fort usés sur la galanterie et les vertus de l'ancienne chevalerie, avec beaucoup de louanges fades et déplacées; une des plus maladroites et des plus malheureuses est celle que l'orateur avait été chercher fort loin pour la jeter à la tête de madame la comtesse de Genlis, l'auteur du *Théâtre d'Éducation* et des *Annales de la Vertu* (1). Quoique cette nouvelle muse fût présente,

(1) Ce dernier ouvrage n'a eu aucun succès; premièrement, parce qu'il est mal fait; ensuite, parce qu'il a le grand tort d'être ennuyeux; et ce qui en est un plus grand, s'il est possible, celui d'attaquer les philosophes, la classe des hommes de lettres, qui, quoiqu'un peu déchue de ses premiers titres, dispose encore avec plus de justice et d'autorité qu'aucune autre des réputations et des honneurs littéraires. (*Note de Grimm.*)

quoiqu'elle se fût placée de la manière la plus propre à recevoir l'encens qu'on lui destinait, l'auditoire fut assez peu galant pour le laisser s'évanouir dans le plus profond silence. Elle avait déjà préparé un mouchoir qui pût la dérober modestement à sa gloire; précaution très-superflue! Elle n'en fut pas moins remarquée par la malignité, et le fut surtout à cause de la précipitation un peu étourdie avec laquelle on retira le mouchoir lorsqu'on eut bien vu qu'on n'en avait aucun besoin.

Si le discours de M. de Tressan fit languir un peu l'intérêt de sa séance, on en fut bien dédommagé par la réponse du directeur; celle-ci parut encore plus brillante que la première. En voici un trait qu'on s'est plu à retenir.

« Placée entre les mystères augustes de la religion et les mystères impénétrables de la nature, entre ce qu'il est ordonné de croire et ce qu'il est impossible de connaître, la métaphysique peut creuser dans ce champ si étroit; mais elle ne peut l'élargir... »

Après ces discours, M. Lemierre a lu quelques morceaux de sa tragédie de *Barnevelt*, mais si mal choisis, et surtout si décousus, qu'ils n'ont fait aucun effet, et n'en devaient faire aucun.

M. l'abbé Delille, qui voulait remporter tous les honneurs de cette journée, et qui les avait déjà si bien mérités, a terminé la séance par la lecture d'un chant de son *Poëme sur l'Art de jouir de la Nature, de la chanter et de l'embellir* (1). Cette lecture a excité des transports et des applaudissemens qui prouvent bien que le charme de la poésie n'est pas encore perdu pour nous. Si nous ne craignions pas d'avoir été séduits par l'illusion que

(1) *Les Jardins, ou l'Art d'embellir les paysages*, ne parurent qu'en 1782.

l'art du lecteur a pu prêter à son ouvrage, nous dirions avec la plus grande assurance que depuis Racine on n'a pas fait de plus beaux vers. Ce charmant poëme va être imprimé dans la collection des auteurs de M. le comte d'Artois, édition plus précieuse encore par la beauté du papier, des caractères, par l'élégance et la netteté de l'impression, que par sa rareté. On ne tire de chaque ouvrage que soixante à soixante-dix exemplaires dont le prince seul dispose; mais quelles que soient les précautions qu'on prenne à cet égard, il faut bien espérer que l'édition de celui-ci sera bientôt contrefaite. Tout ce qu'on désire, c'est qu'elle le soit avec la correction et le soin nécessaires.

On n'a pas oublié que M. le comte de Tressan fit autrefois, contre M. le duc de Nivernois, une chanson atroce; elle commençait par ce vers sur lequel on peut juger du reste :

> Escroc, menteur et poltron......

Lorsque, pour être de l'Académie, il fut lui demander sa voix, M. de Nivernois lui dit d'un grand sang-froid : « Je vous félicite, Monsieur, de votre bonne santé, de vos succès passés, de vos nouvelles espérances, et surtout de votre mémoire. »

Nous avons de singulières idées sur la délicatesse des procédés que se doivent réciproquement les hommes de lettres ou les artistes. On leur pardonne de chercher à se supplanter, à se déchirer, à se nuire de mille et mille manières; mais ce qui passe pour un crime à peu près irrémissible, c'est de se permettre de lutter ouvertement es uns contre les autres, en traitant les mêmes sujets.

Un des principaux motifs de la haine et des persécutions que M. de Voltaire éprouva de la part des gens de lettres, ce fut la liberté qu'il prit de faire réussir au théâtre des sujets déjà traités par Crébillon. Il n'est point d'excuse aujourd'hui que les partisans de M. Piccini n'aient cru devoir employer pour engager le public à pardonner à ce célèbre compositeur d'avoir osé mettre en musique une seconde *Iphigénie en Tauride*, sans être arrêté par le succès prodigieux de celle de M. le chevalier Gluck. Loin de lui savoir mauvais gré d'une si grande témérité, nous aurions désiré, pour le progrès de l'art et du goût, que M. Piccini eût non-seulement travaillé sur le même sujet, mais encore sur le même poëme; c'est peut-être à cet usage établi depuis long-temps en Italie, usage qui favorise l'émulation, donne lieu sans cesse aux comparaisons les plus instructives, et forme par-là même le goût des artistes et de leurs juges, que la musique doit une partie de la gloire dont elle jouit dans ces heureuses contrées.

Le poëme de la nouvelle *Iphigénie*, représentée pour la première fois le mardi 23, est de M. Dubreuil, homme peu connu jusqu'à présent dans la république des lettres, mais qui s'est imaginé qu'il pourrait, comme un autre, mettre une tragédie en pièces, en tirer des hémistiches d'opéra, et les assembler tant bien que mal à l'usage du musicien. Le fonds de l'*Iphigénie* de M. Dubreuil étant tiré de la pièce de Guimond de La Touche, comme celui de l'*Iphigénie* de M. Guillard, et ce fonds étant déjà si connu, nous nous croyons fort dispensés de la rappeler ici.

Ce poëme, dont on laisse tous les honneurs à M. Dubreuil, ne lui appartient pas tout entier; il n'y a guère d'ami de Piccini qui n'y ait changé ou ajouté quelques vers. Voici un de ceux que la tendresse paternelle de l'honnête M. Dubreuil a regrettés le plus. Oreste dit à Thoas :

Oui, je le suis, je suis le fils d'Agamemnon......

M. Dubreuil n'avait rien trouvé de plus simple et de plus sublime à répondre que :

Eh ! que m'importe à moi qu'il soit ton père ou non.

On l'a forcé d'y substituer un vers beaucoup moins remarquable; c'est ce qu'Oreste ajoute :

Baisse les yeux, tyran, et respecte ce nom......

Mais en voilà bien assez pour faire connaître les talens du nouveau successeur de Quinault; il est temps de dire un mot d'une musique qui nous a paru prête à désarmer l'envie, le préjugé, la critique, et même les Gluckistes. Il est impossible d'imaginer une mélodie plus sensible et plus touchante que celle de tous les airs du rôle d'Iphigénie, et le pouvoir du chant n'a peut-être jamais été porté plus loin que dans la belle scène de l'amitié au troisième acte, et surtout dans l'air divin de Pylade: *Oreste, au nom de la patrie,* et dans le trio ravissant qui termine cet acte, qu'on a trouvé tout entier de l'expression la plus dramatique et la plus vraie. On avait reproché à M. Piccini d'avoir trop négligé la plupart des chœurs de *Roland* et d'*Atys;* il n'y en a pas un dans son *Iphigénie* qui ne soit de la plus grande beauté. On n'a pas pu s'empêcher aussi de reconnaître dans le récitatif de ce nouvel opéra beaucoup plus de mouvement, d'effet, de chaleur et de vérité. Que lui manque-t-il donc pour avoir le plus grand succès? Des airs de danse plus piquans, des ballets plus variés. Le croirait-on de bonne foi? Il n'est rien de plus certain; quelque applaudie qu'ait été une musique si céleste, elle attire moins de monde que *le Seigneur bienfaisant*, qui est à la quatorzième ou à la quinzième représentation. Après cette épreuve, comment douter encore si nous avons en France des yeux ou des oreilles?

Il est arrivé à la seconde représentation d'*Iphigénie*, un événement trop mémorable pour être oublié dans les fastes de l'Académie royale de Musique. Mademoiselle La Guerre, qui, dans sa première jeunesse, se signalait *in triviis*, payait les fiacres sans bourse délier; qui, quelques années après, sut ruiner, dans l'espace de cinq ou six mois, M. le prince de Bouillon; qui vient d'épuiser encore la fortune d'un de nos plus riches fermiers-généraux, M. Haudry de Soucy, et qui n'a jamais pu renoncer aux douces habitudes de ses premières liaisons, Iphigénie La Guerre était ivre, mais ivre au point de chanceler sur la scène, et de se rendre fort incommode à toutes les prêtresses empressées à la soutenir; on ne sait comment elle a pu achever son premier acte. La crainte d'interrompre le spectacle, et surtout la compassion qu'inspirait la situation où l'on supposait que devait être dans ce moment le malheureux Piccini, obtint du parterre plus d'égards et de ménagemens qu'on ne devait peut-être en attendre : il n'y eut que des murmures sourds : on se défendit de rire et de huer. Tous les secours qui pouvaient dissiper promptement les vapeurs qui offusquaient encore le cerveau de la princesse lui furent administrés dans l'intervalle du second acte, et la mirent en état de chanter avec plus de décence dans les deux derniers. Cet accident n'a pas eu de grandes suites. Le roi, s'en étant fait rendre compte, dit à M. Amelot : *Hé bien, vous l'avez envoyée en prison ?....* Elle n'y était pas encore ; mais elle reçut, le soir même, l'ordre de se rendre au Fort-l'Évêque, et s'y soumit avec beaucoup de résignation. On l'en a fait sortir deux jours après pour reprendre son rôle à jeun. Elle dit avec beaucoup de sensibilité les deux premiers vers du rôle :

> O jour fatal que je voulais en vain
> Ne pas compter parmi ceux de ma vie !

Le public parut ivre à son tour, et le lui témoigna par des applaudissemens sans fin, et sans nombre. Il est vrai qu'elle chanta mieux que jamais ; à la fin du premier acte on lui fit annoncer, de la manière qui pouvait donner le plus de prix à cette grace, que sa liberté lui était rendue. M. Piccini et le prince de Guémenée, qui s'intéressent beaucoup à l'honneur de la musique italienne, avaient vivement intercédé en sa faveur : Eh ! que ne pardonne-t-on pas à une belle voix ! J'ai connu une dame d'Italie moins indulgente. On louait beaucoup devant elle un célèbre virtuose : « Oui, dit-elle, belle voix, mais mauvais cœur. Mon frère le cardinal en a fait faire un soprano, et il n'en a jamais eu la moindre reconnaissance. »

La plupart des *Pièces intéressantes et peu connues* (1) que M. de La Place vient de faire imprimer à Bruxelles ont été trouvées dans les papiers de M. Duclos. C'est M. de La Place qui en est l'éditeur, mais qui, heureuse-

(1) Ce recueil a été porté par de La Place à 8 vol. in-12.

ment, n'y a rien ajouté du sien. On sait qu'à la mort de l'Académicien historiographe, M. le duc de La Vrillière s'empara de tous les papiers du défunt; mais on ignore absolument dans quelles mains ils ont passé depuis, et par quel hasard le sieur de La Place a obtenu le droit d'en disposer. Ce recueil n'en est pas moins curieux; et quoique toutes les anecdotes qu'on y a rassemblées ne paraissent ni également sûres ni également importantes, quoiqu'il y en ait plusieurs déjà fort connues, la lecture en est assez piquante.

La correspondance de J.-B. Rousseau et du comte de Bonneval, sur les démêlés qui forcèrent ce dernier à se réfugier en Turquie, n'a pas un grand intérêt; mais elle fait connaître au moins le caractère de cet illustre aventurier beaucoup mieux que tous les mémoires que nous avions vus de lui jusqu'à présent. La plus originale de ces lettres est la réponse que le comte de Bonneval, déjà bacha, fit à son frère le marquis, qui lui avait écrit de Paris par le chevalier de Beaufremont; c'est un tableau très-naïf de sa manière d'être à Constantinople, et l'exposé le plus simple et le plus naturel de tous les motifs de son étrange conduite.

L'extrait du Mémorial de M. Duclos contient plus de mots que de faits intéressans; mais il vaut bien la plupart des Ana du siècle dernier. On y trouve un assez grand nombre de traits, dignes d'être retenus, de la fin du règne de Louis XIV, de la régence, du duc de Noailles, du cardinal Dubois, etc.

On trouve parmi ces anecdotes la confirmation très-détaillée des soupçons que l'on eut toujours sur la mort de Henriette d'Angleterre. L'auteur assure que Morel, contrôleur de la bouche de Madame, avoua tout à

Louis XIV, que Madame avait été empoisonnée; que le chevalier de Lorraine avait envoyé de Rome le poison au marquis d'Effiat, et qu'il avait été mis dans le verre d'eau de chicorée que Madame avait bu, et après lequel elle éprouva dans l'instant d'horribles douleurs, et, quelques heures après, les convulsions de la mort. « Mon frère, reprit le roi, le savait-il? — MONSIEUR? dit Morel; nous le connaissons trop pour lui avoir confié notre secret. — Alors le roi respirant, Me voilà soulagé! s'écria-t-il. Sortez... »

M. Duclos ne cite pas ses garans, il n'en indique même aucun; mais ces détails ne s'accordent que trop bien avec les circonstances que M. de Voltaire n'a pas cru devoir dissimuler, quelque scrupuleuse que soit la circonspection qu'il a toujours portée dans le récit des anecdotes de ce genre. Il ne cache point que la princesse s'était crue empoisonnée, que l'ambassadeur d'Angleterre Montaigu en était persuadé, que la cour n'en doutait pas, que toute l'Europe le disait, et qu'un des anciens domestiques de la maison de Monsieur lui avait nommé celui qui, selon lui, donna le poison.....

Une anecdote plus obscure et plus suspecte qu'on retrouve encore dans ce recueil, c'est l'histoire de la princesse Charlotte-Sophie de Wolfembuttel, femme du czarowitz Alexis. On l'avait déjà vue imprimée, il y a quelques années, dans les *Nouveaux Voyages du capitaine Bossu dans l'Amérique septentrionale* (1). La lettre que M. le comte de Schouwalof fit insérer, à ce sujet, dans le journal de M. de La Harpe (2), prouve assez combien toute cette aventure est fabuleuse; et c'est grand dom-

(1) On a également lu ce roman t. VII, p. 268, de cette *Correspondance*.
(2) Numéro XV de l'année 1778. (*Note de Grimm*.)

mage sans doute, car il faut convenir qu'il n'est point de roman de l'abbé Prévost dont le fonds soit plus extraordinaire et plus attachant. Sans rappeler ici toutes les invraisemblances qu'on a pu relever dans le détail d'une si merveilleuse anecdote, nous nous contenterons de remarquer que la seule autorité sur laquelle on ait imaginé de l'appuyer, est le témoignage du maréchal de Saxe. Mais à qui le maréchal de Saxe en a-t-il confié le secret? Comment le maréchal de Saxe aurait-il pu reconnaître la princesse à Paris, aux Tuileries, sous le costume de madame d'Auban, pour l'avoir vue autrefois à la cour de Russie, lorsqu'il est démontré qu'elle avait disparu de Pétersbourg en 1715, puisque c'est l'année où l'Europe en porta le deuil, et que lui ne fut que plusieurs années après, pour la première fois, à Pétersbourg en 1726 ou 1728? Comment supposer encore que l'impératrice-reine, si connue par sa justice et par sa piété, instruite une fois de la destinée d'une si proche parente, de sa propre tante, l'eût abandonnée ou mis à ses bienfaits des conditions qui ne pouvaient être acceptées?

FÉVRIER.

Paris, février 1780.

Lettre de mademoiselle Justine à M. Caze.

« Je t'attends demain de bonne heure; le mien est de te voir. Mon chouchou te fait des mines; mais ce ne sont pas celles du Pérou, car je suis sans le sou. »

Nous n'avons pas cru ce petit échantillon de l'esprit, de la gentillesse et des agrémens de nos Laïs modernes, indigne d'être conservé. L'auteur de ce précieux billet est cette même demoiselle Justine que M. le comte de G** entretenait assez magnifiquement l'année dernière, et qu'il surprit un beau matin dans son lit avec le jeune marquis de Low***; il fut assez indiscret pour vouloir lui reprocher sa perfidie. « Ingrat, lui dit-elle, ingrat que vous êtes! vous me traitez ainsi, quand je me donne une *peine de chien* pour engager ce jeune homme, qui doit être un jour immensément riche, à épouser votre fille... » Une explication si essentielle apaisa tout : on consentit à ne plus troubler la négociation, et le mariage fut déclaré en effet quelques mois après, mais à la condition très-équitable que la demoiselle Justine partagerait toujours ses faveurs entre le beau-père et son gendre. Si jamais on nous donne les anecdotes qui seules peuvent suppléer à tout ce qui nous a paru manquer aux annales de la vertu, nous espérons qu'on n'oubliera pas un trait qui caractérise si bien l'esprit et les mœurs du siècle.

C'est à un officier de l'escadre de M. de Guichen que nous avons entendu dire que dans le temps où les deux flottes, celle de M. de Guichen et celle de M. de Solano, se trouvaient réunies aux îles de l'Amérique, le commandant espagnol avait été dénoncé, par son aumônier, aux familiers de l'Inquisition embarqués sur l'escadre, comme atteint et convaincu d'avoir eu l'impiété de lire l'*Histoire philosophique* de l'abbé Raynal, et que, pour obtenir l'absolution d'un si grand péché, il avait été obligé d'en demander, à genoux, pardon à Dieu et à la

Sainte Inquisition, après avoir vu brûler solennellement le livre en sa présence. On sait qu'un des plus grands griefs que l'on ait eus contre le malheureux Olavidès fut d'avoir traduit en espagnol ce terrible ouvrage : cette traduction n'a jamais été imprimée; mais, pour être encore secret, un pareil crime en est-il moins irrémissible? Grands dieux! et il n'y a que les Pyrénées (1) entre nous et les suppôts barbares d'une religion si douce!

La rapidité avec laquelle les nouveautés se succèdent depuis quelque temps à la Comédie Italienne ferait perdre haleine au journaliste le plus intrépide, s'il s'obstinait à vouloir en discuter scrupuleusement le mérite et les défauts, et cette tâche pourrait bien devenir plus pénible encore pour ses lecteurs que pour lui-même; on nous pardonnera donc de ne pas entrer dans de grands détails sur *l'Amour conjugal, ou l'Heureuse crédulité*, comédie en un acte, assez froidement accueillie le 23 du mois dernier; sur *la Mélomanie*, opéra comique, passablement hué le 29 suivant; sur *Jenneval*, drame en cinq actes et en prose de M. Mercier, représenté sur le même théâtre le 13 de ce mois, au milieu des plus vifs applaudissemens et des plus grandes huées.

L'Amour conjugal est du jeune auteur des *Deux Oncles*, de M. Forgeot; c'est encore un imbroglio de valet. Pour engager le président et sa femme à consentir à l'union de leur neveu avec la jeune Rosalie, la pupille du président, on fait croire à la femme que son mari est lui-même amoureux de sa pupille et qu'il se propose de l'enlever; au mari, que sa femme a un rendez-vous avec

(1) Il n'y a plus de Pyrénées. (*Note de Grimm.*)

le neveu, et qu'il s'agit aussi entre elle et lui d'un projet d'enlèvement. L'inquiétude et le tourment que leur cause cette fourberie leur inspirent tant d'intérêt et tant de pitié pour les deux amans, qu'ils ne s'opposent plus à leur bonheur, même après avoir été désabusés assez gratuitement par l'inventeur du stratagème. Quelque invraisemblable qu'ait paru le fonds de ce petit ouvrage, quelque négligée qu'en soit l'exécution, on y a remarqué, comme dans le premier essai de M. Forgeot, des lueurs d'un talent vraiment comique, des mouvemens de scène heureux, du naturel et de la gaieté dans le dialogue.

On ignore l'illustre auteur des paroles de *la Mélomanie*. Le mélomane veut que tout ce qui l'approche soit musicien. Il refuse sa fille à l'amant qu'elle aime, et la réserve pour un virtuose d'Italie, nommé Fugantini, qu'il n'a point encore vu, mais qui est attendu de jour en jour en France, où sa gloire l'a déjà précédé. Le valet de Saint-Réal, l'amant de la jeune personne, imagine, sans un grand effort de génie, de faire passer son maître pour Fugantini, et le père est, comme de raison, la dupe d'une si ingénieuse supercherie. Ce chef-d'œuvre est encore mieux écrit qu'il n'est bien conçu, mais on nous dispensera volontiers des preuves.

La musique de ce nouvel opéra est de Champein (1). La bêtise des paroles dont il a fait choix ne l'a pas empêché de recevoir les applaudissemens dus à son talent; on a trouvé dans la nouvelle composition de ce jeune artiste plusieurs morceaux d'une facture savante et d'une

(1) L'auteur de la musique de *Mina*, comédie en trois actes, mêlée d'ariettes. (*Note de Grimm.*)

mélodie agréable, très-supérieurs à tout ce que nous avions entendu jusqu'à présent de lui...

Nous avons peu de chose à dire de la pièce même de *Jenneval*; il y a long-temps qu'elle est imprimée, et qu'on l'a jouée avec assez de succès sur plusieurs théâtres de province; nous observerons seulement qu'on a été révolté de l'atrocité du sujet, de la bassesse dégoûtante du rôle de Brigard, et bien plus encore de la légèreté avec laquelle l'auteur s'est permis de dénouer brusquement une action de ce genre. Lorsqu'on veut présenter sur la scène un sujet tel que celui de *Barnevelt* (1), on blesse peut-être encore moins les mœurs et le goût en nous l'offrant dans toute son atrocité et avec toutes ses suites, qu'en cherchant à l'adoucir par des circonstances qui en diminuent l'énergie et la vérité, qui en éloignent surtout la seule correction théâtrale dont un pareil sujet puisse être susceptible. Si vous craignez de nous montrer le spectacle de la Grève, eh! pourquoi vous permettre de peindre des personnages dignes de trouver là le terme de leur destinée? C'est dans les conséquences de cette observation qu'on trouverait peut-être les plus fortes objections que l'on puisse faire contre la poétique des drames; sans vouloir l'exclure, il en résulterait du moins que ce genre, quant aux grands effets de la scène, est encore plus borné que celui de la haute tragédie.

C'est madame Verteuil, dont nous avons eu l'honneur de vous annoncer le début l'année dernière, avec les éloges qu'il nous a paru mériter, qui a joué dans *Jenneval* le rôle de Rosalie, et l'on ose assurer qu'il n'y a dans ce moment aucune actrice de la capitale en état de

(1) *Barnevelt, ou le Marchand de Londres*, de Lillo. (*Note de Grimm.*)

rendre ce rôle avec plus d'intelligence, de noblesse, de séduction et de vérité.

L'impression de la tragédie de *Philoctète* n'a fait que confirmer le jugement que nous avions porté de cette excellente traduction, à la lecture que l'auteur en fit l'année dernière à une séance publique de l'Académie Française. Nous croyons que c'est un des plus grands services que M. de La Harpe ait rendus à notre littérature, et l'ouvrage peut-être qui fait le plus d'honneur à son talent. Dans un moment où nos écrivains et le public qui les juge s'éloignent plus que jamais des principes de la nature et du vrai beau, le meilleur moyen d'éclairer le goût qui s'égare, c'est sans doute de le rappeler à ces premiers modèles de l'art dont l'étude forma nos plus grands maîtres. Le *Philoctète* de Sophocle, qui réunit à la plus grande simplicité du sujet le pathétique le plus touchant, ne doit-il pas être regardé comme le chef-d'œuvre de l'ancienne tragédie ? Il est impossible d'en donner une idée plus juste et plus intéressante que celle qu'en a donnée le traducteur lui-même dans sa préface. « Si l'on considère, dit-il, que la pièce, faite avec trois personnes, dans un désert, ne languit pas un moment ; que l'intérêt se gradue et se soutient par les moyens les plus naturels, toujours tirés des caractères qui sont supérieurement dessinés ; que la situation de *Philoctète*, qui semblerait devoir être toujours la même, est si adroitement variée, qu'après s'être montré le plus à plaindre des hommes dans l'île de Lemnos, il regarde comme le plus grand des maux d'être obligé d'en sortir ; que ce personnage est un des plus dramatiques qui se puissent concevoir, parce qu'il réunit les dernières misères de l'humanité aux ressentimens les plus légitimes, et que le cri de la vengeance n'est chez lui que le cri de l'oppression; qu'enfin son rôle est d'un bout à l'autre un modèle parfait de l'éloquence tragique; on conviendra facilement qu'en voilà assez pour justifier ceux qui voient dans cet ouvrage la plus belle conception théâtrale dont l'antiquité puisse s'applaudir. »

Les seuls changemens essentiels que le traducteur se soit permis de faire à l'original sont : le premier, d'avoir retranché la scène du second acte, où un soldat d'Ulysse déguisé vient, par de fausses alarmes, presser le départ de Pyrrhus et de Philoctète; ressort superflu, puisque celui-ci n'a pas de désir plus ardent que de partir au plus tôt; le second, c'est d'avoir ajouté au commencement de ce même acte un monologue qu'il a cru nécessaire pour préparer l'aveu que Pyrrhus va faire à Philoctète, et annoncer l'impression qu'a faite sur lui le spectacle des douleurs de cet infortuné : le troisième enfin, c'est d'avoir supprimé tous les chœurs, comme inutiles et déplacés dans une traduction française qui peut être jouée, mais dont le succès sur notre théâtre lui paraîtrait à lui-même au moins fort douteux. « Comment espérer d'y faire réussir une pièce non-seulement sans amour, mais sans rôle de femme? Il y a là de quoi effaroucher bien des gens. »

Les amis de M. de La Harpe n'ont pas manqué de relever dans le nouveau *Philoctète* français beaucoup de vers faibles et prosaïques. On ne peut se dispenser d'avouer qu'en général sa versification, même lorsqu'elle est élégante et pure, manque encore souvent de mollesse et de coloris; son style a de la force, de la simplicité, de la précision, mais une manière trop sèche, et l'on est tenté quelquefois de dire comme M. de Buffon : « Cela est fort bien écrit, mais cela est écrit sans amour. » Il manque aux vers de M. de La Harpe précisément ce que la prose de Fénélon a dans un degré si éminent, ce qui donne tant de charme à ce bel épisode de son *Télémaque*, où l'on retrouve les plus grandes beautés du *Philoctète* de Sophocle, avec toute l'énergie et toute la douceur de leur simplicité primitive.

La *Vie privée de Louis XV* (1), qu'on vient de publier en quatre volumes in-12, sans nom d'auteur, n'est pas une histoire, mais une compilation de Mémoires rassemblés sans beaucoup de choix; il y a presque autant d'inégalités dans le style que dans le fonds des matériaux employés par l'auteur; il trouve tantôt sous sa main la plume d'un Mairobert, tantôt celle d'un La Chalotais, et il se sert à peu près indifféremment de l'une et de l'autre. Pour lui rendre justice, il faut convenir pourtant que le nouveau compilateur paraît avoir été assez sérieusement occupé à découvrir la vérité des faits; qu'on n'aperçoit dans ses jugemens aucun esprit de parti, qu'il a peut-être cru trop légèrement beaucoup d'anecdotes dont il fallait au moins douter, mais qu'il s'est attaché surtout à recueillir celles qui lui ont paru avoir quelque influence sur les affaires publiques, et que ses Précis, sans approcher d'ailleurs du style de Voltaire, en imitent au moins quelquefois la manière et la rapidité. Messieurs les fermiers-généraux se seraient bien passés des recherches que l'auteur a pris la peine de faire sur la généalogie

(1) *Vie privée de Louis XV, ou Principaux événemens, particularités et anecdotes de son règne* (par Moufle d'Angerville, avocat); Londres, Lyton, 1781.

de leurs maisons. Eh! qu'importe à la postérité de savoir que le grand-père de M. Haudry fut boulanger à Corbeil; l'aïeul d'un autre, vinaigrier; que quelques-uns de ces messieurs débutèrent à Paris par porter la livrée, etc.? Toutes ces notes, nous en apprennent-elles plus que Frontin dans *Turcaret?* « Voici le règne de M. Turcaret fini, le mien va commencer... »

Jamais ministre d'un monarque absolu conçut-il une plus belle et plus haute idée que celle de prendre la nation et l'Europe entière à témoin du compte qu'il rend à son maître des travaux et des succès de l'administration qui lui est confiée? Jamais ministre, dans l'ivresse des grandeurs et du pouvoir, vit-il ériger à sa gloire un plus superbe monument que celui que le Sully de nos jours vient de produire lui-même à nos yeux, en publiant le Compte qu'il a rendu au roi (1)? C'est sur les plus grands intérêts de l'État, la puissance du souverain et le bonheur public qu'il a fondé cet illustre monument, et ce sont ces grands intérêts qui lui en garantissent la durée. En ordonnant la publicité de l'ouvrage de son ministre, notre jeune monarque a renouvelé plus solennellement que jamais le vœu qu'il a fait de rendre ses peuples heureux; et il n'est point de cœur patriote qu'un gage si authentique de la confiance et de l'amour de son souverain n'ait attaché plus fortement au service du trône et de la patrie.

Les Comptes rendus autrefois par MM. Desmarets et Lepelletier ne peuvent être comparés, sous aucun rapport, au *Compte rendu* par M. Necker; ils n'eurent ni les mêmes motifs, ni la même publicité, et diffèrent

---

(1) *Compte rendu au roi par M. Necker, directeur général des finances, au mois de janvier* 1781, *imprimé par ordre de Sa Majesté*, in-4°.

encore plus, s'il est possible, par la manière dont ils furent conçus et exécutés. Le Compte de M. Desmarets fut plutôt un Compte exigé qu'un Compte rendu. Ce qu'on y voit de plus clair, c'est que l'auteur était un honnête homme, ce qu'il était sans doute fort intéressant de prouver pour ne pas être pendu, mais ce qui n'était pas absolument de la même importance pour l'instruction de ses successeurs et pour le bien de la chose publique. Tel qu'il est, l'ouvrage fit, dans le temps, beaucoup d'honneur au ministre disgracié; et c'est même à cet ouvrage qu'il dut toute la gloire de sa retraite. Le Compte de M. Lepelletier-Desforts eut moins d'éclat; il ne fut présenté qu'au Conseil, et l'on ne jugea pas à propos d'en permettre l'impression. M. Desmarets avait montré, avec beaucoup de candeur, que s'il avait laissé les finances dans un grand désordre, il ne lui avait pas été possible de faire mieux. M. Lepelletier fit voir, avec la même ingénuité, qu'il ne lui était plus permis de garder sa place, parce qu'il y avait épuisé toutes ses ressources. On voulut bien l'en croire sur sa parole, mais on décida qu'une pareille confidence à faire au public était au moins inutile.

Je ne sais si l'obligation de mettre au grand jour l'état des finances d'un royaume tel que la France pourrait jamais avoir des inconvéniens assez décidés pour en balancer l'utilité; mais ce qui me paraît au moins très-évident, c'est que le temps où l'on en doit espérer les plus sensibles avantages, c'est celui où l'on peut prouver que les ressources de l'État sont au-dessus de l'opinion qu'on en avait généralement; celui où le génie d'un ministre éclairé vient de rétablir dans toutes les parties de l'administration l'ordre, l'abondance et l'économie celui enfin où la nation se trouve engagée dans une guerre plus dispendieuse que meurtrière, dans une guerre qui n'a pour objet que la rivalité du commerce, et où les puissances belligérantes ne luttent pour ainsi dire qu'à force d'argent et de crédit.

En rendant compte de son administration, quel que soit le prix qu'en puisse attendre M. Necker, il a moins fait sans doute pour l'intérêt de sa gloire personnelle que pour l'intérêt de l'État, et c'est encore un titre de plus qu'il s'est acquis à l'estime des Français.

Le *Compte rendu* par M. Necker est divisé en trois parties; la première concerne l'état actuel des finances, et toutes les opérations qui sont relatives au trésor royal et au crédit public; la seconde développe les opérations qui ont réuni des économies importantes à des avantages d'administration; la troisième traite des dispositions générales qui n'ont eu pour but que le bonheur des peuples et la prospérité de l'État.

Cette division fait voir assez que le plan de l'auteur embrasse toute l'étendue de son sujet; et quoiqu'il ait observé lui-même, à la fin de l'ouvrage, qu'il s'est vu obligé de parcourir la plupart des objets rapidement, que c'est un Compte rendu à un grand monarque, et non pas un traité d'administration des finances, nous ne craignons point de dire qu'il n'existe encore aucun traité de ce genre à la fois plus complet et plus lumineux.

La sensation qu'a faite cet ouvrage est, je crois, sans exemple; il s'en est débité plus de six mille exemplaires le jour même qu'il a paru, et depuis, le travail continuel de deux imprimeries n'a pu suffire encore aux demandes multipliées de la capitale, des provinces et des pays étrangers. On vient d'en faire une traduction en Hollande, qui y a été reçue, dit-on, avec le même empressement. Quelque imposante que puisse être l'opinion publique lorsqu'elle se déclare d'une manière si éclatante, on se tromperait de croire que l'envie et la malignité n'aient pas encore essayé de l'ébranler par des mensonges ou de vaines déclamations. De deux ou trois libelles où l'on n'a pas craint d'attaquer cet important ouvrage avec autant d'ineptie que d'indécence, il n'en est qu'un dont on se permettra de citer ici le titre; c'est, dit-on, le mot d'un vieillard infiniment respectable, mais dont l'esprit facile se plaît souvent à ne voir dans les affaires de ce monde que le sujet d'une plaisanterie plus ou moins heureuse, qui en a donné l'idée. Ce pamphlet, rempli d'ignorance et de mauvaise foi, est intitulé : *Réponse au Conte bleu*, par une allusion qu'on n'a pu saisir sans beaucoup de peine, à la couleur du papier que le hasard a fait choisir pour servir de couverture au *Compte rendu*.... Mais l'auteur anonyme a-t-il donc tant de torts......? Un ministre qui dédaigne tous les honneurs, toutes les vanités des grandes places, et ne considère dans le pouvoir qui lui est confié que la puissance de faire le bien, et la gloire de l'avoir fait; un ministre qui, dans les temps les plus difficiles, ouvre tout à coup des ressources immenses, sans augmenter le fardeau des impositions, et malgré les obstacles réunis que lui opposent la légèreté de la nation, la foule des abus, et ces besoins même qui semblaient rendre leur influence plus redoutable; un ministre enfin qui lutte pour ainsi dire par le seul effort de son génie contre l'ascendant impérieux d'un peuple prêt à déployer tous les ressorts du patriotisme et de la liberté, d'un peuple encore armé de la richesse et du crédit des deux mondes; tout cela ne ressemble-t-il pas en effet aux merveilles d'un conte de fées ? et notre siècle n'a-t-il pas perdu le droit d'y croire ?

Vers envoyés à M. Necker, au nom des Ouvriers de l'Imprimerie royale.

Pour Dieu, Monsieur, cessez d'écrire !
Nous payons trop cher vos honneurs.
On n'est pas lassé de vous lire ;
Mais à la foule des lecteurs
Notre zèle ne peut suffire.
Si vous n'avez pitié de notre triste sort,
Votre immortalité nous donnera la mort.

On ne se souvient pas d'avoir vu sur le théâtre de l'Académie royale de Musique une plus maussade platitude que *la Fête de Mirza*, ballet-pantomime, de la composition de M. Gardel, représenté pour la première fois le jeudi 22 ; mais on ne se souvient pas non plus d'avoir vu faire une justice plus prompte et plus éclatante d'un mauvais ouvrage, malgré toute la pompe et toute la magnificence prodiguée à l'exécution de ce ridicule spectacle.

Pour exécuter une seule fois ce chef-d'œuvre de décence et de bon goût, il n'en a coûté à l'administration que trente à trente-trois mille livres. Mademoiselle Guimard s'était flattée que le public lui ferait une heureuse application des hommages rendus à Mirza (1) ; mais le public a trouvé sans doute que cet hommage n'était pas digne de lui être offert, et jamais fête n'a moins réussi.

(1) Le ballet de *Mirza* est de M. Gardel l'aîné.
(*Note de la première édition.*)

MARS.

Paris, mars 1781.

Madame de Boufflers croyait avoir besoin de l'appui de madame la duchesse de Polignac, et sollicita sa faveur par toutes les offres que peut inspirer la reconnaissance la plus délicate et la plus empressée. Madame de Polignac, s'applaudissant des bons offices rendus à madame de Boufflers, crut pouvoir lui proposer, sans indiscrétion, de lui céder, pendant quelques mois, cette même maison d'Auteuil dont on l'avait tant priée de disposer toutes les fois que la cour serait au château de la Muette, qui en est fort près. Soit que madame de Boufflers ne s'attendît pas que sa reconnaissance fût mise à cette épreuve, soit que le service en question ne lui parût plus de la même importance, elle se permit de refuser très-poliment ce qu'elle avait offert de si bonne grace, et termina ses excuses par les vers suivans :

> Tout ce que vous voyez conspire à vos désirs.
> Vos *jours toujours* sereins coulent dans les plaisirs.
> La *cour* en est pour vous l'inépuisable source,
> Ou si quelque chagrin en interrompt la *course*,
> Tout le monde, soigneux de *les entretenir*,
> S'empresse à l'effacer de votre souvenir.
> Mon Amélie (1) est seule. A l'ennui qui la presse,
> Elle ne voit jamais que moi qui s'intéresse;
> Et n'a pour tout plaisir qu'*Auteuil* et *quelques* fleurs,
> Qui lui font *quelquefois* oublier ses malheurs.

Ces vers, lus dans la société de madame de Polignac,

---

(1) La comtesse Amélie, sa belle-fille. (*Note de Grimm.*)

furent trouvés généralement détestables; mais, après les avoir jugés avec cette sévérité, on ne fut pas peu surpris d'y reconnaître la main d'un assez bon faiseur : ils sont pris, pour ainsi dire, mot à mot dans la troisième scène du second acte de *Britannicus*, entre Néron et Junie

>.... Britannicus est seul. Quelqu'ennui qui le presse,
> Il ne voit dans son sort que moi qui s'intéresse,
> Et n'a pour tout plaisir, Seigneur, que quelques pleurs
> Qui lui font quelquefois oublier ses malheurs.

Mais sans partialité, quelque douceur, quelque harmonie qu'ait l'ensemble du morceau, s'il n'était pas de Racine, ne serait-on pas blessé de *vos jours toujours*, de l'espèce d'obscurité qu'il y a dans le régime du verbe *entretenir* si éloigné du mot *plaisirs*, auquel il se rapporte, de la répétition des *qui, que, quelque chagrin, quelque ennui, quelques pleurs, quelquefois*, etc. Ne faut-il pas l'autorité de Racine pour faire sentir le prix de tant d'heureuses négligences? Ne serait-ce pas le caractère de naïveté qui en résulte et qui sied si bien à la timide Junie qui en forme tout le charme? Et ce charme n'est-il pas un peu perdu dans l'application qu'en a faite madame de Boufflers?

Les Comédiens Italiens, dont le zèle est infatigable, viennent de nous donner encore deux nouveautés depuis quinze jours : *l'Amant Statue* (1) et *les Deux Morts* (2), l'un et l'autre en vaudevilles.

(1) Représenté pour la première fois le 20 février 1781.
(2) Représenté le 27 février 1781.

L'Amant Statue est de M. Desfontaines, l'auteur de *l'Aveugle de Palmyre*, etc.; c'est un proverbe de M. Carmontelle, mis en couplets. Dorval amoureux de Célimène, lui a déjà fait l'aveu de sa passion par lettres; il s'introduit chez elle déguisé en chanteur, et lui fait l'hommage d'un almanach qui a pour titre *l'Amour fidèle;* ensuite, vêtu en berger d'Arcadie, il se place sur un piédestal, au lieu de la statue que Célimène y voulait faire placer. Frontin, le valet de Dorval, qui joue le rôle de sculpteur, assure la belle indifférente que cette statue est merveilleusement organisée; le berger joue en effet sur sa flûte l'air du monde le plus touchant. Célimène en est si ravie, qu'elle se décide à faire transporter ce charmant automate dans son boudoir; à ce mot, Dorval se fait connaître, et, suivant l'usage, on finit par l'épouser.

Il y a dans cette petite pièce quelques couplets écrits avec assez de grace et de fraîcheur; mais elle manque en général de gaieté comme de naturel. Le ton de l'ouvrage, souvent trop libre, n'en est pas plus piquant, et conserve toujours, je ne sais quelle couleur fade et doucereuse qui ne sied nullement au vaudeville.

Les deux Morts sont du sieur Patrat, comédien de Versailles; le fonds de cette triste facétie est tiré d'un conte oriental. Colombine et Pierrot ayant favorisé le rendez-vous d'Isabelle avec Léandre, son amoureux, ont été surpris par M. et madame Cassandre; on veut les mettre à la porte. Pour se tirer d'embarras, Colombine persuade à M. Cassandre qu'elle vient de perdre Pierrot son mari; de son côté, Pierrot fait croire à madame Cassandre qu'il a perdu sa femme. On fait venir un commissaire. Il menace d'inquiéter M. et madame Cassandre sur les deux morts qui se trouvent dans leur maison; mais il finit par promettre d'étouffer l'affaire si on lui donne en mariage la jeune personne; il l'obtient en bonnes formes. Alors les deux morts ressuscitent, et le faux commissaire se découvre. C'est Léandre, etc. Cette bagatelle a été reçue aussi tristement qu'elle méritait de l'être.

Extrait de la *Dénonciation faite par M. D..... au Parlement, de la souscription proposée par M. de Beaumarchais, pour les* OEuvres de Voltaire.

« *Ululate et clamate* (1). Jér. c. 34. Voilà, Messieurs, ce que crient à tous les hommes vertueux la patrie, la religion et les mœurs. J'ose être aujourd'hui leur interprète, et dénoncer à toute la magistrature l'entreprise la plus révoltante. Et si les auteurs téméraires n'ont pas craint de soulever toute âme honnête, s'ils ont pu se persuader que tout ne s'armerait pas contre cette entreprise, et qu'ils réussiraient dans leur projet, il faut qu'ils aient compté sur la dépravation la plus universelle, qu'ils aient cru le corps entier de la nation si gangrené, les esprits si corrompus, les cœurs si flétris, qu'on pouvait maintenant tout oser, tout entreprendre, tout exécuter.

« On publie hautement et avec la plus grande ostentation une souscription pour les OEuvres entières de Voltaire, et dans cette édition on se propose de réunir et les ouvrages qu'il a donnés en les avouant, et ceux qu'il a furtivement répandus en niant qu'il en fût l'auteur, et

(1) L'heureuse épigraphe! Il est fort peu d'ouvrages de M. D....... à qui elle ne puisse convenir. (*Note de Grimm.*)

ceux que l'effroi qu'ils lui inspiraient à lui-même a tenus renfermés dans son portefeuille. C'est cette collection d'impiétés, d'infamies, d'ordures, qu'on invite l'Europe entière à se procurer, en la parant de tout le luxe des caractères, de toute l'élégance du burin, de toute la magnificence typographique (1).

« Ainsi, on va rassembler en un seul corps tous ces membres épars, afin que tout le poison soit réuni, et que rien n'échappe à la contagion, pour que l'impiété y trouve des armes contre la religion ; le libertinage, des attraits dans les peintures les plus obscènes ; l'esprit d'indépendance, un appui dans les maximes les plus propres à soulever contre l'autorité, etc., etc.

« Rendez donc inutile cette conjuration funeste à la religion et à la société ; montrez la même sollicitude, la même rigueur pour étouffer ces poisons des esprits, que vous avez montrée pour arrêter le cours de cette contagion qui menaçait nos fortunes et nos vies. Des hommes, plutôt avides que méchans, avaient découvert dans une plante presque ignorée une vertu funeste, d'autant plus dangereuse que l'usage en était plus facile pour endormir (2) et dépouiller les citoyens. Vous avez senti les suites terribles de cette espèce de brigandage qui, n'ayant rien de violent, ne laissait presque aucunes traces ; vous avez cru devoir en punir les premiers essais par des châtimens si rigoureux qu'ils fussent capables d'inspirer une crainte salutaire. Tout le monde a compris combien cette sévérité, qui d'abord eût pu paraître excessive, avait été

(1) Sera-ce en renchérissant ainsi le prix du poison qu'on en rendra l'usage plus facile et plus commun ? (*Note de Grimm.*)

(2) Ah! M. D........! est-ce en les endormant que M. de Voltaire empoisonnait ses lecteurs ? (*Note de Grimm.*)

nécessaire. Servez-vous à vous-mêmes de modèles; ne vous bornez pas à empêcher l'effet de cette criminelle souscription ; trouvez dans votre sagesse les moyens nécessaires pour étouffer, s'il est possible, ces germes de corruption qui empoisonnent les cœurs, pour empêcher l'activité de ce levain qui fermente depuis long-temps, et qui est près de gangrener la masse entière de la nation, pour faire rentrer peu à peu dans les ténèbres de l'oubli des ouvrages qui n'eussent jamais dû en sortir. »

« Nous ne vous proposons pas pour remède la juste sévérité de vos prédécesseurs (1). Dans un siècle *ridiculement philosophe*, où l'on ne connaît de vertu qu'une cruelle tolérance, cette sévérité serait regardée comme barbare ; mais au moins est-il permis de vous la remettre sous les yeux. Des auteurs impies et licencieux avaient composé des vers contre l'honneur de Dieu et l'honnêteté publique (2); la cour les condamna au dernier supplice comme criminels de lèse-majesté divine, et comme étant, par leur système, plus funestes à l'ordre social que les empoisonneurs et les incendiaires. Elle étendit la peine prononcée contre les auteurs sur ceux même qui s'en trouveraient saisis, et les libraires furent décrétés de prise de corps et poursuivis suivant la rigueur des ordonnances. Puisse au moins cet exemple vous convaincre qu'il est des cas où les corps doivent, pour arrêter la communication d'une épidémie meurtrière, déployer toute la rigueur de la puissance que le prince leur a confiée, et que la religion, les mœurs, l'intérêt politique lui-même l'exigent quelquefois des magistrats qui savent

(1) Quelle clémence! quel excès d'humanité! (*Note de Grimm.*)
(2) Théophile, Berthelot, en 1623. (*Note de M. D......*)

qu'en sapant les fondemens de toute la religion, on bannit toutes les vertus, qu'on établit le règne des vices, qu'on anéantit le règne de la dépendance la plus nécessaire, et qu'on rompt tous les liens de la société! — Ce 10 mars 1781. »

La Cour a, dit-on, arrêté de prendre l'affaire en délibération au premier jour, c'est-à-dire aux calendes grecques.

L'*Histoire Littéraire de M. de Voltaire*, par M. le marquis de Luchet, ressemble beaucoup plus à une spéculation de librairie qu'à toute autre chose, et nous craignons bien que, même sous ce rapport, le plan de l'ouvrage n'ait été mal conçu. Tout ce que contiennent ces six volumes se réduit à une espèce de paraphrase du *Commentaire historique sur les OEuvres de l'auteur de la Henriade*; à une notice fort vague des différentes productions de M. de Voltaire, notice qui n'est pas même complète; à un recueil de lettres dont le choix est fort peu intéressant; et à un assez grand nombre de pièces fugitives qui ont couru depuis long-temps tous les portefeuilles sous le nom de M. de Voltaire, mais qui ne sont pas même toutes de lui, et dont la plupart ont déjà paru dans les dernières éditions de ses OEuvres. M. de Luchet avoue lui-même qu'il a composé ces six volumes avec beaucoup de précipitation; et, quand il ne nous aurait pas dit son secret, il eût été difficile de ne pas le deviner. Le seul article de cette compilation qui soit un peu curieux est celui qui concerne les disgraces qu'éprouva M. de Voltaire à son départ de Berlin. Il y a tout lieu de présumer que le nouveau biographe a eu, sur cette triste époque de la vie de son héros, des mémoires au moins fort circonstanciés ; mais ce n'est pas assez sans doute pour en garantir l'exactitude.

M. de La Harpe mécontent, et ce n'est en vérité pas sans raison, de la manière dont il s'est vu jouer sur le théâtre de Paris et par le public et par les acteurs, a renoncé généreusement aux honneurs tumultueux de la représentation ; mais pour ne pas priver plus long-temps les amateurs dignes de l'apprécier, du plaisir de lire les ouvrages dramatiques restés dans son portefeuille, il vient de se déterminer à les imprimer. *Philoctète* et *Menzikof* paraissent déjà ; *les Brames* et *Gustave* ne tarderont pas à les suivre. « Je n'ignore pas, dit-il dans sa préface de *Menzikof*, tout ce que peut perdre un ouvrage de ce genre, dénué des avantages de la représentation ; je sais qu'à peine compte-t-on pour quelque chose une pièce de théâtre qui n'est pas jouée. Mais, accoutumé aux *épreuves* et aux *sacrifices*, je ne puis que répéter pour ma consolation ces paroles d'un Ancien : *Veritatem laborare nimis sæpe aiunt, extingui nunquam..... et spreta in tempore gloria, nonnumquam cumulatior redit.* »

M. de La Harpe ne voit que deux moyens de rendre aux auteurs dramatiques une lice honorable, et des juges éclairés ; c'est qu'il s'élève un second théâtre, et que tous les ordres des spectateurs y soient assis. « C'est à ces deux points capitaux que tient, selon lui, la révolution nécessaire sans laquelle le Théâtre Français est menacé d'une ruine prochaine et inévitable..... » Il y a quelque temps qu'il avait été fort question de ce projet à Versailles. Tous les gens de lettres, réunis sous l'étendard de M. de Beaumarchais, l'auteur dramatique qui donne le mieux à dîner, étaient parvenus, dit-on, à y intéresser les puissances; mais on assure depuis que MM. les gentilshommes de la chambre, et nommément M. le maréchal de Duras, ont obtenu que les choses resteraient dans leur ancien état, au moins jusqu'à nouvel ordre. Ce n'est pas ici le lieu de discuter ces grands intérêts; mais ce qui paraît incontestable, c'est qu'il faudrait sans doute faire tout autrement qu'on ne fait pour avoir de bonnes pièces et de bons acteurs; car il est impossible de se dissimuler que depuis long-temps nous n'en voyons plus, et que la décadence de l'art n'a jamais été marquée d'une manière plus sensible et plus déplorable.

Stances de M. le chevalier de Boufflers à mademoiselle de B***.

Tout à mes yeux me peint d'Adélaïde
L'aimable et séduisant portrait.
Partout je la vois trait pour trait;
Mon esprit, de plaisirs avide,
Voit sans cesse ce qui lui plaît.

Lorsque je sors, les yeux d'Adélaïde
Sont le soleil qui me conduit;
Pendant les horreurs de la nuit,
C'est l'astre brillant qui me guide.
Partout son image me suit.

Lorsque j'écris, le nom d'Adélaïde
Sous ma plume vient se placer;
J'aurais beau vouloir l'effacer,
Ma main, que le tendre Amour guide,
Est toujours prête à le tracer.

Lorsque je dors, je vois Adélaïde
Comme si je ne dormais pas;
Je vois ses graces, ses appas,
Ses traits en qui l'amour réside:
Quand je dors, que ne vois-je pas!

Je vois encor ma chère Adélaïde
Se rendre sans peine à mes vœux;
Je la vois approuver mes feux,
Et moi je deviens moins timide;
Quand je dors, que je suis heureux!

Impromptu de M. de Voltaire, fait à Cirey, sur la beauté du ciel, dans une nuit d'été.

Tous ces vastes pays d'azur et de lumière,
Tirés du sein du vide et formés sans matière,
Arrondis sans compas, et tournant sans pivot,
Ont à peine coûté la dépense d'un mot.

Encore trois nouveautés ce mois-ci à la Comédie Italienne, *Blanche et Vermeille*, opéra comique en trois actes, paroles de M. de Florian, musique de M. Rigel, le lundi 5; *Chacun a sa folie*, comédie nouvelle en deux actes et en vers, par M. le marquis de La Salle ou par madame Benoît, l'auteur de *l'Officieux*, le mardi 20; enfin, *la Matinée et la Veillée villageoise, ou le Sabot perdu*, divertissement en deux actes et en vaudevilles, par MM. de Piis et Barré, le mardi 27.

Blanche et Vermeille sont deux jeunes filles élevées à la campagne par une fée. Vermeille n'est sensible qu'à l'amour. Blanche se laisse séduire par l'ambition; elle quitte son berger pour épouser un prince qui lui a proposé sa main; mais avant de conclure ce mariage, le prince, instruit par les plaintes de l'amant abandonné, feint aux yeux de Blanche d'avoir usurpé un titre, un rang qui ne lui appartenaient pas, et s'aperçoit bientôt qu'il n'est pas aimé pour lui-même. On renvoie Blanche au village; elle y arrive au moment où sa sœur vient d'épouser son amant. Le tableau de leur bonheur achève de lui ouvrir les yeux sur sa faute; le berger, touché de ses remords, est trop heureux de lui pardonner, et la fée, dont l'intervention n'était pas bien nécessaire, les unit l'un à l'autre... Il y a dans cette pièce des détails agréables, mais elle a toute la froideur des sujets de ce genre sans en avoir les illusions et les surprises heureuses; tout y est prévu, et l'appareil de la féerie semble même déplacé dans une composition si simple et si champêtre.

Nous avons remarqué que l'idée de *l'Officieux* était prise dans une pièce manuscrite de M. le chevalier de Chastellux, intitulée : *l'Officieux importun*; l'idée de *Chacun a sa folie* paraît prise également dans une autre pièce manuscrite du même auteur, intitulée : *Les Prétentions*, qu'on a vu représenter souvent, ainsi que la précédente, sur les théâtres de société. Il faut supposer que M. le marquis de La Salle ou madame Benoît croient avoir des droits tout particuliers sur le portefeuille du chevalier de Chastellux, ou qu'il y ait entre leurs idées et les siennes une analogie peu commune.

L'intrigue de cette petite pièce est faible, et n'en est pas moins embrouillée.

La Matinée et la Veillée villageoise offre une suite de petits tableaux charmans.

De toutes les productions de MM. de Piis et Barré,

nous croyons que c'est celle qui mérite le mieux son succès. L'idée en est neuve et l'exécution facile et gaie; on ne pouvait guère rassembler plus de peintures agréables des différentes scènes de la campagne en hiver, et il serait difficile, sans doute, de les peindre avec des couleurs plus vives et plus riantes.

AVRIL.

Paris, avril 1781.

La clôture des spectacles s'est faite, suivant l'usage, à la Comédie Italienne, par un compliment en vaudevilles de MM. de Piis et Barré; à la Comédie Française, par un discours en prose, prononcé par le sieur Florence. Ces sortes d'ouvrages, quoique ordinairement fort applaudis, sont oubliés le lendemain, et nous n'en avons fait mention que pour remarquer la justice qu'il a plu au parterre de se rendre à lui-même, en répondant par de grands éclats de rire à la politesse avec laquelle le sieur Florence lui a dit : « Le goût, Messieurs, se conserve parmi vous comme les prêtresses de Vesta conservaient le feu sacré. »

Pour justifier la singulière estime que le parterre a montrée dans cette occasion pour ses propres lumières, nous ne récapitulerons point l'histoire des nouveautés dont nos théâtres se sont enrichis depuis la clôture des spectacles; mais nous ne devons point oublier ici les pertes que viennent d'éprouver encore l'Académie royale de Musique, par la mort de mademoiselle Durancy; la Comédie Française, par la retraite de mademoiselle

Luzy; la Comédie Italienne, par la mort de mademoiselle Moulinghen.

Mademoiselle Durancy, qui, dans un temps où le souvenir de mademoiselle Clairon était encore présent à tous les spectateurs, ne parut qu'une actrice assez médiocre au Théâtre Français, n'en fut pas moins une des meilleures actrices d'opéra que nous ayons vues depuis long-temps. L'énergie, l'intelligence et la vérité de son jeu, firent oublier souvent tout ce que le caractère de ses traits, la qualité de son organe et la méthode de son chant, pouvaient laisser à désirer.

Sans avoir jamais approché des talens de mademoiselle Dangeville, sans avoir, quoique très-jolie, ni la figure, ni l'esprit qui convenaient aux rôles de son emploi, mademoiselle Luzy a des droits à nos regrets. Son instinct suppléait souvent à l'intelligence qui lui manquait. Elle avait une belle voix, une prononciation fort distincte, assez d'usage de la scène, de la grace et de la gaieté. On s'est amusé à faire croire au public que c'était la lecture de l'histoire de la conversion de mademoiselle Gauthier (1) qui l'avait déterminée à quitter le théâtre. Il paraît plus vraisemblable que c'est le mouvement d'un dépit amoureux; elle avait la promesse d'épouser son ancien amant, M. Landry; elle avait grande envie d'épouser un de ses nouveaux camarades, M. Fleury; ces deux maris lui ayant manqué presque en même temps, elle a repris l'époux spirituel pour qui l'on dit qu'elle avait toujours conservé je ne sais quel goût, mais qu'elle avait su allier commodément aux distractions les plus mondaines. Quoi qu'il en soit, elle est entrée dans un

---

(1) Insérée dans le *Recueil des Pièces intéressantes et peu connues* (t. I, p. 259), qui parut il y a quelques mois. (*Note de Grimm.*)

couvent, où elle fait, dit-on, son noviciat avec une ferveur très-distinguée.

Madame Moulinghen avait beaucoup de justesse et de volubilité dans la voix; elle jouait fort naturellement les rôles de duègne et ceux de mère, et pouvait encore être long-temps d'une grande utilité à la Comédie Italienne; cette perte cependant n'est pas du nombre de celles qui ne puissent se réparer assez facilement.

Une perte bien plus considérable, à tous égards, est celle qu'a faite ce même théâtre, par la mort de M. Thomas d'Hèle (1), écuyer, l'auteur du *Jugement de Midas*, de *l'Amant jaloux*, des *Événemens imprévus*, de *Gilles ravisseur*, parade qu'on a donnée depuis sa mort sur le théâtre des Variétés Amusantes. Quelque supériorité que puissent avoir d'ailleurs les écrivains qui avaient travaillé avant lui pour ce spectacle, il n'en est peut-être aucun dont le génie ait sympathisé plus heureusement avec celui de Grétry, il n'en est peut-être aucun qui ait fourni à ce charmant compositeur des sujets et des situations plus analogues au caractère de sa musique, à la touche fine et spirituelle de son talent. M. d'Hèle, sans doute, n'écrivait pas ses ariettes et ses *duo* comme M. Marmontel, mais il en choisissait les motifs avec beaucoup de goût, et les plaçait de la manière la plus propre à faire de l'effet. Il entendait parfaitement la scène, et saisissait avec une grande adresse les combinaisons les plus favorables et à l'art du musicien et à la marche théâtrale. Son dialogue, quoique plein de négligences, est vif et pressé; l'intrigue de ses pièces, piquante, ingénieuse, l'est presque toujours sans effort.

(1) Son véritable nom était *Hales*. Né vers 1740, il mourut le 27 décembre 1780.

Tout ce que nous avons pu découvrir sur la vie de M. d'Hèle, c'est qu'il était du comté de Glocester, qu'il entra fort jeune dans les troupes anglaises, et qu'il fut envoyé, pendant la dernière guerre, à la Jamaïque; que depuis il voyagea dans presque toute l'Europe, et qu'il fit un long séjour en Suisse et en Italie. Il y a lieu de croire qu'il n'était pas né sans fortune; toute sa manière d'être annonçait du moins une éducation peu commune; mais il y a une dizaine d'années qu'il était fixé à Paris, et on ne l'y avait pas vu plus de trois mois à son aise. La perte de son patrimoine, de quelque manière qu'il eût été dissipé, l'avait réduit à passer sa vie dans les cafés ou au Fort-l'Évêque. Cependant, quelque déplorable que fût sa position, elle ne parut jamais altérer en rien ni la fierté de son ame, ni même celle de ses habitudes; quelque mal vêtu qu'il fût, son ton, son maintien annonçaient l'homme bien né. Il était sans morgue, sans affectation, et la manière dont il évitait de parler de lui semblait aussi pleine de modestie et de discrétion pour les autres que d'égards, et, si j'ose m'exprimer ainsi, de respect pour lui-même. Depuis ses succès à l'Opéra-Comique, il s'était fort attaché à madame Bianchi, qui jouait les rôles de soubrette dans les pièces italiennes. La passion qu'elle lui avait inspirée l'occupait uniquement; il avait renoncé pour elle à toutes ses sociétés, à tous ses amis. N'ayant pu réussir à la retenir dans ce pays-ci, après la suppression de la troupe italienne, on ne peut douter que le chagrin de s'en voir séparé n'ait hâté le terme de ses jours; c'est à la fin de l'année dernière, quelques mois après son départ, qu'il mourut des suites d'une maladie de poitrine. Il n'avait pas quarante ans.

L'abbé Coyer vient de publier un *Essai sur la Prédication, Carême entier en un seul discours.*

L'auteur annonce qu'il n'y aura point de divisions méthodiques dans ce discours; il n'en est pas moins divisé en trois points. Il prouve que nous ne sommes ni chrétiens, ni citoyens, ni hommes. *Chrétiens :* n'en dégoûte-t-il pas un peu, en montrant si clairement qu'il n'y en eut jamais, en insinuant si indiscrètement qu'il y aurait de la duperie à vouloir l'être? *Citoyens :* comment le serions-nous sans motifs, sans intérêt? *Hommes :* y pensez-vous? est-il encore permis d'y prétendre?..... Il y a dans ce discours quelques mouvemens assez oratoires, mais encore plus de vaine déclamation, d'idées vagues et communes.

Le *Carême prêché devant le roi par l'abbé Maury* ne serait-il pas encore plus curieux à lire que le *Carême entier* de l'abbé Coyer? Le plus grand reproche qu'on lui ait fait à Versailles, est d'avoir mêlé dans ses sermons trop de choses étrangères à l'Évangile, trop de discussions de politique, de finance et d'administration; d'avoir prêché le roi, plutôt que devant le roi. « C'est dommage, disait l'autre jour Sa Majesté en sortant de l'église, si l'abbé Maury nous avait parlé un peu de religion, il nous aurait parlé de tout. »

Encore sept volumes nouveaux de la plume intarissable de M. Rétif de La Bretonne; quatre de la suite des *Contemporaines*, les volumes IX, X, XI et XII; c'est toujours, comme il le dit lui-même quelque part, c'est toujours la vertu, mais la vertu mise en fille de joie....., et trois volumes d'un nouveau roman, intitulé : *la Découverte Australe, ou l'Histoire de l'Homme volant.*

Cet Homme volant est le fils d'un procureur de village, qui devient éperduement amoureux de la fille d'un gentilhomme. Cette passion lui fait inventer des ailes de la construction du monde la plus commode et la plus ingénieuse. Grace à cet heureux secret, il enlève sa maîtresse, la transporte sur la pointe d'un rocher inaccessible; là, il l'épouse, et lui fait un si grand nombre d'enfans, que la pointe du rocher ne peut plus suffire à son établissement. Il passe les mers, toujours volant, et suivi de sa famille; il fonde un nouvel empire dans une île déserte. De là il fait le tour du monde. Il rencontre des hommes-chevaux, des hommes-singes, des hommes-fourmis, des patagons, etc., etc., et tout cela est d'une folie si grave et si sérieuse, que cela en devient insipide et fatigant. Il faut bien que l'auteur s'en soit douté lui-même, car il s'est arrêté tout à coup au milieu de sa carrière; le roman n'est par fini, et il ne s'engage pas à nous en donner la suite. Quelle perte !

———

Quelque rigoureux qu'aient été les ordres envoyés à toutes les barrières du royaume pour défendre l'entrée de la nouvelle édition de l'*Histoire des deux Indes,* on a trouvé le secret d'en faire introduire un très-grand nombre d'exemplaires; tant il est vrai qu'il n'est point de loi prohibitive que l'industrie et l'avidité du gain ne parviennent à éluder. La calomnie n'a pas craint d'accuser l'intégrité d'un grand ministre d'avoir favorisé cette fraude; mais de tous les mensonges inventés par elle, il n'en est point sans doute de plus frivole et de plus absurde. Quoiqu'elle nomme, dans un de ses derniers libelles (1),

---

(1) Dans la *Lettre* prétendue *de M. le marquis de Caraccioli à M. d'Alembert,* par l'honorable M. Daudet, déjà connu par quelques pamphlets du même

l'abbé Raynal, *le Timbalier du parti Necker*, il est certain que personne n'a été moins empressé que lui à rendre justice aux opérations de ce ministre ; il n'en est pas moins sûr aussi que personne n'a vu avec plus de peine que M. Necker l'indiscrétion, et l'on peut dire la folie avec laquelle l'abbé Raynal vient de compromettre si gratuitement le bonheur et le repos de sa vieillesse ; ce qui est bien plus sûr encore, c'est qu'aucun intérêt d'amitié ni de haine n'aurait pu obtenir du plus vertueux des hommes une faveur si contraire à la sagesse et à l'austérité de ses principes.

La nouvelle édition de l'*Histoire des deux Indes* est considérablement augmentée ; et quant au fonds de l'ouvrage, on ne peut nier qu'elle ne soit, à beaucoup d'égards, très-supérieure aux éditions précédentes ; la partie historique est infiniment plus exacte, particulièrement dans tout ce qui concerne les colonies d'Espagne et du Portugal, sur lesquelles l'auteur a eu d'excellens Mémoires qui lui ont été communiqués par M. le comte d'Aranda et par M. de Souza. Sans être plus méthodique, la forme de cette nouvelle édition est au moins d'un usage plus commode, grace aux indications qui sont à la tête de chaque livre et à la table des matières qui termine chaque volume. Si l'on remarque encore beaucoup d'inégalité dans le style, nous croyons cependant qu'on doit le trouver, en général, plus correct, plus précis, plus soigné ; mais les lecteurs qui se sont plaints de se voir arrêtés sans cesse, dans les premières éditions, par des digressions

---

style (*Note de Grimm.*) — Daudet n'est regardé que comme l'éditeur de cette *Lettre* à laquelle il a bien fait quelques additions, mais qu'on regarde généralement comme étant du comte de Grimoard. Elle parut sons la date de Londres, 1781, in-4°. et in-8°.

inutiles ou déplacées, n'en seront pas moins fatigués dans celle-ci. Il n'est guère de lieu commun de morale, de politique et de philosophie, que l'auteur n'ait voulu placer dans quelque coin de son ouvrage, et il en est deux ou trois auxquels il ne se lasse point de revenir. Dans la foule de ces morceaux, quoique absolument parasites, il en est, sans doute, un assez grand nombre qui, par la manière dont ils sont faits, ne peuvent qu'ajouter à l'intérêt du livre; mais il en est beaucoup d'autres qui ne sont que de froides déclamations, et qui blessent surtout le bon goût par défaut de convenance et de liaison. On ne s'est jamais moins inquiété du soin de préparer des transitions heureuses; on dirait que l'auteur, après avoir fini son ouvrage, craignant que le fonds n'en fût pas assez intéressant par lui-même, s'est empressé d'y jeter au hasard toutes les fleurs de philosophie et de rhétorique qu'il a pu trouver dans ses recueils et dans ceux de ses amis. Le peu d'art avec lequel ces ornemens sont placés en fait précisément ce qu'on appelle des taches dans un tableau.

Nous n'avons point voulu dissimuler les reproches que peut mériter l'illustre auteur de l'*Histoire des deux Indes*; la célébrité qu'il a si justement acquise ne doit point en imposer à l'impartialité de nos critiques. Mais tous ces reproches, quelque fondés qu'ils nous paraissent, et toutes les persécutions de ses ennemis, quelque acharnement qu'ils y puissent mettre, ne lui ôteront point le rang qu'il occupera toujours parmi les écrivains les plus distingués de la nation; son livre n'en sera pas moins l'ouvrage le plus complet, le plus philosophique, le plus original qui ait encore paru sur l'histoire du commerce, et, sous ce rapport, un des plus utiles monumens du progrès de nos connaissances et de nos lumières. Voilà ce qui nous paraît incontestable.

___

Si l'auteur des *Fausses Infidélités*, si M. Barthe ne travaille plus pour la comédie, il la donne encore de temps en temps à ses amis. Quelque désagréable que soit la dernière scène dont il a été l'objet, cette scène est accompagnée de circonstances si bizarres, elle est devenue si publique, que nous ne pouvons nous empêcher d'en dire deux mots. Notre poète jouait au trictrac, dans je ne sais quel café, avec un officier qu'il ne connaissait pas, mais que ses glorieux exploits avaient déjà tenu renfermé plusieurs années à Vincennes. La partie s'échauffe, on s'impatiente, on se dit mutuellement des mots fort durs; cependant on en reste là. Le jeu fini, M. Barthe a l'imprudence de répéter assez haut pour être entendu : « Voilà un homme très-malhonnête, mais je lui ai bien dit son fait.... » Aussi fier de ce petit triomphe que M. de Pourceaugnac, il veut sortir; quelle est sa surprise, lorsqu'il trouve l'homme à la porte, qui l'attendait froidement, la canne à la main ! Il veut se saisir de son épée; mais avec une vue aussi basse que la sienne, et dans le trouble qui l'agite, trouve-t-on son épée tout de suite? Il la trouve enfin, mais autre accident; elle tient si bien au fourreau qu'il ne peut jamais parvenir à l'en tirer. Son adversaire a l'indignité de profiter de la circonstance; et sans le secours des passans, qui accourent pour terminer un combat si inégal, les épaules de notre pauvre poète allaient être mises en pièces. Revenu tant bien que mal de cette rude épreuve, il va dîner en ville, ne confie encore son secret à personne; mais toujours distrait par de fâcheux souvenirs, en sortant de la maison, au lieu de prendre son chapeau, il prend celui de son voisin, un grand chapeau à plumet, et va s'étaler ainsi à l'amphithéâtre de l'Opéra. On l'aperçoit, on se regarde; sa désastreuse histoire avait déjà transpiré, et l'on se demande autour de lui s'il a pris ces malheureux coups de bâton pour une accolade de chevalerie. L'affaire cependant est dénoncée au tribunal de messieurs les maréchaux de France; le poète convient d'avoir reçu les coups, l'officier de les avoir donnés. On est d'abord tenté de les renvoyer hors de la cour, en leur disant comme le duc régent dans une circonstance toute pareille : *Hé bien, messieurs, vous êtes d'accord.* Mais après avoir reçu des informations plus exactes sur la conduite de M. Poireau (c'est le nom de l'officier en question), on le condamne à cinq ans et un jour de prison, et l'on conseille à M. Barthe de suivre l'avis du grand cousin (1), et de ne jamais jouer avec les gens sans les connaître. Ainsi finit cette triste et mémorable aventure.

―――――

Les spectacles de madame de Montesson n'ont pas été, cet hiver, moins suivis, moins variés que les années précédentes. Toute la France s'est empressée d'y voir deux pièces nouvelles en vers, *l'Homme impassible* et *la Fausse Vertu.* Ce sont les premiers ouvrages que madame de Montesson ait écrits en vers, et il y a long-temps que nous n'avions vu de nouveauté, même au Théâtre Français, dont la versification nous ait paru plus pure, plus aisée, plus naturelle. Le fonds de *l'Homme impassible*, il en faut convenir, est essentiellement froid. Sans passion, le ridicule même ne fera jamais que peu d'effet sur la scène; et des caractères de ce genre ne

(1) Dans *le Déserteur* de M. Sedaine. (*Note de Grimm.*)

peuvent guère réussir que comme rôles secondaires. Le sujet de *la Fausse Vertu*, ou de la Fausse Sensibilité, est infiniment plus heureux. C'est proprement le ridicule du siècle; plus on devient personnel, plus on craint de le paraître, et plus on affecte les dehors les plus propres à cacher un vice si méprisable. Les précieuses, les Philamintes du siècle passé n'offraient pas, ce me semble, des travers plus dignes d'exercer la censure du poète comique. Mais ce qui n'est pas facile, sans doute, c'est de saisir un pareil caractère sous un point de vue assez juste pour le peindre avec vérité sans le rendre trop odieux, ou, en le montrant aussi odieux qu'il l'est, de l'entourer de situations si plaisantes qu'on en modifie l'impression par la force même du ridicule; c'est ce que Molière sut faire avec tant de génie dans son *Tartuffe*; mais à qui Molière a-t-il laissé son secret?

Parmi les autres pièces données sur le théâtre de madame de Montesson, nous avons encore distingué *Marianne*. C'est son coup d'essai. M. le duc d'Orléans en avait eu la première idée; il en avait même ébauché déjà quelques scènes; il engagea madame de Montesson à s'en occuper, et c'est au succès de ce premier ouvrage que nous sommes redevables de tous ceux qui l'ont suivi. Toutes les situations du roman de Marivaux y sont rappelées avec beaucoup d'art; quelque étendu, quelque compliqué que soit le plan de cette intéressante fiction, il se trouve resserré ici sans effort dans les bornes ordinaires de l'action dramatique, et le style du drame est aussi simple, aussi naturel que celui du roman l'est peu.

La dernière nouveauté par laquelle on a fait la clôture de ce brillant spectacle est celle qui a le moins réussi; c'est *la Réduction de Paris par Henri IV*, grand opéra, paroles de M. le marquis Ducrest, frère de madame la comtesse de Genlis, musique du sieur Mereaux, déjà connu par quelques *Oratorio* exécutés avec assez de succès au Concert Spirituel. Quoique dans cet opéra Mayenne voie en songe toutes les hautes destinées de la maison de Bourbon, toutes ses alliances, sans en excepter celles dont l'amour et la vertu ne s'applaudissent encore qu'en secret ; quoique l'auteur n'ait rien négligé, comme l'on voit, pour donner à son poëme le caractère le plus national, et, s'il est permis de s'exprimer ainsi, même le plus domestique, l'ouvrage n'en a pas été trouvé moins ennuyeux, maladroitement conçu, plus maladroitement exécuté, sans invention et du plus faible intérêt.

MAI.

Paris, mai 1781.

Épitaphe d'un Perroquet.

Ci-gît Jacquot, trépassé de vieillesse,
Et tendrement chéri de sa douce maîtresse.
Il ne parla jamais qu'après autrui.
Combien de gens sont morts et mourront comme lui!

Après tant de débuts que nous avons cru devoir passer sous silence, en voici un enfin qui nous laisse concevoir d'assez belles espérances, c'est celui de la demoiselle Joly, qui a joué, pour la première fois, sur le théâtre de la Comédie Française, le mardi 1ᵉʳ, le rôle de Dorine dans *le Tartuffe*, depuis celui de Lisette dans *la Métro-*

manie, et de suite les principaux rôles de soubrette. C'est un enfant de la Comédie : elle a été élevée sur les planches de ce théâtre, où elle a rempli souvent le rôle de Joas et quelques autres rôles du même âge ; elle y a dansé aussi plusieurs années ; il est donc assez naturel que l'habitude de voir jouer tous les jours mademoiselle Luzy lui ait donné quelques rapports très-sensibles avec la manière et le jeu de cette actrice. Nous avons cru remarquer cependant avec beaucoup de plaisir que cette espèce d'imitation n'avait point effacé le caractère original dont son talent nous paraît susceptible. Sa figure, sans être régulièrement jolie, est pleine de vivacité et d'expression, et si cette expression n'était pas quelquefois un peu exagérée, sa physionomie y gagnerait encore plus d'agrément et de finesse. Sa voix est sonore et flexible ; sa prononciation, en général, pure et distincte, n'a d'autre défaut que celui de s'élever trop souvent au-dessus du ton de ses interlocuteurs, défaut que l'usage de la scène peut corriger. Nous ne lui avons encore vu jouer aucun rôle dont elle eût assez étudié l'ensemble ; mais il n'en est aussi pas un où elle n'ait saisi des nuances très-fines avec le tact le plus heureux, et ces nuances-là sont toujours rendues par elle d'une manière piquante et d'une manière qui lui semble propre. Nous serions bien trompés si, guidée par des conseils éclairés, si, soutenue par des encouragemens modérés (car les autres dévouent le talent à une médiocrité éternelle), mademoiselle Joly ne parvenait bientôt à nous consoler de mademoiselle Luzy, peut-être même à nous rappeler les beaux jours de mademoiselle Dangeville.

La tragédie de *Jocaste*, que M. le comte de Lauraguais vient de faire imprimer (1), n'est pas la première tragédie de l'illustre auteur; nous avons déjà de lui une *Clytemnestre*, publiée il y a vingt ans. Quelque singulier qu'ait paru dans le temps ce premier essai de sa muse tragique, celui-ci paraîtra sans doute encore beaucoup plus étrange. Nous en allons tracer le plan le plus succinctement qu'il nous sera possible.

Acte premier.

Un chœur de Thébains nous apprend que Laïus est allé consulter l'oracle d'Apollon sur *les énigmes affreuses du Sphinx*. Iphise et Naxos, sœurs de Jocaste, après nous avoir répété la même chose, s'entretiennent encore fort longuement des motifs secrets du voyage de Laïus; Jocaste se mêle à leur entretien, et ne le rend ni plus clair ni plus intéressant. Enfin l'on voit arriver Phorbas, le grand prêtre du Destin, qui déclare aux trois princesses, en présence du peuple assemblé, ce que le sphinx vient d'annoncer; ce sont les paroles mêmes du monstre:

> Je vins pour prévenir Laïus sur son destin.
> Il me dédaigna trop; il voit déjà sa fin.
> Je vois la mienne aussi. Mon vainqueur va paraître.
> Jocaste est sa conquête, il sera votre maître.
> Mais des maux que j'annonce et que vous souffrirez
> Par Jocaste et par lui vous serez délivrés (2).

Jocaste sort dans le plus grand trouble. Je vais ordonner... — Quoi donc? lui dit Iphise. — Eh! je l'ignore.

Acte second.

Anaxès, frère de Laïus et grand-prêtre de l'Hymen,

---

(1) Paris, Debure, 1781, in-8°.

(2) On dit assez plaisamment que ce qu'il y avait de plus clair dans la tragédie de M. de Lauraguais, c'était l'énigme du Sphinx. (*Note de Grimm.*)

fait à Naxos le récit de la mort de Laïus. Arcas, un des officiers du palais, leur raconte l'arrivée mystérieuse de l'inconnu qui a triomphé du sphinx; mais aux transports qu'excite cette victoire succède une nouvelle horreur; les derniers soupirs du monstre ont infecté l'atmosphère : la peste ravage Thèbes. Le peuple demande à grands cris qu'on donne le trône et la veuve de Laïus au vainqueur du sphinx. On a déjà conduit ce héros au temple ; *on cherche partout* la reine pour l'obliger de se soumettre *aux ordres absolus du Destin;* Anaxès s'est chargé de l'y déterminer. Tandis qu'Arcas et la princesse réfléchissent encore sur cette étonnante révolution, Phorbas, suivi du peuple, vient lui-même chercher la reine. Après quelques instans de silence, on voit les sœurs de Jocaste l'entraîner sur la scène, le peuple l'entourer, et la conduire au temple.

Acte troisième.

Iphise et Naxos sont occupées à se rappeler toutes les circonstances du funeste hyménée dont elles viennent d'être témoins ; Jocaste semblait interdite, éperdue. Jusqu'alors cachée sous des voiles épais, elle les jette tout à coup, et s'élance à l'autel. On croyait qu'un fer mortel allait venger dans ce terrible instant l'injure de sa gloire offensée, mais...

Mais ce jeune étranger, pressé par la nature,
A prévu son dessein, volé devant ses pas.
L'éclair n'est pas plus prompt ; Jocaste est dans ses bras.

Oui, Jocaste en devient tout à coup éperdument amoureuse. Les présages qui suivent le sacrifice destiné à consacrer leur union n'en sont pas moins alarmans. Le grand-prêtre vient encore augmenter l'effroi des deux princesses, lorsqu'on entend tout à coup du bruit dans le palais. Les personnages qui sont sur le théâtre demeurent interdits ; le bruit augmente, le grand-prêtre se retire, et les princesses accourent à l'appartement de Jocaste dans l'instant que Jocaste et OEdipe entrent sur la scène. C'est ici qu'est placée la double confidence de Jocaste et d'OEdipe. La reine semble avoir déjà pénétré le mystère de leur destinée ; elle frémit de reconnaître dans Eudoxe (c'est le nom sous lequel OEdipe fut enlevé) et son fils et le meurtrier de Laïus. Elle le fuit en lui disant : Craignez jusqu'à l'air que Jocaste respire.

Acte quatrième.

La princesse Naxos est condamnée à essuyer tous les récits de la pièce. C'est à elle que s'adresse encore celui que fait Iphise des soins que prit Laïus pour dérober son fils OEdipe aux horreurs dont les oracles menaçaient sa destinée ; mais l'ennuyeuse exposition de ce mystère est tout-à-fait inintelligible ; on comprend seulement que ce qu'Iphise en avait pu savoir devait paraître assez propre à calmer les terreurs de Jocaste. Un officier du roi vient annoncer aux princesses qu'on se prépare à rendre les derniers devoirs aux mânes de Laïus ; que son corps va être exposé, selon l'usage, sous le portique du palais. Jocaste, dans ce moment, sort éperdue de son appartement. Quels prodiges nouveaux !..... « Laissant rentrer dans son ame l'espérance et l'amour, elle croit lire dans les yeux d'Eudoxe la clémence céleste... Ne pouvant résister à sa nouvelle ardeur, elle y succombe, et presse cet époux contre son sein ; mais à l'instant un bruit terrible et souterrain les fait trembler tous deux d'horreur ;

un fantôme entre eux s'élève et les sépare, et ce fantôme est Laïus, etc. » La reine prie Naxos d'aller rejoindre Eudoxe ; elle sort avec Iphise pour apaiser les mânes de son époux.

Acte cinquième.

Jocaste s'épuise en plaintes vagues et obscures ; Iphise même en est fatiguée, et lui dit :

Prétendez-vous toujours, ma sœur, vous appliquer
A parler sans jamais vouloir vous expliquer.

Après avoir continué de parler encore long-temps de la même manière, elle s'écrie enfin :

Eudox n'est point Eudox ; et c'est OEdipe, hélas !
Avant de le savoir, mon cœur n'en doutait pas.

OEdipe paraît, et ce n'est, comme l'on voit, que pour la seconde fois ; il achève la confidence commencée à la fin du troisième acte. Jocaste, pour l'écouter, couvre tantôt sa tête d'un voile, et tantôt elle l'ôte. La pompe de Laïus arrive sur le théâtre. OEdipe, en soulevant le linceul funèbre, reconnaît sa victime. Jocaste expire ; OEdipe se frappe et tombe à ses pieds. Le grand-prêtre déclare que le fléau de la peste a cessé, et que les dieux sont satisfaits ; qu'il faut adorer leur justice et craindre leur courroux.

Nous sommes trop glorieux d'avoir déchiffré si heureusement le nouveau logogriphe tragique de M. de Lauraguais pour nous arrêter encore à faire admirer toutes les beautés qui distinguent ce chef-d'œuvre, et cette élévation de style dont nous avons déjà cité quelques exemples, et cette foule de grands événemens pressés dans l'espace de vingt-quatre heures; le voyage du roi, sa mort, le couronnement de son successeur, le mariage de sa veuve, cette passion violente qu'elle conçoit au pied même des autels, et ces transports incestueux qui suspendent tout à coup ses craintes et ses remords, enfin la pompe funèbre du pauvre Laïus; au second acte, le commencement de la peste; au cinquième, la fin de ce terrible fléau, etc. Quelque merveilleux que puisse paraître le plan du nouvel OEdipe, l'exécution en est encore plus extraordinaire; mais il faut lire la pièce pour s'en faire une juste idée, et cela n'est point aisé. M. de Lauraguais avait déjà obtenu, dit-on, l'ordre de la faire jouer; sa famille, en s'y opposant, nous a privés d'un spectacle qui eût excité sans doute la plus grande curiosité. Elle doit des dédommagemens à la Comédie.

Jocaste est précédée d'une longue dissertation sur les *OEdipe* de Sophocle, de Corneille, de Voltaire, de La Mothe. On y prouve que tous ces messieurs ont manqué absolument ce beau sujet; et l'on fait entendre de plus, avec assez de dureté, que M. de Voltaire n'avait pas le génie vraiment tragique. Faut-il s'étonner qu'il ait fallu à M. de Lauraguais près de deux cents pages pour établir des propositions si nouvelles?

Nous n'entreprendrons point ici de pénétrer les motifs secrets de la retraite de M. Necker, encore moins de juger, ni la conduite de ce ministre, ni celle de ses ennemis. Nous ne voulons que conserver un souvenir fidèle de la sensation que cet événement a faite dans ce pays, quelque accoutumé qu'on y soit aux révolutions de ce genre, quelque indifférence qu'on y ait ordinairement pour tout ce qui intéresse la chose publique, et quelque peu durables qu'y soient les impressions même les plus vives.

Ce n'est que le dimanche matin, le 20 de ce mois, que l'on fut instruit à Paris de la démission donnée la veille par M. Necker. On y avait été préparé depuis longtemps, par les bruits de la ville et de la cour, par l'impunité des libelles les plus injurieux, et par l'espèce de protection accordée à ceux qui avaient eu le front de les avouer, par toutes les démarches ouvertes et cachées d'un parti puissant et redoutable; cependant l'on eût dit, à voir l'étonnement universel, que jamais nouvelle n'avait été plus imprévue. La consternation était peinte sur tous les visages; ceux qui éprouvaient un sentiment contraire étaient en trop petit nombre; ils auraient rougi de le montrer. Les promenades, les cafés, tous les lieux publics étaient remplis de monde; mais il y régnait un silence extraordinaire; on se regardait, on se serrait tristement la main, je dirais, comme à la vue d'une calamité publique, si ces premiers momens de trouble n'eussent ressemblé davantage à la douleur d'une famille désolée qui vient de perdre l'objet et le soutien de ses espérances.

On donnait ce même soir, à la Comédie Française, une représentation de *la Partie de Chasse de Henri IV*. J'ai vu souvent au spectacle à Paris des allusions aux circonstances du moment, saisies avec beaucoup de finesse; mais je n'en ai point vu qui l'aient été avec un intérêt aussi sensible, aussi général; chaque applaudissement semblait, pour ainsi dire, porter un caractère particulier, une nuance propre au sentiment dont on était pénétré; c'était tour à tour celui des regrets et de la tristesse, de la reconnaissance et du respect, et tous ces mouvemens étaient si vrais, si justes, si bien marqués, que la parole même n'aurait pu leur donner une expression plus vive et plus intéressante.

Rien de ce qui pouvait s'appliquer sans effort au sentiment du public pour M. Necker ne fut négligé; souvent les applaudissemens venaient interrompre l'acteur au moment où l'on prévoyait que la suite du discours ne serait plus susceptible d'une application aussi pure, aussi flatteuse, aussi naturelle. Enfin, nous osons croire qu'il est peu d'exemples d'un concert d'opinions plus sensible, plus délicat, et, s'il est permis de s'exprimer ainsi, plus involontairement unanime. Les Comédiens ont été s'excuser auprès de M. le lieutenant de police d'avoir donné lieu à une scène si touchante, mais dont on pouvait leur savoir mauvais gré. Ils ont justifié leur innocence en prouvant que la pièce était sur le répertoire depuis huit jours. On leur a pardonné, et l'on s'est contenté de défendre, à cette occasion, aux journalistes de parler à l'avenir de M. Necker ni en bien ni en mal.

Nous remarquerons encore que, pendant qu'on rendait à la Comédie Française un hommage si flatteur aux vertus du ministre retiré, M. le bailli du Rollet, l'illustre auteur de l'opéra d'*Iphigénie en Aulide*, fut sur le point d'être fort maltraité à l'Opéra, et en plein foyer, pour avoir osé dire qu'on était bien heureux d'être enfin délivré d'un insolent comme M. Necker. Un vieux chevalier de Saint-Louis, remarquable par ses cheveux blancs et par les nobles cicatrices dont son visage est tout sillonné, ayant entendu le propos, s'empressa de le relever avec la plus extrême vivacité, et, sans l'attention que quelques personnes eurent d'écarter un si rude assaillant, la moelle épinière de M. le bailli courait sans doute le plus grand risque. La modération du poète de Malte a évité prudemment toutes les suites qu'aurait pu avoir cette affaire ; mais, depuis la retraite de M. Necker, il n'y a guère eu de jour où M. le lieutenant de police n'ait reçu le rapport de quelques scènes du même genre.

M. Bourboulon, le digne auteur des *Observations sur le Compte rendu*, présentées d'une manière assez spécieuse, ayant été aperçu au Palais-Royal quelques jours après la démission de M. Necker, à l'heure où cette promenade est le plus fréquentée, y fut suivi avec tant d'affectation et avec des marques de mépris si bien prononcées, qu'il se vit enfin obligé de sortir du jardin. La foule l'accompagna jusqu'à la porte par où il s'échappa.

Si jamais ministre n'emporta dans sa retraite une gloire plus pure et plus intègre que M. Necker, jamais ministre aussi n'y reçut plus de témoignages de la bienveillance et de l'admiration publique. Il y eut, les premiers jours, sur le chemin qui conduit à sa maison de campagne à Saint-Ouen, à une lieue de Paris, une procession de carrosses presque continuelle. Des hommes de toutes les classes et de toutes les conditions s'empressèrent à lui porter l'hommage de leurs regrets et de leur sensibilité ; et dans ce nombre on a pu compter les personnes les plus respectables de la ville et de la cour, les prélats les plus distingués par leur naissance et par leur piété, M. l'archevêque de Paris à la tête ; les Biron, les Beauvau, les Richelieu, les Choiseul, les Noailles, les Luxembourg, M. le duc d'Orléans ; enfin, les noms les plus respectés de la France, sans oublier celui de son successeur, qui n'a pas cru pouvoir mieux rassurer les esprits sur les principes de son administration qu'en donnant lui-même les plus grands éloges à celle de M. Necker, et en se félicitant de n'avoir qu'à suivre une route qu'il trouvait si heureusement tracée.

Maxime a retenir; par M. le comte de Shouwalof.

Sous Louis Quinze, on vit l'abbé Terray,
Vil scélérat, justement abhorré,
Le bras armé de la toute-puissance,
Tromper son maître et dévorer la France.
Jusques au bout d'un règne désastreux
Il fut en charge, et fit des malheureux.
Sous Louis Seize, on trouve un honnête homme
Que l'on chérit, que l'Europe renomme,
Qui, sans fouler les peuples écrasés,
Remplit du roi les coffres épuisés,
Qui des traitans fuit les secours perfides,
Et sans impôt sait trouver des subsides;
Eh bien! mon homme est soudain terrassé.
L'Enfer agit, l'Olympe est courroucé;
La fermeté se nomme encore audace.
Faites le bien, et vous serez chassé;
Faites le mal, vous resterez en place.

JUIN.

Paris, juin 1781.

Le debut de mademoiselle Thénard, dans les grands rôles tragiques, occupe assez utilement la Comédie Française depuis un mois. Ce qui peut servir à confirmer les espérances que plusieurs personnes ont osé concevoir du talent de cette actrice, c'est que son succès a presque toujours été en croissant d'une représentation à l'autre, sans exciter jamais ces applaudissemens tumultueux qui ne décèlent aujourd'hui que les efforts de la cabale, ou l'effervescence d'un engouement passager. Mademoiselle Thénard, qui avait déjà débuté sur ce théâtre il y a deux ou trois ans, n'avait que médiocrement réussi alors (1); elle nous a paru avoir acquis de la connaissance et de l'habitude de la scène. Sa voix, avec plus de force et d'étendue, des inflexions plus sensibles et plus variées, manque encore de tenue et de souplesse; ses transitions d'un ton à l'autre ne sont pas toujours faciles, elles ne sont pas même toujours justes. Mademoiselle Thénard joue plutôt la scène que le rôle, et tel ou tel moment de la scène, que la scène entière; mais il est des traits de sensibilité qu'elle rend avec une vérité touchante, et quelquefois même avec une énergie nouvelle et tout-à-fait propre à son talent. Comme mesdemoiselles Sainval, elle tombe souvent dans une trop grande familiarité; elle ne connaît point assez le grand secret, sans lequel tous les arts d'imitation seraient restés imparfaits et sauvages, le secret d'ennoblir la nature sans en affaiblir, sans en exagérer l'expression. Nous lui croyons en général plus de sensibilité que d'esprit, plus de talent que d'intelligence; mais l'étude et la réflexion, qui ne peuvent donner ni le talent ni la sensibilité, ne suppléent-elles pas plus aisément aux défauts de l'esprit? La figure de mademoiselle Thénard, quoique assez commune, n'est pas désagréable au théâtre; sans être élé-

(1) Cette actrice avait débuté pour la première fois le 1er octobre 1777 par le rôle d'Idamé de *l'Orphelin de la Chine*; elle débuta pour la seconde par celui d'Alzire, le 26 (ou 23) mai 1781.

gante, sa taille est bien; elle a le nez gros, la bouche grande, mais de l'expression dans les yeux et dans les sourcils, avec des cheveux d'une beauté que nous serions tentés d'appeler tragique, parce que la manière dont ils sont plantés donne à son front je ne sais quel caractère sombre et prononcé qui lui sied. Elle vient d'être reçue à demi-part pour doubler également madame Vestris et mademoiselle Raucourt dans les rôles de reines et dans ceux de princesses.

Si le Théâtre Français vient de faire dans mademoiselle Thénard une acquisition utile, il a fait dans le sieur Monvel une perte, à plusieurs égards, fort regrettable. On assure qu'il nous quitte pour aller en Suède; mais on n'est pas d'accord sur les motifs de cette retraite. Ses amis l'attribuent aux dégoûts qu'il a éprouvés de la part de ses camarades, au mauvais état de ses affaires; mais ces raisons ne paraissent pas suffisantes, on en a cherché de plus réelles dans les éclats scandaleux d'un goût qu'il partage avec plusieurs héros de l'histoire ancienne et moderne, mais qui n'en a pas moins excité toute la colère et toute l'indignation des dames de sa compagnie. Quelque juste que puisse être cette indignation, le public, dans l'état actuel du Théâtre Français, est réduit à regretter un acteur à qui il ne manque qu'une figure, des poumons et des dents pour être un excellent comédien. Il laisse ici, pour payer ses dettes, quatre pièces nouvelles, deux pour la Comédie Française, et deux pour l'Opéra Comique. L'expédient n'est pas nouveau; M. de l'Empyrée, dans *la Métromanie*, fait à ses créanciers des délégations de ce genre.

Depuis l'événement malheureux qui a réduit en cendres la salle de l'Opéra (1), l'Académie royale de Musique s'est bornée à donner des concerts deux fois la semaine dans la salle du château des Tuileries destinée au Concert Spirituel. Les premiers ont été fort suivis, mais cet empressement n'a pas été de longue durée. Messieurs les Gluckistes ont pris beaucoup d'humeur de la méprise dont ils furent dernièrement les dupes : on avait annoncé sur l'affiche un air italien de M. le chevalier de Gluck; au moment où l'on se dispose à l'exécuter, tous nos Piccinistes affectent de sortir ou d'aller au foyer, les Gluckistes redoublent d'attention, et, restés seuls maîtres du champ de bataille, ils se tuent d'applaudir. Hélas! on les avait trompés; l'air n'était pas de Gluck, il était de Jomelli, et n'en était pas meilleur, on l'avait sifflé en Italie. Que de regrets! que de remords! et quelle confusion! Il faut avouer aussi que cette musique de concert n'a pas le sens commun; elle peut exposer tous les jours les plus braves gens du parti à des prévarications de cette espèce, toujours très-nuisibles à la bonne cause, quoique assurément très-involontaires et très-innocentes.

Messieurs les Théatins viennent de faire un bâtiment immense qui touche à la maison de M. de Villette. Il est toujours fâcheux d'avoir un voisin si profane; il l'est bien plus encore de l'avoir pour locataire; cependant les révérends Pères, désirant de tirer le meilleur parti possible de leur maison, n'ont pas fait difficulté de lui louer fort cher la partie du rez-de-chaussée et de l'entresol qui

---

(1) Cet incendie eut lieu le 8 juin 1781. La salle du Palais-Royal avait déjà été incendiée le 6 avril 1763, comme on l'a vu précédemment t. III, p. 214. C'est à la suite de ce second malheur que fut construite en moins de 40 jours la salle de la Porte-Saint-Martin, destinée à servir d'asile provisoire à l'Opéra, spectacle protégé particulièrement par la reine.

joint sa maison. Il a fait ce qu'il voulait dans l'entresol ; et, dans le rez-de-chaussée, il a établi une boutique qu'il a relouée à un marchand d'estampes, mais sous la condition très-expresse qu'il ferait mettre sur l'enseigne, en grandes lettres d'or : *Au grand Voltaire*. Celui-ci n'a eu garde d'y manquer (1). Les pauvres Pères sont désespérés ; mais, tenus par leur marché, ils préfèrent encore la douleur de laisser subsister une affiche si peu décente pour leur maison, à la dépense du procès qu'il faudrait intenter à M. de Villette pour l'ôter.

La cour du Parlement a rendu, le 21 mai dernier, l'arrêt si long-temps attendu qui condamne l'*Histoire philosophique* de l'abbé Raynal.

Cet arrêt a été rendu sur le réquisitoire de l'avocat-général du roi ; mais on sait que M. Séguier ne s'est chargé de ce triste ministère qu'à la requête de M. le procureur-général, et que M. le procureur-général avait reçu à ce sujet des ordres supérieurs. La cour ordonne, par cet arrêt, que le nommé Guillaume-Thomas Raynal, dénommé au frontispice dudit livre, sera saisi et appréhendé au corps et amené ès-prisons de la Conciergerie du Palais, pour y être ouï et interrogé par-devant le conseiller-rapporteur sur les faits dudit livre, etc., et où ledit Guillaume-Thomas Raynal ne pourrait être pris et appréhendé, après perquisition faite de sa personne, assigné à quinzaine, ses biens saisis et annotés, etc.

Et voilà ce qu'il en coûte à notre philosophe, pour n'avoir pas voulu essuyer de la part de la postérité le sensible et grief reproche de n'avoir pas dit, même signé tout ce que lui et ses amis pouvaient penser de plus

(1) Ce magasin et cette enseigne existent encore.

hardi sur les différentes puissances du ciel et de la terre, sur les prêtres, sur les ministres, et nommément sur ceux qui auraient le plus de droit à le trouver mauvais. La reconnaissance de la postérité le dédommagera-t-elle de ce qu'il lui a si gratuitement sacrifié ? L'opinion de son siècle ne se dispose guère à lui assurer un pareil dédommagement. On dit qu'en retranchant de son livre tout ce qui l'a si fort compromis, l'ouvrage n'en eût été sûrement ni moins utile, ni moins lu ; on observe qu'en se dispensant de mettre à la tête du livre et son nom et son portrait, comme il s'en était dispensé aux éditions précédentes, le livre n'en eût pas été moins à lui, et que, sans cette folle imprudence, les juges n'auraient pas été du moins dans la nécessité d'employer contre lui les formes les plus sévères, celles dont il sera le plus difficile d'obtenir l'adoucissement. Mais que ne fait oublier, que ne fait souffrir l'amour violent de la célébrité !

M. l'abbé Raynal, enivré du succès qui avait surpassé son attente, voulait absolument surpasser encore l'éclat de ce premier succès ; pour faire plus de bruit, ne fallait-il pas tâcher de mériter quelques mandemens, quelque bonne censure de la Sorbonne ? Ne fallait-il pas aussi que le mai du Palais vît flamber l'ouvrage ? La première édition, toute hardie qu'elle était, n'avait obtenu aucun de ces honneurs ; il était donc indispensable de hasarder encore plus que la première fois. Ses coopérateurs avaient beau lui représenter que cela serait trop fort, ils avaient beau dire : Mais qui est-ce qui osera imprimer, qui est-ce qui osera avouer cela ? — Moi, répondit-il, moi, moi ; faites toujours ; je vois bien que vous ne vous doutez pas du courage dont je suis capable ; vous verrez..... »

Et en attendant, il payait bien. La seule condition qu'il avait mise à ce marché, c'est qu'en maltraitant les prêtres et la religion chrétienne on ménagerait le théisme, vu que les principes du système opposé répandus dans la première édition avaient révolté beaucoup d'honnêtes gens en Angleterre et en Allemagne; c'était une raison de payer mieux, et il l'avait, dit-on, fort bien senti.

Notre pauvre abbé, pour vouloir être trop sûr d'exciter une grande sensation, s'est laissé emporter sans doute au-delà de toute mesure, et trop occupé de ce vif intérêt, il n'a plus rien calculé, ou plutôt il s'est trompé dans tous ses calculs. Il a cru qu'enveloppé de sa réputation et des égards que pourrait inspirer son âge, peut-être même son état, on ne se déterminerait point à l'attaquer directement, qu'on serait arrêté par la rigueur même des poursuites auxquelles on se verrait obligé de le livrer; il s'est flatté d'en imposer ainsi par son audace même. Tout ce qu'il avait prévu qui pût lui arriver de plus fâcheux, si le Gouvernement ne dédaignait pas de se venger, c'était d'aller passer quelques mois à la Bastille; or, quel est le sage de nos jours qui ne consentît de passer à ce prix pour le martyr de la philosophie, le défenseur des peuples et de la liberté!

Il est évident que ce n'est pas sans quelque regret que M. Séguier s'est chargé de la dénonciation qui lui a été demandée. On assure que son premier soin a été d'en avertir M. l'abbé Raynal, afin qu'il eût le temps de pourvoir à sa sûreté. Il n'a pu s'empêcher de se plaindre, dans son réquisitoire même, des reproches que cette fonction, indispensable de son ministère, allait lui attirer encore de la part de nos philosophes. « Ces apôtres de la tolérance, dit-il, ne craignent point d'accuser d'envie et de jalousie ceux qui osent réclamer contre l'autorité qu'ils s'arrogent, et ils vont jusqu'à prodiguer le titre de persécuteurs à ceux même qui, par état, sont obligés de s'élever contre leurs erreurs. »

Un réquisitoire, un décret de prise de corps, des pensions et des rentes saisies, la nécessité de s'éloigner d'un pays où l'on jouissait de l'existence la plus douce et la plus flatteuse, tout cela, sans doute, est assez malheureux, même pour un philosophe; mais ce qui l'est peut-être davantage, c'est de s'être attiré toutes ces peines par l'imprudence la plus gratuite, et sans en être dédommagé par ce jugement de l'opinion qui s'élève au-dessus de tous les tribunaux du monde, et dont le suffrage peut consoler seul de toutes les disgraces, de toutes les injustices des hommes et de la fortune. Quoique la dernière édition de l'*Histoire des deux Indes* soit en général fort supérieure à toutes les autres, il est certain qu'elle n'a presque rien ajouté à la gloire personnelle de M. l'abbé Raynal. Il y a plus; c'est que la gloire qu'il s'en promettait ne lui a jamais été plus contestée; il est sûr que c'est précisément depuis qu'il a mis à la tête du livre et son nom et ce sot portrait qui lui donne une physionomie si farouche, et qui lui ressemble si peu, qu'on s'obstine à nommer ses coopérateurs, et à leur faire honneur de la partie de l'ouvrage dont il avait toujours paru le plus jaloux. Il en est un qu'il est impossible de méconnaître, et dont on retrouve à tout moment et le style et les idées, jusque dans ces épanchemens de sensibilité où M. l'abbé Raynal avait désiré de paraître emporté par un sentiment tout-à-fait à lui; tels sont les regrets sur la mort de son amie Élisa Draper: il n'y a personne dans la société de madame Necker qui ne se souvienne, par exemple, que l'épitaphe si touchante de cette Élisa Draper (1) n'est que le souvenir de celle que M. Diderot fit il y a quelques années, devant douze ou quinze personnes, pour madame Necker. Malgré l'estime qu'on peut avoir pour M. l'abbé Raynal, il est impossible de ne pas trouver du ridicule dans des emprunts de ce genre, quelque équitables qu'en aient été les conditions. Mais s'il est ridicule d'engager ses amis à pleurer pour le compte d'un autre, sans doute il est encore plus fou de les obliger à donner à la hardiesse de leur génie tout son essor pour en parer un ouvrage qu'ils n'ont point fait, et pour mériter ainsi plus sûrement tous les honneurs de l'exil et de la persécution.

JUILLET.

Paris, juillet 1781.

C'EST le vendredi 6 qu'on a donné, pour la première fois, sur le théâtre de la Comédie Française, *Richard III*, tragédie de M. Durozoi, citoyen de Toulouse, si justement célèbre par le louable projet qu'il conçut, il y a quelques années, de mettre toute l'Histoire de France en opéra comiques, entreprise qu'il avait déjà très-heureusement commencée par *la Bataille d'Ivry*, par *le Siège de Paris*, etc., etc.

Cette nouvelle tragédie, sifflée à double carillon le premier jour, abandonnée le second, portée aux nues

(1) « Vous qui visitez le lieu où reposent ses cendres sacrées, écrivez sur le marbre qui les couvre: « Telle année, tel mois, tel jour, telle heure, Dieu retira son souffle à lui, et Élisa mourut. »

le troisième par une cinquantaine d'amis, est tombée à la sixième représentation dans toutes les règles. Nous ne pensons pas qu'elle mérite une analyse sérieuse; c'est un centon de situations, de scènes et de vers pris sans pudeur dans les pièces les plus connues, d'un style tantôt plat, tantôt gigantesque, et boursouflé. La conduite des trois premiers actes est si lente, si confuse, si tristement embrouillée, qu'il serait à peu près impossible d'en deviner le sujet, s'il était moins connu par l'histoire. Il y a dans le quatrième acte une sorte d'intérêt d'attente; mais la situation qui le produit est absolument la même que dans *Gustave*, et cette situation, trop prolongée dans la pièce de M. Durozoi, l'est encore sans vraisemblance et sans art. Le dénouement se fait par un coup de théâtre si maladroitement préparé, qu'il ne produit aucun effet, et n'en peut produire aucun; il est évident que la princesse n'est amenée sur le théâtre par les soldats de Richard que pour être sauvée par Richemond au moment où il convenait à l'auteur de finir sa pièce, et voilà tout ce qu'il est possible d'y voir.

Le monologue du cinquième acte est le seul morceau de la pièce où le sieur Durozoi se soit avisé d'imiter le *Richard* de Shakspeare. Quelque barbare que soit en général le style de ce monologue, on a cru y remarquer plusieurs mouvemens d'une éloquence vraiment tragique, et la manière dont ils ont été rendus par le sieur Larive nous a paru mériter au moins une grande partie des applaudissemens que l'auteur n'aura pas manqué de prendre uniquement pour lui. Il a fait particulièrement ce vers assez énergique, où le tyran croyant voir autour de lui toutes les victimes immolées à son ambition, s'écrie :

Un seul de mes regards rassemble tous mes crimes.

Un autre beau vers de la pièce, qu'il faut bien laisser à M. Durozoi, tant qu'on ne peut pas dire à qui il appartient, est celui de la mère de Richemond, lorsqu'on lui apprend que son fils s'est dérobé, par un heureux déguisement, aux poursuites de Richard :

Il se cache, dit-on ; ce n'est donc plus mon fils.

Mais le vers serait plus adroit sans doute si le prince ne se voyait pas en effet réduit à cette triste nécessité.

Le fameux Esculape comte de Cagliostro, sollicité par M. le cardinal de Rohan, a bien voulu s'éloigner quelques momens de Strasbourg, jusqu'ici le théâtre le plus brillant de sa gloire, pour venir voir à Paris M. le prince de Soubise, dangereusement malade. Il ne l'a vu que dans sa convalescence. Le génie qui protège les douces destinées de l'Opéra n'a pas eu besoin de recourir aux prodiges de M. de Cagliostro pour rétablir la santé de Son Altesse. Tout ce que nous avons pu apprendre sur le compte de cet homme extraordinaire pendant son séjour à Paris, qui a été fort court et presque ignoré, c'est que quelques personnes de la société de M. le cardinal de Rohan, qui ont été à portée de le consulter, se sont fort bien trouvées de ses ordonnances, et n'ont jamais pu parvenir à lui faire accepter la moindre marque de leur reconnaissance. Il en est une qui avait imaginé de lui présenter vingt-cinq louis, en le suppliant de les distribuer à ses pauvres de Strasbourg; il ne les refusa point; mais la veille de son départ il fut la voir, et en la remerciant de la confiance qu'elle lui avait témoignée, il exigea qu'elle en reçût à son tour cinquante pour en faire des aumônes aux indigens de sa paroisse qu'il n'avait pas eu le temps de connaître. C'est un fait dont nous ne pouvons pas douter. On a soupçonné long-temps M. le comte de Cagliostro d'être un valet de chambre de ce fameux M. de Saint-Germain, qui fit tant parler de lui sous le règne de madame de Pompadour; on croit aujourd'hui qu'il est le fils d'un directeur des mines de Lima; ce qu'il y a de certain, c'est qu'il a l'accent espagnol et qu'il paraît fort riche. Un jour qu'on le pressait chez madame la comtesse de Brienne de s'expliquer sur l'origine d'une existence si surprenante et si mystérieuse, il répondit en riant : « Tout ce que je puis dire, c'est que je suis né au milieu de la mer Rouge, et que j'ai été élevé sous les ruines d'une pyramide d'Égypte; c'est là qu'abandonné de mes parens, j'ai trouvé un bon vieillard qui a pris soin de moi, je tiens de lui tout ce que je sais.... (1) » *Credat alter.*

On vient de nous donner les tomes VII et VIII des *Proverbes de M. de Carmontelle.* Ces deux volumes contiennent encore une vingtaine de proverbes nouveaux, et dans ce nombre il en est bien peu où l'on ne trouve au moins quelques traits d'une scène, d'une situation ou d'un caractère vraiment comique. Si M. de Carmontelle avait eu l'esprit de son talent, s'il avait su nourrir d'une réflexion plus fine et plus profonde les premières idées que la fécondité de son imagination ne cesse de lui offrir, s'il s'était appliqué davantage à l'art d'écrire, il aurait pu enrichir notre théâtre de beaucoup d'excellens ouvrages. Il n'a donné, il ne donnera jamais que des esquisses fort négligées; mais, telles qu'elles sont, la plu-

(1) Cagliostro était né à Palerme, le 8 juin 1743, de parens d'une médiocre extraction; son vrai nom était *Joseph Balsamo.*

part de ces esquisses ne manquent ni d'invention ni d'originalité. Une de celles qui nous a paru en avoir le plus, est *la Diète*. C'est un homme à qui les médecins et le régime ont tourné la tête, il se croit mort; tout ce qu'il fait, tout ce qu'il dit pour s'entretenir dans cette folle illusion, et tout ce qu'on imagine pour l'en tirer, est rempli de caractère, de naturel et de gaieté. Il attend le moment où l'on doit venir le chercher pour le porter à l'église. « Je suis bien fâché, dit-il, d'avoir défendu les cloches; j'aurais entendu tout cela, et je saurais quand on aurait fini.... » Persuadé que son convoi vient de passer, il s'ennuie d'être seul. « Ah! mon Dieu, que je m'ennuie! On a bien raison de dire dans l'autre monde qu'on s'ennuie comme un mort.... »

C'est le vendredi 20 qu'on a représenté pour la première fois, sur le théâtre de la Comédie Italienne, le mélodrame d'*Ariane abandonnée*. Le poëme, dont le *Pygmalion* de J.-J. Rousseau paraît avoir été le modèle, est imité de l'allemand de M. Jean-Chrétien Brandes, célèbre acteur allemand, la musique de M. Georges Benda. Nous ignorons le nom du traducteur français (1), nous savons seulement qu'il a mis à la tête de sa traduction une espèce de poétique du mélodrame, où il entreprend de prouver tout uniment que le mélodrame est le premier comme le plus difficile de tous les genres.

Cette admirable poétique est signée J. B. D. B. Quoique *Ariane abandonnée* n'ait pas eu à Paris le succès éclatant que son traducteur nous assure qu'elle a eu, et qu'elle a encore sur tous les théâtres du Nord, quoiqu'on

---

(1) *Ariane abandonnée dans l'Ile de Naxe*, mélodrame (traduit par Du Bois); Paris, Brunet, 1781, in-8°.

ait trouvé la scène longue et même un peu monotone, on y a remarqué plusieurs beaux mouvemens, des traits d'une poésie vive et passionnée. La musique, sans avoir cette élégance de style continue qui semble n'appartenir qu'aux maîtres de l'école italienne, est faite avec chaleur et pleine d'expression : elle est sûrement fort supérieure aux deux musiques du *Pygmalion* de Rousseau. Le sieur Michu fait tout ce qu'il peut pour ressembler à un héros dans le rôle de Thésée, que l'auteur s'est efforcé de rendre aussi intéressant que l'action pouvait le permettre. Madame Verteuil a déployé dans celui d'Ariane toutes les ressources de son talent ; il n'est point de nuance de passion et de sensibilité indiquée par le poète ou par le musicien qu'elle n'ait fait sentir ; elle en a varié l'expression et le mouvement avec une adresse infinie ; l'illusion de sa pantomime a presque toujours suppléé de la manière du monde la plus heureuse, à la liaison que laisse désirer quelquefois la marche même de la scène ; et si cette estimable actrice joignait encore à tant d'art celui de le cacher davantage, il n'y aurait presque rien à lui reprocher.

M. de Chamfort, ayant été élu par messieurs de l'Académie Française à la place de M. de Sainte-Palaye, y est venu prendre séance le jeudi 19. L'assemblée, assez nombreuse, fut surtout remarquable par la présence de M. le prince de Condé (1), accompagné de mademoiselle de Condé, et de toutes les dames de sa cour.

Le récipiendaire a débuté par déclarer que, rassasiés d'hommages, messieurs les Académiciens *ne pouvaient plus être honorés que par eux-mêmes* ; qu'en conséquence

(1) Chamfort était secrétaire des commandemens du prince.

il ne doutait pas qu'on ne voulût bien lui *remettre généreusement une dette qu'on paiera toujours avec transport, et dont il est si doux de s'acquitter.* Cependant, et c'est sans doute après y avoir plus mûrement réfléchi, notre orateur a décidé, quelques momens après, que l'Académie réclamerait toujours cette dette imposante et pour son illustre fondateur, ce ministre qui, *parmi ses titres à l'immortalité, compte l'honneur d'avoir suffi à tant d'éloges qui la lui assurent,* et *pour ce chef de la magistrature dont la vie entière se partagea entre les lois et les lettres,* etc. Mais si les mânes de ces grands hommes peuvent encore nous entendre, si dans leurs paisibles retraites ils ne sont pas à l'abri des ennuis du bavardage académique, ne devraient-ils pas être aussi rassasiés d'hommages que les illustres successeurs de leurs protégés? et pourquoi ne se montreraient-ils pas également généreux en se contentant *d'avoir suffi à tant d'éloges,* en remettant comme eux une dette dont l'acquit jette presque toujours les débiteurs dans l'embarras, et les a trop souvent réduits aux tristes extrémités de l'emprunt?

Un récipiendaire a beau se déclarer contre les formes panégyriques, il faut toujours qu'il loue. « C'est en vivant parmi vous, Messieurs, dit-il, que M. de Sainte-Palaye vit bientôt les défauts de son plan (il s'agit du Glossaire de notre ancien idiome), et en continuant d'y vivre, il apprit de vous l'art de disposer ses idées, l'art d'abréger pour être clair et de se borner pour être lu..... » En effet, n'est-il pas évident que si M. de Sainte-Palaye eût vécu hors du giron de l'Académie, il n'eût jamais possédé l'art de *disposer ses idées,* il n'eût jamais eu l'esprit de voir les défauts de son plan, et la nécessité d'abréger un ouvrage qui, grace aux utiles conseils de ses confrères, n'est plus que de quarante volumes in-folio?

M. de Chamfort n'a pas toujours loué d'une manière aussi claire, aussi simple. Voici un passage où le sens de la pensée se dérobe pour ainsi dire sous la finesse de l'expression. « Messieurs, sans vous écarter de cette bienveillance indulgente qui pour vous est souvent un plaisir, toujours un devoir, une convenance, un sentiment, vous avez dessiné d'une main sûre les proportions et les contours d'une statue, d'un buste, d'un portrait.....» Il est question de la théorie des éloges; mais qu'est-ce qu'une bienveillance qui est une convenance, un sentiment, etc.? Voici des tours de phrase plus étranges encore, « le vice primitif de notre ancienne barbarie (le vice d'un vice!) qui se précipite de siècle en siècle jusqu'à nous..... l'erreur, mère de l'erreur, entrant comme élément dans nos idées par la langue et les mots; c'est le mal, auteur du mal, se perpétuant dans nos mœurs par les idées..... » M. de Voltaire aurait-il compris ce langage? et M. de Chamfort n'a-t-il pas un peu oublié l'avis de Fontenelle qui voulait qu'en écrivant l'on commençât toujours par s'entendre soi-même?

Il serait aisé de pousser plus loin cette espèce de critique; une analyse plus suivie du discours de M. de Chamfort ferait sentir et l'embarras du plan et la lenteur de sa marche; mais tant de défauts, il en faut convenir, sont rachetés autant qu'ils peuvent l'être par un grand nombre de traits heureux, d'observations ingénieuses, quelquefois même assez neuves, telles que celle-ci: « Par un singulier renversement des idées naturelles, Mahomet mit les plus grands plaisirs de l'amour dans l'autre monde, et l'instituteur de la chevalerie offrit en ce monde à ses prosélytes l'attrait d'un amour pur et intellectuel... » L'extrait des deux ouvrages de M. de Sainte-Palaye, sur l'histoire de notre langue et sur les mœurs de notre ancienne chevalerie, forme le fonds du discours, et cet extrait respire la plus saine philosophie; mais l'esprit de discussion avec lequel l'auteur a cru devoir traiter ce sujet n'a pu se prêter que difficilement aux formes oratoires d'un discours académique, et c'est peut-être là l'unique source des disparates que nous y avons remarquées. Quoique la finesse et la sagacité semblent caractériser particulièrement l'esprit de notre orateur, l'éloquence du sentiment ne lui est point étrangère. Rien de plus intéressant que le tableau de l'amitié de MM. de Sainte-Palaye.

C'est M. Séguier, l'avocat-général, qui a répondu en sa qualité de directeur de l'Académie au discours de M. de Chamfort. Celui dont le devoir est de veiller sur les anciennes institutions et d'anathématiser les nouveautés dangereuses, s'est annoncé le défenseur d'un usage né avec l'Académie, l'usage respectable des éloges publics. En cherchant à rappeler, non sans quelque peine, tous les titres du récipiendaire à l'immortalité, en comblant la mesure de louanges qui pouvait lui appartenir, il n'a pas oublié de renouveler l'hommage qu'on venait déjà de rendre à la présence de M. le prince de Condé.

Ce n'est que pour trouver aussi l'occasion de présenter à ce prince quelques grains de l'encens académique, que M. d'Alembert a terminé la séance par la lecture d'une espèce d'Éloge de M. le comte de Clermont. Le fonds de ce panégyrique n'était pas infiniment riche. Le plus grand service que monseigneur le comte de Clermont ait rendu aux lettres et à l'Académie, fut de n'avoir été qu'à une seule assemblée de MM. les Quarante, d'y avoir reçu son jeton comme tous les autres, et de n'y être pas retourné depuis. Quelque stérile que puisse paraître cette anecdote, notre philosophe en a su tirer les conséquences les plus importantes, les leçons les plus instructives sur l'égalité qu'il convient de maintenir dans les sociétés littéraires entre les grands et les gens de lettres. On n'avait engagé M. le comte de Clermont à entrer à l'Académie que dans l'espérance de lui faire obtenir dans ce corps immortel des marques de distinction qui eussent bientôt servi d'excuse aux autres seigneurs de la cour pour en demander à leur tour, manœuvre perfide qui menaçait l'illustre sénat de se voir dépouillé tôt ou tard du privilège auguste de sa première institution et des droits communs à tous ses membres.

On a distribué, à l'issue de la séance, le programme d'un prix extraordinaire et annuel proposé par l'Académie Française pour remplir les intentions d'un citoyen ami de lettres, qui a désiré de fonder le prix d'une médaille d'or de douze cents livres en faveur de celui des ouvrages de littérature publiés dans le cours de l'année, dont, au jugement de l'Académie, il pourra résulter un plus grand bien pour la société; aucun genre n'est exclu. Ce prix est établi sur une somme de douze mille livres employée en une rente viagère sur la tête du roi.

Parmi les nouveautés qui viennent de paraître, il est juste d'accorder une mention honorable au *Théâtre de M. de Cailhava*; deux volumes in-8°, contenant *la Présomption à la Mode*, comédie en cinq actes, en vers; *le Tuteur dupé*, comédie en cinq actes, en prose; *le Ma-*

riage interrompu, comédie en trois actes, en vers; *les Étrennes de l'Amour*, comédie-ballet en un acte et en prose; *l'Égoïsme*, comédie en cinq actes, en vers : le tout précédé d'une longue préface où l'auteur fait assez plaisamment le très-naïf récit de toutes ses infortunes comiques. Quelque irrités qu'aient été MM. les Comédiens des secrets révélés dans cette confession, ce n'est sûrement pas la plus mauvaise pièce du recueil. On ne saurait refuser à M. de Cailhava du talent pour la comédie, une étude assez profonde de notre ancien théâtre, de la gaieté, quelquefois même de la verve et de l'invention; mais ce qui lui manque, et ce qui probablement lui manquera toujours, c'est la connaissance du monde et des hommes, c'est le genre d'esprit et de goût que cette connaissance suppose, et qu'elle peut seule perfectionner.

AOUT (1).

Paris, août 1781.

Discours *sur les progrès des Connaissances humaines en général, de la Morale et de la Législation en particulier; lu dans une assemblée publique de l'Académie de Lyon par M. S***, ancien magistrat* (2). Ce Discours a fait la plus grande sensation dans l'assemblée nombreuse où il a été lu; l'auteur l'a fait imprimer; mais on n'en laisse répandre à Paris qu'un très-petit nombre d'exemplaires; il ne sera pas difficile d'en

(1) Ce mois manquait dans la première édition; nous l'empruntons au *Supplément à la Correspondance*, par M. Barbier.

(2) Par Servan; 1781, 1 volume in-8º.

deviner la raison lorsque nous en aurons fait connaître le plan et les détails les plus remarquables. Voici de quelle manière l'auteur présente lui-même le tableau de son sujet.

« Au règne de l'imagination et des beaux-arts a succédé celui d'une raison plus sévère, de la méthode et de l'observation. Si j'avais à représenter cette révolution dans un tableau, je peindrais un génie qui, las d'imaginer, appuie sa tête sur sa main pleine encore de pinceaux, et semble s'y reposer en méditant.

« En suivant la trace de l'esprit humain, on peut remarquer que les beaux-arts se sont avancés constamment du Midi vers le Nord, tandis que la philosophie est arrivée du Nord vers le Midi ; et, pour peu qu'on observe, on s'aperçoit que l'union de tous ces arts de l'esprit commence à répandre sur notre hémisphère un jour plus pur et plus doux. Mais ce qui caractérise le plus ce siècle, c'est l'amour de l'utile, et le dégoût de ce qui n'est que curieux ; partout vous trouverez la vérité marcher à grands pas vers les besoins réels de l'homme. »

On examine quelle a été la cause et l'histoire de ce progrès, à quel terme il est parvenu, jusqu'où il peut aller. L'histoire de l'homme moral a, suivant notre auteur, quatre grandes époques, l'agriculture, la monnaie, l'écriture et l'imprimerie.

« Il faut le répéter, dit-il, le plus grand ressort de l'esprit humain, ce fut sans doute l'imprimerie. Avant l'invention de cet art, les siècles qui se servent maintenant d'héritages ne se servaient que de barrières, et l'esprit humain n'était guère que l'esprit de quelques hommes du même temps et du même pays...

« Il ne restait de la Grèce et de Rome que des manuscrits égarés, que le temps, le hasard et les insectes auraient infailliblement tôt ou tard anéantis. Figurez-vous, Messieurs, quelques hommes de génie surnageant à peine sur le torrent des siècles, et disputant leur immortalité avec des feuilles à demi rongées, comme dans un naufrage quelques infortunés disputent leur vie avec une planche; ils allaient être engloutis, et l'esprit humain avec eux, lorsque cet art nouveau, maître du monde, promulgue ses lois; à l'instant la raison arrachée au naufrage, immobile et paisible sur le bord de ce torrent du temps, vit tout passer, vit tout périr, excepté ses pensées, devenues immortelles et publiques; ces marbres, cet airain, le dernier dépôt comme le dernier espoir de la gloire des plus grands hommes, disparaissent à chaque instant; tandis qu'une feuille légère, qu'un souffle enlève, qu'une étincelle consume, était désormais une base éternelle pour le génie et pour la vertu..... Mais ce qui véritablement a rendu l'art de l'imprimerie le législateur de l'esprit humain, n'est pas tant d'avoir éternisé les pensées que d'en avoir changé le tribunal: l'œil maintenant est juge de l'esprit que l'oreille jugeait presque seule autrefois... L'oreille est l'organe de la passion, l'erreur y glisse jusqu'au fond de l'ame sur une pente rapide; l'œil, au contraire, semble répandre au dedans la lumière qu'il recueille au dehors; c'est dans l'œil que la vérité, comme dans un creuset, s'épure lentement au feu d'une lampe solitaire; c'est de là et non d'une école bruyante, qu'elle sort avec un éclat sans mélange; c'est de là que, multipliée et toujours conservée, sa lumière pénètre insensiblement de connaissances en connaissances, de climats en climats... »

A la tête des hommes qui ont influé le plus puissamment sur l'esprit et les opinions de leurs siècles, sont placés Voltaire et Rousseau : les Académies ne marchent qu'à la suite de ces deux grands hommes. La manière dont on caractérise le premier n'a rien de fort remarquable; mais on dit de l'autre deux choses, l'une trop vraie, et l'autre passablement ridicule : « Il désespère son siècle, tantôt en lui révélant des maux incurables, tantôt en lui prescrivant des remèdes impraticables. Il poussa le paradoxe jusqu'à soutenir que c'était un luxe d'être deux. » Jean-Jacques peut bien avoir dit des choses plus absurdes, mais il n'a jamais employé une expression qui le fût autant.

On passe en revue toutes les sciences; on peint l'esprit de Fontenelle qui les embrassa toutes, qui créa, pour ainsi dire, l'art nouveau de répandre de la lumière et des graces sur les connaissances même les plus abstraites. On indique ce que l'histoire naturelle doit au Pline de la France; la physique, aux recherches des Réaumur, des Nollet, des Franklin; les mécaniques, au génie de Vaucanson; la géométrie et la chimie aux d'Alembert, aux Euler, aux Margraff, aux Macquer; la chirurgie à l'art des Pouteau, des Louis, des Le Cat; la médecine et la théologie au progrès général de l'esprit philosophique; la morale et les lois, aux Locke, aux Helvétius, aux Montesquieu, aux Beccaria; le commerce, à Guillaume-Thomas Raynal.

« Raynal, dit notre orateur, tu es homme, tu t'es trompé, et je te plains ; mais s'il parut utile de te condamner pour les erreurs de ton ouvrage, n'est-il pas noble de te louer pour ses vérités? Eh quoi! tous les gouvernemens humains regorgent de tribunaux qui punissent, et nous n'en avons pas un qui récompense. »

On s'étend peu sur l'art de la guerre; on se contente de citer l'*Essai sur la Tactique*, et voici de quels traits on peint le grand Frédéric.

« Ce prince attirait tous les arts de la paix dans ce Nord qu'il épouvantait par la guerre, et ce qui ne s'était jamais vu dans l'histoire des arts et des rois, il était à la fois leur protecteur et leur rival; mais il n'en avait point dans l'art de la guerre. Heureusement la nature, en formant cet homme prodigieux, le plaça dans une époque où les héros en Europe sont des torrens dont le cours est très-limité par la disposition du terrain où ils coulent. Ce monarque singulier est peut-être la plus grande preuve des progrès de la raison humaine; il inventait à la fois le précepte, le rédigeait en vers, et le prouvait par des victoires... »

La partie la plus étendue de ce Discours, qui concerne le droit naturel, le droit des gens, le droit civil et politique, la jurisprudence criminelle, les lois fiscales, celles du commerce, le code militaire et religieux, contient les principes les plus sages et les vues les plus éclairées; mais la philosophie de nos jours ayant rendu très-heureusement ces principes assez communs, nous nous dispenserons de les rappeler ici; il en est un cependant sur le régime ecclésiastique qui nous paraît trop simplement exprimé, pour ne pas mériter d'être retenu : *c'est d'accorder au sacerdoce toujours plus de moyens de persuader, et toujours moins de commander.*

Après l'*Essai sur l'Origine des langues*, les morceaux nouveaux les plus remarquables de la seconde livraison des Œuvres de J.-J. Rousseau, sont : *Le Lévite d'Éphraïm*, poëme en prose, *les Lettres à Sara*, *l'Engage-*

ment téméraire, comédie en trois actes, en vers; *les Muses Galantes*, ballet; la *Traduction du premier Livre de l'Histoire de Tacite*, celle de *l'Apokolokintosis de Sénèque* et du *second chant de la Jérusalem délivrée*, la *Lettre d'un Symphoniste de l'Opéra à un de ses camarades de l'orchestre*; un *Fragment sur l'*Alceste *de Gluck* que nous avons eu l'honneur de vous envoyer en manuscrit, mais que les éditeurs ont eu la *gluckinerie* de tronquer; quelques *Lettres sur la Botanique* dont il a déjà été fait mention dans nos feuilles de l'année dernière.

Le Lévite d'Éphraïm respire une simplicité vraiment antique; un des plus horribles sujets de l'histoire sacrée y est traité avec toute la décence, avec tout l'intérêt dont il pouvait être susceptible; mais, pour être divisé par chants, il n'en est pas plus poëme, puisqu'on n'y trouve ni fictions, ni images, ni poésie de style : c'est un petit roman, tel que le P. Berruyer en aurait fait un de toute l'histoire sacrée, s'il avait eu l'éloquence et le génie de J.-J. Rousseau.

Nous ne devinons pas ce que les auteurs du prospectus des *Œuvres de Rousseau* ont voulu dire en nous annonçant que ce petit ouvrage était plein de graces et de fraîcheur; on serait tenté de leur demander de laquelle. Madame la maréchale de Luxembourg en distinguait un jour trois sortes : « la fraîcheur de la rose, c'est celle de la comtesse Amélie de Boufflers; celle de la pêche, c'est celle de madame de Lauzun; il y en a encore une autre, celle de la viande de boucherie, et c'est celle de madame de Mazarin. »

Les *Lettres à Sara* sont le fruit d'une espèce de défi. On demandait si un amant d'un demi-siècle pouvait ne pas faire rire : il est prouvé dans ces Lettres qu'il peut encore intéresser vivement. Il n'y a rien, je crois, dans *la Nouvelle Héloïse*, de plus tendre, de plus passionné, de plus délicat; peut-être même y trouve-t-on une éloquence plus simple, plus sensible et plus vraie.

L'Engagement téméraire n'est qu'une mauvaise imitation de la manière de Marivaux. Le ballet des *Muses Galantes* ressemble à tous les ballets de l'ancien Opéra.

Il est sans doute assez intéressant de voir le style de Rousseau lutter tour à tour contre celui de Tacite, de Sénèque et du Tasse; nous osons présumer cependant que l'auteur n'avait pas eu la patience de mettre la dernière main à ces trois essais.

La *Lettre d'un Symphoniste* est une des plaisanteries les plus gaies qui soit échappée de la plume de Jean-Jacques. On sent que lorsqu'il écrivit cette lettre, il ne s'était pas encore brouillé avec le genre humain; il vivait alors avec les philosophes, la seule société où il lui convînt de vivre.

ROMANCE

de madame la comtesse de Beauharnais, faite dans l'Ile des Peupliers, à Ermenonville.

Sur l'air de la Romance d'*Alexis*, par MONCRIF.

Voici donc le séjour paisible
   Où des mortels
Le plus tendre et le plus sensible
   A des autels.
C'est ici qu'un sage repose
   Tranquillement.
Ah! parons au moins d'une rose
   Son monument.

Approchez, mères désolées,
     De ce tombeau;
Pour vous de tous les mausolées
     C'est le plus beau.
Jean-Jacques vous apprit l'usage
     De vos pouvoirs,
Et vous fit aimer davantage
     Tous vos devoirs.

C'est ici que, dans le silence,
     La plume en main,
Il sut agrandir la science
     Du cœur humain.
Plus loin, voyez-vous ces bocages
     Sombres et verts?
Il s'y dérobait aux hommages
     De l'univers.

Autour de cet asile sombre
     En ces momens
Ne croit-on pas voir errer l'ombre
     De deux amans?
Noble Saint-Preux! simple Julie!
     Noms adorés,
D'une douce mélancolie
     Vous m'enivrez!

Sur cette tombe solitaire
     Coulez, mes pleurs;
Hélas! il n'est plus sur la terre
     L'ami des mœurs!
Vous qui n'aimez que l'imposture,
     Fuyez ces lieux;
Le sentiment et la nature
     Furent ses dieux.

« Et qui est-ce qui est heureux, disait l'autre jour

M. d'Alembert avec un dédain profondément philosophique? qui est-ce qui est heureux?..... *Quelque misérable?* »

« Rien, dit M. Du Buc, ne fait plus d'honneur à l'influence du gouvernement despotique que les mœurs et l'éducation des chiens; dans le plus dur esclavage, ils conservent les vertus utiles à leurs maîtres, soumission, fidélité, attachement, courage, un courage même qui s'élève souvent jusqu'à l'héroïsme de la valeur. »

M. l'abbé Raynal ayant désiré de s'assurer un asile à Bruxelles, le prince Henri eut la bonté d'en faire, à Spa, la demande à M. le comte de Falkenstein. On ne mit pas moins de grace à l'accorder qu'à l'obtenir. « Mais me répondez-vous, dit l'illustre voyageur au prince, me répondez-vous qu'il sera sage? — Je puis vous assurer qu'il n'imprimera plus rien. — Oh! ce n'est pas cela que j'entends : je crains que, si près de Paris, le diable ne le tente, qu'il n'y retourne, et se fasse pincer comme ce fou de Linguet... »

L'historien des Deux-Indes (1) a eu l'honneur de dîner chez le prince avec Sa Majesté Impériale; il s'est contenu, suivant nos mémoires, dans la réserve convenable pendant tout le dîner; mais, au dessert, il n'a tenu presqu'à rien qu'il n'ait entrepris d'endoctriner Joseph aussi librement que s'il eût été sur sa chaise de paille, la plume à la main. On dit malheureusement quelques mots des abus de la finance; c'était parler de géans devant le chevalier de la Manche; il essaya d'entrer en matière, en

(1) Raynal.

disant avec beaucoup de vivacité : « Je suis bien sûr que M. le comte n'aura jamais de fermiers-généraux chez lui..... »

Isabelle Hussard, parade en un acte, en vaudeville de M. Desfontaines, donnée le 31 juillet au théâtre de la Comédie Italienne, s'est traînée jusqu'à la quatrième représentation...

Une nouveauté qui mérite bien mieux notre attention, puisqu'elle fait courir depuis six semaines toute la bonne compagnie de Paris au théâtre des Variétés Amusantes, c'est *le Fou raisonnable* (1), pièce qui a paru d'abord anonyme, qu'on a cru long-temps de M. Cailhava, mais qui vient d'être restituée à son véritable auteur, le sieur Patrat, comédien de Versailles. L'idée principale de cette petite comédie est prise dans le caractère de Freeport de *l'Écossaise*; c'est le portrait d'un grand maître dont on a fait une espèce de caricature, qui, en exagérant un peu grossièrement à la vérité quelques nuances de l'original, en conserve cependant la physionomie, et ne manque ni d'expression ni d'effet. La scène où M. Jacques Splin examine de sang-froid s'il a bien ou mal fait de ne pas se tuer la veille, est vraiment originale. La méprise qui lui persuade que la fille de son hôte est amoureuse de lui, semble assez naturelle ; et la manière dont l'auteur prépare ensuite le dénouement de cette petite intrigue, est d'une simplicité touchante et graduée avec intérêt. Voici quelques traits du monologue de M. Splin.

(1) Représenté pour la première fois le 9 juillet 1781.

« Il y a bientôt trente-deux ans que je suis toujours riche et toujours ennuyé. J'ai voulu aimer, ça me rendait inquiet et jaloux; j'ai voulu jouer, ça me rendait colère et joueur; j'ai voulu boire, ça me rendait ivre et malade. J'ai parcouru toute l'Europe, je me suis ennuyé; j'ai été dans la Russie, j'ai trouvé trop froid; j'ai été dans l'Italie, j'ai trouvé trop chaud; j'ai été dans la Hollande, j'ai trouvé trop triste; je suis dans la France, je trouve trop gai. Si j'allais me jeter dans la rivière... Il y a dans ce pays trop d'importuns qui viennent retirer un homme avant qu'il ait la satisfaction d'être tout-à-fait mort, c'est désagréable... Si je me pendais... Je n'aime pas le pendement; un galant homme qui veut faire une action honnête pour se désennuyer, ne doit point imiter la fin d'un criminel, » etc., etc.

Quelque admirées qu'aient été plusieurs lois somptuaires des anciennes républiques de la Grèce et de Rome, il n'en est point qui porte sur des principes plus justes, plus lumineux, et dont on puisse espérer un effet plus sûr, plus durable, que l'ordonnance qui vient d'être publiée dans les États du grand-duc de Toscane. En modérant elle-même l'exercice de son pouvoir, cette loi paternelle l'étend et l'assure, et c'est sous ce rapport qu'elle embrasse toutes les vues possibles de convenance et d'économie publique. L'écrit où se trouve consacré ce nouveau monument de la sagesse d'un prince que ses sujets eussent voulu choisir sans doute pour leur législateur, quand même la fortune ne l'eût pas appelé à être leur souverain. Cet écrit a déjà été recueilli avec empressement dans toutes les annales de notre littérature; mais, pour avoir été prévenus, nous serait-il défendu d'enrichir nos mémoires d'un trésor si précieux?

TRADUCTION *de la Lettre circulaire écrite de la part de S. A. R. le grand-duc de Toscane, aux chefs des collèges des nobles dans les villes de ses États.*

S. A. R. voit avec douleur le luxe excessif qui s'est introduit dans les habillemens, et surtout dans ceux des femmes, et dont il prévoit les conséquences funestes. Les femmes à qui leur fortune particulière, ou la complaisance de leurs maris permet de disposer d'un revenu considérable, au lieu de le consacrer à d'autres emplois plus nobles et plus utiles, ont la faiblesse de le dissiper au gré d'une vanité ridicule. Celles d'une condition égale, mais qui sont moins riches, se croient obligées, par un faux point d'honneur, de s'égaler en tout aux premières, et les femmes d'un moindre rang, par une suite de l'ambition naturelle à leur sexe, font des efforts ruineux pour se rapprocher de celles d'un rang supérieur. Ces plaisanteries dispendieuses, que le luxe a introduites dans la capitale, passent dans les provinces, et jusque dans les campagnes, où elles ont des suites encore plus déplorables.

De là, plus de difficultés pour les mariages dans tous les états; de là, le défaut d'argent pour l'éducation des enfans, devoir si important, ou pour la dot des filles; la disproportion de la dépense avec les revenus, les dettes, l'infidélité à l'égard des créanciers, la diminution des capitaux pour le commerce, des fonds pour les manufactures utiles, des avances pour la culture, la ruine des familles, les divisions domestiques, les mauvaises mœurs.

Cet excès de vanité qui, dans quelques femmes, n'est qu'une faiblesse méprisable, devient, dans la plupart de celles qui les imitent, un véritable crime, puisqu'elles ne peuvent satisfaire cette vanité qu'aux dépens de la fortune d'autrui, ou de ce qui devait être réservé aux devoirs les plus essentiels des pères et des mères de famille.

Cependant S. A. R., fidèle au système qu'elle s'est formé de respecter la liberté des actions dans ses sujets, n'a point voulu porter de lois contre le luxe; elle sait d'ailleurs combien il serait difficile de commettre à des lois un objet dont les formes varient sans cesse, et où principalement, pour ce qui regarde la parure des femmes, le mal vient moins de la cherté des matières qui forment ces parures, que de leur multiplicité et de l'abus qu'on en fait. Sa bonté pour ses sujets ne lui permettra jamais de faire des lois, qu'il serait également facile d'éluder et de faire servir de prétexte à des vexations; mais elle compte assez sur leur amour pour être sûre qu'ils s'empresseront de seconder ses vues paternelles, et de mériter son approbation.

Comme c'est par la noblesse que la réforme doit commencer, et que c'est à elle à en donner l'exemple aux autres classes de citoyens, Votre Seigneurie voudra bien faire part des intentions du Souverain au collège des nobles. Leurs Altesses Royales verront avec plaisir la noblesse des deux sexes paraître à la cour les jours de gala, et dans les autres occasions publiques, en habits unis et même noirs, et dans cette simplicité d'ajustemens qui s'accorde mieux avec la vraie grandeur et les graces décentes, qu'une parure recherchée et faite pour le théâtre. Les sujets de Leurs Altesses doivent penser qu'elles sont capables d'estimer les membres de la noblesse, non d'après leur magnificence dans les habillemens, mais d'après l'élévation de leurs sentimens, l'honnêteté de leur conduite, le bon usage de leurs revenus, et des actions d'une bienfaisance éclairée. Au contraire, S. A. R. fera entrer dans le jugement qu'elle portera du mérite de chaque individu, la modération ou l'excès de la parure, tant pour lui-même que pour sa femme ou pour ses filles, comme une forte présomption pour sa bonne ou mauvaise conduite, pour la solidité ou la frivolité de son esprit, pour sa sagesse ou la faiblesse de son caractère, et cette présomption influera dans la distribution des graces, et surtout dans celle des emplois publics, qu'on ne doit donner qu'à des hommes d'un jugement sain, et qui, par leur économie dans leurs propres affaires, ont mérité que celles du public leur soient confiées.

Lettre de M. *** à M. ***, conseiller au Parlement, au sujet de l'Édit pour le rétablissement des Assemblées provinciales. Brochure in-12 (1). L'auteur anonyme loue l'établissement en lui-même, mais il en discute les dispositions particulières, et désapprouve surtout la trop grande influence accordée au clergé de la première classe, l'inégalité révoltante qui subsiste dans la répartition des dons gratuits du clergé, qu'on doit attendre de messieurs les évêques. Il voudrait les remplacer au moins en partie par des curés, par des gens de lettres, nobles ou roturiers, à la bonne heure, sans en excepter même les philosophes les plus encyclo-

(1) Cette lettre nous paraît être de M. Pechméja, et elle explique le passage d'une courte notice de Grimm sur cet écrivain (voir ci-après mars 1784), dans laquelle il le présente comme auteur d'un pamphlet plein d'esprit et de raison contre les détracteurs des assemblées provinciales. (B.)

pédistes, pour tenir la balance encore plus égale. Cet écrit, dont les vues en général ne sont pas fort réfléchies, est terminé par une observation parfaitement raisonnable.

A la cour, les courtisans voudront persuader que l'établissement des administrations provinciales tendrait à diminuer l'autorité royale ; à Paris, ils feront craindre que ce ne soit un moyen de débarrasser le ministre des entraves d'un enregistrement légitime ; ces deux objections sont fort opposées l'une à l'autre, mais qu'importe? elles ont l'une et l'autre pour but de faire rejeter un projet qui, s'il n'était pas aussi conforme à l'intérêt commun du roi et de son peuple, alarmerait bien moins cette espèce d'hommes ennemis de la prospérité publique.

Dans la foule des écrits qui ont paru pour et contre l'administration de M. Necker, on croit devoir encore distinguer une brochure intitulée : *Observations modestes d'un citoyen sur les opérations des finances de M. Necker et sur son* COMPTE RENDU, *adressées aux pacifiques auteurs des* COMMENT, *des* POURQUOI, *et autres pamphlets anonymes*, où se trouvent toutes les puissantes objections déduites dans le volumineux pamphlet manuscrit de MM. Bourboulon, Sainte-Foy et compagnie, avec cette épigraphe: *Nos numerus sumus, fruges consumère nati*. Deux éditions, l'une in-4°, l'autre in-8°.

Tous les éclaircissemens que renferme cet écrit, sur la partie des calculs, sont d'une discussion simple et claire; on y dévoile, avec la plus grande évidence, les contradictions, les subtilités insidieuses avec lesquelles l'ignorance et la mauvaise foi ont osé attaquer un des plus augustes monumens du génie et de la vertu; mais on n'a pas reconnu la même mesure, la même justesse d'esprit dans les réflexions de l'auteur sur le plan général de l'administration de M. Necker. Il y a de quoi faire pâlir tous les rentiers de l'Europe, dans la manière dont il s'avise de justifier les emprunts multipliés, auxquels le ministre-citoyen s'est vu forcé d'avoir recours pour suffire aux immenses besoins de la guerre.

« Lorsqu'un gouvernement, dit-il, est arbitraire, tous les moyens qu'il emploie pour se procurer des ressources sont également cruels et vicieux, et il doit finir par une subversion totale; cependant si mon opinion pouvait influer, je préférerais ces emprunts, parce que le seul danger serait une banqueroute générale qui ne porte que sur la classe la plus aisée... »

Et ne porterait-elle pas également sur des classes fort indigentes, et dans le nombre, sur celles à qui l'âge, l'habitude et les circonstances, ont laissé le moins de ressources pour réparer leur perte, ou pour supporter leur infortune? L'influence de cette partie de la société qui contribue à la prospérité publique, et par la force de ses bras, et par le travail journalier de ses mains, en est sans doute le premier soutien; mais l'État ne tire-t-il pas une plus grande étendue de richesses et de puissance, des secours plus prompts et plus efficaces de celle qui veut bien lui confier les fruits accumulés de son industrie et de ses travaux? Comment l'une et l'autre n'aurait-elle pas les mêmes droits à sa protection, à sa justice?

NOVEMBRE.

Paris, novembre 1781.

Voyage de Newport à Philadelphie, Albani, etc. A Newport, de l'imprimerie royale de l'Escadre, in-4° de 188 pages.

On n'a tiré que vingt-quatre exemplaires de cet intéressant ouvrage; l'auteur, M. le chevalier de Chastellux, a exigé de tous ceux à qui il s'est permis de le confier, de ne point le laisser sortir de leurs mains..... La partie la plus considérable et la plus importante de ce journal est la partie militaire. On y trouve de savantes descriptions des fortifications de Westpoint, et le journaliste cite en entier le portrait, au physique et au moral, du général Washington, qui est le dieu de M. de Chastellux ; vient ensuite un discours de M. Adams, sur la constitution des États-Unis, le portrait de M. Péters, ministre de la guerre, et ensuite l'auteur, en sortant d'une assemblée de quakers, dit : « Si l'on considère tant de sectes différentes, ou sévères ou frivoles, mais toutes impérieuses, toutes exclusives, on croit voir les hommes lire dans le grand livre de la nature, comme Montauciel dans sa leçon (1); on a écrit : *vous êtes un blanc-bec*, et il lit toujours *trompette blessé;* sur un million de chances, il n'en existe pas une pour qu'il devine une ligne d'écriture sans savoir épeler ses lettres ; toutefois, s'il vient implorer votre secours, gardez-vous de le lui

(1) Dans l'opéra comique du *Déserteur* (B).

accorder, il vaut mieux le laisser dans l'erreur que de se couper la gorge avec lui. »

Nouvelle Traduction de l'Histoire d'Alexandre, par Quinte-Curce, avec les Supplémens de Jean Freinshémius, par M. l'abbé Mignot, neveu de M. de Voltaire, 2 vol. in-8°. Sans être toujours aussi exacte que celle de M. Beauzée, elle n'est ni plus facile, ni plus élégante; et, sans élégance, comment traduire Quinte-Curce?

Histoire de France, par l'abbé Garnier, tomes 27 et 28. Ces deux volumes contiennent les cinq dernières années du règne d'Henri II, et le règne entier de François II, depuis le 10 juillet 1559 jusqu'au 5 décembre 1560; des recherches faites avec beaucoup de soins, quelquefois même avec sagacité; des observations pleines de sagesse et de la plus grande impartialité; mais peu de détails agréables, un style dépourvu de mouvement et d'intérêt.

Mémoire sur l'Expédition du vaisseau particulier le Sartine, *sur les causes de la ruine de cette Expédition, et les événemens que cette ruine a entraînés*, par le sieur Lafond-Ladebat, négociant à Bordeaux, armateur de ce vaisseau.

Ce Mémoire contient des détails assez remarquables sur le commerce de l'Inde et sur la vie du chevalier de Saint-Lubin, travesti successivement sous le nom de Winslow, de Maffey, et dont le vrai nom est, dit-on, Palebot. Ce prétendu chevalier de Saint-Lubin est accusé d'avoir été la cause de tous les malheurs arrivés à l'expédition du vaisseau *le Sartine*, et l'on ne peut douter que sa conduite n'ait été au moins fort suspecte, puisque les présomptions établies contre lui l'ont fait renfermer à la Bastille. Une anecdote singulière de cet aventurier est qu'ayant été présenté au fameux Hyder-Ali-Khan (1), comme envoyé plénipotentiaire de Sa Majesté Très-Chrétienne, il lui a fait agréer une boîte qu'il avait volée, à Livourne, à M. le duc de Chaulnes, sur laquelle était le portrait de mademoiselle Arnould, qu'il a fait passer pour un portrait de la reine de France, et que Hyder-Ali-Khan a reçue, à ce titre, avec la plus vive reconnaissance. Que sait-on ? Peut-être devons-nous à l'idée de ce portrait, qu'il conserve précieusement, tout ce que le prince Indien osa tenter jusqu'ici pour les intérêts de la France ? Cette anecdote nous a été racontée par M. Maystre de La Tour, qui présenta le chevalier de Saint-Lubin à Hyder-Ali, et M. le duc de Chaulnes nous a confirmé la circonstance qui le regarde.

Madame Collet-Monté, ou le Jeune Homme corrigé, monodrame, par M. de Sauvigny.

L'invention de ce petit conte dramatique n'appartient point à l'auteur; tout Paris sait que la gloire en est due à M. Cassini, qui est à la fois le héros et l'historien de l'aventure. Nous voyons même dans nos Mémoires secrets que ce fut devant une nombreuse assemblée, chez madame la comtesse d'Houdétot, que le plus excellent des maris fit, pour la première fois, ce singulier récit, et en présence de madame Cassini, tout aussi naïvement au moins que M. de Sauvigny l'a rimé. On le lui a souvent ouï répéter depuis, toujours avec le même succès.

(1) Père de Tippo-Saëb.

Ce conte est tiré des *Après-Soupers de la Société, ou Petit Théâtre lyrique et moral sur les aventures du jour,* par M. de Sauvigny. Cet ouvrage, très-soigneusement imprimé, et enrichi de vignettes, de l'imprimerie de Didot, paraît par cahiers, dont quatre forment un petit volume in-16. Si l'on en doit juger par les trois cahiers qui ont paru, l'ouvrage ne sera pas aussi piquant que le titre l'annonce; le ton en est souvent libre, sans en être ni plus plaisant ni plus gai.

DÉCEMBRE.

Paris, décembre 1781.

M. DE LA HARPE pourrait faire une longue *Iliade* de tous les revers, de toutes les contrariétés qu'éprouve sa malheureuse *Jeanne de Naples;* même avant de paraître sur la scène, on l'a vue près de deux mois sur le répertoire de la Comédie, arrêtée tantôt par des censeurs, tantôt par la police; un jour par M. l'archevêque (1), le lendemain par le ministre des affaires étrangères, à qui l'on avait persuadé, sur les imputations les plus absurdes, qu'il y trouverait des traits dont quelques puissances de l'Europe pourraient avoir à se plaindre; une

---

(1) Le vers supprimé par la piété de feu M. de Beaumont, le voici :

Là, trente régions fléchissent sous un prêtre.

Ce bon prélat croyait devoir attacher une grande importance au mot *prêtre*, et ne voulait pas permettre qu'il fût profané au théâtre. « Ces messieurs, dit M. d'Alembert, sont comme le Scapin de la Comédie Italienne, qui se fâche toujours de quelque manière qu'il entende prononcer le mot de *maraud.* » (B.)

autre fois, par des tracasseries de coulisse; la veille même du jour qu'elle devait être donnée, par un accident arrivé à l'un des principaux acteurs, Larive, qui, dans la répétition du combat, avait été blessé assez grièvement à la main, grace à la maladresse du prince qu'il devait tuer; enfin, par des ordres surpris à la religion de M. le garde-des-sceaux, la malignité de quelques amis de l'auteur ayant prévenu le chef de la magistrature que cette pièce offrait le spectacle indécent d'un souverain s'oubliant assez pour se battre contre un de ses sujets, et d'une reine jugée et détrônée par une assemblée des états-généraux. Enfin, après avoir triomphé de tant d'obstacles, *Jeanne de Naples* a paru le 21 décembre...

Les beautés de détail qui distinguent cet ouvrage peuvent-elles suppléer à ce qui lui manque, et surtout au défaut d'intérêt? Moins que jamais, sans doute, dans un moment où l'on ne va chercher au spectacle que des émotions vives et passagères, où l'on pardonne volontiers les fautes d'art même les plus grossières, pourvu qu'il en résulte une marche plus rapide, un spectacle plus pompeux. Quel que soit le sort de *Jeanne de Naples*, il est malheureux d'avoir à dire que nous ne connaissons personne aujourd'hui capable de composer une pièce de théâtre avec plus de goût, mais encore de l'écrire avec plus d'élégance et de correction. Ce n'est pourtant, dit-on, que l'ouvrage d'un mois; mais ici, plus que jamais, le temps ne fait rien à l'affaire.

Impromptu de M. Rulhière, sur les bruits du retour de M. le duc de Choiseul et de M. Necker au ministère.

> Le Necker, le Choiseul, malgré les envieux,
> Vont faire encor le bonheur de la France.
> Notre bon roi veut avoir sous les yeux
> Et la recette et la dépense.

Histoire de la maison de Bourbon, in-4°, tome 3, par M. Desormeaux. Le troisième volume commence à l'an 1527, et finit en 1562. Il contient plus d'événemens intéressans que les deux premiers volumes; ces événemens sont aussi plus connus. Cet ouvrage suppose beaucoup de connaissances et une critique fort judicieuse; mais, sans être dépourvue d'intérêt et de clarté, la narration de M. Desormeaux devient souvent pénible par une recherche de style qui ne produit que de longues phrases chargées d'épithètes, n'ajoute rien à la force de l'expression, et manque souvent de justesse et de goût.

L'Ami des Enfans, par M. Berquin. Il en paraît un volume in-16 tous les mois; on en a fait déjà deux éditions.

Il y a si peu de livres dont on puisse occuper utilement le premier âge, qu'il faut bien savoir quelque gré aux écrivains qui, sans s'approcher du but, s'en éloignent moins que les autres : M. Berquin a paru être de ce nombre. Son *Ami des Enfans* est un recueil de fables, de contes, de dialogues, de petits drames traduits ou imités en grande partie de l'allemand. La morale que renferment tous ces petits ouvrages est en général assez raisonnable; mais l'idée en est presque toujours trop vague, trop superficielle; la forme un peu niaise, un peu monotone. Il n'est pas vrai, comme l'a dit Fontenelle, que le naïf ne soit qu'une nuance du bas et du niais; il est au moins très-sûr qu'il n'y a le plus souvent qu'une nuance très-légère qui les sépare : il n'appartient qu'au tact le plus fin et le plus exercé de ne jamais les confondre.

FIN DU TOME DIXIÈME.

TABLE DES MATIÈRES.

1778.

	pag.
MARS. — Fêtes du Carnaval; le comte d'Artois et la duchesse de Bourbon.	1
Triomphe de Voltaire à l'Académie.	4
Sa réception à la Comédie Française. — Vers de M. de Saint-Marc à ce sujet.	6
Vers de Voltaire à M. de Saint-Marc.	10
Vers de Voltaire à madame Hébert.	11
AVRIL. — *Essai sur le commerce de Russie*. Analyse de cet ouvrage.	ibid.
Vers de Voltaire au prince de Ligne.	21
Les Adieux du Vieillard, par le même.	ibid.
Vers latin pour le portrait de Franklin.	22
Voltaire se fait recevoir franc-maçon.	ibid.
Succès de l'opéra de *Roland* de Piccini.	23
Première représentation de *Matroco*, drame burlesque de Laujon et Grétry. — Sa chute.	24
Parodie de *Roland*, par d'Orvigny.	25
Profession de foi de Voltaire exigée par son confesseur.	ibid.
Lettre de Voltaire au curé de Saint-Sulpice et réponse du curé.	26
Reparties de Voltaire.	28
Représentations au Théâtre de madame de Montesson; *la Femme sincère*, *l'Amant romanesque*, *le Jugement de Midas*. — Honneurs rendus à Voltaire.	29
Lettre de Voltaire à mademoiselle Dionis.	31
MAI. — *Le Cheval et son Maître*, chanson allégorique.	ibid.
Épigramme sur la chute de la tragédie de *Tibère*.	33
Première représentation de *Zulima* à la Comédie Italienne.	ibid.
Voltaire directeur de l'Académie; son zèle pour la composition du *Dictionnaire*.	34
Romance de Desdémona, par J.-J. Rousseau.	36
Nouvelle administration de l'Opéra. M. de Vismes, directeur.	37
Première représentation des *Trois âges de l'Opéra*, de M. de Saint-Alphonse et Grétry; et de *la Fête du Village*, intermède de Desfontaines et Gossec.	38

TABLE DES MATIÈRES.

	pag.
Miracles des philosophes. — MM. Sage, Dufour et Mesmer.	39
JUIN. — Mort de Voltaire. — Refus de sépulture, etc.	41
Lettre de l'évêque de Troyes au prieur de l'abbaye de Scellières pour empêcher l'inhumation du corps de Voltaire. — Réponse du prieur.	47
Vers de madame la marquise de Boufflers.	51
Impromptu de Rulhière.	52
Débuts des Bouffons à l'Opéra. — *Les Finte Gemelle* de Piccini. — *Les Petits Riens*, ballet de Noverre.	ibid.
Annonce des *Confessions de J.-J. Rousseau*.	54
Le Jugement de Midas de d'Hèle. — Analyse de cette pièce. — Les acteurs.	ibid.
M. de Villette conserve le cœur de Voltaire.	56
Épitaphe de Voltaire par J.-J. Rousseau.	57
Vers de Lemierre à mademoiselle Dionis.	ibid.
Réflexions sur le voyage de Voltaire. — M. de Villette, mademoiselle Thévenin danseuse de l'Opéra.	ibid.
JUILLET. — Jugement de Voltaire sur la tragédie des *Barmécides* de La Harpe. — Vengeance de ce dernier.	58
Première représentation des *Barmécides* à la Comédie Française. — Complainte à ce sujet attribuée au comédien Monvel.	61
Vers sur la mort de Voltaire, par Le Brun.	69
Détails sur la mort de J.-J. Rousseau.	70
Mort de Haller, de Le Moine, de Heidegguer, de Linnæus et de William Pitt.	73
Mot de Franklin.	74
Réponse de Louis XIV au sujet du comte d'Harcourt.	ibid.
Le Code des Lois des Gentoux, ou Réglement des Brames.	75
Annette et Lubin, ballet de Noverre.	76
Fête du Palais-Royal pour le retour du duc de Chartres après le combat d'Ouessant. — Réception qu'on lui fait à l'Opéra. — Vers satiriques à ce sujet.	77
Article du *Journal de Paris* sur la mort de J.-J. Rousseau.	80
Lettre sur la mort de J.-J. Rousseau adressée au *Journal de Paris*.	81
AOUT. — Complainte sur la mort de la marquise du Châtelet.	87
Idée des liaisons de Paris. — Dialogue entre madame du Deffand et Pont-de-Veyle.	ibid.
Anecdote. — Un vigneron de Montereau célèbre par son esprit.	88
Anecdotes sur madame Geoffrin.	94

	pag.
Voiture en carton exécutée par M. de Montfort.	95
Séance de l'Académie Française. — Prix de poésie. — Lecture de d'Alembert.	96

SEPTEMBRE. — Mort de Colalto, célèbre Pantalon de la Comédie Italienne. 99
Publication des *Maximes de La Rochefoucauld*, par M. Suard. . . . 100
Les Inconvéniens de la vie de Paris, comédie de mademoiselle Necker (madame de Staël), âgée de douze ans. . . . 102
Anecdotes relatives aux représentations de la tragédie des *Barmécides* de La Harpe. . . . 103
Première représentation de *l'Impatient*, comédie de Lantier. . . . 106

OCTOBRE. — Lettre de l'Impératrice de Russie à madame Denis. ibid.
Première représentation de *la Chasse*, opéra-comique de Desfontaines et de Saint-Georges. . . . 107
Anecdote oubliée dans l'*Histoire Philosophique* de Raynal. . . . 109
Caricature contre La Harpe. . . . 111
Le Savetier et le Financier, opéra-comique de Lourdet de Santerre et de Rigel. . . . ibid.
Situation prospère de l'Opéra. . . . 112

NOVEMBRE. — *Lettres sur l'Atlantide de Platon*, par Bailly. 113
Vers de Voltaire à madame de Boufflers. . . . 115
Panégyrique ridicule et curieux de saint Côme et saint Damien par le curé de Saint-Étienne-du-Mont. . . . 116
Recherches historiques sur l'état de la religion chrétienne au Japon, par le baron de Haren. . . . 118
Épigramme de Pidou sur un détracteur de Voltaire. . . . 119
Première représentation du *Chevalier français à Turin*, et du *Chevalier français à Londres*, comédies de Dorat. . . . ibid.
Mort de Bellecourt, acteur du Théâtre Français. . . . 120

DÉCEMBRE. — Première représentation d'*OEdipe chez Admète*, tragédie de Ducis. . . . 122
Énigme de J.-J. Rousseau. . . . 124
Relation de deux séances de la loge des Neuf Sœurs. — Première séance, réception de Voltaire. — Deuxième séance, apothéose de Voltaire. — Son éloge funèbre. . . . 125
Élection de Ducis à l'Académie Française. — Épigramme à ce sujet. 135

DES MATIÈRES. 481

Première représentation du *Départ des Matelots*, opéra comique du chevalier de Rutlidge et de Rigel; du *Porteur de chaise*, opéra comique de Monvel et Dezède. 135

1779.

JANVIER. — Première représentation de *l'Amant jaloux*, opéra comique de d'Héle et Grétry. 137
Bouts rimés, par Voltaire. 138

FÉVRIER. — Publication des *Éloges* de d'Alembert. 139
Débuts de mademoiselle Théodore dans la danse à l'Opéra. 142
Lettres de la chevalière d'Éon à M. de Maurepas et à plusieurs dames de la cour. — Elle est exilée. ibid.
Les Muses rivales, comédie de La Harpe. — Son succès. — Anecdotes. 146
M. de La Fayette revient d'Amérique. — Anecdote sur l'amour d'un officier pour une sauvage. 149
Épitaphe de Voltaire, par une dame de Lausanne. 150
Première représentation de *Médée*, tragédie de M. Clément. — Sa chute. ibid.
Première représentation des *Deux Billets*, comédie de Florian. 152
Lettre de la marquise de Pezay à Lebrun. — Élégie de celui-ci. 153
Débuts à la Comédie Française. 156

MARS. — Réception de Ducis à l'Académie Française. — Discours de l'abbé Radonvilliers et de Marmontel. 158
Intrigues des acteurs de l'Opéra contre le directeur. 162
Prise de Pondichéry. — Malheureuse expédition de Sainte-Lucie. 168
Les Deux Amis, opéra comique de Durozoi. — Chute de cette pièce. ibid.

AVRIL. — Publication des *Époques de la Nature* de Buffon. 169
Anecdote de Pétersbourg, par Diderot. — Mademoiselle Nodin et de ses trois messes. 172
Gluck et le jeune Viguerard. 173
Renvoi des Bouffons Italiens. — Nouvelle administration de l'Opéra. 176
Début de mademoiselle Verteuil à la Comédie Italienne. 177
Reprise du *Devin du Village* avec une nouvelle musique. 178
Première représentation de *l'Amour français*, comédie de Rochon de Chabannes. 179
Publication des *Œuvres* de La Harpe. 182

TOM. X. 31

MAI. — *L'Ordre profond et l'Ordre mince*, discussions de tactique militaire. — *Défense du système de guerre moderne*, par de Guibert. 185
Première représentation d'*Iphigénie en Tauride*, opéra de Gluck et Guillard. 187
Recherches historiques et critiques sur l'administration publique et privée des terres chez les Romains, par Dumont. 189

JUIN. — Spectacle de la foire Saint-Laurent. — *Jeannot, ou les Battus paient l'amende*. — Succès prodigieux de cette farce. 191
Reprise de *Rome Sauvée*, tragédie de Voltaire, abandonnée pour *Jeannot*. 193
Réconciliation de La Harpe et de Dorat. — Circonstance à laquelle elle est due. ibid.
Discours historiques, politiques et critiques sur quelques gouvernemens de l'Europe, par le comte d'Albon, roi d'Yvetot. 195
Relation d'une fête donnée à la reine des Lanturelus. 198
Anniversaire de la mort de Voltaire. — Première représentation de sa tragédie d'*Agathocle*. 202

AOUT. — Séance de l'Académie Française. — *Éloges du comte de Valbelle, de l'abbé Suger et du chancelier de l'Hospital*. — Prix de poésie. — Anecdotes. 204
Bulletin de la santé de madame de Mouchy. 209
Anecdote sur quatre seigneurs Polonais. ibid.
Revue des Théâtres. 210

SEPTEMBRE. — Réponse de Diderot aux objections des journalistes contre son *Essai sur la vie et les écrits de Sénèque*. 211
Chanson de M. de Champcenetz fils, contre le prince d'Henin. — M. de Champcenetz père et madame Pater. 218
De la passion du jeu, par Dussaulx. 219
Statue de Voltaire donnée à la Comédie Française par madame Denis. — Second mariage de cette dame. 220

NOVEMBRE. — Première représentation d'*Arlequin dame et valet*, comédie de Florian. 222
Lettres originales de madame Du Barry. 223
Première représentation des *Événemens imprévus*, opéra comique de d'Hèle et Grétry. 227
Impromptu de Diderot. — Anecdotes sur le marquis de Dangeau. 228
Le prince Édouard se cache à Paris. — Il reste trois ans chez la marquise de Vassé. 229

DES MATIÈRES.   483
pag.

Lettre à M. Hirzel, sur le blé et le pain, par Tissot. 230
Lettre de J.-J. Rousseau à une dame de Lyon. 232

DÉCEMBRE. — *Mirza et Lindor*, ballet-pantomime de Gardel. 234
Pièces de Théâtre relatives à la prise de Grenade. ibid.
Pierre-le-Grand, tragédie de Dorat. — Bon mot sur cette pièce. 235
Bougies de Daran. — Plaisanteries à ce sujet. ibid.
Première représentation de l'*Amadis* de Quinault refait par M. de Vismes. 236

1780.

JANVIER. — Bons mots sur MM. de Bastard et de Monthyon. 238
Principes des économistes extraits d'un manuscrit de Franklin. ibid.
Première représentation du *Lord Anglais et le chevalier Français*, comédie d'Imbert. 242
Première représentation des *Étrennes de l'Amour*, comédie de d'Orvigny. 243
Première représentation d'*Aucassin et Nicolette*, opéra comique de Sedaine et Grétry. 244

FÉVRIER. — *Lettre sur l'amour de la patrie*. — *Commentaires apostoliques et théologiques*, etc., par le roi de Prusse. ibid.
Les Jammabos, tragédie de Fenouillot de Falbaire, non représentée. 246
Mort du chevalier de Laurès, de M. de Foncemagne académicien, et de l'abbé de La Porte. 247
Sur l'opéra comique d'*Aucassin et Nicolette*. 248
Réponse de M. de Maurepas à un solliciteur. 250
Sur le prince de Condé. ibid.
Reprise de *Mirza ou les Illinois*, tragédie de Sauvigny. 251
Théâtre d'éducation, par madame de Genlis. 253
Reprise du ballet de *Médée* à l'Opéra. 254
Honneurs rendus au comte d'Estaing à l'Opéra. 255
Première représentation des *Noces houzardes*, comédie de d'Orvigny; présence d'esprit de l'auteur. 256
Première représentation de *Mina*, opéra comique de Garnier et Champein. 258
Poëme séculaire d'Horace mis en musique par Philidor. 259
Réception de M. de Chabanon à l'Académie Française. 261

MARS. — Anecdote qui a fourni l'idée du *Légataire Universel* à Régnard. 264
Première représentation d'*Atys*, opéra de Quinault retouché par Marmontel. ibid.
Première représentation de *Cécile*, opéra comique de Mabile et Dezède. 267
Début de Volange à la Comédie Italienne. 268
Le Monde de verre réduit en poudre, réfutation de Buffon par l'abbé Royou. 269
L'Intrigue du Cabinet, par Anquetil. 279
Zoramis, tragédie de Dorat. 271

AVRIL. — *Fabliaux ou Contes du douzième et du treizième siècle*, par M. Le Grand. — Réponse d'un soldat français au roi Jean Ier. ibid.
Reprise d'*Atrée et Thyeste*, tragédie de Crébillon. — Clôture des Théâtres. 274
L'Abailard supposé, roman de madame de Beauharnais. 276
Lettre de Franklin à madame Helvétius. 277
Lettre de Buffon à madame de Genlis. 279
Spectacles de madame de Montesson. — Ses ouvrages. — Mot de l'ambassadeur de Naples. 280
Éloge de *Voltaire*, par La Harpe. 281

MAI. — Querelle des Piccinistes et des Gluckistes. — Épigramme de l'abbé Arnaud. 282
Suicide de M. de Saint-Leu, célèbre économiste. 283
Séjour de Paul Jones à Paris. 285
Reprise de *la Veuve du Malabar*, tragédie de Lemierre. — Succès de Larive. ibid.
Première représentation de *A Trompeur Trompeur et demi*, proverbe joué au Théâtre Italien. — Sa chute. 287
Achmet IV fait traduire en arabe l'*Histoire philosophique* de Raynal. 288
Première représentation de *la Demande Imprévue*, comédie de Mercier, et de *Cassandre Oculiste*, de Piis. ibid.
La *Veuve du Malabar*. — Succès de Larive. 289

JUIN. — Première représentation d'*Andromaque*, opéra de Pitra et Grétry. — Réflexions à ce sujet. ibid.
Épitaphe de Dorat. 294
Couplets sur l'abbé Arnaud. ibid.
Visite de la reine au tombeau de J.-J. Rousseau à Ermenonville. 295
Nouvelle coiffure à l'enfant. ibid.

DES MATIÈRES.

	pag.
Priviléges accordés aux libraires.	296
JUILLET. — *Rousseau Juge de Jean-Jacques.*	298
Le poëte de Pondichéry, anecdote par Diderot.	300
Reprise des *Caprices de Galathée*, ballet de Noverre. — Les deux Vestris, père et fils. — Mot de Dauberval sur mademoiselle Allard.	302
Première représentation de *Florine*, comédie par Imbert.	303
Querelle de M. d'Éprémesnil et de Linguet.	ibid.
Première représentation d'*Adélaïde*, comédie de M. Du Doyer.	305
Reprise de *la Mort de Pompée* et de *Pierre-le-Cruel*, tragédies. — Succès de Larive.	ibid.
Fête donnée à madame de Genlis.	308
AOUT. — Publication des *Œuvres de J.-J. Rousseau*. — Première livraison.	ibid.
Fêtes du mariage de la princesse de Rohan-Guémené.	310
La Mort des Gracques, tragédie de Guibert. — *Philoctète*, tragédie de La Harpe.	311
Mort de Dorat. — Jugement sur ses ouvrages.	312
Mot du maréchal de Schomberg au duc de Chartres.	319
La Prière en monosyllabes, par le chevalier de La Tremblaye.	320
Relation des fêtes données à Trianon.	321
Reprise d'*Écho et Narcisse*, opéra. — Première représentation d'*Aristote amoureux*, drame de Piis et Barré. — Son succès.	322
Logique de l'abbé de Condillac. — Mort de l'auteur.	324
SEPTEMBRE. — Mesmer à Paris. — *Observation sur le magnétisme animal*, par M. Dulon. — Polémique à ce sujet.	325
Conte, par le chevalier de Boufflers.	328
Première représentation des *Héros Français*, tragédie en prose de d'Ussieux.	329
Première représentation de *L'Officieux*, comédie du marquis de La Salle.	330
Séance de l'Académie Française. — Lectures de MM. Gaillard et La Harpe.	ibid.
Débuts de madame Vanhove.	332
Orages contre la tragédie de *Thamas Kouli-Kan* de M. Du Buisson.	333
Revue des pièces du théâtre du boulevard.	334
Parapilla, poëme de M. Bordes de Lyon.	335
L'Espion Anglais.	336
Mort de l'abbé Batteux. — Notice sur ses ouvrages.	ibid.

	pag.
OCTOBRE. — Reprise de *Thamas Kouli-Kan* de Du Buisson.	338
Linguet à la Bastille.	340
Voyage de l'abbé Raynal en Suisse.	341
Publication de quatre nouveaux volumes des *Contemporaines*, par Rétif de La Bretonne.	343
Réflexions sur le mariage de la veuve de J.-J. Rousseau.	344
Impromptu de Voltaire contre le receveur-général des finances Michel.	ibid.
L'abbé Millot condamné à être pendu en Espagne. — Séjour de La Harpe à Lyon.	ibid.
Première représentation d'*Erixène*, pastorale de l'abbé de Voisenon.	345
Nouveautés au Théâtre Italien. — *La Comédie impromptu*, *les Deux Oncles*, *la Veuve de Cancale*.	346
Mort de madame du Deffand.	349
Reprise de *l'École de la Jeunesse ou le Barnevelt Français*, par Anseaume. — Première représentation de *l'Abbé de plâtre*, comédie-proverbe de Carmontelle.	351
NOVEMBRE. — *Métrologie; Traité des mesures, poids et monnaies*, par Paucton.	352
Anecdote sur le chirurgien Bisson, accusé d'athéisme.	355
Première représentation de *Persée*, opéra de Quinault, retouché par Marmontel, musique de Philidor.	356
Première représentation du *Bon Ami*, comédie de Legrand.	358
Annales de la Vertu. — *Cours d'Éducation*, par madame de Genlis.	359
Épigramme de Chamfort contre l'élection de Lemierre et du comte de Tressan à l'Académie Française. — Repartie de l'un de ces deux immortels.	360
Monument en l'honneur de Turenne projeté par l'évêque de Strasbourg.	ibid.
Première représentation des *Vendangeurs*, de Piis et Barré, et de *Jeannot et Colin*, comédie de Florian.	361
DÉCEMBRE. — Fêtes de Brunoy. — Anecdote scandaleuse.	363
La Réduction de Paris, drame de Desfontaines. — Sa chute.	364
Première représentation de *la Somnambule*, comédie par le baron de Stade, et de *Cassandre Astrologue*, de Piis et Barré.	365
Mort du poète Gilbert.	367
Sur la traduction de *Roland Furieux*, par le comte de Tressan.	369
Première représentation de *Clémentine et Desormes*, drame de Monvel.	370
Première représentation du *Seigneur Bienfaisant*, opéra-ballet de Rochon de Chabannes. — Épigramme contre l'auteur.	373
Deux pièces tombées au Théâtre Italien.	374

DES MATIÈRES. 487

Commentaire sur les Mémoires de M. le comte de Saint-Germain. 374
Abrégé de l'Histoire du Théâtre Français, par le chevalier de Mouhy.
— Anecdote. 375

1781.

JANVIER. — Première représentation du *Jaloux sans amour*, comédie
d'Imbert. 377
Première représentation des *Étrennes ou le Bonnet Magique*, opéra comique de Piis et Barré. 379
Traduction des *Lettres de M. William Coke sur l'état politique, civil et naturel de la Suisse.* 380
Réception de Lemierre et du comte de Tressan à l'Académie Française. 382
Piccini. — Sa musique d'*Iphigénie en Tauride*, poëme de Du Breuil. —
Examen de cet ouvrage. — Anecdote sur mademoiselle La Guerre. 385
Pièces intéressantes et peu connues, publiées par La Place. 389

FÉVRIER. — Lettre de mademoiselle Justine à M. Caze. 392
Officier condamné par l'Inquisition pour avoir lu l'*Histoire philosophique.* 393
L'Amour Conjugal, de Forgeot. — *La Mélomanie*, de M. Champein. —
Jenneval, drame de Mercier. 394
Publication de *Philoctète*, tragédie de La Harpe. 397
Vie privée de Louis XV, par Moufle d'Angerville. 399
Compte rendu par M. Necker. 400
Vers à M. Necker. 404
Première représentation de *la Fête de Mirza*, ballet de Gardel. ibid.

MARS. — Vers de Racine empruntés par madame de Boufflers et trouvés détestables. — A quelle occasion. 405
Première représentation de *l'Amant Statue* de Desfontaines, et des *Deux Morts* de Patrat. 407
Dénonciation au Parlement sur la souscription aux *Œuvres de Voltaire*. 408
Sur l'*Histoire littéraire de M. de Voltaire* du marquis de Luchet. 411
La Harpe publie ses tragédies. 412
Stances du chevalier de Boufflers. 413
Impromptu de Voltaire. 414
Blanche et Vermeille, opéra comique de Florian. — *Chacun sa folie*, comédie par le chevalier de La Salle. — *La Matinée et la Veillée villageoise*, vaudeville de Piis et Barré. ibid.

TABLE.

	pag.
AVRIL. — Clôture des spectacles. — Revue des acteurs. — Mort de mademoiselle Durancy et de d'Hèle.	416
Essai sur la prédication, par l'abbé Coyer. — L'abbé Maury prêche devant le roi. — Bon mot du roi à l'issue d'un de ses sermons.	420
Romans de Rétif de La Bretonne. — *L'Homme volant*.	ibid.
Nouvelle édition de l'*Histoire des deux Indes*, par l'abbé Raynal.	421
Fâcheuse aventure de Barthe.	424
Spectacles de madame de Montesson. — Ses comédies en vers.	425
MAI. — *Épitaphe d'un perroquet*.	427
Début de mademoiselle Joly à la Comédie Française.	ibid.
Analyse de *Jocaste*, tragédie du comte de Lauraguais.	428
Retraite de M. Necker. — Anecdotes à ce sujet.	433
Vers du comte de Shouwalof.	437
JUIN. — Début de mademoiselle Thénard à la Comédie Française.	ibid.
Concerts de l'Opéra.	439
Les Théatins et le marquis de Villette.	440
Sur l'arrêt du parlement contre l'*Histoire philosophique* de Raynal.	441
JUILLET. — Première représentation et chute de *Richard III*, tragédie de Durozoi.	445
Arrivée de Cagliostro à Paris. — Détails sur cet intrigant.	447
Publication des tomes VII et VIII des *Proverbes* de Carmontelle.	448
Première représentation d'*Ariane abandonnée*, opéra comique de Du Bois et Georges Beuda.	449
Réception de Chamfort à l'Académie Française.	450
Publication du *Théâtre* de Cailhava.	454
AOUT. — *Discours sur les progrès des connaissances humaines*, etc., par Servan.	455
Seconde livraison des *Œuvres* de J.-J. Rousseau.	459
Romance de madame de Beauharnais, faite à Ermenonville.	461
Mot de d'Alembert sur le bonheur.	462
Eloge du gouvernement despotique. — Citation de M. Du Buc.	463
Asile accordé à Raynal par l'empereur Joseph. — Réponse de ce souverain au prince Henri à ce sujet.	ibid.
Anecdote sur Raynal et l'empereur Joseph.	ibid.
Isabelle hussard, de Desfontaines. — Son insuccès.	464
Première représentation du *Fou raisonnable* de Patrat.	ibid.

DES MATIÈRES.

pag.

Lettre circulaire du grand duc de Toscane aux chefs des collèges des nobles. 466

Lettre de M*** à M***, conseiller au Parlement, etc., critique du poëme des *Jardins* par Rivarol. — *Observations modestes d'un citoyen*, etc. 468

NOVEMBRE. — *Voyage de Newport à Philadelphie*, par le chevalier de Chastellux. 471

Nouvelle *Traduction de l'Histoire d'Alexandre par Quinte-Curce*, par l'abbé Mignot. 472

Publication des tomes XXVII et XXVIII de l'*Histoire de France* de l'abbé Garnier. ibid.

Mémoire sur l'expédition du vaisseau le Sartine, par Lafond-Ladebat. ibid.

Madame Collet-Monté, monodrame de Sauvigny. 473

DÉCEMBRE. — Première représentation de *Jeanne de Naples*, tragédie de La Harpe. — Difficultés qu'elle éprouve. 474

Impromptu de Rulhière sur MM. de Choiseul et Necker. 475

Histoire de la Maison de Bourbon, tome III, par Desormeaux. 476

L'Ami des Enfans, par Berquin. ibid.

FIN DE LA TABLE DU TOME DIXIÈME.

www.ingramcontent.com/pod-product-compliance
Lightning Source LLC
Chambersburg PA
CBHW071619230426
43669CB00012B/2002